国家出版基金项目
NATIONAL PUBLICATION FOUNDATION

高水平科技自立自强与中国式现代化

许先春◎著

浙江人民出版社

目　录

导　论 | 夯实中国式现代化的科技支撑

"纵观人类发展历史,创新始终是推动一个国家、一个民族向前发展的重要力量,也是推动整个人类社会向前发展的重要力量。创新是多方面的,包括理论创新、体制创新、制度创新、人才创新等,但科技创新地位和作用十分显要。"[①]从科学技术的角度看,一部人类社会发展史,就是科学技术不断产生、不断变革并不断推动经济社会发展的历史。而从现代化的角度看,一部人类社会发展史,就是生产力不断提升、社会生产方式和生活方式从传统向现代演进并不断实现自身超越的历史。透过现代化进程纷繁复杂的表象、主要标志性事件以及给人类社会带来的巨大影响,进一步追寻、探究隐藏在历史深处的规律,我们就可以深刻认识到科技创新与世界现代化进程之间的内在关系。历史昭示我们:科技创新是引领发展的第一动力,是世界现代化进程的加速器,是推动人类文明进步的重要引擎。

一、世界现代化进程中的科技驱动和引领力量

近代以来,世界发生了多次重大的科技革命,每一次科技革命都使生产力产生质的飞跃,对经济社会发展、人类生产生活方式产生巨大而深远的影响。

第一次科技革命始于18世纪中叶,由纺织机的出现拉开序幕,又由蒸汽机的发明推向高潮。作为人类历史上不曾有过的科技革命,其理论基础是牛顿

[①] 中共中央文献研究室编:《习近平关于科技创新论述摘编》,中央文献出版社2016年版,第4页。

力学,其技术基础是机械技术,其主要标志是蒸汽机的发明和广泛使用。第一次科技革命发端于英国,是与英国工业革命同时发生的,因而又被称为产业革命、工业革命。这次科技革命确立了以蒸汽动力技术为主导的工业技术体系,极大地推动了纺织业、交通运输业、钢铁工业和机械工业的发展,实现了生产方式从手工工具到机械化的转变,人类由此进入大机器工业时代。第一次科技革命促使社会生产发生革命性变革,生产力飞速发展。正如马克思在《共产党宣言》中所说:"资产阶级在它的不到一百年的阶级统治中所创造的生产力,比过去一切世代创造的全部生产力还要多,还要大。"[①]这场科技革命在促进生产力巨大发展的同时,使社会面貌发生了翻天覆地的变化。资本主义生产体制得以确立,资本主义最终战胜了封建主义,率先完成工业革命的西方资本主义国家逐步确立起对世界的统治地位。

第二次科技革命始于19世纪后期,其科学技术基础主要是电磁理论及电力技术,其主要标志是电力的发明和广泛应用。发电机、电动机的发明和应用,形成了以电力技术为主导的工业技术体系,促成了化工技术、钢铁技术、内燃机技术等技术的发展,进而相继出现了汽车制造、石油化工、新型冶炼等一系列工业部门。第二次科技革命使生产工具从蒸汽机转变为发电机、电动机,实现了生产方式的电气化,人类由此从大机器工业时代进入电气化时代。这次科技革命创造了巨大的生产力,推动了资本主义国家经济的大发展,同时也给整个世界带来了广泛而深远的影响。

第三次科技革命始于20世纪中叶。这次科技革命以信息技术为核心和先导,进而形成以信息技术、新能源技术、新材料技术、生物技术、空间技术、海洋技术等高技术为支柱的综合性科技革命。第三次科技革命使人类的生产方式加速向工业化与信息化相融合转变,劳动生产率得到极大提高,社会生产力和人类文明达到了前所未有的新高度,人类由此进入信息化时代。从影响范围和功能来看,这次新科技革命是以往历次科技革命所无法比拟的,因而又被称为新科技革命。新科技革命可以说是名副其实的世界性的科技革命。这场新科技革命首先从美国开始,然后扩大到西欧和日本,进而扩散到其他国家。无

---

① 《马克思恩格斯选集》第1卷,人民出版社2012年版,第405页。

论是发达国家还是发展中国家,各国的生产、生活方式乃至经济、政治、文化、社会、军事等各个领域,都受其影响而发生了翻天覆地的变化。

现代化表征的是人类文明的一种深刻变化,是遍及世界各地的系统性、革命性、持续性的从传统到现代的革新、转型与发展,涵盖人类生产生活、经济社会发展的方方面面。现代化是一个动态性、总体性的范畴,描述的是一个世界性的客观现象。随着人类交往实践的扩大、历史向世界历史的展开,特别是随着科学技术的发展、经济全球化的推进,现代化成为体现人类社会发展进步的趋势和潮流。人类迈向现代化的进程,本质上是从不发达走向发达、从传统走向现代的演进过程。现代是与传统相对而言的概念。在现代化进程中,传统不断演进到现代,现代也会因历经时间流逝而逐渐变为传统,新的现代因素又会被更为新颖的现代因素所取代。作为不断自我更新、更替和超越的过程,现代化的突出标志就是日新月异的科学技术、迅猛发展的生产力、持续提升的生产水平和生活品质,以及由此引发的广泛而深刻的社会变迁。在所有这些标志中,最具有根本性、引领性和支撑性意义的就是科学技术。科技创新是推动人类社会从不发达走向发达、从传统走向现代的不竭动力。从历史上看,现代化进程发端于18世纪的英国等西欧国家,随后扩展到北美地区,20世纪特别是第二次世界大战后成为世界各国普遍追求的目标。这个大的发展进程,与科技革命、科技创新的进程是相吻合的、一致的。

世界科技发展史表明,科学技术的每一次重大突破,都会引发一系列产业变革,导致大国兴衰、世界经济中心转移和国际竞争格局调整。无数历史事实有力地证明了一个深刻的哲理:科技兴则国家兴,科技强则国家强。正是借助科学技术的进步,一些国家迅速崛起,成为世界经济乃至军事强国。英国依靠第一次科技革命一跃而成为工业强国、世界霸主。德国依靠科技起家,依靠电力、内燃机、冶金、重化工等技术上的突破,建立了强大的电力、汽车、发动机、化学、钢铁、煤炭等工业体系,迎头赶上了领先其一个多世纪的英国。美国在建国时就注重以科技为本,凭借其雄厚的科技发明推动工业经济迅猛发展,国家实力大大增强。经过持续努力,美国成为世界经济、科技强国,综合实力领先全球。日本明治维新时高度重视科技和教育,自20世纪80年代又倡导技术立国,创造了经济腾飞的奇迹。正是依靠科技创新的伟力,一些国家的综合国力得到迅猛提升。20世纪上半叶还是以农业为生存基础的韩国,在20世纪60年代后致力于发展科技,坚持把科技立国作为基本国策,短短30年内在许多产业技术领域达到世界先进水平,国民生产总值大幅提升,韩国由此成为一个新兴工业化国家。可见,依靠科技创新是一个国家、一个民族走向工业化、实现现代化的共同经验。反观之,一个国家、一个民族如果缺乏科技创新动力,必然导致国力衰退,最终会被其他国家所赶超。比如,英国虽然是第一次科技革命的发起国,具有浓厚的科学传统和科学文化,一度曾是世界科技、工业和经济最为发达的国家,率先实现了从农业国向工业国的转变,但在第二次科技革命期间,却因既有工业体系的惯性和巨大的变革成本,导致科技创新乏力而失去科技领域的优势地位,被德国、美国赶超,失去了引领第二次科技革命的历史机遇。历史的教训值得汲取。

回顾人类现代化的发展历程,可以清楚地看到,科技创新作为一种不可抗拒、不可逆转的力量,加速了人类工业化的步伐,并在此基础上开启了以工业化为主要标志的现代化进程。现代化是科学技术以及生产力发展到一定阶段的产物。随着科技发展日新月异,科技的地位、作用、功能在世界现代化进程中愈益得到彰显。科技创新愈益成为经济社会发展的主要驱动力,成为引领未来的主导力量,推动人类现代化驶入快车道。科技创新从根本上决定着世界经济政治力量对比的变化,进而决定着各国各民族的前途命运。而世界科技中心的转移,则往往标志着世界现代化格局的变化、综合国力的消长和大国地位的更迭。

二、中国式现代化是人类历史上宏大而独特的实践创新

现代化运动是一种世界性潮流,把各国都卷入其中,实现现代化是世界各国的共同命运,也是各国人民孜孜以求的美好愿景。关键是能否找到符合本国国情、符合人类社会发展规律的现代化道路。找到了、找准了,现代化的发展进程就会大大加速。反之,现代化进程就会遭受挫折。一个国家选择什么样的现代化道路,是由其历史传统、社会制度、发展条件、外部环境等诸多因素决定的。国情等经济社会状况不同,现代化途径也必然会不同。由于世界现

代化进程是从西方资本主义国家开始的,当今世界的发达国家也主要是欧美国家和深受西方文明影响的资本主义国家。这就给人们一种错觉,似乎现代化就是西方化、西方文明就是现代文明。实际上,世界文明是多样的,世界上既不存在定于一尊的现代化模式,也不存在放之四海而皆准、适用各国而固定不变的现代化途径。

世界各国人民都在探索现代化道路,但各国走向现代化的道路不尽相同。独特的文化传统、基本国情、历史方位、发展状况和使命任务决定了中国式现代化必然具有鲜明的中国特色。中国式现代化是对西方现代化理论和实践的重大超越。资本主义文明是建立在资本主义剥削制度基础上的,它无法克服和消除文明下的野蛮本性。从根本上讲,生产资料私有制和社会化大生产之间的矛盾,是资本主义制度无法克服的内在固有矛盾,尽管资本主义制度和西方现代化模式也在不断演变,自身也在进行各种改良和变革,但其骨子里的资本至上、弱肉强食、两极分化、霸道强权的本性没有任何改变,其弊端反而随着现代化进程的加快而愈益明显、无法摆脱。

现代化肇始于西方并逐渐拓展至全世界,代表了人类社会的前进方向,是体现一个国家和民族进步发展的重要标志。现代化国家、现代化发展有先发内生和后发外生两种类型。西方国家率先开启了工业化进程,在发展时序上最早进入了现代化,因而成为人类探索现代化道路的最初起点,积累了一定的先发优势。后发外生的现代化国家基本上都要经历"跟跑"、"追赶"先发内生的现代化国家的过程。从人类社会发展进程看,任何国家最终都要走向现代化,但基于国情、民族历史、自然环境等差异,各个国家走向现代化的时间、方式、类型等呈现出不同的特点。中国是在西方冲击与现代国际环境诱发、影响下开启现代化进程的,属于后发外生型,但在追求现代化的进程中把普遍性和特殊性结合起来,体现出主导性、主动性和创新性。中国共产党带领人民立足中国实际,辩证吸取先发现代化国家的经验教训,探索出一条符合自身国情、文化、历史的中国式现代化道路,拓展了人类走向现代化的途径。

道路选择问题一直困扰着许多发展中国家。现代化不是少数国家的"专利品",也不是非此即彼的"单选题",不能搞简单的千篇一律、"复制粘贴"。从第二次世界大战结束到20世纪90年代初期,一些发展中国家不顾国情和历史条件,全盘照搬西方模式,结果水土不服,绝大多数陷入经济长期停滞、社会政治动荡的困境。中国式现代化摒弃了西方以资本为中心的现代化、两极分化的现代化、物质主义膨胀的现代化、无止境向自然索取的现代化、依靠战争和殖民对外扩张掠夺的现代化老路,破解了人类社会发展所面临的和平赤字、信任赤字、发展赤字、生态赤字、治理赤字等诸多难题,打破了"现代化等于西方化"、"西方中心主义"、"西方优越论"的迷思,开创了不同于西方资本主义现代化的全新道路,拓展了那些既希望加快发展又希望保持自身独立性的国家和民族走向现代化的途径,为广大发展中国家独立自主迈向现代化树立了典范,提供了全新选择。

实现现代化是近代以来中国人民矢志奋斗的憧憬和梦想,中国式现代化是我们党领导全国各族人民在长期探索和实践中历经千辛万苦、付出巨大代价取得的重大成果。党的十八大以来,以习近平同志为核心的党中央带领全党全国各族人民砥砺前行,在新中国成立特别是改革开放以来长期探索和实践基础上,在认识上不断深入、在战略上不断完善、在实践上不断丰富,成功推进和拓展了中国式现代化。我们用几十年时间走完西方发达国家几百年走过的工业化历程,创造了经济快速发展和社会长期稳定两大奇迹,中国之治令世人惊叹。实践证明,中国式现代化走得通、行得稳,是强国建设、民族复兴的唯一正确道路。

中国式现代化蕴含的独特世界观、价值观、历史观、文明观、民主观、生态观等及其伟大实践,是对世界现代化理论和实践的重大创新。中国式现代化,深深根植于中华优秀传统文化,体现科学社会主义的先进本质,借鉴吸收一切人类优秀文明成果,代表人类文明进步的发展方向,展现了不同于西方现代化模式的新图景,是一种全新的人类文明形态。中国式现代化的出场有力证明了:西方现代化不是实现现代化的唯一道路和标准。中国式现代化的探索和实践,凸显出鲜明的独立自主性、历史主动性和开拓创新性,是中国共产党和中国人民"走自己的路"的集中体现。

实践证明,一个国家走向现代化,既要遵循现代化一般规律,更要符合本国实际,具有本国特色。中国式现代化既有各国现代化的共同特征,更有基于自己国情的鲜明特色。党的二十大报告明确概括了中国式现代化五个方面的中国特色,即:人口规模巨大的现代化、全体人民共同富裕的现代化、物质文明和精神文明相协调的现代化、人与自然和谐共生的现代化、走和平发展道路的现代化。这五个方面的中国特色,深刻揭示了中国式现代化的科学内涵。这既是理论概括,也是实践要求,为全面建成社会主义现代化强国、实现中华民族伟大复兴指明了一条康庄大道。

中国式现代化的五大特色蕴含着深厚的科技意蕴,体现了中国式现代化对我国科技创新提出的科技需求。人口规模巨大是中国式现代化的显著特征,这一特色要求我们在发展科技事业时,必须加快实施创新驱动发展战略,不断增进民生福祉,让科技创新成果更多更公平惠及全体人民。全体人民共同富裕是中国式现代化的本质特征,这一特色要求我们在发展科技事业时,把促进全体人民共同富裕作为科技创新的着力点,依靠科技大幅提高社会生产力和城乡居民收入,正确处理效率和公平、增长和分配关系,逐步实现整体富裕、普遍富裕。物质文明和精神文明相协调是中国式现代化的崇高追求,这一特色要求我们在发展科技事业时,既需要通过大力发展生产力不断夯实人民幸福生活的物质条件,又需要通过大力发展社会主义先进文化满足人民精神文化需求,促进物的全面丰富和人的全面发展。人与自然和谐共生是中国式现代化的鲜明特点,这一特色要求我们在发展科技事业时,加快绿色低碳科技革命,着力改善生态环境质量,提供更多优质生态产品,让中华大地天更蓝、山更绿、水更清、环境更优美。走和平发展道路是中国式现代化的突出特征,这一特色要求我们在发展科技事业时,弘扬全人类共同价值,积极融入全球创新网络,通过国际科技交流合作既发展自身又造福世界,致力于推动构建人类命运共同体。

三、高水平科技自立自强是新时代科技事业的总纲

没有坚实的物质技术基础,就不可能全面建成社会主义现代化强国。物质技术基础是多方面的,而科技是其中一个极为重要、极为关键的因素。从提出"四个现代化"到提出全面建成社会主义现代化强国,科学技术现代化始终是我国现代化建设的重要内容。科技现代化是中国式现代化的有机组成部

分,科技发展水平是衡量中国式现代化的重要标尺。我国科技事业以其特有的维度彰显了中国式现代化的科技底蕴,夯实了中国式现代化的科技根基。

当今世界百年未有之大变局加速演进,全球进入新的动荡变革期,科技创新水平成为影响利益相关各方战略博弈的关键变量。面向未来,可以说,新科技革命和产业变革将是最难掌控但必须面对的不确定性因素之一,抓住了就是机遇,抓不住就是挑战。放眼全球,新兴科学技术蓬勃发展,进入新一轮科技革命和产业变革加速演变、突飞猛进的时期。已经实现现代化的发达国家在继续享受科技创新红利的同时,纷纷面向未来积极部署前沿科技发展,力图依靠科技创新掌握新的发展先机、赢得新的主动权。正在向现代化迈进的广大发展中国家更加重视科技创新的驱动引领作用,纷纷把科技创新上升为国家发展战略,加大科技投入,力图依靠科技创新促进经济增长和社会进步。

以习近平同志为核心的党中央,在科学把握新一轮科技革命和产业变革发展态势,正确分析我国科技事业所处历史方位的基础上,明确提出了实现高水平科技自立自强的使命任务。高水平科技自立自强是对科技创新在新发展阶段提出的必然要求,是新时代科技事业的总纲。科技创新的一切工作,包括制定科技发展规划、实施创新驱动发展战略、强化国家战略科技力量、打赢关键核心技术攻坚战、深化科技体制改革、培养创新型人才、参与全球科技治理等等,都必须按照高水平科技自立自强的要求来谋划,朝着高水平科技自立自强的目标来推进。必须以高水平科技自立自强统领科技事业,并且把实现高水平科技自立自强作为衡量科技创新成效的检验标准。

高水平科技自立自强,是党和国家主动求变识变应变、因时因势而动的战略抉择,是一种高标准定位的自立自强,是要对标国际先进水平的自立自强。我国已进入全面建设社会主义现代化国家、向第二个百年奋斗目标进军的新发展阶段。实现我们的奋斗目标,高水平科技自立自强是关键。这对于增强我国发展竞争力和持续力具有决定性意义。实现高水平科技自立自强,是迎接新一轮科技革命和产业变革新挑战、打造国家竞争新优势的迫切需要,是建设世界科技强国、建设社会主义现代化强国的内在要求,是构建新发展格局、实现高质量发展的重大任务,是掌握发展主动权、把握时代脉搏的根本途径,是防范化解风险挑战、保障国家安全的关键举措,是统筹疫情防控和经济社会发展实践的经验总结。

大力推进科技创新，努力实现高水平科技自立自强，建设世界科技强国，体现了中国共产党坚持以中国式现代化全面推进中华民族伟大复兴的科技使命和责任担当。近年来，美西方国家频频对我实施"筑墙"、"脱钩"、断供战术，编织科技铁幕，开展"长臂管辖"，加码技术封锁，滥用国家安全概念对我科技企业和经济实体极限施压，想方设法打压我国科技创新。在新时代新征程上，我们要始终坚持创新在我国现代化建设全局中的核心地位，深入实施创新驱动发展战略，努力实现高水平科技自立自强，以科技强国建设助推中国式现代化。必须把发展放在自己力量的基点上，坚持面向世界科技前沿、面向经济主战场、面向国家重大需求、面向人民生命健康，加快实现高水平科技自立自强。必须增强责任感和危机感，把高水平科技自立自强作为中国式现代化的战略支撑，着力开辟发展新领域新赛道，不断塑造发展新动能新优势。实现高水平科技自立自强，是一项前无古人的探索事业。要加强原创性、引领性科技攻关，坚决打赢关键核心技术攻坚战；强化国家战略科技力量，提升国家创新体系整体效能；构建开放创新生态，参与全球科技治理；激发各类人才创新活力，建设全球人才高地。党的二十届三中全会审议通过的《中共中央关于进一步全面深化改革、推进中国式现代化的决定》特别强调，要统筹推进教育科技人才体制一体改革，构建支持全面创新体制机制。

中国式现代化创造了人类文明新形态，凸显了中国式现代化的世界意义和文明价值。中国式现代化既是对世界现代化道路的新开拓，也是中国发展所具有的创造性贡献。从科技创新的角度看，中国式现代化作为一种重要的科技实践，展现了科技创新在中国式现代化进程中的驱动引领作用。从人类文明的角度看，中国式现代化是人类历史上全新的文明实践，展现了科技创新在人类文明进程中的重大意义。科技创新本身就是人类文明进步的重要动力。科技创新成果构成人类文明的重要内容，成为人类文明演进发展的鲜明标志。《高水平科技自立自强与中国式现代化》一书，注重从科技创新的角度探究中国式现代化背后的科技奥秘，旨在对中国式现代化进行科技解读，力图揭示高水平科技自立自强对于推进和拓展中国式现代化的独特意义，为谱写中国式现代化雄浑壮阔的科技篇章提供对策建议。

第一章 |
中国式现代化是强国建设、民族复兴的康庄大道

中国式现代化是在改革开放40多年的伟大实践中走出来的,是在新中国成立70多年来的持续探索中走出来的,是在我们党领导人民进行伟大社会革命100多年的不懈奋斗中走出来的。搞清楚中国式现代化的历史由来和发展演进,就能明白,我们党在推进革命、建设、改革的进程中,是怎样坚持把马克思主义基本原理同中国具体实际相结合、同中华优秀传统文化相结合,开辟中国特色社会主义道路,推进和拓展中国式现代化,中华民族迎来了从站起来、富起来到强起来的伟大飞跃,迎来了实现中华民族伟大复兴的光明前景。

中国式现代化的蓝图是中国共产党团结带领全国各族人民一笔一画设计和描绘出来的。正是在中国共产党的坚强有力领导下,中国人民奋力前行,一步一步把蓝图变成现实。以中国式现代化推进和实现中华民族伟大复兴,是一个波澜壮阔的历史进程。中国共产党团结带领中国人民所进行的一切奋斗、一切牺牲、一切创造,归结起来就是为了实现中华民族的伟大复兴。这个宏伟目标,在新民主主义革命时期,表现为中国共产党带领中国人民追求民族独立解放和人民自由幸福;进入社会主义革命和建设时期,表现为中国共产党带领中国人民建设"四个现代化",实现祖国的繁荣昌盛;进入改革开放和社会主义现代化建设新时期,表现为推进改革开放,大踏步赶上时代,满足人民对幸福生活的美好追求;中国特色社会主义进入新时代后,突出地表现为对全面建设社会主义现代化强国的奋斗和追求。正是在不懈探索中,我们党对建设社会主义现代化国家在认识上不断深入、在战略上不断成熟、在实践上不断丰富,成功走出了一条中国式现代化的新道路,创造了人类文明新形态。

一、开天辟地的大事变

中国是一个有着5000多年历史的文明古国。中华民族以自己的勤劳和智慧，曾经创造出世界上独领风骚的灿烂文明，长期走在世界前列。然而，当欧美一些国家从17世纪中叶开始确立先进的资本主义生产方式，又从18世纪60年代开始工业革命的时候，中国最后一个封建王朝——清朝的统治者却盲目地以中央帝国的"康乾盛世"而自傲，自我封闭，拒绝扩大与外国的交往，仍然陶醉于昔日的辉煌之中。到19世纪三四十年代，清王朝已陷入政治腐败、军备废弛、财政拮据、社会动荡的境地。在世界近代化、工业化、现代化的大潮中，中国逐渐落伍了。1840年鸦片战争成为"压倒骆驼的最后一根稻草"，中国逐渐沦为半殖民地半封建社会，遭受前所未有的劫难。国家蒙辱、人民蒙难、文明蒙尘，中华民族受到帝国主义和封建主义的双重压迫，民族危机和社会危机空前深重。山河破碎、生灵涂炭，展现在中华民族面前的是一片濒临毁灭的悲惨前景。

这样，中华民族面对着两大历史任务：一个是争取民族独立和人民解放；一个是实现国家富强和人民幸福。在这两大任务中，前一个任务为后一个任务扫清障碍，创造必要的前提。因此，如何反对外国列强的侵略，摆脱封建专制的统治，改变国家贫穷落后的面貌，解决独立、自由、民主、统一、富强的问题，成为半殖民地半封建的中国所面临的主要问题。随着外国列强的入侵，帝国主义和中华民族的矛盾，封建主义和人民大众的矛盾日趋尖锐，成为近代中国社会的主要矛盾。

近代中国正是在西方列强的野蛮侵略和清王朝的腐朽统治中，在一次次面临民族危亡的严峻考验中，被迫开启了艰难的现代化探索进程。为了摆脱落后挨打、任人宰割的悲惨命运，中国人民奋起反抗，仁人志士苦苦求索，进行民族复兴的各种尝试。为探索现代化道路，各个政治力量开始将眼光转向西方资本主义国家。"睁眼看世界"，发现西方已是工业社会、工业文明，自己还处于农业社会、农业文明。在这样一种复杂的思想背景和社会现实条件下，中国现代化的起步一开始走的就是照搬照抄、食洋不化的弯路。洋务运动主张"中学为体,西学为用",提出"师夷长技以制夷",寄希望于在不改变原有体制的基础上通过学习西方先进技术来挽救统治危机,企图以吸取西方近代生产技术为手段,来达到维护和巩固中国封建统治的目的,这就决定了它必然失败的命运。以康有为、梁启超为代表的资产阶级维新派,认识到"世界已进入工业之世界",在推动政治改良的同时,提出"兴实业"、"尚工"甚至"以工立国"的主张,试图以改良来图强。这些主张已经蕴含了中国工业化、现代化思想要素,但他们试图通过确立君主立宪制为发展工业化扫清道路,期望通过学习西方资产阶级现代化思想和制度来实现中国的现代化,结果被封建顽固派所镇压。所有的努力、探索和尝试都失败了。

中国人民在进行各种未能成功的反抗之后,又起来革命了。1905年,伟大的民主革命先行者孙中山发起成立同盟会,提出了实质上是以建立资产阶级民主共和国为目标的政治纲领,并努力用革命手段来实现这个纲领。1911年,以孙中山为代表的中国资产阶级革命派发动和领导的辛亥革命,开始了比较完全意义上的反帝反封建的民族民主革命,结束了统治中国几千年的君主专制制度,建立了中华民国。孙中山主张大规模发展工商业,并作出了具体计划和规划,提出了以"实业计划"为核心的"建国方略",其三民主义政纲更是包含了现代化的基本诉求。但是,资产阶级革命派试图依靠封建军阀的支持通过发展私人资本主义和国家资本主义实现国家现代化,最终实际上仍陷入了实业救国的窠臼和空想。辛亥革命以同旧的反动势力的妥协而告终,革命的果实落到北洋军阀手里。帝国主义在中国的势力没有受到削弱,封建势力依然在中国每一个角落盘根错节。中华民族面临的两大历史任务一个也没有解决,中国人民依然生活在贫穷、落后、分裂、动荡、混乱的苦难深渊中。

事实表明,不触动封建根基的自强运动和改良主义,旧式的农民战争,资产阶级革命派领导的革命,照搬西方资本主义的其他种种方案,都不能完成中华民族救亡图存的民族使命和反帝反封建的历史任务。企图在半殖民地半封建社会的基础上走出一条中国现代化的道路来,结果只能是一枕黄粱美梦。近代以来中国现代化探索的失败,深刻地说明了一个道理,这就是:在半殖民地半封建的中国走资本主义道路行不通,走西方化的现代化道路同样行不通。要解决中国的发展进步问题,必须找到能够指导中国人民进行反帝反封建革命的先进理论,必须找到能够领导中国社会变革的先进社会力量。

正在这时,俄国和中国发生了两件大事,这就是1917年俄国的十月革命和1919年中国的五四运动。十月革命的隆隆炮声,给中国送来了马克思列宁主义这一先进理论。五四运动爆发于民族危难之际,以彻底反帝反封建的革命性、追求救国强国真理的进步性、各族各界群众积极参与的广泛性,推动了中国社会进步,促进了马克思主义在中国的传播,促进了马克思主义同中国工人运动的结合,为中国共产党成立做了思想上干部上的准备。

1921年,在中国各族人民反帝反封建的壮阔斗争中,在世界无产阶级革命的澎湃运动中,在中华民族内忧外患、社会危机空前深重的时代背景下,中国共产党诞生了。这是近代中国社会矛盾发展和人民斗争深入的必然结果。中国产生了共产党,这是开天辟地的大事变。这一开天辟地的大事变,深刻改变了近代以后中华民族发展的方向和进程,深刻改变了中国人民和中华民族的前途和命运,深刻改变了世界发展的趋势和格局。

中国共产党的诞生,是近现代中国历史发展的必然产物,是中国人民在救亡图存斗争中顽强求索的必然产物。中国共产党是顺应时代呼唤和人民意愿诞生的,是马克思列宁主义同中国工人运动相结合的产物。她以代表先进生产力的工人阶级作为自己的阶级基础,以深刻揭示社会发展规律的先进理论——马克思主义作为指导思想和行动指南,以民主集中制这一先进的政党组织制度凝聚全党的智慧与力量,从而成为中国历史上从未有过的先进政党,成为最有资格担当历史重任的领导力量。

中国共产党的诞生是中国现代化事业前进发展的重大历史转折点。从此,中国现代化事业有了正确的前进方向,中国人民为现代化事业而奋斗有了强大精神力量,中国现代化命运有了光明发展前景。习近平同志深刻指出:"建设社会主义现代化国家、实现中华民族伟大复兴,是我们党孜孜以求的宏伟目标。自成立以来,我们党就团结带领人民为此进行了不懈奋斗。"[1]

中国共产党成立不久,就成为中国政治舞台上最有活力的政党。党在中国人民面前破天荒第一次提出了明确的、完整的、彻底的反帝反封建的民主革

---

[1]《习近平谈治国理政》第3卷,外文出版社2020年版,第110页。

命纲领。党促成了第一次国共合作,开展了以工农群众为主体的轰轰烈烈的大革命运动,参加和领导了北伐战争,在政治上基本推翻了北洋军阀的统治,给帝国主义和封建势力以沉重的打击。

1927年国民党反动派发动"四一二"反革命政变以后,以毛泽东同志为主要代表的中国共产党人,把马克思主义理论与中国革命具体实际相结合,开辟了以农村包围城市、武装夺取政权、最后夺取全国胜利的道路。党领导了土地革命,废除了封建的土地所有制关系,建立了苏维埃政权。中国共产党在艰难困苦的环境中显示出中国人民长远利益和根本利益的代表者的本色。

在日本帝国主义大举入侵、中华民族处于生死存亡的危急关头,中国共产党首先举起了团结抗日的旗帜,伸张民族大义,促成以国共合作为基础的广泛的抗日民族统一战线,并最终取得了抗日战争的胜利。抗日战争是1840年鸦片战争以来第一次取得完全胜利的民族解放战争,它从根本上扭转了100多年来中国抵抗外国侵略屡战屡败的局面,一举洗雪了民族耻辱。它是中华民族由衰败到重新振兴的重要转折点。这一胜利,加速了中华民族的觉醒,极大地提高了中国人民的民族自信心。共产党领导的八路军、新四军和其他抗日人民武装,在艰苦卓绝的抗战中发挥了中流砥柱的作用。历史证明:中国共产党是全民族利益的坚定维护者,中国共产党领导的人民武装是夺取抗日战争胜利的决定性力量。

抗日战争胜利后,中国共产党代表中国人民渴望和平建国的愿望,真诚地希望把中国建设成为独立、自由、民主、统一和富强的新民主主义国家。然而,以蒋介石为首的国民党统治集团却在美国政府的支持下,企图独霸胜利果实,坚持国民党的独裁统治,维护大地主大资产阶级的利益。这样,中国就面临着两种命运、两个前途的选择,即是建立一个新民主主义的国家,还是建立一个大地主大资产阶级专政的国家。中国共产党为争取和平民主、维护广大人民群众的利益,做出了巨大努力。但是,由于国民党蒋介石集团背信弃义,最终爆发了全国规模的内战。在这种情况下,中共中央对战争前途作了正确的分析和估计,指出人民解放战争所具有的正义的革命性质,必然会获得全国人民的拥护,这是我们的优势,是战胜国民党蒋介石的政治基础。经过3年多的艰苦奋战,终于打败国民党反动派,取得了新民主主义革命的最后胜利。

　　新民主主义革命是进行了局部执政探索并且具有明确现代化目标的革命。党在开展武装斗争的同时,在根据地、解放区创造性地加强生产,发展经济和保障供给,开展教育科学文化事业,推进政权机关的廉政建设和干部队伍作风建设,体现了党在局部执政条件下提高经济建设本领和管理能力的探索,为后来在全国执政、开展现代化建设积累了宝贵经验。在新民主主义革命实践中,我们党认识到社会主义和现代化不是靠小生产就可以建立起来的,必须实行社会化大生产,而社会化大生产首先就是工业化。党旗帜鲜明地提出:"中国工人阶级的任务,不但是为着建立新民主主义的国家而斗争,而且是为着中国的工业化和农业近代化而斗争。"①毛泽东同志明确指出:"我们共产党是要努力于中国的工业化的。"②他强调:"消灭封建制度,发展农业生产,就给发展工业生产,变农业国为工业国的任务奠定了基础,这就是新民主主义革命的最后目的。"③在新中国成立前夕,毛泽东同志以深邃的战略眼光指出:"在革命胜利以后,迅速地恢复和发展生产,对付国外的帝国主义,使中国稳步地由农业国转变为工业国,把中国建设成一个伟大的社会主义国家。"④工业化成为党为新生的人民政权所描绘的宏伟蓝图中的一个激励人心的奋斗目标。

　　1949年10月1日,毛泽东同志在天安门城楼庄严宣告中华人民共和国成立,建立了工人阶级领导的、以工农联盟为基础的、包括城市小资产阶级和民族资产阶级在内的新民主主义的国家政权,废除了帝国主义强加在中华民族头上的一系列不平等条约,实现了中华民族梦寐以求的民族独立和解放。中国人民革命的胜利,结束了100多年来帝国主义勾结封建统治者剥削压迫中国各族人民和内外战乱频仍、国家四分五裂的局面,实现了梦寐以求的民族解放和国家独立。中国人民从此站立起来,意气风发地开始了自主探索和推进中国现代化的新征程。

　　总之,在新民主主义革命时期,我们党团结带领人民,浴血奋战、百折不挠,经过北伐战争、土地革命战争、抗日战争、解放战争,经过28年艰苦卓绝的

①《毛泽东选集》第3卷,人民出版社1991年版,第1081页。
②《毛泽东文集》第3卷,人民出版社1996年版,第146页。
③《毛泽东选集》第4卷,人民出版社1991年版,第1316页。
④《毛泽东选集》第4卷,人民出版社1991年版,第1437页。

斗争,推翻了帝国主义、封建主义、官僚资本主义"三座大山",建立了人民当家作主的中华人民共和国,实现了国家独立、民族解放、人民当家作主。党的不懈奋斗,为中国实现现代化作出了伟大历史贡献。这一伟大历史贡献的意义在于,彻底结束了旧中国半殖民地半封建社会的历史,彻底结束了旧中国一盘散沙的局面,彻底废除了列强强加给中国的不平等条约和帝国主义在中国的一切特权,实现了中国从几千年封建专制政治向人民民主的伟大飞跃。正是在这样独立、自由、民主、统一的新中国里,翻身做主人的中国人民,在中国共产党的坚强领导下,得以开启通往现代化的历史进程。新民主主义革命的胜利为中国式现代化奠定了根本的社会条件和基础。新民主主义革命,从根本上改变了中国社会的发展方向,从而为实现由新民主主义到社会主义的转变,建立社会主义制度,为中国摆脱贫穷落后的面貌,走向现代化,实现国家繁荣富强和人民共同富裕,扫清了障碍,创造了必要的前提。

二、发展进步的新纪元

新中国成立后,党领导全国人民,以极大的热情投入了新民主主义建设,并创造性地实现了由新民主主义到社会主义的转变,全面确立了社会主义的基本制度,使占世界人口四分之一的东方大国进入了社会主义社会。这是中国社会变革和历史进步的巨大飞跃,极大地推进了中国现代化建设事业。

在党的坚强领导下,新中国战胜了政治、经济、军事等方面一系列严峻挑战,肃清了国民党反动派残余武装力量和土匪,和平解放西藏,实现祖国大陆完全统一。从1949年中华人民共和国成立到1952年底,党领导全国人民进行了历时三年的国民经济恢复工作。党和政府依靠工人阶级,动员一切社会力量为恢复和发展生产而奋斗,领导了稳定物价和统一财经等重大斗争,迅速平稳了物价,保证了人民群众的正常生活。紧接着,在进行抗美援朝、土地改革和各项民主改革的前提下,党和政府领导开展了包括经济、政治、文化教育等多方面的新民主主义建设。经过三年的努力,我国整个国民经济得到全面恢复和初步发展。新中国在错综复杂的国内国际环境中站稳了脚跟。

1953年6月,中共中央正式讨论并制定了党在过渡时期的总路线,即:从中华人民共和国成立,到社会主义改造基本完成,这是一个过渡时期。党在这个过渡时期的总路线和总任务,是要在一个相当长的时期内,逐步实现国家的社会主义工业化,并逐步实现国家对农业、对手工业和对资本主义工商业的社会主义改造。

社会主义改造的基本完成,标志着社会主义制度在中国已经基本上建立起来。这是中国历史上最深刻最伟大的社会变革,开辟了中国走向国家富强和民族振兴的光辉道路。当然,刚刚建立的社会主义的物质基础还很不充分,在发展生产力方面还有艰巨的任务。1956年9月召开的党的第八次全国代表大会,既是对从新民主主义到社会主义转折完成的总结,又是全面建设社会主义新时期开始的起点,为社会主义现代化建设的进一步发展指明了方向。党的八大的路线是正确的,提出的许多方针是富有创造精神的新方针、新设想。

党的八大以后,党领导全国人民进入了全面进行社会主义建设的时期,各族人民意气风发投身热气腾腾的社会主义建设。由于在这一时期党注重生产力的发展,重视建设社会主义的文化,注重人民群众物质文化需求的满足,一方面使经济发展和人民生活水平得到了较大的提高;另一方面也使全国各族人民迸发出空前的建设热情,显示了社会主义制度的强大生命力。遗憾的是,在后来的社会主义建设实践中,由于指导思想上犯了"左"的错误,导致社会主义建设事业经历了挫折。虽然如此,我们还是要辩证地看到,社会主义建设所取得的巨大成就,是中国以往历史上任何一个时期都无法比拟的。在前进的过程中,我们积累了在中国这样一个社会生产力水平十分落后的东方大国进行社会主义现代化建设的重要经验。这些经验凝聚着人民群众的智慧,蕴含着兴衰成败的哲理,揭示了强国富民的真谛。

"独立自主"、"以苏为鉴"、"不走老路",为开展社会主义建设确立了基本的原则。在中国这样的社会历史条件下建设社会主义,是党面临的崭新课题。面对帝国主义的经济封锁、物资禁运、外交孤立、武装干涉甚至核讹诈,毛泽东同志强调要发扬独立自立、自力更生的精神,探索适合中国国情的社会主义建设道路。中国作为一个人口众多、生产力水平落后、经济文化不发达的东方大国,刚刚赢得民族独立,开展社会主义现代化建设,一开始只有"老大哥"苏联的经验可供借鉴。苏共二十大后,随着苏联模式弊端逐渐显露,毛泽东同志明确提出要"以苏为鉴",独立探索适合中国国情的社会主义现代化建设道路。1956年4月,毛泽东同志在中共中央政治局扩大会议上指出:"最近苏联方面暴露了他们在建设社会主义过程中的一些缺点和错误,他们走过的弯路,你还想走? 过去我们就是鉴于他们的经验教训,少走了一些弯路,现在当然更要引以为戒。"①1960年3月,毛泽东同志指出:"第一个五年计划期间,我们是总照抄。我们不懂嘛,只好抄苏联的。到第二个五年计划,我们就不照抄了,一九五八年、一九五九年我们自己找出了一套办法。"②1963年9月,毛泽东同志强调"革命和建设都要靠自己"③,并举例说:"苏联把专家撤走,撕毁了合同,这对我们有好处。我们没办法,就靠自己,靠自己两只手。……离开了先生,学生就自己学。"④在新中国的建设实践中,毛泽东同志还特别强调"不走老路"。他指出:"我们不能走世界各国技术发展的老路,跟在别人后面一步一步地爬行。我们必须打破常规,尽量采用先进技术,在一个不太长的历史时期内,把我国建设成为一个社会主义的现代化的强国。"⑤

"四个现代化"发展目标和战略的提出,是中国式现代化探索取得的重大成就。早在1944年5月,毛泽东同志就明确指出,"共产党是要努力于中国的工业化的"⑥。1945年4月,毛泽东同志在《论联合政府》中,就提出了"为着中国的工业化和农业近代化而斗争"⑦的任务。新中国成立后,以毛泽东同志为核心的党的第一代中央领导集体对工业化进行了探索和实践。1953年,毛泽东同志在酝酿和制定党在过渡时期的总路线时,对国家工业化、社会主义工业化等问题进行了比较系统的思考。1954年9月,周恩来同志在第一届全国人民代表大会第一次会议上所作的《政府工作报告》中,代表党中央第一次明确提出了建设现代化的工业、现代化的农业、现代化的交通运输业和现代化的国防的

---

① 《毛泽东文集》第7卷,人民出版社1999年版,第23页。
② 《毛泽东文集》第8卷,人民出版社1999年版,第158页。
③ 《毛泽东文集》第8卷,人民出版社1999年版,第338页。
④ 《毛泽东文集》第8卷,人民出版社1999年版,第338页。
⑤ 《毛泽东文集》第8卷,人民出版社1999年版,第341页。
⑥ 《毛泽东文集》第3卷,人民出版社1996年版,第146页。
⑦ 《毛泽东选集》第3卷,人民出版社1991年版,第1081页。

要求。1957年2月,毛泽东同志在《关于正确处理人民内部矛盾的问题》中指出,"将我国建设成为一个具有现代工业、现代农业和现代科学文化的社会主义国家"[①]。1959年12月至1960年2月,毛泽东同志在读苏联《政治经济学教科书》时,明确提出:"建设社会主义,原来要求是工业现代化,农业现代化,科学文化现代化,现在要加上国防现代化。"[②]1960年1月,毛泽东同志在上海主持召开中央政治局扩大会议时,使用了"四个现代化"[③]的提法。1963年1月,周恩来同志在上海市科学技术工作会议上指出:"我们要实现农业现代化、工业现代化、国防现代化和科学技术现代化,把我们祖国建设成为一个社会主义强国,关键在于实现科学技术的现代化。"[④]在1964年12月至1965年1月召开的第三届全国人民代表大会第一次会议上,周恩来同志正式向全国人民公布了实现农业、工业、国防和科学技术"四个现代化"的战略目标。

"四个现代化"的提出,首次清晰地勾画了中国现代化事业的宏伟蓝图,为全国人民指明了奋斗方向。从现代化的视野来认识和把握工业化发展方向,极大拓展了工业化的内涵,为在更高水平上、更广泛领域推动社会主义事业的发展开辟了道路。为了实现"四个现代化"战略目标,党中央提出了两步走的发展步骤:第一步,建立一个独立的比较完整的工业体系和国民经济体系;第二步,全面实现农业、工业、国防和科学技术的现代化,使我国经济走在世界的前列。

经过实施几个五年计划,到20世纪70年代末,我国实现了两步走的第一步阶段性目标,建立起独立的比较完整的工业体系和国民经济体系。这是来之不易的巨大成就。新中国成立之初,毛泽东同志曾这样感叹:"现在我们能造什么? 能造桌子椅子,能造茶碗茶壶……但是,一辆汽车、一架飞机、一辆坦克、一辆拖拉机都不能造。"[⑤]在当时一穷二白、国际敌对势力对我进行封锁的情况下,我国连日用的煤油、火柴、铁钉都称为洋油、洋火、洋钉。为尽快改变

---

① 《毛泽东文集》第7卷,人民出版社1999年版,第207页。
② 《毛泽东文集》第8卷,人民出版社1999年版,第116页。
③ 《毛泽东年谱》第4卷,中央文献出版社2013年版,第303页。
④ 《周恩来文化文选》,中央文献出版社1998年版,第588页。
⑤ 《毛泽东文集》第6卷,人民出版社1999年版,第329页。

这种落后状况,我们党进行了艰辛探索。我国初步改变了历史遗留下来的技术落后、畸形发展的工业状况,终于建立起独立的比较完整的工业体系和国民经济体系。我国的水利设施、化肥农药、农村用电、农业机械等大大增加,农业生产条件有了显著改善。我国钢铁、电力、石油、煤炭、化工、机械、轻纺等工业部门大大加强,许多新的工业部门从无到有、从小到大地发展起来。"两弹一星"等国防尖端科技不断取得突破,中国成为在世界上有重要影响的大国。随着生产的发展,我国国内贸易和对外贸易不断扩大。教育、科学、文化、卫生、体育事业取得长足进展,我国人民的生活比新中国成立前有了根本性的改善。"四个现代化"第一步发展战略的实现,为中国现代化事业奠定了比较雄厚的物质基础,创立了可以依靠的前进阵地。

总之,在社会主义革命和建设时期,我们党团结带领人民,自力更生、发奋图强,创造性地开辟了一条适合中国特点的社会主义改造的道路,顺利实现了对生产资料私有制的社会主义改造,确立了社会主义制度,创造了社会主义革命和建设的伟大成就,为现代化建设和当代中国一切发展进步奠定了根本政治前提和制度基础。在短短的20多年时间里,党领导人民独立自主、自力更生、艰苦创业,开展了大规模的社会主义建设,在旧中国遗留下来的一穷二白的基础上逐步建立了独立的比较完整的工业体系和国民经济体系,为中国发展壮大、中国人民生活富裕奠定了坚实根基,实现了中华民族由不断衰落到根本扭转命运、持续走向繁荣富强的伟大飞跃。在推进中国式现代化的实践中,党注意把马克思主义基本原理同中国具体实际进行"第二次结合",探索适合中国情况的建设社会主义的正确道路,并深刻总结正反两方面经验,提出了关于社会主义建设的一系列重要思想,包括社会主义社会是一个很长的历史阶段,严格区分和正确处理敌我矛盾和人民内部矛盾,正确处理我国社会主义建设的十大关系,走出一条适合我国国情的工业化道路,尊重价值规律,在党与民主党派的关系上实行"长期共存、互相监督"的方针,在科学文化工作中实行"百花齐放、百家争鸣"的方针等。党在社会主义革命和建设中取得了独创性理论成果和巨大成就,为现代化建设奠定根本政治前提和宝贵经验、理论准备、物质基础。

三、改革开放新的伟大革命

1978年12月，党的十一届三中全会隆重召开。这次会议果断结束"以阶级斗争为纲"，实现党和国家工作中心战略转移，开启了改革开放和社会主义现代化建设新时期，实现了新中国成立以来党的历史上具有深远意义的伟大转折。在党的十一届三中全会春风吹拂下，神州大地万物复苏、生机勃发，拨乱反正全面展开，解决历史遗留问题有步骤进行，社会主义民主法制建设走上正轨，党和国家领导制度和领导体制得到健全，国家各项事业蓬勃发展。我们伟大的祖国迎来了思想的解放、经济的发展、政治的昌明、教育的勃兴、文艺的繁荣、科学的春天。党和国家又充满希望、充满活力地踏上了实现社会主义现代化的伟大征程。

党的十一届三中全会以后，以邓小平同志为主要代表的中国共产党人，作出把党和国家工作中心转移到经济建设上来、实行改革开放的历史性决策，在改革开放的新环境中开始了社会主义现代化建设的新探索。邓小平同志深刻总结新中国成立以来正反两方面经验，围绕什么是社会主义、怎样建设社会主义这一根本问题，借鉴世界社会主义历史经验，深刻揭示社会主义本质，确立社会主义初级阶段基本路线，明确提出走自己的路、建设中国特色社会主义，制定了到21世纪中叶分三步走、基本实现社会主义现代化的发展战略，科学回答了建设中国特色社会主义的一系列基本问题，创立了邓小平理论。牢牢把握发展这个硬道理，狠抓科学技术这个第一生产力，加快发展经济，有步骤地开展经济体制改革、科技体制改革，进行政治体制改革和民主法制建设，推动社会主义精神文明建设，开创党的建设新的伟大工程，大力惩治腐败现象等等，都是党在改革开放条件下推进社会主义现代化建设的重大举措。我们党在推进社会主义现代化事业的进程中取得了丰硕的理论成果和实践成果，成功开辟了中国特色社会主义道路。

党的十三届四中全会以后，以江泽民同志为主要代表的中国共产党人，团结带领全国各族人民，坚持党的基本理论、基本路线不动摇，加深了对什么是社会主义、怎样建设社会主义和建设什么样的党、怎样建设党的认识，形成了

"三个代表"重要思想,在国内外形势十分复杂、世界社会主义出现严重曲折的严峻考验面前捍卫了中国特色社会主义。党确立了社会主义市场经济体制的改革目标和基本框架,这是前无古人的伟大创举。建立社会主义市场经济体制,确立社会主义初级阶段的基本经济制度和分配制度,推动经济结构的战略性调整,大力推进国有企业改革和发展,实施科教兴国战略、可持续发展战略、西部大开发战略,实行依法治国、建设社会主义法治国家,实施"引进来"与"走出去"相结合的对外开放战略,加强党的作风建设,推进党的建设新的伟大工程等等,都体现了党在社会主义经济条件下推进社会主义现代化建设事业的探索和努力。我们党成功把中国特色社会主义推向21世纪。

党的十六大以后,以胡锦涛同志为主要代表的中国共产党人,团结带领全国各族人民,在全面建设小康社会进程中推进实践创新、理论创新、制度创新,抓住重要战略机遇期,聚精会神搞建设,一心一意谋发展,深刻认识和回答了新形势下实现什么样的发展、怎样发展等重大问题,形成了科学发展观。党坚持以人为本、全面协调可持续发展,加快转变经济发展方式,实施创新驱动发展战略、建设创新型国家,建设社会主义新农村,建设资源节约型、环境友好型社会,着力保障和改善民生,促进社会公平正义,实施互利共赢的开放战略,加强党的执政能力和先进性建设等等,都是党在新世纪新阶段推进社会主义现代化建设事业的重大部署。我们党成功地在新形势下坚持和发展了中国特色社会主义。

在推进改革开放和社会主义现代化建设的实践进程中,中国式现代化的探索和实践不断得到丰富和发展。邓小平同志不仅提出"中国式的现代化"的全新构想,而且还用"小康"这一简单通俗、富有中国特色的概念来表述"中国式的现代化"。1979年3月,邓小平同志在《坚持四项基本原则》这篇著名讲话中提出,要使中国实现四个现代化,至少必须看到贫穷落后、底子薄、人口多、耕地少等问题,因此必须要走一条中国式现代化的道路。1979年10月,邓小平同志又进一步指出,叫中国式的现代化,就是把标准放低一点,我们到本世纪末国民生产总值能不能达到人均上千美元? 1979年12月,邓小平同志在会见日本首相大平正芳时,第一次用"小康"、"小康之家"来描述中国式的现代化。邓小平指出:"我们要实现的四个现代化,是中国式的四个现代化。我们的四个现代化的概念,不是像你们那样的现代化的概念,而是'小康之家'。到本世纪末,中国的四个现代化即使达到了某种目标,我们的国民生产总值人均水平也还是很低的。要达到第三世界中比较富裕一点的国家的水平,比如国民生产总值人均一千美元,也还得付出很大的努力。就算达到那样的水平,同西方来比,也还是落后的。所以,我只能说,中国到那时也还是一个小康的状态。"①1980年12月,邓小平在中央工作会议上的讲话中提出了"经过二十年的时间,使我国现代化经济建设的发展达到小康水平,然后继续前进,逐步达到更高程度的现代化"②的构想。这一构想在1981年五届全国人大四次会议上被确定为:"力争用二十年的时间使工农业总产值翻两番,使人民的消费达到小康水平。"1982年9月,党的十二大提出:"从一九八一年到本世纪末的二十年,我国经济建设总的奋斗目标是,在不断提高经济效益的前提下,力争使全国工农业的年总产值翻两番""为了实现二十年的奋斗目标,在战略部署上要分两步走:前十年主要是打好基础,积蓄力量,创造条件,后十年要进入一个新的经济振兴时期。"③1984年3月,邓小平在会见日本客人时,正式明确提出了"小康社会"的概念,认为:"翻两番,国民生产总值人均达到八百美元,就是到本世纪末在中国建立一个小康社会。这个小康社会,叫做中国式的现代化。"④他特别强调:"翻两番、小康社会、中国式的现代化,这些都是我们的新概念。"⑤

分阶段实现现代化,是邓小平同志的一个重要战略思想。邓小平在规划20世纪末发展目标的基础上进一步展望了进入21世纪的发展蓝图。1984年10月,邓小平同志指出:"我们第一步是实现翻两番,需要二十年,还有第二步,需要三十年到五十年,恐怕是要五十年,接近发达国家的水平。"⑥后来,邓小平又进一步把"两步走"的战略调整和具体化为"三步走"战略。1987年4月,邓小平同志全面阐述了"三步走"的发展战略:"我们原定的目标是,第一步在八十

---

① 《邓小平文选》第2卷,人民出版社1994年版,第237页。
② 《邓小平文选》第2卷,人民出版社1994年版,第356页。
③ 中共中央文献研究室编:《十二大以来重要文献选编》上,人民出版社1986年版,第16页。
④ 《邓小平文选》第3卷,人民出版社1993年版,第54页。
⑤ 《邓小平文选》第3卷,人民出版社1993年版,第54页。
⑥ 《邓小平文选》第3卷,人民出版社1993年版,第79页。

年代翻一番。以一九八○年为基数,当时国民生产总值人均只有二百五十美元,翻一番,达到五百美元。第二步是到本世纪末,再翻一番,人均达到一千美元。实现这个目标意味着我们进入小康社会,把贫困的中国变成小康的中国。那时国民生产总值超过一万亿美元,虽然人均数还很低,但是国家的力量有很大增加。我们制定的目标更重要的还是第三步,在下世纪用三十年到五十年再翻两番,大体上达到人均四千美元。做到这一步,中国就达到中等发达的水平。这是我们的雄心壮志。"①党的十三大根据邓小平同志的战略设想,将"三步走"发展战略表述为:"第一步,实现国民生产总值比一九八○年翻一番,解决人民的温饱问题。这个任务已经基本实现。第二步,到本世纪末,使国民生产总值再增长一倍,人民生活达到小康水平。第三步,到下个世纪中叶,人均国民生产总值达到中等发达国家水平,人民生活比较富裕,基本实现现代化。然后,在这个基础上继续前进。"②邓小平制定的"三步走"发展战略,把我国社会主义现代化的目标具体化为切实可行的步骤,意义十分重大。

经过全党全国人民的艰苦奋斗,1997年,我国提前实现了"三步走"战略目标的前两步战略目标。随后党的十五大又将"三步走"战略目标的第三步进一步具体化,提出了三个阶段性目标:展望21世纪,我们的目标是,第一个十年实现国民生产总值比2000年翻一番,使人民的小康生活更加宽裕,形成比较完善的社会主义市场经济体制;再经过十年的努力,到建党100年时,使国民经济更加发展,各项制度更加完善;到21世纪中叶建国100年时,基本实现现代化,建成富强民主文明的社会主义国家。这实际上是一个新的"三步走"发展战略。2002年,党的十六大正式宣告人民生活总体上达到小康水平,提出在21世纪头20年全面建设惠及十几亿人口的更高水平的小康社会的奋斗目标。2007年,党的十七大对全面建设小康社会目标提出了新的更高要求。2012年,党的十八大把"全面建设小康社会"调整为"全面建成小康社会",并提出确保到2020年实现全面建成小康社会的宏伟目标,为加快推进社会主义现代化指明了方向。

新时期最鲜明的特点是改革开放。改革开放是党的一次伟大觉醒,是中

---

① 《邓小平文选》第3卷,人民出版社1993年版,第226页。

② 中共中央文献研究室编:《十三大以来重要文献选编》上,人民出版社1991年版,第16页。

国人民和中华民族发展史上一次伟大革命。我国改革从农村实行家庭联产承包责任制率先突破,逐步转向城市经济体制改革并全面铺开,确立社会主义市场经济的改革方向,更大程度更广范围发挥市场在资源配置中的基础性作用,坚持和完善基本经济制度和分配制度。党坚决推进经济体制改革,同时进行政治、文化、社会等各领域体制改革,推进党的建设制度改革,不断形成和发展符合当代中国国情、充满生机活力的体制机制。党把对外开放确立为基本国策,从兴办深圳等经济特区、开发开放浦东、推动沿海沿边沿江沿线和内陆中心城市对外开放到加入世界贸易组织,从"引进来"到"走出去",充分利用国际国内两个市场、两种资源。经过持续推进改革开放,我国实现了从高度集中的计划经济体制到充满活力的社会主义市场经济体制、从封闭半封闭到全方位开放的历史性转变。

如何缩小我国同西方发达国家在经济科技发展水平上的巨大差距,如何赶上时代、加快实现现代化?我们党一开始就保持着清楚的头脑,并没有像一些发展中国家那样亦步亦趋地跟在西方国家后面简单模仿,而是强调从中国实际出发,走自己的现代化道路。为加快推进社会主义现代化,我们党坚持党的基本路线不动摇,大力推进实践基础上的理论创新、制度创新、文化创新以及其他各方面创新,领导人民进行经济建设、政治建设、文化建设、社会建设等各方面建设,取得一系列重大成就。党坚持以经济建设为中心,坚持发展是硬道理,提出科学技术是第一生产力,实施科教兴国、可持续发展、人才强国等重大战略,推进西部大开发,振兴东北地区等老工业基地,促进中部地区崛起,支持东部地区率先发展,促进城乡、区域协调发展,推进国有企业改革和发展,鼓励和支持发展非公有制经济,加快转变经济发展方式,加强生态环境保护,推动经济持续快速发展,综合国力大幅提升。党坚持党的领导、人民当家作主、依法治国有机统一,发展社会主义民主政治,建设社会主义政治文明,积极稳妥推进政治体制改革,坚持依法治国和以德治国相结合,制定新宪法,建设社会主义法治国家,形成中国特色社会主义法律体系,尊重和保障人权,巩固和发展最广泛的爱国统一战线。党加强理想信念教育,推进社会主义核心价值体系建设,建设社会主义精神文明,发展社会主义先进文化,推动社会主义文化大发展大繁荣。党加快推进以改善民生为重点的社会建设,改善人民生活,取消农业税,不断推进学有所教、劳有所得、病有所医、老有所养、住有所居,促进社会和谐稳定。党提出建设强大的现代化正规化革命军队的总目标,把军事斗争准备的基点放在打赢信息化条件下的局部战争上,推进中国特色军事变革,走中国特色精兵之路。

总之,在改革开放和社会主义现代化建设新时期,我们党团结带领人民解放思想、锐意进取,进行改革开放新的伟大革命,开创、坚持、捍卫、发展中国特色社会主义,为中国式现代化提供了充满新的活力的体制保证和快速发展的物质条件。改革开放和社会主义现代化建设的伟大成就举世瞩目,我国实现了从生产力相对落后的状况到经济总量跃居世界第二的历史性突破,实现了人民生活从温饱不足到总体小康、奔向全面小康的历史性跨越,推进了中华民族从站起来到富起来的伟大飞跃,中国大踏步赶上了时代。

四、中国式现代化的推进和拓展

党的十八大以来,我们党在已有基础上继续前进,坚持问题导向,围绕解决现代化建设中存在的突出矛盾和问题,全面深化改革,不断实现理论和实践上的创新突破,成功推进和拓展了中国式现代化。

中国特色社会主义进入新时代,党面临的主要任务是,实现第一个百年奋斗目标,开启实现第二个百年奋斗目标新征程,朝着实现中华民族伟大复兴的宏伟目标继续前进。我们党坚持马克思列宁主义、毛泽东思想、邓小平理论、"三个代表"重要思想、科学发展观,全面贯彻习近平新时代中国特色社会主义思想,全面贯彻党的基本路线、基本方略,采取一系列战略性举措,推进一系列变革性实践,实现一系列突破性进展,取得一系列标志性成果,经受住了来自政治、经济、意识形态、自然界等方面的风险挑战考验,党和国家事业取得历史性成就、发生历史性变革,推动我国迈上全面建设社会主义现代化国家新征程。

新时代十年来,中国特色社会主义事业取得的巨大成就,从理论上讲是原创性的、划时代的,从制度上讲是系统性的、整体性的,从实践上讲是突破性的、历史性的,从影响上讲是根本性的、长远性的。我们创立了习近平新时代中国特色社会主义思想,明确坚持和发展中国特色社会主义的基本方略,提出一系列治国理政新理念新思想新战略,实现了马克思主义中国化时代化新的飞跃,为中国式现代化提供了根本遵循;我们全面加强党的领导,系统完善党的领导制度体系,不断提高政治判断力、政治领悟力、政治执行力,全党更加团结统一;我们对新时代党和国家事业发展作出科学完整的战略部署,提出实现中华民族伟大复兴的中国梦,以中国式现代化推进中华民族伟大复兴,明确"五位一体"总体布局和"四个全面"战略布局,明确我国社会主要矛盾是人民日益增长的美好生活需要和不平衡不充分的发展之间的矛盾,并紧紧围绕这个社会主要矛盾推进各项工作,不断丰富和发展人类文明新形态;我们经过接续奋斗,打赢了人类历史上规模最大的脱贫攻坚战,实现了小康这个中华民族的千年梦想,我国发展站在了更高历史起点上;我们提出并贯彻新发展理念,着力推进高质量发展,推动构建新发展格局,实施供给侧结构性改革,制定一系列具有全局性意义的区域重大战略,我国经济实力实现历史性跃升;我们以巨大的政治勇气全面深化改革,各领域基础性制度框架基本建立,许多领域实现历史性变革、系统性重塑、整体性重构,中国特色社会主义制度更加成熟更加定型,国家治理体系和治理能力现代化水平明显提高;我们实行更加积极主动的开放战略,形成更大范围、更宽领域、更深层次对外开放格局;我们坚持走中国特色社会主义政治发展道路,全面发展全过程人民民主,法治中国建设开创新局面;我们确立和坚持马克思主义在意识形态领域指导地位的根本制度,社会主义核心价值观广泛传播,意识形态领域形势发生全局性、根本性转变,全党全国各族人民文化自信明显增强、精神面貌更加奋发昂扬;我们深入贯彻以人民为中心的发展思想,在幼有所育、学有所教、劳有所得、病有所医、老有所养、住有所居、弱有所扶上持续用力,人民生活全方位改善,人民群众获得感、幸福感、安全感更加充实、更有保障、更可持续,共同富裕取得新成效;我们坚持绿水青山就是金山银山的理念,全方位、全地域、全过程加强生态环境保护,生态环境保护发生历史性、转折性、全局性变化;我们贯彻总体国家安全观,国家安全得到全面加强,共建共治共享的社会治理制度进一步健全,平安中国建设迈向更高水平;我们确立党在新时代的强军目标,贯彻新时代党的强军思想,大刀阔斧深化国防和军队改革,人民军队体制一新、结构一新、格局一新、面貌一新,中国特色强军之路越走越宽广;我们全面准确推进"一国两制"

实践,推动香港进入由乱到治走向由治及兴的新阶段,坚决反对"台独"分裂行径,坚决反对外部势力干涉,牢牢把握两岸关系主导权和主动权;我们全面推进中国特色大国外交,推动构建人类命运共同体,完善外交总体布局,积极参与全球治理体系改革和建设;我们深入推进全面从严治党,找到了自我革命这一跳出治乱兴衰历史周期率的第二个答案,自我净化、自我完善、自我革新、自我提高能力显著增强,管党治党宽松软状况得到根本扭转,风清气正的党内政治生态不断形成和发展,确保党永远不变质、不变色、不变味。

新时代十年是我们党锐意进取的十年,是我国发展迈上新台阶的十年,是各项事业开创崭新局面的十年,是中国人民意气风发建设美好生活的十年,是改革开放气势如虹向纵深推进的十年,是党和人民攻坚克难而又凯歌行进的十年,是我国国际地位显著提升的十年,是中华民族伟大复兴加速推进的十年。新时代十年的伟大变革,充分彰显了新时代我们党推进和拓展中国式现代化的显著成效和重大意义。党的二十大报告以宏阔的历史视野,把新时代十年伟大变革放到40多年的改革开放史、70多年的新中国史、100多年的中国共产党史、500多年的社会主义发展史、5000多年的中华民族发展史中去考察,高屋建瓴阐明了新时代十年的伟大变革,在党史、新中国史、改革开放史、社会主义发展史、中华民族发展史上具有里程碑意义。

一是,"中国共产党在革命性锻造中更加坚强有力"。十年来,我们党经受了治国理政的种种考验,党的领导水平和长期执政能力显著增强。经过全面从严治党实践的锤炼,党的自我净化、自我完善、自我革新、自我提高能力不断提升,反腐败斗争取得压倒性胜利并全面巩固,党同人民群众始终保持血肉联系,党的政治领导力、思想引领力、群众组织力、社会号召力显著增强,百年大党展现出更加旺盛的生命力、更为强大的战斗力。二是,"中国人民焕发出更为强烈的历史自觉和主动精神"。新时代十年来的伟大变革,极大提升了全民族凝聚力、全社会向心力,充分激发了人民群众中蕴含的积极性、主动性和创造性。全体人民洋溢着昂扬奋进的蓬勃朝气,迸发出踔厉奋发的巨大热情,展现出自信自豪、自立自强的精神风貌。三是,"实现中华民族伟大复兴进入了不可逆转的历史进程"。经过持续奋斗,我们创造了经济快速发展和社会长期稳定两大奇迹,综合国力大幅跃升。我们如期全面建成小康社会,实现了中华民族伟大复兴历史进程的大跨越。我们比历史上任何时期都更接近、更有信心、更有能力实现中华民族伟大复兴。四是,"科学社会主义在二十一世纪的中国焕发出新的蓬勃生机"。十年来,我们积极推动构建人类命运共同体,我国国际影响力、感召力、塑造力显著提升。我们在世界上高高举起、牢牢举稳了科学社会主义伟大旗帜,中国特色社会主义在世界社会主义运动中巍然屹立,树起了标杆。科学社会主义在中国的不断成功和胜利,展现了马克思主义的崭新形象和生机活力,世界范围内社会主义和资本主义两种意识形态、两种社会制度的历史演进及其较量由此发生了有利于社会主义的重大转变。

在新时代波澜壮阔的伟大实践中,习近平同志科学总结我国社会主义现代化建设的实践经验,不断创造性推进中国式现代化的实践发展,不断创造性拓展中国式现代化的丰富内涵,进一步深刻回答了"建设什么样的社会主义现代化强国、怎样建设社会主义现代化强国"等重大时代性课题,把我们党对中国式现代化的理论认识与实践创新推进到一个新的高度。

第一,明确提出了新时代新征程的中心任务。在全面建成小康社会、实现第一个百年奋斗目标的基础上,习近平同志在党的二十大报告中提出:"从现在起,中国共产党的中心任务就是团结带领全国各族人民全面建成社会主义现代化强国、实现第二个百年奋斗目标,以中国式现代化全面推进中华民族伟大复兴。"[1]这就进一步明确了鼓舞人心的目标要求,同时又进一步明确了实现目标的正确道路——中国式现代化。

第二,系统阐述了中国式现代化的中国特色。这就是:中国式现代化是人口规模巨大的现代化,是全体人民共同富裕的现代化,是物质文明和精神文明相协调的现代化,是人与自然和谐共生的现代化,是走和平发展道路的现代化。这五大特色表明,中国式现代化摒弃了西方以资本为中心的现代化、两极分化的现代化、物质主义膨胀的现代化、无止境向自然索取的现代化、依靠战争和殖民对外扩张掠夺的现代化老路,以独特的内涵特质区别于其他现代化理论。中国式现代化破解了人类社会发展所面临的和平赤字、信任赤字、发展赤字、生态赤字、治理赤字等诸多难题,打破了"现代化等于西方化"、"西方中

---

① 《习近平著作选读》第1卷,人民出版社2023年版,第18页。

心主义"、"西方优越论"的迷思,开创了不同于西方资本主义现代化的全新道路,拓展了那些既希望加快发展又希望保持自身独立性的国家和民族走向现代化的途径,为人类实现现代化提供了全新选择。

第三,深刻揭示了中国式现代化的本质要求。这就是:坚持中国共产党领导,坚持中国特色社会主义,实现高质量发展,发展全过程人民民主,丰富人民精神世界,实现全体人民共同富裕,促进人与自然和谐共生,推动构建人类命运共同体,创造人类文明新形态。这九个方面是有机统一的整体,必须辩证把握、全面理解。坚持中国共产党的领导,郑重昭示了中国式现代化的最高政治领导力量,揭示了中国式现代化的最本质特征。坚持中国特色社会主义,明确了中国式现代化道路的前进方向,揭示了实现中华民族伟大复兴的康庄大道。实现高质量发展、发展全过程人民民主、丰富人民精神世界、实现全体人民共同富裕、促进人与自然和谐共生,与统筹推进"五位一体"总体布局相对应,分别揭示了中国式现代化在经济、政治、文化、社会、生态文明建设方面的典型特征,涵盖了富强民主文明和谐美丽的奋斗目标。推动构建人类命运共同体,体现了中国式现代化对"建设一个什么样的世界、如何建设这个世界"等关乎人类前途命运重大课题的科学回答,表明了中国式现代化既发展自身又造福世界。创造人类文明新形态,从文明交流互鉴的角度揭示了中国式现代化的世界意义,彰显了中国式现代化对于丰富人类文明多样性的重大贡献。

第四,精辟概括了推进中国式现代化的重大原则。这就是:坚持和加强党的全面领导,坚持中国特色社会主义道路,坚持以人民为中心的发展思想,坚持深化改革开放,坚持发扬斗争精神。这五个重大原则既各有侧重又有机统一、相互联系。坚持和加强党的全面领导,使党始终成为风雨来袭时全体人民最可靠的主心骨,强调的是领导力量问题。坚持中国特色社会主义道路,坚持把国家和民族发展放在自己力量的基点上,强调的是方向道路问题。坚持以人民为中心的发展思想,让现代化建设成果更多更公平惠及全体人民,强调的是价值立场问题。坚持深化改革开放,不断增强社会主义现代化建设的动力和活力,强调的是根本动力问题。坚持发扬斗争精神,不信邪、不怕鬼、不怕压,知难而进、迎难而上,依靠顽强斗争打开事业发展新天地,强调的是精神状态问题。这五个重大原则,凝结着党和人民长期奋斗的宝贵经验,是关系现代化建设全局的重大问题,必须牢牢把握、始终坚持。

第五,辩证论述了推进中国式现代化需要处理好的若干重大关系。习近平同志指出,推进中国式现代化是一个系统工程,需要统筹兼顾、系统谋划、整体推进,正确处理好一系列重大关系。他特别强调,要处理好顶层设计与实践探索、战略与策略、守正与创新、效率与公平、活力与秩序、自立自强与对外开放的关系。这一系列重大关系,对如何推进中国式现代化系统工程作出了科学回答,是中国共产党宝贵经验和辩证思维的集中体现。其中的每一对关系,都是辩证统一、相生相成的,决不能畸轻畸重、顾此失彼。习近平同志既从哲学高度讲理论原理、思想方法,又从实践角度讲理念思路、政策主张;既部署"过河"的任务,又指导解决"桥或船"的问题;既深刻阐述"怎么看"的认识问题,又明确指出"怎么干"的科学方法,体现了高超的辩证思维,具有很强的现实针对性。

第六,科学规划了未来发展的宏伟蓝图和实践路径。在党的十九大对全面建设社会主义现代化国家作出两步走战略安排的基础上,习近平同志在党的二十大报告中,进一步对2035年和本世纪中叶的发展目标作出宏观展望,对未来五年全面建设社会主义现代化国家开局起步关键时期的战略任务和重大举措作出重点部署,清晰勾画了新时代继续推进中国式现代化的时间表和路线图。在党的二十大报告的第四到第十四部分,习近平同志对未来一个时期党和国家事业发展进行了战略部署,内容涉及加快构建新发展格局、发展全过程人民民主、坚持全面依法治国、推进文化自信自强、增进民生福祉、推动绿色发展等方方面面,科学描绘了全面建成社会主义现代化强国、全面推进中华民族伟大复兴的宏伟蓝图。

比如,关于加快构建新发展格局、着力推动高质量发展,党的二十大报告明确提出:高质量发展是全面建设社会主义现代化国家的首要任务,必须完整、准确、全面贯彻新发展理念,加快构建以国内大循环为主体、国内国际双循环相互促进的新发展格局。习近平同志围绕这些要求,对构建高水平社会主义市场经济体制、建设现代化产业体系、全面推进乡村振兴、促进区域协调发展、推进高水平对外开放等作出了新的部署。

比如,关于发展全过程人民民主、保障人民当家作主,党的二十大报告明确提出：人民民主是全面建设社会主义现代化国家的应有之义，全过程人民民主是社会主义民主政治的本质属性，必须坚定不移走中国特色社会主义政治发展道路，坚持党的领导、人民当家作主、依法治国有机统一，巩固和发展生动活泼、安定团结的政治局面。围绕这些原则要求，习近平同志对加强人民当家作主制度保障、全面发展协商民主、积极发展基层民主、巩固和发展最广泛的爱国统一战线等作出新的安排。

比如，关于推进文化自信自强、铸就社会主义文化新辉煌，党的二十大报告明确提出：全面建设社会主义现代化国家，必须坚持中国特色社会主义文化发展道路，增强实现中华民族伟大复兴的精神力量。围绕这些原则要求，习近平同志对建设具有强大凝聚力和引领力的社会主义意识形态、广泛践行社会主义核心价值观、提高全社会文明程度、繁荣发展文化事业和文化产业、增强中华文明传播力影响力等提出新的举措。

比如，关于增进民生福祉、提高人民生活品质，党的二十大报告明确提出：为民造福是立党为公、执政为民的本质要求，必须坚持在发展中保障和改善民生，鼓励共同奋斗创造美好生活，不断实现人民对美好生活的向往。围绕这些原则要求，习近平同志对完善分配制度、实施就业优先战略、健全社会保障体系、推进健康中国建设等作出新的部署。

比如，关于推动绿色发展、促进人与自然和谐共生，党的二十大报告明确提出：尊重自然、顺应自然、保护自然是全面建设社会主义现代化国家的内在要求，必须牢固树立和践行绿水青山就是金山银山的理念，推进生态优先、节约集约、绿色低碳发展。围绕这些原则要求，习近平同志对加快发展方式绿色转型、深入推进环境污染防治、提升生态系统多样性稳定性持续性、积极稳妥推进碳达峰碳中和等作出新的部署。

值得注意的是，党的二十大报告在沿袭以往按经济、政治、文化、社会、生态文明、国防和军队、"一国两制"和祖国统一、外交工作的框架基础上，将科教人才、依法治国、国家安全单列专章作出部署。新增这三个专章，进一步深化和拓展了新时代党和国家工作布局。关于实施科教兴国战略、强化现代化人才支撑，党的二十大报告明确提出：教育、科技、人才是全面建设社会主义现代化国家的基础性、战略性支撑，必须坚持科技是第一生产力、人才是第一资源、创新是第一动力,坚持教育优先发展、科技自立自强、人才引领驱动,加快建设教育强国、科技强国、人才强国。关于坚持全面依法治国、推进法治中国建设,党的二十大报告明确提出:在法治轨道上全面建设社会主义现代化国家,坚持走中国特色社会主义法治道路,建设中国特色社会主义法治体系、建设社会主义法治国家,围绕保障和促进社会公平正义,全面推进国家各方面工作法治化。关于推进国家安全体系和能力现代化、坚决维护国家安全和社会稳定,党的二十大报告明确提出:国家安全是民族复兴的根基,社会稳定是国家强盛的前提,必须坚定不移贯彻总体国家安全观,建设更高水平的平安中国,以新安全格局保障新发展格局。此外,党的二十大报告还对国防和军队建设、港澳台工作、外交工作等方面进行了部署,具有很强的前瞻性、指导性和可操作性。

习近平同志关于中国式现代化的系列重要论述,是习近平新时代中国特色社会主义思想的重要组成部分,既极大丰富和发展了世界现代化理论,又极大深化和拓展了中国式现代化理论,开辟了以中国式现代化全面推进中华民族伟大复兴的新境界。中国式现代化有目标、有规划、有战略,整体布局与分阶段推进相统一,展现出全面建成社会主义现代化强国的战略主动和广阔前景。

总之,在中国特色社会主义新时代,我们党团结带领人民自信自强、守正创新,创造了新时代中国特色社会主义的伟大成就。新时代十年来,我们在认识上不断深化,创立了习近平新时代中国特色社会主义思想,进一步深化对中国式现代化的内涵和本质的认识,概括形成中国式现代化的中国特色、本质要求和重大原则,初步构建中国式现代化的理论体系,使中国式现代化更加清晰、更加科学、更加可感可行。我们在战略上不断完善,作出到本世纪中叶把我国建成富强民主文明和谐美丽的社会主义现代化强国"两步走"的战略安排,明确"五位一体"总体布局和"四个全面"战略布局,深入实施创新驱动发展战略、科教兴国战略、人才强国战略、乡村振兴战略等一系列重大战略,为中国式现代化提供坚实战略支撑。我们在实践上不断丰富,推进一系列变革性实践、实现一系列突破性进展、取得一系列标志性成果,特别是消除了绝对贫困问题、全面建成小康社会,彰显了中国特色社会主义的强大生机活力。党和国家事业取得历史性成就、发生历史性变革,为中国式现代化提供了更为完善的制度保证、更为坚实的物质基础、更为主动的精神力量。

第二章 |
中国式现代化的中国特色及科技意蕴

　　中国式现代化是我们党领导全国各族人民在长期探索和实践中历经千辛万苦、付出巨大代价取得的重大成果，我们必须倍加珍惜、始终坚持、不断拓展和深化。新中国成立以来，我们党结合实际，适时作出一系列发展规划和战略部署，一以贯之的主题就是把我国建设成为社会主义现代化国家。党的十八大以来，我们党围绕这一主题的探索不断深入、认识不断成熟、战略不断完善、实践不断丰富，成功推进和拓展了中国式现代化。在全面建成小康社会、实现第一个百年奋斗目标的基础上，党的二十大报告明确提出："从现在起，中国共产党的中心任务就是团结带领全国各族人民全面建成社会主义现代化强国、实现第二个百年奋斗目标，以中国式现代化全面推进中华民族伟大复兴。"[1]这就进一步明确了鼓舞人心的奋斗目标，同时又进一步明确了实现目标的正确道路——中国式现代化。

　　世界各国人民都对现代化的美好愿景孜孜以求，但各国走向现代化的道路不尽相同。一个国家选择什么样的现代化道路，是由其历史传统、社会制度、发展条件、外部环境等诸多因素决定的。国情不同，现代化途径也会不同。由于各国具体情况各不相同，因而世界上既不存在千篇一律、定于一尊的现代化模式，也不存在放之四海而皆准、适用各国而固定不变的现代化途径。实践证明，一个国家走向现代化，既要遵循现代化一般规律，更要符合本国实际，具有本国特色。独特的文化传统、基本国情、历史方位、发展状况和使命任务决定了中国式现代化具有鲜明的中国特色。习近平同志指出："中国式现代化既

---

① 《习近平著作选读》第1卷，人民出版社2023年版，第18页。

有各国现代化的共同特征,更有基于自己国情的鲜明特色。"①党的二十大概括提出并深入阐述中国式现代化理论,是党的二十大的一个重大理论创新,是科学社会主义的最新重大成果。

党的二十大报告明确概括了中国式现代化是人口规模巨大的现代化、全体人民共同富裕的现代化、物质文明和精神文明相协调的现代化、人与自然和谐共生的现代化、走和平发展道路的现代化,并将这5个方面概括为中国式现代化的五大特色,深刻揭示了中国式现代化的科学内涵。这既是理论概括,也是实践要求。这五大特色蕴含着深厚的科技意蕴,体现了中国式现代化对我国科技创新提出的科技需求。

一、人口规模巨大的现代化

这是中国式现代化的显著特征,体现了中国最大、最基本的国情。一个国家所选择的现代化道路,归根到底是由这个国家的基本国情所决定的。一个国家的基本国情与别国不同,决定了这个国家所走的发展道路也必然不同于别国所走的发展道路。当今世界,虽然许多国家都在努力建设现代化,但真正全面建成现代化的国家并不多。一些发展中国家不顾自身发展的国情和历史方位,全盘照搬西方模式,结果发展过程极为艰难曲折。归根结底,人类历史上没有一个国家、一个民族可以通过依赖外部力量、照搬外国模式、跟在他人后面亦步亦趋实现强大和振兴。中国式现代化是立足中国国情、符合中国实际的现代化。我国仍处于并将长期处于社会主义初级阶段,仍然是世界最大的发展中国家,把我国建设成为社会主义现代化强国需要付出长期艰苦的努力。

人口规模巨大的显著特征,给中国式现代化带来其他国家不可能遇到并且难以承受的一系列问题和考验。中国人口多,分布不均匀。东部和东南部人口密集,西部和西北部人口稀少。中国人均占有耕地、水及矿产资源远低于

---

① 习近平:《中国式现代化是强国建设、民族复兴的康庄大道》,《求是》2023年第16期,第4页。

世界平均水平。中国人均耕地面积不到全球平均水平的二分之一,人均水资源量约占全球平均水平的四分之一。由于人口基数大,在中国再小的问题只要乘以14亿多,就会变成巨大的难题,而再多的财富总量只要除以14亿多,人均量就会立即变小。超大规模的人口,既能提供充足的人力资源和超大规模市场,同时也相应带来一系列难题和挑战。光是解决14亿多人的吃饭问题,就是一个不小的挑战。还有就业、分配、教育、医疗、住房、养老、托幼等问题,哪一个问题的解决都不容易,哪一项涉及的人群都是天文数字、海量规模。中国式现代化的艰巨性复杂性前所未有。中国式现代化之所以伟大,就在于艰难,就在于要在人口规模巨大的基本国情下达到发达国家的水平。

人口规模巨大的显著特征,意味着中国无法复制、模仿其他国家的经验,而必须立足自身国情,勇敢地探索自己独特的道路,并坚定不移地沿着自己独特的道路走下去。我国人口总数已达14亿多,而目前世界上实现工业化的国家不超过30个,发达水平人口全部加起来不超过10亿。其中,人口总量最大的国家是美国,日本位居其次。美国人口总数是3.33亿,日本人口总数是1.25亿。美国的人口总数只是中国的四分之一,而日本只是中国的十一分之一。其他国家像德国、英国、法国、意大利、西班牙、澳大利亚、韩国、加拿大等人口规模都处在数千万的量级。比世界上发达国家总人口还要多的中国人民整体迈进现代化社会,就会把世界发达水平人口数量提升一倍以上,意味着几乎再造一个相当于现有发达国家规模总和的市场,为各国各方共享中国大市场提供更多机遇,将彻底改写现代化的世界版图,在人类历史上是一件有深远意义的大事。这是人类历史上规模最大的现代化,但同时也是难度最大的现代化。中国决不能照搬照抄别国的经验,中国式现代化决不能陷入西方现代化的窠臼。

人口规模巨大的显著特征,意味着中国有条件、有能力也有义务对人类文明进步作出重大贡献。中国用占世界9%的耕地养活了占世界近20%的人口。改革开放以来,我国共减少贫困人口约8亿人,占全球减贫人口的70%以上,为全球减贫事业作出巨大贡献。作为世界上最大的发展中国家,我们在世界上高高举起、牢牢举稳了科学社会主义伟大旗帜,中国特色社会主义在世界社会主义运动中巍然屹立,树起了标杆。科学社会主义在中国的不断成功和胜利,展现了马克思主义的崭新形象和生机活力,世界范围内社会主义和资本主义两种意识形态、两种社会制度的历史演进及其较量由此发生了有利于社会主义的重大转变。中国式现代化,打破了"现代化＝西方化"的迷思,展现了一幅从未有过的新图景,为全球提供了一种全新的现代化模式,给那些既希望加快发展又能保持自身独立性的国家和民族走向现代化提供了全新选择,为人类的和平与发展贡献了中国智慧、中国方案、中国力量。

人口规模巨大的显著特征,要求我们更好地坚持以人民为中心的发展思想。人民性是马克思主义的本质属性,群众观点是唯物史观的根本观点。人民是历史的创造者,是真正的英雄。不同于西方国家以资本为中心的现代化,中国式现代化是以人为核心的现代化,把实现好、维护好、发展好最广大人民根本利益作为一切工作的出发点和落脚点。以人民为中心的发展思想强调坚持人民至上,人民对美好生活的向往就是我们的奋斗目标,发展为了人民、发展依靠人民、发展成果由人们共享,把为民造福作为最重要的政绩,把党的群众路线贯彻到治国理政全部活动之中。"以人民为中心的发展思想,不是一个抽象的、玄奥的概念,不能只停留在口头上、止步于思想环节,而要体现在经济社会发展各个环节。"①在中国这样一个人口众多的发展中国家推进中国式现代化,必须始终把人民放在心中最高位置谋划发展,站在人民立场深化改革开放,着眼人民美好生活需要改善民生,突出人民利益导向加强制度创新,切实解决人民群众所急所忧所思所盼。

人口规模不同,现代化的任务就不同,其艰巨性、复杂性就不同,发展途径和推进方式也必然具有自己的特点。我们想问题、作决策、办事情,首先要考虑人口基数问题,考虑我国城乡区域发展水平差异大等实际,既不能好高骛远,也不能因循守旧,要保持历史耐心,坚持稳中求进、循序渐进、持续推进。中国悠久的历史、灿烂的文化、独特的价值观念和人文精神,决定了中国推进现代化,没有现成的模式可学,没有先例可循。西方现代化经历的是一个工业化、城镇化、农业现代化、信息化顺序发展的"串联式"过程,中国式现代化是一

① 习近平:《论把握新发展阶段、贯彻新发展理念、构建新发展格局》,中央文献出版社2021年版,第94页。

个工业化、信息化、城镇化、农业现代化同步发展、叠加发展的"并联式"过程。这种"并联式"发展要求我们在任何时候、任何阶段,都要兼顾和处理好不同阶层、不同群体的利益需求。

中国式现代化摒弃了西方国家那种以资本为中心、见物不见人的现代化老路,强调坚持人民至上,坚持以人民为中心的发展思想,不断实现发展为了人民、发展依靠人民、发展成果由人民共享。这一特色要求我们在发展科技事业时,必须加快实施创新驱动发展战略,不断增进民生福祉,让科技创新成果更多更公平惠及全体人民。

必须清醒地认识到,人口规模巨大意味着巨大的市场、巨大的产能、巨大的体量,这是中国式现代化建设的天然优势和红利,但是同时也意味着人均资源占有量少、消费需求庞大、社会保障面宽等严峻考验。我国现代化建设涉及14亿多人口,庞大的人口基数决定了我国现代化的难度异乎寻常,其艰巨性和复杂性前所未有。如果仍然走那种依靠物质、资源等传统生产要素驱动的老路,必然是不可持续的、难以为继的。从我国的自然承载力看,物质、资源只会越用越少。而从科技潜力看,越是注重科技创新,科技成果会越来越多,创新型人才会大量涌现。因此,我们必须彻底改变要素驱动发展为主的方式,加快实施创新驱动发展战略,把科技创新潜力更好地释放出来,充分发挥科技在中国式现代化中的支撑引领作用。

二、全体人民共同富裕的现代化

这是中国式现代化的本质特征,也是区别于西方现代化的显著标志。"治国之道,富民为始。"共同富裕是马克思主义的一个基本目标,也是自古以来中国人民的一个基本理想。全体人民共同富裕是社会主义的本质要求。马克思创立了唯物史观和剩余价值学说,使社会主义从空想变为科学。科学社会主义规定了建设社会主义和实现共产主义的基本原则。社会主义的本质,是解放生产力,发展生产力,消灭剥削,消除两极分化,最终达到共同富裕。

实现全体人民共同富裕是我们党的重要使命。这不仅是一个经济问题,而且是关系党的执政基础的重大政治问题。中国共产党在内忧外患中诞生,在磨难挫折中成长，在战胜风险挑战中壮大，为中国人民谋幸福、为中华民族谋复兴是党的初心使命。实现全体人民共同富裕，是我们党践行初心使命的必然要求。无论条件如何艰苦、斗争如何艰险，中国共产党的初心使命始终不变。毛泽东同志在20世纪50年代论述发展目标时指出，要使我国比现在大为发展、大为富、大为强，"而这个富，是共同的富，这个强，是共同的强，大家都有份"①。邓小平同志在改革开放之初制定富民政策时强调，共同富裕是社会主义的"原则"、"本质"和"目的"。习近平同志深刻指出，"共同富裕本身就是社会主义现代化的一个重要目标"，"促进全体人民共同富裕是一项长期任务，也是一项现实任务，急不得，也等不得，必须摆在更加重要的位置，脚踏实地，久久为功，向着这个目标作出更加积极有为的努力"。②

全体人民共同富裕，充分反映了全国各族人民的共同企盼和强烈愿望。中国人民自古以来就怀有"小康"企盼和"大同"梦想。孔子说："不患寡而患不均，不患贫而患不安。"孟子说："老吾老以及人之老，幼吾幼以及人之幼。"新中国成立、改革开放特别是进入新时代以来，党在制定各项方针政策时，兼顾效率和公平，共同富裕取得积极进展和新的成效，特别是党的十八大以来，我们以咬定青山不放松的韧性，打赢脱贫攻坚战，使近1亿农村贫困人口脱贫，在中华大地上全面建成小康社会。现在，我们已经形成促进全体人民共同富裕的一整套思想理念、制度安排、政策举措。我们建成世界规模最大的教育体系、社会保障体系、医疗卫生体系，教育普及水平实现历史性跨越，人民生活全方位改善，人民群众有了更多获得感、幸福感、安全感。

实现全体人民共同富裕，是夯实党长期执政基础的必然要求。长期以来，我们党采取有效措施持续改进民生，为促进共同富裕创造了良好条件。现在，已经到了扎实推动共同富裕的历史阶段，正在向第二个百年奋斗目标迈进。当前，全球收入不平等问题突出，一些国家贫富分化，中产阶层塌陷，导致社会撕裂、政治极化、民粹主义泛滥，教训十分深刻。中国式现代化坚持把促进全

---

① 《毛泽东文集》第6卷，人民出版社1999年版，第495页。

② 习近平：《论把握新发展阶段、贯彻新发展理念、构建新发展格局》，中央文献出版社2021年版，第503页。

体人民共同富裕作为为人民谋幸福的着力点,强调要更好满足人民日益增长的美好生活需要,实现社会和谐安定,打牢和巩固党长期执政的经济基础、民心工程。我们决不能允许贫富差距越来越大、穷者愈穷富者愈富,决不能在富人和穷人之间出现一道不可逾越的鸿沟。在全面建设社会主义现代化国家新征程中,我们必须把促进全体人民共同富裕摆在更加重要的位置,脚踏实地、久久为功,向着这个目标更加积极有为地进行努力,促进人的全面发展和社会全面进步。

全体人民共同富裕这一本质特征要求我们,在推进中国式现代化进程中,必须坚持把实现人民对美好生活的向往作为现代化建设的出发点和落脚点,着力维护和促进社会公平正义,着力促进全体人民共同富裕。要在推动高质量发展、做好做大"蛋糕"的同时,进一步分好"蛋糕",自觉积极主动地解决地区差距、城乡差距、收入分配差距,提高发展的平衡性、协调性、包容性,着力解决好与人民群众息息相关的民生问题。要正确处理效率和公平的关系,建立科学的公共政策体系,构建初次分配、再分配、第三次分配协调配套的基础性制度安排,规范收入分配秩序,规范财富积累机制,依法引导和规范资本健康发展,逐步扩大中等收入群体、缩小收入分配差距,让现代化建设成果更多更公平惠及全体人民,坚决防止两极分化。要在共同奋斗中促进共同富裕,鼓励勤劳创新致富,为人民提高受教育程度、增强发展能力创造更加普惠公平的条件,防止社会阶层固化,畅通向上流动通道,给更多人创造致富机会。

实现全体人民共同富裕是一个长期的历史进程。办好这件事,不能拖延,也不能冒进。要统筹考虑需要和可能,按照经济社会发展规律循序渐进,充分估计长期性、艰巨性、复杂性,实打实把一件件事办好,扎扎实实稳步推进。坚持尽力而为、量力而行,把保障和改善民生建立在经济发展和财力可持续的基础上,重点加强基础性、普惠性、兜底性民生保障建设。不要好高骛远、吊高胃口,作兑现不了的承诺。即使将来发展水平更高、财力更雄厚了,也不能提过高的目标,搞过头的保障,坚决防止落入"福利主义"养懒汉的陷阱。全体人民共同富裕不是少数人的富裕,也不是整齐划一的平均主义。要允许一部分人先富起来,同时要强调先富带后富、帮后富。通过坚持不懈的努力,到"十四五"末全体人民共同富裕迈出坚实步伐,到2035年全体人民共同富裕取得更为明显的实质性进展,到本世纪中叶全体人民共同富裕基本实现。政府不能什么都包,重点是加强基础性、普惠性、兜底性民生保障建设。

全体人民共同富裕是中国式现代化与西方现代化的根本区别所在。西方现代化的最大弊端,就是追求资本利益最大化,导致贫富差距大、两极分化严重,贫者愈贫、富者愈富。一些发展中国家在现代化过程中曾接近发达国家的门槛,却掉进了"中等收入陷阱",长期陷于停滞状态,甚至严重倒退,一个重要原因就是没有解决好两极分化、阶层固化等问题。中国式现代化摒弃了西方国家那种社会两极分化、极少数人占有绝大多数财富的现代化老路,强调既要把蛋糕做大做好,又要把蛋糕切好分好,推动全体人民朝着共同富裕目标扎实迈进。这一特色要求我们在发展科技事业时,把促进全体人民共同富裕作为科技创新的着力点,依靠科技大幅提高社会生产力和城乡居民收入,正确处理效率和公平、增长和分配关系,逐步实现整体富裕、普遍富裕。

必须清醒地认识到,我国社会主要矛盾已经转化为人民日益增长的美好生活需要和不平衡不充分的发展之间的矛盾。人民对美好生活的向往更加强烈,期盼教育更加公平优质、就业更加灵活充分、收入更加稳定丰裕、医疗更加方便贴心、养老服务更加可及有保障、住房更加宽敞舒适、环境更加生态宜居、社会更加安定有序。经过改革开放以来的持续努力,我们党领导人民创造了经济快速发展和社会长期稳定的奇迹,我国经济实力、综合国力、国际影响力大幅提升。但是同时,我国发展不平衡不充分问题仍然突出,经济质量和效益还不高,城乡区域发展和收入分配差距仍然较大,民生领域还有不少短板,社会治理还有弱项,等等。我们必须善于运用科技手段提高全要素生产率,加快建设现代化经济体系,着力推动高质量发展。必须聚焦人民急难愁盼问题,依靠科技创新保障和改善民生,不断满足人民高品质生活需要。

三、物质文明和精神文明相协调的现代化

这是中国式现代化的崇高追求,体现了人的全面发展的价值目标。物质文明和精神文明相协调是社会主义的基本要求。马克思主义认为,物质文明和精神文明紧密联系、互相影响、互为条件、辩证统一。物质贫困不是社会主

义,精神贫乏也不是社会主义。社会主义社会不但要建设高度的物质文明,而且还要建设高度的精神文明,只有两个文明都搞好了,才是真正的社会主义。中国特色社会主义是全面发展、全面进步的伟大事业,没有社会主义文化繁荣发展,就没有社会主义现代化。

物质文明和精神文明相协调是人类社会发展的必然趋势和前进方向。物质富足、精神富有是社会主义现代化的根本要求。人类产生的重要标志是制造工具,人类制造工具把自己从动物中脱离出来。人类自产生以来,就已经不是被动地适应自然环境,而是主动地改造自然环境,使自然环境不断地适应人。人类在改造客观世界的同时,也在改造着自己的主观世界。同时人不仅有物质需要,也有精神需要。物质文明和精神文明相互制约、相互促进,相辅相成、共同发展。中国式现代化要求不断厚植现代化的物质基础、不断夯实人民幸福生活的物质条件,同时大力发展社会主义先进文化,加强理想信念教育,传承中华文明,促进物的全面丰富和人的全面发展。中国式现代化要求我们积极培育和践行社会主义核心价值观,通过教育引导、舆论宣传、文化熏陶、实践养成、制度保障等,使社会主义核心价值观内化为人们的精神追求、外化为人们的自觉行动。

物质文明和精神文明相协调是对中华文明的传承弘扬和对实践的探索及经验的总结。中华民族是一个勤劳勇敢善良的民族,守仁义、尊道德、尚和合、讲诚信,秉持“己欲立而立人、己欲达而达人”的原则,倡导“同舟共济、守望相助”的理念,发扬“大爱无疆、团结协作”的精神,在创造了丰厚的物质文明的同时,也创造了丰富的精神文明。几千年来中华民族伟大的民族精神薪火相传、生生不息,成为中国人民的血脉和灵魂。中国共产党传承中华民族优秀传统文化,推动其创造性转化、创新性发展,坚持马克思主义在意识形态领域指导地位的根本制度,加强党史、新中国史、改革开放史、社会主义发展史教育,广泛进行爱国主义、集体主义、社会主义教育,大力开展社会主义精神文明创建活动,弘扬革命文化,发展社会主义先进文化,建设社会主义文化强国,不断推进中华民族现代文明建设。

物质文明和精神文明相协调是实现全体人民共同富裕的题中应有之义。促进共同富裕与促进人的全面发展是高度统一的。全体人民共同富裕的宏伟目标,既包括人们物质生活的共同富裕,也包括人们精神生活的共同富裕,缺少了精神生活富裕的共同富裕是狭隘的、片面的、不完整的。长期以来,人们对共同富裕的概念相对熟悉,对物质生活富裕的提法也更加认同,但对精神生活共同富裕的新论断认知还不够,甚至有的人认为精神生活富裕可有可无。习近平同志明确提出了"促进人民精神生活共同富裕"①的重大任务。我们既要让人民的物质生活更殷实,又要让人民的精神生活更丰富。中国式现代化要求我们强化社会主义核心价值观引领,加强爱国主义、集体主义、社会主义教育,发展公共文化事业,完善公共文化服务体系,不断满足人民群众多样化、多层次、多方面的精神文化需求。

中国式现代化之所以具有巨大的吸引力、感召力,之所以能赢得亿万中国人民的认同,激励中华儿女为之持续奋斗,其中一个重要原因,就是始终把既要物质富足、也要精神富有作为贯穿始终的丰富内涵和实践要求。西方早期的现代化,一边是财富的积累,一边是信仰缺失、物欲横流。今天,西方国家日渐陷入困境,一个重要原因就是无法遏制资本贪婪的本性,无法解决物质主义膨胀、精神贫乏等痼疾。西方国家在推进现代化进程中,由于意识形态和社会制度的原因,见物不见人,重物质而轻精神,伴随而来的结果是物欲横流、私欲膨胀,信仰缺失、精神贫乏,生活颓废、道德沦丧,社会上充斥着吸毒贩毒、卖淫嫖娼、枪支暴力、种族歧视、偷盗抢劫等犯罪。中国式现代化既要物质财富极大丰富,也要精神财富极大丰富、在思想文化上自信自强。中国式现代化强调两手抓、两手硬,努力促进物质文明和精神文明相互协调、相互促进,让全体人民始终拥有团结奋斗的思想基础、开拓进取的主动精神、健康向上的价值追求。"我们要建设的社会主义现代化强国,不仅要在物质上强,更要在精神上强。"②中国式现代化要求我们积极回应人民日益增长的精神文化需求,建设具有强大凝聚力和引领力的社会主义意识形态,加强理想信念教育和"四史"宣传教育,发展社会主义先进文化,推出更多优秀文艺作品,不断丰富人民精神世界,为人民提供更多更好的精神食粮,提高全社会文明程度,促进人的全面

① 《习近平著作选读》第2卷,人民出版社2023年版,第505页。
② 习近平:《论中国共产党历史》,中央文献出版社2021年版,第246页。

发展。

物质文明和精神文明相协调是中国式现代化不同于西方现代化的重要区别。中国式现代化摒弃了西方国家那种物质主义膨胀、精神空虚贫乏的现代化老路,追求的是国家物质力量和精神力量相互促进、物质大厦和精神大厦并肩耸立,人民物质生活和精神生活双双提升、物质富足和精神富有同时并重。这一特色要求我们在发展科技事业时,既需要通过大力发展生产力不断夯实人民幸福生活的物质条件,又需要通过大力发展社会主义先进文化满足人民精神文化需求,促进物的全面丰富和人的全面发展。

必须清醒地认识到,一个民族的复兴需要强大的物质力量,也需要强大的精神力量。建设高度的社会主义精神文明、建设社会主义文化强国,是全面建成社会主义现代化强国的内在要求。新时代我国文化事业日益繁荣,全民族文化自信显著增强,国家文化软实力和中华文化影响力大幅提升,但是还面临着进一步巩固社会主义意识形态、提高全社会文明程度、建设好中华民族共有精神家园等难题。我们必须善于运用科技手段强化社会主义核心价值观引领、塑造主流舆论新格局,营造良好网络生态、构建网上网下同心圆,建设具有强大凝聚力和引领力的社会主义意识形态。必须加强国家科普能力建设,提高全民族科学文化素质。必须依靠科技创新繁荣发展文化事业和文化产业,健全现代公共文化服务体系,大力实施文化惠民工程,不断满足人民群众多样化、多层次、多方面的精神文化需求。

四、人与自然和谐共生的现代化

这是中国式现代化的鲜明特点,体现了美丽中国建设的生态追求。人与自然的关系是人类社会最基本的关系。人与自然共生共存,构成生命共同体。自然是生命之母,为人类生存发展、衍衍不息提供基本的自然环境和条件。生态环境没有替代品,空气、水、土壤、蓝天等自然资源用之不觉,失之难续。人生活在自然中,必须正确处理自身与自然的关系。中国式现代化是人与自然和谐共生的现代化,既要创造更多物质财富和精神财富以满足人民日益增长的美好生活需要,也要提供更多优质生态产品以满足人民日益增长的优美生态环境需要。

人与自然和谐共生是人类生存与发展的必然选择。大自然孕育抚养了人类,人类应该以自然为根,尊重自然、顺应自然、保护自然。人类可以利用自然、改造自然,但归根结底是自然的一部分,必须呵护自然、珍惜自然。恩格斯曾深刻阐述了人类与自然界的相互依存关系。他指出:"我们不要过分陶醉于我们人类对自然界的胜利。对于每一次这样的胜利,自然界都对我们进行报复。每一次胜利,起初确实取得了我们预期的结果,但是往后和再往后却发生完全不同的、出乎预料的影响,常常把最初的结果又消除了。"①无止境地向自然索取甚至破坏自然,最终遭到大自然的报复,这样的例子在历史上比比皆是。美索不达米亚文明曾经灿烂一时,但因为生态环境遭到破坏,最终导致生产生活不可持续,文明走向衰落。只有尊重自然规律,才能有效防止在开发利用自然上走弯路。生态文明建设关乎人类的未来,人类生活在同一个地球,必须珍惜地球、珍爱家园,任何一个国家都无法置身事外、独善其身。中国式现代化既要创造更多物质财富和精神财富以满足人民日益增长的美好生活需要,也要提供更多优质生态产品以满足人民日益增长的优美生态环境需要。

人与自然和谐共生是中国人民和中华民族的优良传统。中国人民和中华民族向来尊重自然、热爱自然,很早就认识到敬畏和顺应自然对人类生存和发展的重要性。中国古人说:"天地与我并生,而万物与我为一。""天不言而四时行,地不语而百物生。""万物各得其和以生,各得其养以成。""人法地,地法天,天法道,道法自然。"我们的祖先很注意把天地人统一起来,把自然生态同人类文明联系起来,按照大自然的规律办事和活动。《周礼》记载,西周时专门设置了管理山林和王畿苑囿的官吏,规定凡进山砍伐树木必须按季节和时间进行,不得捕杀幼小的鹿和撷取鸟蛋,不得用敷有毒药的箭射杀动物,否则将加以惩罚。"不违农时","数罟不入洿池","斧斤以时入山林","顺天时,量地利","不夭其生,不绝其长",这些彰显生态智慧的至理名言,反映了先人们在朴素的自然环境中,对生产和劳动规律的深刻认识。

人与自然和谐共生是对我们自己实践与经验的探索和总结。新中国成立

---

① 《马克思恩格斯全集》第26卷,人民出版社2014年版,第769页。

特别是改革开放以来,我们对生态环境保护的重要性有一个认识逐步深化的过程。当我们在发展中看到,违背自然规律造成环境污染和生态破坏,而这些后果带来"民生之患、民心之痛"时,深刻认识到绝不能以牺牲生态环境为代价换取经济的一时发展。生态环境保护是功在当代、利在千秋的事业。我们党为了人民的利益,下了最大决心、花了最大气力,制定了一系列保护和治理生态环境的政策和措施,并加大力度抓好贯彻落实。经过全国人民长期坚持不懈的努力,我国生态文明建设从理论到实践都发生了历史性、转折性、全局性变化,实现了由重点整治到系统治理、由被动应对到主动作为、由全球环境治理参与者到引领者、由实践探索到科学理论指导的重大转变。

人与自然和谐共生是坚持可持续发展的客观要求。环顾世界,工业化创造了前所未有的物质财富,也产生了难以弥补的生态创伤。惨痛的教训警戒人类:伤害自然最终将伤及人类,损毁自然最终将波及自己。可持续发展,是指既满足当代人需要又不影响后代人的发展,强调一代人的发展要为下一代人的发展创造可持续的条件。坚持人与自然和谐共生,实质是坚持可持续发展,寻求永续发展之路,建设一个清洁美丽的世界。我们建设现代化国家,实现永续发展,走美欧老路,去消耗资源,去污染环境,是难以为继的、走不通的。中国式现代化强调要站在人与自然和谐共生的高度来谋划经济社会发展,广泛形成绿色生活方式,让人人都能遥望星空、看见青山、闻到花香。推进美丽中国建设必须走绿色低碳之路,决不能竭泽而渔,决不能吃祖宗饭、断子孙路,决不能用破坏性方式搞发展。

尊重自然、顺应自然、保护自然,促进人与自然和谐共生,是中国式现代化的内在要求和突出特点。中国式现代化秉持"绿水青山就是金山银山"的生态理念,坚持可持续发展,坚持节约优先、保护优先、自然恢复为主的方针,坚持山水林田湖草沙一体化保护和系统治理,大力推进生态优先、节约集约、绿色低碳发展。中国式现代化强调要提升生态系统多样性、稳定性、持续性,加大生态系统保护力度,切实加强生态保护修复监管,拓宽绿水青山转化为金山银山的路径,为子孙后代留下山清水秀的生态空间。中国式现代化要求我们必须把握好发展与保护的关系,像保护眼睛一样保护自然和生态环境,坚持不懈推动绿色低碳发展,加快推动产业结构、能源结构、交通运输结构、用地结构调整,加快形成节约资源和保护环境的空间格局,把经济活动、人的行为限制在自然资源和生态环境能够承受的限度内,给自然生态留下休养生息的时间和空间。

近代以来,西方国家的现代化大都经历了对自然资源肆意掠夺和生态环境恶性破坏的阶段,在创造巨大物质财富的同时,往往造成环境污染、资源枯竭等严重问题。我国人均能源资源禀赋严重不足,加快发展面临更多的能源资源和环境约束,这决定了我国不可能走西方现代化的老路。中国式现代化摒弃了西方国家那种无止境向自然索取、先污染后治理的现代化老路,强调坚定不移走生产发展、生活富裕、生态良好的文明发展道路,实现中华民族永续发展。这一特色要求我们在发展科技事业时,加快绿色低碳科技革命,着力改善生态环境质量,提供更多优质生态产品,让中华大地天更蓝、山更绿、水更清、环境更优美。要持续深入打好污染防治攻坚战,坚持精准治污、科学治污、依法治污,保持力度、延伸深度、拓展广度,深入推进蓝天、碧水、净土三大保卫战,积极稳妥推进碳达峰碳中和,持续改善生态环境质量,以高品质的生态环境支撑高质量发展。

必须清醒地认识到,生态环境问题归根结底是经济社会发展方式和人类生产生活方式问题,绿色发展是生态文明建设的必然要求,代表了当今科技和产业变革方向。大力发展绿色低碳科技,是解决我国生态环境问题的基础之策、根本途径。在我们这样一个幅员辽阔、生态面貌丰富多样的发展中大国,生态治理是时间紧、任务重、难度大的攻坚战。"我国生态文明建设进入了以降碳为重点战略方向、推动减污降碳协同增效、促进经济社会发展全面绿色转型、实现生态环境质量改善由量变到质变的关键时期。"[1]我们必须坚持把绿色低碳发展作为解决生态环境问题的治本之策,加快形成绿色生产方式和生活方式,厚植高质量发展的绿色底色。要狠抓绿色低碳技术攻关,加快先进适用技术研发和推广应用,协同推进降碳、减污、扩绿、增长,着力推动生态优先、节约集约、绿色低碳发展。坚持不懈发展能源资源可持续利用技术,着力提升综

---

[1] 习近平:《论把握新发展阶段、贯彻新发展理念、构建新发展格局》,中央文献出版社2021年版,第539页。

合利用效率。坚持不懈发展污染防治技术，深入打好污染防治攻坚战。坚持不懈发展生态修复技术，提升生态系统质量和稳定性。建立健全体制机制和政策体系，完善环境保护、节能减排约束性指标管理，提高生态环境治理体系和治理能力现代化水平。总之，需要依靠科技创新真正实现生态惠民、生态利民、生态为民。

五、走和平发展道路的现代化

这是中国式现代化的突出特征，体现了中国特色大国外交的宗旨。坚持和平发展，在坚定维护世界和平与发展中谋求自身发展，又以自身发展更好维护世界和平与发展，推动构建人类命运共同体，这是中国共产党向全世界作出的郑重承诺，彰显了中国共产党胸怀天下的世界情怀和使命担当。在推进中国式现代化的实践进程中，我们必须始终高举和平、发展、合作、共赢旗帜，奉行互利共赢的开放战略，不断以中国新发展为世界提供新机遇。必须积极参与全球治理体系改革和建设，践行真正的多边主义，弘扬全人类共同价值，推动落实全球发展倡议、全球安全倡议、全球文明倡议，努力为人类和平与发展作出更大贡献。

坚持走和平发展道路，是基于中国历史文化传统的必然选择。中华民族历来就是热爱和平的民族。中华文化以和合理念为精神内核，秉持"以和为贵，和而不同"的价值取向，追求"和衷共济、和合共生"的高远理想，推崇不同国家、不同文化"美美与共、天下大同"。中华民族历来讲求"天下一家"，主张"民胞物与、协和万邦"，遵循"强不执弱，富不侮贫"的交往原则，憧憬"大道之行，天下为公"的美好世界。在5000多年的文明发展中，中华民族一直追求和传承着和平、和睦、和谐的坚定理念，中华民族的血液中没有侵略他人、称霸世界的基因。中国历史上曾经长期是世界上最强大的国家之一，但没有留下殖民和侵略他国的记录。600多年前，中国明代著名航海家郑和率领当时世界上最强大的船队"七下西洋"，远涉亚非30多个国家和地区，带去的是茶叶、瓷器、丝绸、工艺，没有侵占别国一寸土地，带给世界的是和平与文明，充分反映了古代中国与有关国家和人民加强交流的诚意。中国人民对战争带来的苦难有着刻骨铭心的记忆,对和平有着孜孜不倦的追求,十分珍惜和平安定的生活。走和平发展道路,是中华民族优秀文化传统的传承和发展,也是中国人民从近代以后苦难遭遇中得出的必然结论。中国的发展有利于世界和平力量的增长。中国的发展不仅造福14亿多中国人民,也给世界各国带来了巨大的市场和发展机遇。

坚持走和平发展道路,是我们党根据时代发展潮流和我国根本利益作出的战略抉择。只有坚持走和平发展道路,只有同世界各国一道维护世界和平,中国才能实现自己的目标,才能为世界作出更大贡献。回顾历史,我们深深感悟到:中国走和平发展道路来之不易,是新中国成立以来特别是改革开放以来,我们党经过艰辛探索和不断实践逐步形成的。在长期实践中,我们党始终高举和平的旗帜,提出和坚持了和平共处五项原则,确立和奉行了独立自主的和平外交政策,向世界作出了永远不称霸、永远不搞扩张的庄严承诺,强调中国始终是维护世界和平的坚定力量。我们在政策上是这样规定的、制度上是这样设计的,在实践中更是一直这样做的。习近平总书记指出:"和平、和睦、和谐是中华民族五千多年来一直追求和传承的理念,中华民族的血液中没有侵略他人、称王称霸的基因。中国共产党关注人类前途命运,同世界上一切进步力量携手前进,中国始终是世界和平的建设者、全球发展的贡献者、国际秩序的维护者!"①

坚持走和平发展道路,是基于中国国情的必然选择。1840年鸦片战争以后的100多年里,中国受尽了列强的欺辱。消除战争,实现和平,建设独立富强、人民幸福的现代化国家,是近代以来中国人民孜孜以求的奋斗目标。今天的中国虽然取得了巨大的发展成就,但发展不平衡不充分问题仍然突出。推动经济社会发展,不断改善人民生活始终是中国面临的中心任务。坚持走和平发展道路,是中国实现国家富强、人民幸福的必由之路。中国人民最需要、最珍爱和平的国际环境,愿尽自己所能,为推动各国共同发展作出积极贡献。中国走和平发展道路,不是权宜之计,更不是外交辞令,而是在立足国情的基础上,兼顾历史、现实和未来而得出的科学结论,是思想自信和实践自觉的有

① 《习近平著作选读》第2卷,人民出版社2023年版,第485页。

机统一。中国反对各种形式的霸权主义和强权政治,不干涉别国内政,永远不称霸,永远不搞扩张。中国在政策上是这样规定的、制度上是这样设计的,在实践中更是一直这样做的。

坚持走和平发展道路,是中国外交政策的基石。中国共产党始终坚持发展自己、兼济天下、造福世界,不仅要让中国人民都过得好,也帮助其他国家人民过上好日子,努力为人类作出新的更大贡献。新中国成立后,中国坚持独立自主的和平外交政策,提出和平共处五项原则、"三个世界"等政策方针和思想,在国际舞台上站稳了脚跟、赢得了尊重、扩大了影响。改革开放以来,中国提出和平与发展是时代主题的重大论断,倡导促进世界多极化和国际关系民主化,推动建设和谐世界,中国全方位外交取得重要进展。进入新时代,中国高举和平、发展、合作、共赢的旗帜,全面推进中国特色大国外交,形成全方位、多层次、立体化的外交布局。中国创造性提出推动构建人类命运共同体、新型国际关系、全人类共同价值、共建"一带一路"、全球发展倡议、全球安全倡议、全球文明倡议、全球人工智能倡议等新理念,倡导全球治理观、正确义利观、安全观、发展观、合作观、生态观等重要理念,体现了鲜明的中国特色、中国风格、中国气派。中国始终坚持独立自主的和平外交政策,始终强调中国外交政策的宗旨是维护世界和平、促进共同发展。

西方国家的现代化,充满战争、贩奴、殖民、掠夺等血腥罪恶,给广大发展中国家带来深重苦难。中华民族经历了西方列强侵略、凌辱的悲惨历史,深知和平的宝贵,决不可能重复西方国家的老路。中国式现代化摒弃了西方国家那种通过战争和殖民等方式对外扩张掠夺、损人利己的现代化老路,强调坚定站在历史正确的一边,高举和平、发展、合作、共赢旗帜,同世界各国互利共赢、共同发展。中国式现代化坚持独立自主、自力更生,依靠全体人民的辛勤劳动和创新创造发展壮大自己,通过激发内生动力与和平利用外部资源相结合的方式来实现国家发展,不以任何形式压迫其他民族、掠夺他国资源财富,而是为广大发展中国家提供力所能及的支持和帮助。这一特色要求我们在发展科技事业时,弘扬全人类共同价值,积极融入全球创新网络,通过国际科技交流合作既发展自身又造福世界,致力于推动构建人类命运共同体。

必须清醒地认识到,当今世界科技创新要素相互依存、相互促进、相互联系,积极利用国际创新资源、深度参与全球科技治理是促进科技互惠共享的康庄大道,也是科技创新全球化的必然要求。经济全球化促进了科技创新全球化,推动科技扩散的速度不断加快、范围不断扩大,客观上要求各国加强科技交流合作,共同应对全球问题。当今世界,由于西方主要发达国家对经济全球化的态度发生逆转,经济全球化遭遇逆流,出现"回头浪",科技创新全球化进程也受到一定程度的影响。特别是美西方国家对我实施高新技术出口管制,加剧技术贸易壁垒,妄图打压我国科技创新。在面对美西方国家科技封锁、遏制甚至极限施压的情况下,我国科技事业必须坚持走中国特色自主创新道路,着力提升自主创新能力,同时还要深度参与全球科技治理,与国际社会一道共同应对人类面临的全球性挑战,促进世界科技进步事业。

历史和现实雄辩地证明,中国式现代化道路不仅走得对、走得通,而且一定能走得好、走得远,不仅是一条发展中国自身、实现中华民族伟大复兴的光明大道,更是一条造福世界各国、书写人类社会发展新篇章的人间正道。中国式现代化深深根植于中华优秀传统文化,体现科学社会主义的先进本质,借鉴吸收一切人类优秀文明成果,代表人类文明进步的发展方向,展现了不同于西方现代化模式的新图景,是一种全新的人类文明新形态,为全球提供了一种全新的现代化模式,是对西方现代化理论和实践的重大超越。

第三章 |
坚持党对科技事业的全面领导

　　坚持党对一切工作的领导，是习近平新时代中国特色社会主义思想的重要内容，是新时代坚持和发展中国特色社会主义十四条基本方略的第一条。习近平同志指出："中国共产党领导是中国特色科技创新事业不断前进的根本政治保证。我们要坚持和加强党对科技事业的领导，坚持正确政治方向，动员全党全国全社会万众一心为实现建设世界科技强国的目标而努力奋斗。"①科技事业是党和人民的重要事业，是我们党治国理政的一个重要领域，是党和国家工作全局中的一个重要方面。当前，我国发展不平衡不充分问题仍然突出，同时又面临着不稳定不确定性显著增加的外部环境，能不能在深刻复杂变化的国内外环境中实现建成科技强国的宏伟目标、以中国式现代化全面推进中华民族伟大复兴，从根本上讲取决于党在科技事业中的领导核心作用发挥得好不好，取决于党的科技治理能力强不强。我们要从全局和战略高度，加强和改善党对科技事业的领导，认真贯彻党中央关于科技创新的决策部署，深入实施创新驱动发展战略，牢牢把握科技进步大方向、产业革命大趋势，不断推进以科技创新为核心的全面创新，推动科技创新成果不断涌现并转化为现实生产力，为中国式现代化贡献科技力量。

一、党的领导是中国特色科技创新事业的根本政治保证

　　坚持党的领导，是无产阶级政党的理论逻辑、历史逻辑和实践逻辑的辩证

---

① 习近平：《论科技自立自强》，中央文献出版社2023年版，第210页。

统一。马克思、恩格斯在《共产党宣言》等著作中告诉我们,工人阶级要完成自己的历史使命,实现共产主义,必须要有无产阶级政党的领导。坚持和改善党的领导是被实践证明了的确保中国革命、建设和改革不断取得胜利的正确经验总结和重要政治原则。回顾近代以来中国发展的历史进程,可以得出一个基本结论:办好中国的事情,关键在党。提出"关键在党"这个问题,有着重大的政治意义,也有着深刻内涵。中国共产党的领导是历史的选择、人民的选择。党的领导是中国革命、建设和改革事业取得胜利的根本保证。在我们这样一个多民族的发展中大国,要把全体人民的意志和力量凝聚成为齐心协力实现中华民族伟大复兴中国梦的磅礴力量,就必须毫不放松地坚持和改善党的领导。这是无数历史事实昭示的真理。习近平同志指出:"中华民族近代以来一百八十多年的历史、中国共产党成立以来一百年的历史、中华人民共和国成立以来七十多年的历史都充分证明,没有中国共产党,就没有新中国,就没有中华民族伟大复兴。"①

党的十九届四中全会鲜明指出了我国国家制度和国家治理体系所具有的多方面显著优势,其中第一个就是"坚持党的集中统一领导,坚持党的科学理论,保持政治稳定,确保国家始终沿着社会主义方向前进的显著优势"②。把坚持党的集中统一领导放在首要位置写进全会决定并作为首要的显著优势,这就十分明确地突出了党的领导制度在中国特色社会主义制度和国家治理体系中的统领地位。党的十九届四中全会强调,"必须坚持党政军民学、东西南北中,党是领导一切的,坚决维护党中央权威,健全总揽全局、协调各方的党的领导制度体系,把党的领导落实到国家治理各领域各方面各环节"③。党的十九届五中全会提出了"十四五"时期我国经济社会发展必须遵循的五条原则,坚持党的全面领导是其中第一条原则。

习近平同志指出:"中国最大的国情就是中国共产党的领导。什么是中国

① 《习近平著作选读》第2卷,人民出版社2023年版,第481—482页。
② 《中共中央关于坚持和完善中国特色社会主义制度、推进国家治理体系和治理能力现代化若干重大问题的决定》,《人民日报》2019年11月6日,第1版。
③ 《中共中央关于坚持和完善中国特色社会主义制度、推进国家治理体系和治理能力现代化若干重大问题的决定》,《人民日报》2019年11月6日,第1版。

特色？这就是中国特色。"①中国共产党领导的制度是我们自己的,不是从哪里克隆来的,也不是亦步亦趋效仿别人的。我们说推进国家治理体系和治理能力现代化,国家治理体系是由众多子系统构成的复杂系统,这个系统的核心是中国共产党,人大、政府、政协、监察机关、审判机关、检察机关、武装力量,各民主党派和无党派人士,各企事业单位,工会、共青团、妇联等群团组织,都是在党的集中统一领导下开展工作。我们要立足新时代,坚持和完善党的领导制度体系,贯彻落实维护党中央权威和集中统一领导的各项制度,不断提高党科学执政、民主执政、依法执政水平。坚持党的领导,是一个重大的原则问题,在这个问题上决不能有任何动摇,决不能有任何犹豫,决不能有任何松懈。在这个问题上犯错误往往是灾难性的、颠覆性的。

1. 推进中国式现代化关键在党

中国式现代化是我们党领导人民长期探索和实践的重大成果。习近平同志在党的二十大报告中明确指出:"中国式现代化,是中国共产党领导的社会主义现代化。"②这是对中国式现代化定性的话,是管总、管根本的。这一论断基于中国式现代化的理论探索、实践历程和现实要求,深刻揭示了党的领导与中国式现代化的内在关系,即坚持中国共产党的领导是中国式现代化的最鲜明特征和最突出优势。2023年2月7日,习近平同志在新进中央委员会的委员、候补委员和省部级主要领导干部学习贯彻习近平新时代中国特色社会主义思想和党的二十大精神研讨班上的讲话中指出:"为什么要强调党在中国式现代化建设中的领导地位？这是因为,党的领导直接关系中国式现代化的根本方向、前途命运、最终成败。"③

第一,党的领导决定中国式现代化的根本性质。中国共产党是以马克思主义为指导的无产阶级政党,对马克思主义的信仰、对社会主义和共产主义的信念,是共产党人的政治灵魂。中国式现代化是在开创、坚持、捍卫和发展中

---

① 习近平:《论坚持党对一切工作的领导》,中央文献出版社2019年版,第57页。

② 《习近平著作选读》第1卷,人民出版社2023年版,第18页。

③ 习近平:《中国式现代化是中国共产党领导的社会主义现代化》,《求是》2023年第11期,第4页。

国特色社会主义过程中,不断探索和推进的。党的性质宗旨、初心使命、信仰信念、政策主张决定了中国式现代化是社会主义现代化,而不是别的什么现代化。中国式现代化的"中国式",从根本上讲就是基于中国特色社会主义而形成的,同时也反映在"党的领导"这个根本要求上。党的领导保证了中国既不走封闭僵化的老路,也不走改旗易帜的邪路,而是坚定不移走中国特色社会主义道路,为中国式现代化沿着正确轨道前进提供方向指引。我们党始终高举中国特色社会主义伟大旗帜,既坚持科学社会主义基本原则,又不断赋予其鲜明的中国特色和时代内涵,坚定不移地走中国特色社会主义道路,确保中国式现代化在正确的轨道上顺利推进。我们党坚持把马克思主义作为根本指导思想,不断深化对共产党执政规律、社会主义建设规律、人类社会发展规律的认识,不断开辟马克思主义中国化时代化新境界,为中国式现代化提供科学指引。我们党坚持和完善中国特色社会主义制度,不断推进国家治理体系和治理能力现代化,形成包括中国特色社会主义根本制度、基本制度、重要制度等在内的一整套制度体系,为中国式现代化稳步前行提供坚强制度保证。我们党坚持和发展中国特色社会主义文化,激发全民族文化创新创造活力,为中国式现代化提供强大精神力量。可以说,只有毫不动摇坚持党的领导,中国式现代化才能前景光明、繁荣兴盛;否则,中国式现代化就会偏离航向、丧失灵魂,甚至犯颠覆性错误。

第二,党的领导确保中国式现代化锚定奋斗目标行稳致远。我们党始终坚守初心使命,矢志为中国人民谋幸福、为中华民族谋复兴,坚持把远大理想和阶段性目标统一起来,一旦确定目标,就咬定青山不放松,接续奋斗、艰苦奋斗、不懈奋斗。早在新民主主义革命时期,党就提出了"中国工人阶级的任务,不但是为着建立新民主主义的国家而斗争,而且是为着中国的工业化和农业近代化而斗争"①。新中国成立后,党锚定工业化和现代化的目标,循序渐进、聚沙成塔,不断丰富和完善现代化的蓝图。党在20世纪60年代提出工业、农业、国防、科学技术的"四个现代化"发展目标和分两步走实现现代化的战略构想。改革开放后又提出"中国式的现代化"的重大命题和"到21世纪中叶分三

---

① 《毛泽东选集》第3卷,人民出版社1991年版,第1081页。

步走、基本实现社会主义现代化"的发展战略。在第二步目标即将实现之际，又进一步针对如何实现第三步目标提出新的"三步走"发展战略和"两个一百年"奋斗目标。中国特色社会主义进入新时代，以习近平同志为核心的党中央科学总结我国现代化建设探索和实践经验，并结合新的时代要求不断推进现代化建设，在理论与实践取得创新和突破的基础上，对推进和拓展中国式现代化进行系统性战略谋划，使中国式现代化不断呈现更为壮丽的图景。在总结改革开放和新时代实践成就和经验基础上，党的二十大更加清晰擘画了到2035年我国发展的目标要求，科学描绘了全面建成社会主义现代化强国、全面推进中华民族伟大复兴的宏伟蓝图。从这些历史进程中，我们更加清晰地看到，建设社会主义现代化国家是我们党一以贯之的奋斗目标，一代一代地接力推进，并不断取得举世瞩目、彪炳史册的辉煌业绩。这种一张蓝图绘到底的精神，体现了中国共产党治国理政的战略定力，体现了中国共产党领导的制度优势，从根本上超越了资本主义国家政党纷争、党派偏私、政策前后不一的弊端。

第三，党的领导激发建设中国式现代化的强劲动力。党根据中国式现代化不同阶段主要任务的发展变化作决策、抓落实，既坚持、丰富和发展理论，制定、调整和完善路线方针政策，又发挥总揽全局、协调各方的作用，以钉钉子精神真抓实干、埋头苦干、善始善终、善作善成，确保各项政策措施落地见效，推动中国式现代化从蓝图一步步变为现实。改革开放是决定当代中国命运的关键一招，也是决定中国式现代化成败的关键一招。改革开放以后，我们党以伟大历史主动精神不断变革生产关系和生产力之间、上层建筑和经济基础之间不相适应的方面，不断推进各领域体制改革，形成和发展符合当代中国国情、充满生机活力的体制机制，让一切劳动、知识、技术、管理和资本的活力竞相迸发，让一切创造社会财富的源泉充分涌流。党的十八大以来，我们党以巨大的政治勇气全面深化改革，突出问题导向，敢于突进深水区，敢于啃硬骨头，敢于涉险滩，敢于面对新矛盾新挑战，冲破思想观念束缚，突破利益固化藩篱，坚决破除各方面体制机制弊端，改革由局部探索、破冰突围到系统集成、全面深化，许多领域实现历史性变革、系统性重塑、整体性重构。党勇于开拓创新，顺应时代潮流、回应人民要求，着力破解各方面体制机制障碍，不断增强社会发展的活力，把我国制度优势更好转化为国家治理效能，不断为中国式现代化注入不竭动力源泉。

第四，党的领导凝聚建设中国式现代化的磅礴力量。中国式现代化是事关实现中华民族伟大复兴的宏伟事业，是亿万人民自己的事业，必须发挥人民的主人翁精神和创造伟力。我们党深刻认识到，人民是中国式现代化的主体，必须紧紧依靠人民，尊重人民创造精神，汇集全体人民的智慧和力量，才能推动中国式现代化不断向前发展。我们坚持党的群众路线，想问题、作决策、办事情注重把准人民脉搏、回应人民关切、体现人民愿望、增进人民福祉，努力使党的理论和路线方针政策得到人民群众衷心拥护。我们坚持把人民对美好生活的向往作为奋斗目标，坚持以人民为中心的发展思想，着力保障和改善民生，着力解决人民急难愁盼问题，让中国式现代化建设成果更多更公平地惠及全体人民。我们党发展全过程人民民主，拓展民主渠道，丰富民主形式，扩大人民有序政治参与，确保人民依法通过各种途径和形式管理国家事务，管理经济和文化事业，管理社会事务，以主人翁精神满怀热忱地投入到现代化建设中来。我们党以中国式现代化的美好愿景激励人、鼓舞人、感召人，有效促进政党关系、民族关系、宗教关系、阶层关系、海内外同胞关系和谐，促进海内外中华儿女团结奋斗，凝聚起全面建设社会主义现代化国家的磅礴伟力。我们党牢记为中国人民谋幸福、为中华民族谋复兴的初心使命，不仅做到自身团结一心，步调一致，而且通过党的领导把全国各族人民、海内外中华儿女团结起来，有效调动一切积极因素，汇聚起团结奋斗共同推进中国式现代化的强大力量。

2. 我国科技事业发展经验的科学总结

在长期的革命、建设和改革实践中，中国共产党始终注重加强和改善党对科技工作的领导。中国共产党是以马克思主义为指导的无产阶级政党，而科学技术则是马克思主义产生和发展的基本前提。五四运动有力地推动了马克思主义在中国的广泛传播，为中国共产党的诞生做了思想准备。当时提出"民主"与"科学"两大口号，既包含着用科学技术来发展生产力、救国家于贫困的意思，又突出地强调科学作为新思想、新文化同旧思想、旧文化相对立的革命的精神。可以说，中国共产党从一诞生就秉承着马克思主义关于"科学是一种在历史上起推动作用的、革命的力量"①的思想理论。以毛泽东同志为代表的党的早期领导人身体力行，深入工厂、农村，组织工人、农民办学堂、讲习班，传播革命道理，传播科学知识。在延安，我们党在国民党的封锁中白手起家，建起了党的历史上第一个新型科技机构——自然科学院，开始用自己的力量培养科技工作者。新中国刚刚成立一个月，党中央就决定组建国家最高学术领导机构——中国科学院。党中央要求，以中国科学院作为全国科学研究的中心，指导建立地方科研机构，同时发展高等学校和产业部门的科研机构，逐步形成比较完整的科研体系。党和政府主要在思想上、政策上对全国科技工作进行领导，给科技工作者创造良好的科研条件。随后，党在增强科技工作者凝聚力，加强与科技工作者的联系，以及制定科技工作方针政策等方面做了大量工作。1950年，在北京召开了中华全国自然科学工作者代表会议，提出了我国科技工作的路线和方针，提倡科学为人民服务，科学理论和研究同国家建设的实际相结合。到1959年，这一路线和方针调整确定为：科学研究必须为社会主义建设服务，必须由党来领导，必须走群众路线，与工农群众相结合；科学研究活动要土洋并举，普及与提高相结合，生产、教学、科研三者相结合。科学技术在社会主义建设中，担当起了复兴中华民族的历史重任。

1956年1月，党中央召开关于知识分子问题的专门工作会议。周恩来同志在会议的报告中向全国人民发出了"向科学进军"的伟大号召，鼓舞激励了无数科技工作者。同年，党中央制定了《1956—1967年全国科学技术发展远景规划》（又称《十二年科学规划》）。这个《规划》比较全面地反映了社会主义建设对科学技术的迫切要求，客观分析了世界科技发展趋势，实事求是地评估了我国现有的科技水平和力量，提出了切实可行的奋斗目标。在这个《规划》的推动下，我国许多新学科、新技术从无到有，及时地建立和完善起来。特别值得提到的是，20世纪五六十年代，在我国受到外部封锁的条件下，党带领广大科技工作者，充分发挥社会主义制度集中力量办大事的优势，在国防、高技术和基础研究等领域取得了一系列重大成果，实现了科学技术的跨越式发展。1975年，周恩来同志在四届人大作《政府工作报告》时，代表党中央提出"在本

---

① 《马克思恩格斯选集》第3卷，人民出版社2012年版，第1003页。

世纪内,全面实现农业、工业、国防和科学技术的现代化"①的宏伟目标。从此,包括"科学技术现代化"在内的"四个现代化"成为中华大地上妇孺皆知、激励人心的奋斗目标。

党的十一届三中全会决定把工作重心转移到经济建设上来,开启了我国科技事业发展的新时期。邓小平同志提出的"科学技术是第一生产力"的论断,成为我们党制定科技政策和科技发展战略的一个重要指导思想。20世纪80年代经济体制改革、科技体制改革相继实施,我们党制定了大力发展高科技的"863计划",以及"火炬计划"、"星火计划"、"攀登计划"等,在改革开放的时代大潮中有力推动了科技事业的大发展。20世纪90年代,我们党提出科教兴国战略、可持续发展战略、知识创新、技术创新、面向21世纪的教育振兴计划等,推动了我国科技事业的蓬勃发展。进入21世纪后,党中央深入实施知识创新工程、科教兴国战略、人才强国战略、不断完善国家创新体系,提出了走中国特色自主创新道路、建设创新型国家的奋斗目标。总体上讲,改革开放和社会主义现代化建设新时期的科技事业持续加强,科技成果捷报频传。我们党根据时代和事业发展的需要,适时制定符合实际的科技工作方针、政策,提出并实施正确的科技发展战略,继续发展科技事业、推动科技创新,为中国式现代化大踏步赶上时代提供了有利的科技政策和创新生态。

党的十八大以来,以习近平同志为核心的党中央提出创新是引领发展的第一动力、全面实施创新驱动发展战略、建设世界科技强国,大力推进以科技创新为核心的全面创新,全面深化科技体制改革,加强教育科技人才工作,推动我国科技事业实现了历史性、整体性、格局性重大变化,取得历史性成就。科技在提高国家综合实力、推动经济持续健康发展、决战决胜脱贫攻坚、保障和改善民生等方面发挥着越来越重要、越来越显著的作用。我国重大创新不断涌现,为推进和拓展中国式现代化提供了更为坚实的科技基础、更为强大的科技支撑。国家战略科技力量加快壮大,重大科技成果加速涌现。科技推动经济发展质量大幅提升,经济增长动能转换效果明显。我国基础研究占研发投入比重不断提高、投入力度持续加大,基础研究整体实力显著加强,科技创新能

---

① 《周恩来选集》下卷,人民出版社1984年版,第479页。

力实现新跃升。我国在量子通信、高温铁基超导、中微子振荡等诸多前沿领域取得的重大突破,有力证明了中华民族的强大创新创造力。我国在航空航天、深海潜水和天文研究等领域完成了一系列全球领先的重大工程,展现出强大的举国体制优势。全方位推动科技与经济社会深度融合,围绕产业链部署创新链,围绕创新链布局产业链,统筹基础研究、应用基础研究、技术创新、成果转化、产业化、市场化全链条各环节,为构建现代化产业体系注入强大活力。人工智能、区块链、北斗导航卫星全球组网、新能源汽车等加快应用。高性能装备、智能机器人、增材制造、激光制造等技术有力推动"中国制造"迈向更高水平。数字经济发展基础不断夯实,新一代数字技术发展不断加快,自主可控能力持续提升。数字经济与实体经济加速融合,产业数字化和数字产业化加速推进,数字经济服务社会、保障民生能力大幅增强。一大批新兴产业群快速崛起,越来越多的科技成果进入经济社会主战场,促进了社会生产力的极大发展。科技体制改革纵深推进,重点领域和关键环节改革取得实质性进展和显著成效,形成创新创业新生态。

经过新时代十年来的持续努力,我国科技事业突飞猛进,科技创新成果加速涌现,在全面建成小康社会、实现第一个百年奋斗目标的伟大实践中发挥了不可替代的科技作用,作出了不可磨灭的科技贡献,为中国式现代化开辟了广阔的科技空间和光明的发展前景。全面建成小康社会是中华民族发展史上的一个重要里程碑,在迈向全面小康的进程中,我们遇到数不清的困难。科技在全面建成小康社会的进程中发挥了巨大的驱动引领作用。离开了科技的强大支撑,全面建成小康社会的进程将不可能顺利实现。新时代十年来科技事业的创造性实践,从科技层面彰显了新时代十年伟大变革的力度之大、范围之广、程度之深、效果之显著、影响之深远,在中国式现代化进程中具有里程碑意义。

回顾我们党领导科技事业的历程,可以看出:正是在党的坚强领导下,在全国科技界和社会各界共同努力下,我国科技事业从无到有、从有到好,科技创新能力不断提升,重大科技成果竞相涌现,科技实力实现了整体性跃升。

坚持党对科技工作的集中统一领导,是党的领导在科技领域中的具体体现,是推进我国科技事业创新发展、建设科技强国的坚强政治保障。2021年12

月24日第十三届全国人民代表大会常务委员会第三十二次会议第二次修订通过的《中华人民共和国科学技术进步法》第二条明确规定:"坚持中国共产党对科学技术事业的全面领导。国家坚持新发展理念,坚持科技创新在国家现代化建设全局中的核心地位,把科技自立自强作为国家发展的战略支撑,实施科教兴国战略、人才强国战略和创新驱动发展战略,走中国特色自主创新道路,建设科技强国。"①加强和改善党对科技工作的领导,制定正确的科技政策和科技发展战略,充分发挥科技人员的积极性主动性创造性,运用一切科技成果服务人民、推动中国式现代化行稳致远,是我们党的神圣历史责任。党对科技工作的领导优势,体现在党的科学理论和正确路线方针政策、党的科技治理能力、党的严密组织体系和强大组织能力等各方面。党充分调动一切可以调动的积极因素,团结一切可以团结的力量,在全体科技战线、全体科研人员、全社会中凝聚起建设科技强国的磅礴力量。

坚持和加强党的全面领导是推动我国科技事业发展的最大政治优势。习近平同志指出,"在革命、建设、改革各个历史时期,我们党都高度重视科技事业","科技事业在党和人民事业中始终具有十分重要的战略地位、发挥了十分重要的战略作用"②。从党的十八大实施创新驱动发展战略,到党的十九大提出创新是引领发展的第一动力,再到党的十九届五中全会提出坚持创新在我国现代化建设全局中的核心地位、把科技自立自强作为国家发展的战略支撑,以习近平同志为核心的党中央始终统揽科技事业发展全局,对科技创新进行全面谋划部署,为我国科技改革发展提供了坚强政治保证。实践证明,我国科技事业之所以能够取得灿若星河的辉煌成就,科技创新之所以能够成为中华民族伟大复兴战略全局和世界百年未有之大变局中的"关键变量"、真正走到国家发展的中心舞台,根本在于有以习近平同志为核心的党中央领航掌舵,有习近平同志关于科技创新重要论述的科学指引。

当前,我国已进入新发展阶段,面临的内部条件和外部环境正在发生深刻复杂变化。越是风高浪急、挑战严峻,越要发挥党中央集中统一领导的定海神

---

① 《中华人民共和国科学技术进步法》,《人民日报》2021年12月27日,第14版。

② 习近平:《论科技自立自强》,中央文献出版社2023年版,第1、2页。

针作用,加强和改善党对科技事业的集中统一领导。我们必须增强"四个意识"、坚定"四个自信"、做到"两个维护",把党的领导更好地贯彻和体现到科技事业中,确保我国科技事业始终沿着正确航向破浪前行。新征程上,必须更加完善党对科技工作领导的体制机制,把党的领导核心作用充分体现在科技工作的方方面面。

二、健全和完善党领导科技创新的体制机制

坚持党对科技事业的集中统一领导,切实把党的领导落实到科技事业各方面各环节,就必须注重制度建设,从体制机制上加强和改善党对科技事业的领导。制度更带有根本性、全局性、稳定性、长期性。推进科技创新,体制机制十分重要、十分关键。习近平同志指出,"国家治理体系是由众多子系统构成的复杂系统。这个系统的核心是中国共产党,党是领导一切的"①。他强调:"加强党对一切工作的领导,这一要求不是空洞的、抽象的,要在各方面各环节落实和体现。"②要加强党委领导科技事业的制度化建设,完善党委研究科技发展战略、定期分析科技形势、研究重大方针政策的工作机制,推动党领导科技工作制度化、规范化、程序化,确保党中央关于科技工作的决策部署落到实处。

习近平同志在谈到坚持党的坚强领导时,特别强调要"不断提高党科学执政、民主执政、依法执政水平"③。坚持科学执政、民主执政、依法执政,是推进国家治理体系和治理能力现代化的必然要求和重大任务。科学、民主、法治,是人类认识世界和改造世界的重要成果,是社会文明进步的重要标志。共产党执政,必须积极采用人类文明进步的成果,坚持科学执政、民主执政、依法执政。科学执政,就是按照科学的思想、理论和科学的制度、方法来治国理政,把治国理政建立在更加自觉地运用客观规律的基础上,使执政活动符合实际情况,在实践中能取得成效。民主执政,就是要坚持人民主体地位、坚持以人民

---

① 习近平:《论坚持党对一切工作的领导》,中央文献出版社2019年版,第9页。

② 习近平:《论坚持党对一切工作的领导》,中央文献出版社2019年版,第11页。

③《习近平著作选读》第2卷,人民出版社2023年版,第482页。

为中心，坚持为人民执政、靠人民执政，支持和保证人民当家作主，坚持和完善民主集中制，使执政活动建立在广泛听取意见、充分吸收各方面建议的基础之上，确保决策符合人民愿望，得到最广泛的拥护与支持。依法执政，就是要坚持全面依法治国，以法治思维和法治方式治国理政，筑法治之基、行法治之力、积法治之势，在法治轨道上推进国家治理体系和治理能力现代化。科学执政、民主执政、依法执政是辩证统一的。科学执政是基本前提，民主执政是本质所在，依法执政是基本途径，三者紧密联系、有机结合。坚持和发展中国特色社会主义，离不开制度，也离不开治理。只有把制度与治理有机结合起来，才能把我国制度优势更好转化为国家治理效能。体现在科技领域中，就是要健全和完善党对科技事业的集中统一领导，把党的领导政治优势转化为科技治理效能。

我们党历来高度重视党和国家机构建设和改革。新中国成立后，在党的有力领导下，我国确立了社会主义基本制度，逐步建立起具有我国特点的党和国家机构职能体系，在治国理政、推进中国式现代化建设进程中发挥了重要作用。改革开放以来，适应党和国家工作中心转移、社会主义市场经济发展和各方面工作不断深入的需要，我们党积极推进党和国家机构改革，各方面机构职能不断优化、逐步规范，实现了从计划经济条件下的机构职能体系向社会主义市场经济条件下的机构职能体系的重大转变，推动了改革开放和社会主义现代化建设。中国特色社会主义进入新时代，以习近平同志为核心的党中央把深化党和国家机构改革作为推进国家治理体系和治理能力现代化的一项重要任务，按照坚持党的全面领导、坚持以人民为中心、坚持优化协同高效、坚持全面依法治国的原则，大力推进党和国家机构改革，党和国家机构职能实现系统性、整体性重构。从科技创新角度看，党的十八大以来，科技事业进一步上升为党和国家重大工作之一，在中国式现代化建设全局中的战略地位进一步上升，党领导科技事业的各项制度日益健全完善，有力夯实了国家创新驱动发展战略的制度保障。

健全党对科技事业的全面领导，目的是推动党对科技事业的领导在机构上更加优化、在体制机制上更加完善、在运行管理上更加高效。这是一项复杂的系统工程，不可能一蹴而就，也不会一劳永逸，需要根据新的使命任务、新的战略安排、新的工作需要,不断调整优化,使之更好适应建设科技强国、全面建设社会主义现代化国家的客观要求。要坚持稳中求进工作总基调,立足构建新发展格局、推动高质量发展,聚焦高水平科技自立自强,坚持问题导向,扬优势、补短板、强弱项,充分利用各方面有利条件,充分考虑各种风险挑战,坚定推进一些重要领域和关键环节的改革。

坚持党对科技创新的领导,首先是坚持和加强党对科技事业的集中统一领导,把党对科技事业的领导制度贯彻落实到党和国家相关机构履行职责全过程各方面,推动各地方各部门统筹协调、齐心攻坚,实现各环节各要素高效协同、形成合力,引领全社会万众一心为建设科技强国、以中国式现代化全面推进中华民族伟大复兴而努力奋斗。

1. 加强顶层设计和总体布局

党的十九届三中全会明确提出建立健全党对重大工作的领导体制机制。以习近平同志为核心的党中央优化完善了多个中央决策议事协调机构,将中央全面深化改革领导小组和中央财经领导小组分别调整为中央全面深化改革委员会和中央财经委员会即为其中的两项重大举措。党的十八大以来,习近平同志多次主持召开中央全面深化改革领导小组和中央全面深化改革委员会会议,亲自部署一系列重大改革事项,多次审议科技创新改革文件,多次听取科技创新相关工作汇报。《深化科技体制改革实施方案》所确定的143项任务已经完成,显著增强了各类创新主体、创新单元的创新动力,优化了创新要素配置,有力推动了我国科技创新的实践进程。中央财经领导小组和调整后的中央财经委员会在研究制定经济领域的重大决策时,科技工作作为与经济工作密切相关的重要事项被纳入其中。

在党的二十大对今后五年乃至更长时期党和国家事业发展作出战略部署的宏观背景下,在分析我国科技创新面临的深层次矛盾和问题的现实基础上,党的二十届二中全会审议通过了《党和国家机构改革方案》。《方案》提出,组建中央科技委员会,作为党中央决策议事协调机构。中央科技委员会的职责是:加强党中央对科技工作的集中统一领导,统筹推进国家创新体系建设和科技体制改革,研究审议国家科技发展重大战略、重大规划、重大政策,统筹解决科技领域战略性、方向性、全局性重大问题,研究确定国家战略科技任务和重大科研项目,统筹布局国家实验室等战略科技力量,统筹协调军民科技融合发展等。中央科技委员会办事机构职责由重组后的科学技术部整体承担。《方案》指出,保留国家科技咨询委员会,服务党中央重大科技决策,对中央科技委员会负责并报告工作。国家科技伦理委员会作为中央科技委员会领导下的学术性、专业性专家委员会,不再作为国务院议事协调机构。《方案》规定,省级党委科技领域议事协调机构结合实际组建。《方案》还对重组科学技术部进行了部署。

组建中央科技委员会、重新组建科学技术部,是党中央加强对科技工作集中统一领导的重大决策部署,对于进一步理顺科技领导和管理体制,更好统筹科技力量在关键核心技术上攻坚克难,加快实现高水平科技自立自强具有十分重要的意义。组建中央科技委员会,是新一轮党和国家机构改革在科技管理体制上发生的重大变化,这是历次科技体制改革未曾有过的。中央科技委员会的组建,有助于从党和国家最高层面组织调动、统筹协调科技创新资源,提升关键核心技术领域的决策效率与政策执行力。这次科技管理体制改革是我们党积极应对外部挑战的一次重大战略部署,旨在打造目标明确、统筹协调、组织有力的新型科技管理体制,并以此推进科技创新治理体系与治理能力现代化进程。

2. 优化党中央在科技领域谋大事、议大事、抓大事的制度安排

深化党领导综合性重大科技工作的领导体制,将国家科技教育领导小组调整为国家科技领导小组并另设中央教育工作领导小组。国家科技领导小组职责为研究、审议国家科技发展战略、规划及重大政策,讨论、审议国家重大科技任务和重大项目,协调国务院各部门之间及部门与地方之间涉及科技的重大事项,组长由国务院总理担任。国家科技教育领导小组、国家科技领导小组先后就科技发展和改革、"科技创新2030—重大项目"、国家科技发展战略规划、促进创新开放合作、落实赋予科研机构和人员更大自主权政策等重大科技工作进行了研究审议,在谋划科技事业改革发展、加强统筹协调、狠抓政策落实和重大任务推进、调动科技界和相关各方面力量上发挥了重要作用。

健全党中央直接领导重要科技改革的体制机制,调整国家科技体制改革和创新体系建设领导小组组成部门和人员,其中组成部门调整为26个,进一步从管理体制上理顺关系,更好地综合谋划和全面推进科技与经济深度融合。作为具体负责落实中央深化科技体制机制改革任务的国家议事协调机构,国家科技体制改革和创新体系建设领导小组研究审议了国家中长期科技发展规划有关建议、《关于弘扬科学精神转变作风改进学风的若干意见》等30多项议题,为党中央、国务院推进国家科技体制改革发挥了重要支撑保障作用。党的二十届二中全会审议通过的《党和国家机构改革方案》作出了新部署。《方案》提出,不再保留中央国家实验室建设领导小组、国家科技领导小组、国家科技体制改革和创新体系建设领导小组、国家中长期科技发展规划工作领导小组及其办公室。

推动建立国家科技计划(专项、基金等)管理部际联席会议制度,解决科技资源配置碎片化的问题。联席会议由科学技术部负责召集,30多个与国家科技计划管理密切相关的部门和单位参与其中,负责审议科技发展战略规划,审议布局与设置、重点任务、重点专项设置、年度重点工作安排等事项,审定战略咨询与综合评审委员会的组成、职责和工作规则等,审定中央财政科技计划(专项、基金等)项目管理专业机构,承办党中央、国务院交办的其他事项。联席会议已通过召开全体会议、专题会议、联络员会议等各类会议,有力推进了国家科技计划改革的相关政策制定和统筹协调工作。

新冠疫情发生后,为加强对全国疫情防控的统一领导和统一指挥,党中央根据全国防控新冠疫情的紧迫形势需要,成立了作为中央决策指挥机构的中央应对新型冠状病毒感染肺炎疫情工作领导小组,在中央政治局常委领导下开展工作。国务院应对新型冠状肺炎疫情联防联控机制为中央应对新型冠状病毒感染肺炎疫情工作领导小组的执行机构,其中由科技部、国家卫健委等12个部门组成的科研攻关组承担着临床救治和药物、疫苗研发、检测技术和产品、病毒病原学和流行病学、动物模型构建等五大方向的科研攻关任务,形成了一系列创新性成果和解决方案,为制定完善疫情防控策略提供了科学依据,为打赢疫情防控硬仗提供了有力科技支撑。

3. 推进国家科技管理职能优化协同高效

为加强和改善党对科技工作的集中统一领导,我们坚持以推进国家科技管理职能优化协同高效为着力点,注重把国家科技管理职能调整优化同健全完善制度机制有机统一起来。为加强、优化、转变政府科技管理和服务职能,完善科技创新制度和组织体系,更好落实创新驱动发展战略,党的十九届三中全会审议通过的《中共中央关于深化党和国家机构改革的决定》提出,整合科技部、国家外国专家局职责并重新组建科技部,并将国家自然科学基金委员会从国务院直属事业单位调整为科技部管理。加强党组(党委)对科技部门党的建设的领导,科技部把加强党的长期执政能力建设同提高国家治理水平有机统一起来,部党组会议研究重要科技问题,确保科技事业在党的领导下坚持正确政治方向。科技部党组每年制定党组一号文件、举办全国科技系统党建工作交流会,对党的建设和科技重大工作进行统筹部署,确保党建工作和业务工作同部署、同考核。

党的二十届二中全会审议通过的《党和国家机构改革方案》,把坚持优化协同高效作为深化党和国家机构改革必须遵循的一项基本原则。优化就是要科学合理、权责一致,协同就是要有统有分、有主有次,高效就是要履职到位、流程通畅。必须坚持问题导向,聚焦发展所需、基层所盼、民心所向,《方案》强调要优化党和国家机构设置和职能配置,坚持一类事项原则上由一个部门统筹、一件事情原则上由一个部门负责,加强相关机构配合联动,避免政出多门、责任不明、推诿扯皮,下决心破除制约改革发展的体制机制弊端,使党和国家机构设置更加科学、职能更加优化、权责更加协同、监督监管更加有力、运行更加高效。

《方案》对优化科技管理和服务职能进一步作出新部署。《方案》提出,重新组建科学技术部。加强科学技术部推动健全新型举国体制、优化科技创新全链条管理、促进科技成果转化、促进科技和经济社会发展相结合等职能,强化战略规划、体制改革、资源统筹、综合协调、政策法规、督促检查等宏观管理职责,保留国家基础研究和应用基础研究、国家实验室建设、国家科技重大专项、国家技术转移体系建设、科技成果转移转化和产学研结合、区域科技创新体系建设、科技监督评价体系建设、科研诚信建设、国际科技合作、科技人才队伍建设、国家科技评奖等相关职责,仍作为国务院组成部门。《方案》强调,地方政府科技部门职责结合实际进行调整。

为促进相关职能协同高效,《方案》在职能划转和完善方面作出新的安排。《方案》提出,将科学技术部的组织拟订科技促进农业农村发展规划和政策、指导农村科技进步职责划入农业农村部。将科学技术部的组织拟订科技促进社会发展规划和政策职责分别划入国家发展和改革委员会、生态环境部、国家卫生健康委员会等部门。将科学技术部的组织拟订高新技术发展及产业化规划和政策,指导国家自主创新示范区、国家高新技术产业开发区等科技园区建设,指导科技服务业、技术市场、科技中介组织发展等职责划入工业和信息化部。将科学技术部的负责引进国外智力工作职责划入人力资源和社会保障部,在人力资源和社会保障部加挂国家外国专家局牌子。

按照精简高效原则,提升抓落实能力,发挥综合效能,《方案》提出,深化财政科技经费分配使用机制改革,完善中央财政科技计划执行和专业机构管理体制,调整科学技术部的中央财政科技计划(专项、基金等)协调管理、科研项目资金协调评估等职责,将科学技术部所属中国农村技术开发中心划入农业农村部,中国生物技术发展中心划入国家卫生健康委员会,中国21世纪议程管理中心、科学技术部高技术研究发展中心划入国家自然科学基金委员会。国家自然科学基金委员会仍由科学技术部管理。科学技术部不再保留国家外国专家局牌子。

4. 建立健全统一领导、全面覆盖、权威高效的科技治理体系

开展我国科技治理,必须始终坚持党的领导,建立健全统一领导、全面覆盖、权威高效的科技治理体系。统一领导,是指我国科技治理必须在党的统一领导下进行,决不能像西方一些国家那样采取分散型的治理方式。坚持党对一切工作的领导,自然也包括党对科技事业的集中统一领导。全面覆盖,是指党对科技事业的领导必须体现在科技事业的方方面面、全过程各环节,不能有空白区、真空地带。权威高效,是指党必须坚持科学治理、民主治理、依法治理,各部门各地方必须坚决贯彻落实党中央决策部署,相互配合、协同高效地

完成各项任务。西方治理理论中有一种观点强调多主体协同而主张治理的去中心化，我们必须予以高度警惕。在我国，科技治理必须始终坚持党的集中统一领导，这是根本原则问题。

科技治理体系是对科技治理结构和功能的总体描述。我们要建构的，就是党委统一领导、党政齐抓共管、科技部门组织协调、科研单位与企业各负其责、社会公众广泛参与的科技治理大格局。党委统一领导，既是执政党的领导职能的正确体现，同时又是提升科技治理效能的必然要求。我国科技治理必须始终在党的统一领导下进行，通过党的坚强领导把各种力量和资源有机结合起来，把各方面的积极性主动性创造性充分发挥出来。党政齐抓共管，是指党既要发挥领导作用，政府又要发挥职能作用。各级政府是贯彻执行党的路线方针政策和开展各项工作的领导单位，它们在科技治理中与党委相互配合，齐抓共管，共同推进科技工作。科技部门组织协调，是指科技部、中国科学院、中国科协等承担着组织实施科技攻关项目、重大科技工程、科技专项等职责，协调解决相关科研院所、企业在科技活动中遇到的问题。需要注意的是，党委和政府齐抓共管，并不等于党委和政府包揽一切，并不意味着事无巨细都由党委和政府操办。党委和政府主要从更高层次上谋划和领导科技工作，而具体的组织实施工作，则由各级科技部门、各创新主体、创新单元来承担和完成。科研单位与企业各负其责，是对科技工作一线创新主体而言的，它们是科技创新的具体承担者、落实者。各科研单位、各企业要找准自己在科技创新中的定位，充分发挥自身的特长和优势，高质量地完成承担的任务。社会公众广泛参与，是指要激发广大公众参与科技治理的热情，提升广大公众的科技素质，凝聚起全民推动科技创新的磅礴力量。科技治理一切为了人民，也必须一切依靠人民。科学规范、运行有序的科技治理，能够使人民群众的获得感成色更足、幸福感更可持续、安全感更有保障。

三、总揽全局，协调各方

习近平同志在庆祝中国共产党成立一百周年大会上特别强调要"充分发

挥党总揽全局、协调各方的领导核心作用"①。我们要坚持党总揽全局、协调各方的领导核心作用,统筹科技创新各项工作,确保党的主张和决策部署贯彻到科技创新各方面全过程。

古人讲的"六合同风,九州共贯",在当代中国,没有中国共产党的领导,这个是绝对做不到的。"中国共产党是中国特色社会主义事业的领导核心,处在总揽全局、协调各方的地位。"②我国宪法确认了中国共产党的执政地位,确认了党在国家政权结构中总揽全局、协调各方的核心地位。这是我们推进科技工作最根本的政治保证,绝对不能有丝毫动摇。中央委员会,中央政治局,中央政治局常委会,这是党的领导决策核心。党中央作出的决策部署,党的组织、宣传、统战等部门要贯彻落实,人大、政府、政协、监察机关、审判机关、检察机关的党组织要贯彻落实,科技部门、科研院所的党组织要贯彻落实,各级党组织都要发挥作用。各级各方面党组织应该对党委负责、向党委报告工作。这里需要特别注意的是,在深化科研院所分类改革时,必须认真研究、区分不同类型,在有条件的科研院所探索完善党组织领导下的院(所)长负责制。这也是加强和改善党对科技工作领导、建设和完善具有中国特色的现代科研院所治理体系中一个极其重要的理论和实践问题。

习近平同志指出:"中国特色社会主义大厦需要四梁八柱来支撑,党是贯穿其中的总的骨架,党中央是顶梁柱。"③在谈到坚持党的领导时,习近平同志还使用了一个生动的比喻,指出:"我国社会主义政治制度优越性的一个突出特点是党总揽全局、协调各方的领导核心作用,形象地说是'众星捧月',这个'月'就是中国共产党。在国家治理体系的大棋局中,党中央是坐镇中军帐的'帅',车马炮各展其长,一盘棋大局分明。"④他强调:"如果中国出现了各自为政、一盘散沙的局面,不仅我们确定的目标不能实现,而且必定会产生灾难性

① 《习近平著作选读》第2卷,人民出版社2023年版,第482页。
② 习近平:《论坚持党对一切工作的领导》,中央文献出版社2019年版,第8页。
③ 习近平:《论坚持党对一切工作的领导》,中央文献出版社2019年版,第11页。
④ 习近平:《论坚持党对一切工作的领导》,中央文献出版社2019年版,第9页。

后果。"①

领导干部必须自觉从政治的高度来认识和把握科技工作,必须始终保持政治上的清醒和坚定,确保科技工作更好地沿着正确的方向发展。列宁指出:"一个阶级如果不从政治上正确地看问题,就不能维持它的统治,因而也就不能完成它的生产任务。"②科技工作从来都不是抽象的、孤立的,而是具体的、联系的。科技发展需要有坚强的政治保证和充分的政治条件,否则科技工作是难以搞好的。科技工作、经济工作和其他各项业务工作中都有政治。党员、干部特别是领导干部,必须善于用政治眼光观察、分析和处理科技问题,绝不能单纯地就科技论科技、就业务谈业务。那样,不仅工作不可能做好,而且会给党和人民的事业带来损失。如果不善于从政治的高度、从全局和战略的高度来认识我国科技发展的状况,认识当今国际局势变化对我国科技产生的影响,审时度势、正确决策,就难以把握正确的前进方向,也难以贯彻落实党中央关于科技工作的决策部署。广大党员、干部必须不断提高政治敏锐性和政治鉴别力,对国之大者要心中有数,切实把增强"四个意识"、坚定"四个自信"、做到"两个维护"落到行动上。

坚持党对科技工作的领导,最关键的就是要坚持党总揽全局、协调各方的领导核心地位。总揽,不是事无巨细都抓在手上。要统筹抓好,但不能陷入事务主义,不是包办具体事务,不要越俎代庖。要善于议大事、抓大事、谋全局。要把重点放在把方向、谋全局、定政策、促改革、抓大事上。

把方向,就是要自觉在思想上政治上行动上同党中央保持高度一致,为我国科技事业发展提供坚强政治保证。把方向涉及根本,关系全局,决定长远。党的领导第一位的就是举旗定向、掌舵领航。党领导人民治国理政,最重要的就是坚持正确政治方向,指引党和国家的前进方向,确保各项事业始终沿着中国特色社会主义道路胜利前进。要切实提高政治判断力,做到在重大问题和关键环节上头脑特别清醒、眼睛特别明亮,坚持政治立场不移、政治方向不偏。

---

① 中共中央党史和文献研究院编:《习近平关于防范风险挑战、应对突发事件论述摘编》,中央文献出版社2020年版,第29页。

② 《列宁选集》第4卷,人民出版社1995年版,第408页。

要切实提高政治领悟力,坚持用党中央精神分析形势、推动工作。要切实提高政治执行力,坚决维护党中央权威和集中统一领导,坚决执行党中央各项决策部署。在政治方向问题上,决不能有任何迷糊和动摇。党员、干部要坚定理想信念、坚定"四个自信",廓清思想迷雾,澄清模糊认识,排除各种干扰,把思想和力量凝聚到新时代推进中国式现代化的伟大事业中来。各级党委要加强政治引领,坚持把正确政治方向贯彻到谋划重大科技战略、制定重大科技政策、部署重大科技任务、推进重大科技项目的实践中去,经常对表对标,及时校准偏差,坚决纠正偏离和违背党的政治方向的行为,确保科技事业始终沿着正确政治方向发展。科技界要坚持把政治建设摆在首位,强化理论武装,深入学习贯彻习近平新时代中国特色社会主义思想,把习近平同志关于科技创新的重要论述作为科技改革发展的行动指南,坚决贯彻党中央关于科技工作的重大方针和战略部署,确保科技工作的正确方向。要把贯彻落实习近平同志重要指示批示精神作为科技事业的首要任务,推动广大党员、干部和科技界把思想和行动统一到党的二十大精神上来,统一到党中央对科技事业的部署上来,凝聚起推进科技创新的磅礴力量。

谋全局,就是要坚持在大局下行动。谋全局既体现了辩证唯物主义和历史唯物主义思想方法和工作方法,也体现了中华优秀传统文化的思维方法。党员、干部要坚持正确的历史观、大局观、发展观,善于在纷繁复杂的现象中抓住本质和主流,提高观大势、谋大局、抓大事的能力,自觉在大局下想问题、办事情、抓工作。牢固树立大局意识,自觉把工作放到大局中去思考、定位、安排,做到正确认识大局、自觉服从大局、坚决维护大局。什么是大局呢?从国内看,就是以中国式现代化全面推进中华民族伟大复兴,实现第二个百年奋斗目标。从国际看,就是为我国发展争取良好外部条件,维护国家主权、安全、发展利益,维护世界和平、促进共同发展,推动构建人类命运共同体。从党的建设看,就是坚持和巩固党的领导地位和执政地位,确保党总揽全局、协调各方的领导核心地位。要坚持在大局下思考、在大局下行动,从大局出发分析我们面临的机遇和挑战,统筹研究部署,更加主动地做好我们自己的事情。对"国之大者"要心中有数,关注党中央在科技发展方面关心什么、强调什么,思考经济社会发展急需什么、人民群众迫切盼望什么,深入研究从哪些重要领域、关键核心环节推进科技创新。

定政策，就是要立足我国科技实践，顺应新一轮科技革命和产业变革趋势，深化对创新发展规律、科技治理规律、人才成长规律的认识，研究和制定我国科技发展的方针政策和战略部署。要加强前瞻性思考、全局性谋划，就事关我国科技发展的方向性原则性问题作出规划、提出方案、拿出举措。制定政策时，要坚持目标引领和问题导向有机统一，既要以目标为着眼点，在统筹谋划、顶层设计上下功夫，以增强方向感、计划性；又要以问题为着力点，在补短板、强弱项上持续用力，以增强精准性、实效性。

科技治理是极为复杂、极为庞大的系统工程，而制定科技政策是其中一项十分重要的工作，是流程完整的闭环反馈式循环过程。作为治理主体的党，既指党的整体，也涉及各级党组织，涉及到广大党员、干部。党除了要作出科技战略部署并组织实施外，还要听取和了解"两个反馈"。一是了解各项科技决策、战略部署的执行情况、实施效果，称之为实践反馈。二是社会各界特别是科技界的反馈，各级党组织以及广大党员、干部要深入基层、深入一线，随时了解社会各界特别是科技界的需求，听取社会各界特别是科技界的意见建议，比如科技工作面临哪些难题、政策是否切合实际等等，我们将其称之为舆情反馈。定政策，就是要从这"两个反馈"中得到借鉴和启发，在总结经验、广开门路征求意见的基础上作出正确的、符合实际的科技决策。从认识论的角度讲，这就是"实践—认识—实践"的无限往复过程。

科学决策的过程，实质上也是民主决策的过程。在决策事项、议题提出环节，要开展严谨细致的调查研究，广开言路向科技专家虚心学习请教，收集与决策事项、议题相关的方方面面信息，为作出正确、科学的决策奠定基础。在决策酝酿环节，要采取座谈会、听证会、实地走访、问卷调查、书面征求意见、向社会公开征求意见等多种形式，广泛听取各方面意见。在论证阶段，要充分发挥专家、研究咨询机构的作用，认真听取专家的论证意见，采取专家咨询会、专家论证会等形式多样的会议，组织专家论证决策事项的必要性、可行性、科学性等。在经过合法性审查和集体讨论决定后，除依法不予公开的外，决策事项都要向社会公示。在决策实施后，还要听取相关专家的意见，了解在实施过程中遇到的问题、完善和改进科技工作的建议。

　　健全完善科技决策机制,对于提升决策效能十分关键,这也是我们面临的一个重大问题。2015年10月29日,习近平同志在党的十八届五中全会第二次全体会议上指出:"要更加注重对国内外经济形势的分析和预判,完善决策机制,注重发挥智库和专业研究机构作用,提高科学决策能力,确保制定的重大战略、出台的重要政策措施符合客观规律。"[①]2016年5月30日,习近平同志在全国科技创新大会、两院院士大会、中国科协第九次全国代表大会上指出:"要加快建立科技咨询支撑行政决策的科技决策机制,加强科技决策咨询系统,建设高水平科技智库。要加快推进重大科技决策制度化,解决好实际存在的部门领导拍脑袋、科技专家看眼色行事等问题。"[②]2017年5月中央办公厅印发《关于进一步加强党委联系服务专家工作的意见》,要求各级党委(党组)要根据本地区本行业实际分层分类确定联系服务专家对象,强调要把专家咨询作为科学决策、民主决策、依法决策的重要方式之一,支持专家积极参与中国特色新型智库建设。2018年5月28日,习近平同志在中国科学院第十九次院士大会、中国工程院第十四次院士大会上强调:"要加快建立科技咨询支撑行政决策的科技决策机制,注重发挥智库和专业研究机构作用,完善科技决策机制,提高科学决策能力。"[③]近年来,除了中科院、中国工程院、中国科协等发力完善科技智库外,高校院所和各种学会也相继组建各具特色的科技智库。我们要立足现实国情,借鉴国际经验,完善科技决策机制,构建起多层次、多方位、多专业、高质量的决策咨询体系。要充分发挥中国特色新型智库作用,推进科技决策的科学化、民主化。

　　促改革,就是要用足用好改革这个关键一招,保持风雨无阻、勇往直前的战略定力,坚持守正创新、开拓进取,推动改革向纵深推进,取得更大突破。"改

① 习近平:《论把握新发展阶段、贯彻新发展理念、构建新发展格局》,中央文献出版社2021年版,第52页。

② 习近平:《论把握新发展阶段、贯彻新发展理念、构建新发展格局》,中央文献出版社2021年版,第119页。

③ 习近平:《论把握新发展阶段、贯彻新发展理念、构建新发展格局》,中央文献出版社2021年版,第275页。

革永远在路上,改革之路无坦途。"①必须以更大的政治勇气和智慧,坚持摸着石头过河和加强顶层设计相结合,不失时机、蹄疾步稳深化科技发展重要领域和关键环节改革。要加强改革前瞻性研究,把握科技工作规律,善于运用改革思维和改革办法,制定基础性、战略性和具有重大牵引作用的改革举措,科学谋划推动落实改革的时机、方式、节奏,既要在战略上布好局,又要在关键处落好子。要坚持问题导向、目标导向和需求导向有机结合,明确改革的主攻方向、重点任务、方法路径,加快推进有利于科技资源高效配置的改革,有利于提高科技工作质量和效益的改革,有利于调动各类创新主体积极性的改革,源源不断增加科技供给,激发科技发展的内生动能。要以全局观念和系统思维谋划推进改革,有力有序解决科技发展各方面体制性障碍、机制性梗阻、政策性创新等问题,更加精准地出台改革方案,加强改革举措的系统集成、协同高效,使各项改革举措在政策取向上相互配合、在实施过程中相互促进、在改革成效上相得益彰,提高改革综合效能。

抓大事,就是要注重抓主要矛盾和矛盾的主要方面,注重抓重要领域和关键环节,通过解决突出问题、做好重点工作推进全局工作。科技已经渗透到经济、政治、文化、社会、生态等方方面面,成为引领发展的第一动力。深入实施创新驱动发展战略、建设世界科技强国,是复杂的社会系统工程。既要坚持整体推进,统筹谋划,又要根据不同时期、不同阶段的发展形势找出工作的重点、难点和关键环节,实现重点突破。

协调各方,总体上讲,是指党要统筹协调好人大、政府、政协、监察机关、审判机关、检察机关以及各人民团体和各方面的关系,使各领域各方面都能在党的集中统一领导下各司其职、各尽其责,相互配合、形成合力。党的领导必须是全面的、系统的、整体的。党总揽全局、协调各方的领导地位必须落到实处,必须体现到经济建设、政治建设、文化建设、社会建设、生态文明建设和国防军队、祖国统一、外交、党的建设等各方面。哪个领域、哪个方面、哪个环节缺失了弱化了,都会削弱党的力量,损害党和国家事业。具体到科技工作来说,加

---

① 习近平:《论把握新发展阶段、贯彻新发展理念、构建新发展格局》,中央文献出版社2021年版,第410页。

强党对科技工作的领导,是贯彻落实党的全面领导的必然要求,是党的领导在科技领域的体现。各级党委要统筹协调、牵头抓总,优化科技资源配置,把科技战线的力量凝聚起来,引导全社会都来关心支持科技工作,大力营造推动科技创新的良好氛围。需要注意的是,协调各方决不意味着事无巨细都要党委亲自去办。党委要做到总揽全局但不包揽,协调各方但不代替。各方都按党中央的科技决策部署开展工作,各方的事情由各方具体去办,各方之间的事由党委来统筹协调以提高效能。这样,各方在党中央的集中领导下,统一思想、统一行动,步调一致向前进。

当今世界,围绕科技创新的博弈日趋激烈,我们能否抢占未来发展的制高点,在激烈的国际竞争中掌握主动权,关系到中华民族伟大复兴能否顺利实现。各级党委和政府要认真贯彻党中央决策部署,结合本地区本部门的实际,把推动科技创新作为重大任务,摆到重要议事日程,研究、制定切实可行的具体实施方案和举措。党政第一把手要率先垂范,亲自抓科技这个引领发展的第一动力。各级领导干部特别是党政一把手必须有时不我待的紧迫感,牢固树立起狠抓科技创新的责任感。要把科技工作和经济工作等整体谋划、同步落实、一起推进,使各项举措在部署上相互配合、在实施中相互促进,坚决摒弃那种单纯抓经济工作而忽视科技工作的片面做法。如果不重视科技创新,即便经济一时取得了较大发展,但由于经济发展中的科技含量不高,经济发展的质量和效益最终必然不理想,国民经济整体竞争力仍然不强。同理,科技的发展也会因为缺乏经济的后劲支撑而减缓发展步伐,甚至陷入停顿。长此以往,我们和国际先进水平的差距不仅难以缩小,甚至还会越拉越大。因此,要实现经济社会高质量发展,就必须坚持创新在我国现代化建设全局中的核心地位,推动我国科技迈上新台阶,为全面建设社会主义现代化强国提供新动能。

各地区部门既要发挥好自身优势,更要大力协同、密切配合,形成推动科技创新的大合唱。科技主管部门要加强综合管理,制定科技发展规划,并使其与经济社会发展规划相协调。财政部门要在力所能及的范围内逐步增加对科技的投入。金融部门要努力解决科技研发、成果转化等推动科技创新所必需的资金问题。税务部门要进一步制定鼓励科技创新的税收政策。各地区各部门要根据国家经济和社会发展长期规划,制定本地区本部门的科技发展规划,结合实际把各项科技工作和科技发展规划落到实处。各地方各部门要积极开展调查研究,全面摸底了解本地区本部门的科技状况,及时掌握科技发展中遇到的新情况新问题,科学制定和完善本地区本部门的具体政策和措施。要有明确的目标和切实可行的政策保障措施,把总体规划落实到年度计划之中,从工作布局和支撑条件上给予切实保障。要完善相应的督查和考核制度,确保各项目标任务和各种措施落实到位。要坚持尊重劳动、尊重知识、尊重人才、尊重创造,在全社会营造促使更多优秀人才脱颖而出的良好环境。积极帮助科技人员解决工作、学习和生活上的实际问题,为他们排忧解难、多办实事,使他们能集中精力进行科研工作。

第四章 |
锚定科技强国建设目标

科技强国是中国式现代化的科技标识,是富有感召力的科技愿景。根据分阶段推进社会主义现代化的战略安排,我们党制定实施并适时调整科技发展"三步走"的部署。到2035年建成科技强国之时,也就是我国基本实现现代化之时。这是鼓舞人心的奋斗目标,但也是难度更大的奋斗目标,对我国科技事业提出了新的更高要求。中国式现代化是我国科技事业的坚实依托和宏大舞台,规定并确保了我国科技强国建设的本质属性和前进方向。我国科技强国建设既遵循中国式现代化的一般规律和原则,又具有科技创新的内在机理,彰显了新时代科技创新的典型特征和实践要求。

一、科技强国建设的战略部署

党的十八大以来,以习近平同志为核心的党中央积极推动创新型国家建设进程,不仅成功实现了进入创新型国家行列的目标,而且在此基础上进一步提出了建设世界强国的奋斗目标。

在党的十八大以前,就有关于我国要建设成为世界科技强国的提法。在当时党和国家的正式文献中,成为世界科技强国是作为我国科技发展"两步走"的第二步目标而提出来的。2005年底颁布的《国家中长期科学和技术发展规划纲要(2006—2020年)》指出,到2020年我国科学技术发展的总体目标是

"进入创新型国家行列,为在本世纪中叶成为世界科技强国奠定基础"①。2011年5月27日,中国科协第八次全国代表大会开幕。时任中共中央政治局常委、中央书记处书记、国家副主席的习近平同志在开幕时所作的祝词中指出:"我国科技发展的奋斗目标是,到2020年时使我国进入创新型国家行列,到新中国成立100年时使我国成为世界科技强国。"②2012年5月28日,十八届中央政治局召开会议,研究深化科技体制改革、加快国家创新体系建设。会议强调,要"加快建设国家创新体系,为2020年进入创新型国家行列、全面建成小康社会和新中国成立100年时成为世界科技强国奠定坚实基础"③。2012年7月6日,胡锦涛同志在全国科技创新大会上的讲话中指出:"加快建设国家创新体系,为全面建成小康社会进而建设世界科技强国奠定坚实基础。"④虽然已经有了"两步走"的构想,但是当时最紧迫、最直接、最现实的任务是加快建设创新型国家,建设世界科技强国是作为一个中长期的战略目标而提出来的,所以那时党中央在科技方面的主要工作部署都是集中在如何推进创新型国家建设上。

党的十八大后,以习近平同志为核心的党中央立足新的形势任务,吹响了建设创新型国家的号角,对建设创新型国家进行系统部署。从此,建设世界科技强国的奋斗目标引发了全社会的广泛关注,成为国家意志和全社会的共同行动,神州大地奏响了向世界科技强国进军的奋进曲。

2016年1月18日中共中央、国务院印发的《国家创新驱动发展战略纲要》,在谋划我国科技事业发展的战略目标时指出"第三步,到2050年建成世界科技创新强国"。可见,建设世界科技强国是作为我国科技事业发展"三步走"战略目标的第三步而提出来的,是在实现"第一步,到2020年进入创新型国家行

---

① 《国家中长期科学和技术发展规划纲要(2006—2020年)》,《人民日报》2006年2月10日,第1版。

② 习近平:《科技工作者要为加快建设创新型国家多作贡献——在中国科协第八次全国代表大会上的祝词》,《人民日报》2011年5月28日,第2版。

③ 《中央政治局召开会议研究深化科技体制改革 加快国家创新体系建设》,《人民日报》2012年5月29日,第1版。

④ 《胡锦涛文选》第3卷,人民出版社2016年版,第598页。

列"、"第二步,到2030年跻身创新型国家前列"①之后要实现的更高目标。这也表明,我国科技事业"三走步"的战略目标是具有衔接性、接续性的目标要求。三个阶段的目标先后相继,前面的目标为其后的目标奠定基础,后面的目标是前一目标的深化和拓展。

2016年5月30日,习近平同志在全国科技创新大会、两院院士大会、中国科协第九次全国代表大会上发表讲话,对建设世界科技强国进行了系统阐明和战略部署。这篇讲话用了很响亮的标题《为建设世界科技强国而奋斗》,直接点明了全篇的中心思想,向人们传递出一个十分明确的信息。这次大会是在1956年1月召开的关于知识分子问题会议、1978年召开的全国科学大会、1995年召开的全国科学技术大会、2006年再次召开的全国科学技术大会、2012年召开的全国科技创新大会后,党中央、国务院召开的又一次科技方面的高规格会议。这次会议"就是要在我国发展新的历史起点上,把科技创新摆在更加重要位置,吹响建设世界科技强国的号角"②。

这次大会后,国务院及有关部门陆续推出一系列举措加以贯彻落实。2016年6月1日召开的国务院常务会议,研究并确定了完善中央财政科研项目资金管理的措施,目的是加快形成充满活力的科技管理和运行机制,更加充分地激发科研人员的创新创造活力。会议确定:"一是简化中央财政科研项目预算编制,将直接费用中多数科目预算调剂权下放给项目承担单位。项目年度剩余资金可结转下年使用,最终结余资金可按规定留归项目承担单位使用。二是大幅提高人员费比例。增加间接费用比重,用于人员激励的绩效支出占直接费用扣除设备购置费的比例,最高可从原来的5%提高到20%。对劳务费不设比例限制,参与项目的研究生、博士后及聘用的研究人员、科研辅助人员等均可按规定标准开支劳务费。三是差旅会议管理不简单比照机关和公务员。中央高校、科研院所可根据工作需要,合理研究制定差旅费管理办法,确定业务性会议规模和开支标准等。四是简化科研仪器设备采购管理,中央高

---

① 《中共中央、国务院印发〈国家创新驱动发展战略纲要〉》,《人民日报》2016年5月20日,第1版。

② 习近平:《论科技自立自强》,中央文献出版社2023年版,第147页。

校、科研院所对集中采购目录内的项目可自行采购和选择评审专家。对进口
仪器设备实行备案制。五是合理扩大中央高校、科研院所基建项目自主权,简
化用地、环评等手续,对利用自有资金、不申请政府投资的项目由审批改为备
案。同时,要落实和研究完善股权激励政策,建立科研财务助理等制度,精简
各类检查评审。高校和科研院所要强化自我约束意识,完善内控机制,确保接
得住、管得好,营造更好科研环境。"①这次国务院常务会议在推进科研领域"放
管服"改革方面迈出了重大步伐,对于加快建设创新型国家和世界科技强国,
具有十分重要的意义。

紧接着,国务院于2016年7月28日发出《关于印发〈"十三五"国家科技创
新规划〉的通知》。《"十三五"国家科技创新规划》指出,"以科技创新为引领开
拓发展新境界,加速迈进创新型国家行列,加快建设世界科技强国"。《"十三
五"国家科技创新规划》既立足当前又着眼长远,强调要"把科技创新摆在更加
重要位置,优化科技事业发展总体布局,让创新成为国家意志和全社会的共同
行动,在新的历史起点上开创国家创新发展新局面,开启建设世界科技强国新
征程"。在阐述"十三五"时期我国科技创新的指导思想时,特别强调"确保如
期进入创新型国家行列,为建成世界科技强国奠定坚实基础,为实现'两个一
百年'奋斗目标和中华民族伟大复兴中国梦提供强大动力"②。从这里可以看
出,如期进入创新型国家行列,对我国意义重大,一是能为建成世界科技强国
奠定坚实基础,二是在这个基础上开启建设世界科技强国新征程。《"十三五"
国家科技创新规划》强调要加强组织领导,强化规划实施中的协调管理,提出:
"建立规划滚动编制机制,适时启动新一轮中长期科技创新规划战略研究与编
制工作,加强世界科技强国重大问题研究。"

为什么在2015年、2016年,党中央、国务院要向全社会明确提出建设世界
科技强国的奋斗目标并作出系统部署呢? 我们可以从以下几个方面来认识和
理解。

---

① 《李克强主持召开国务院常务会议》,《人民日报》2016年6月2日,第1版。
② 《国务院关于印发"十三五"国家科技创新规划的通知》,中华人民共和国中央人民政府网
站,http://www.gov.cn/zhengce/content/2016-08/08/content_5098072.htm。

第一，这是朝着实现中华民族伟大复兴中国梦这一总目标而提出的科技方面的奋斗目标。早在2014年8月18日，习近平同志在中央财经领导小组第七次会议上的讲话就从中华民族伟大复兴的战略高度阐述建设世界科技强国的战略意义，指出"到本世纪中叶建成社会主义现代化国家，科技强国是应有之义"①。这就把建成世界科技强国与建成社会主义现代化国家的内在关系讲得很清楚了。

2015年10月召开的党的十八届五中全会，审议、制定国民经济和社会发展第十三个五年规划建议。"十三五"时期是全面建成小康社会、实现我们党确定的"两个一百年"奋斗目标的第一个百年奋斗目标的决胜阶段。此时谋划我国科技发展战略，描绘好未来一段时间我国科技发展蓝图，正当其时，意义深远。"十三五"时期的科技事业发展的战略目标，实质上是中国梦这一总目标下面的科技领域分目标、子目标。分目标、子目标，都是服务、服从于中国梦这一总目标的。"十三五"时期的科技工作，都必须朝着实现中华民族伟大复兴的中国梦这个总目标来努力、来加强。经过"十二五"时期的努力，我国经济社会发展取得重大成就。我们一定要抓住新的历史机遇，把我们的科技搞上去。同时我们也要清醒地认识到，中华民族伟大复兴绝不是敲锣打鼓、轻轻松松就能实现的，前进的道路上还会遇到很多"拦路虎"，会遭遇各种各样的风险挑战。"实现'两个一百年'奋斗目标，实现中华民族伟大复兴的中国梦，必须坚持走中国特色自主创新道路，面向世界科技前沿、面向经济主战场、面向国家重大需求，加快各领域科技创新，掌握全球科技竞争先机。这是我们提出建设世界科技强国的出发点。"②这句话点明党中央考虑向世界科技强国进军的考虑所在。

时隔两年之后，2018年5月28日，习近平同志在中国科学院第十九次院士大会、中国工程院第十四次院士大会上的讲话中，再次阐明了建设世界科技强国的重要性、必要性和紧迫性。"我们比历史上任何时期都更接近中华民族伟大复兴的目标，我们比历史上任何时期都更需要建设世界科技强国！"③科技创

① 中共中央文献研究室编：《习近平关于科技创新论述摘编》，中央文献出版社2016年版，第31页。

② 习近平：《论科技自立自强》，中央文献出版社2023年版，第150页。

③ 习近平：《论科技自立自强》，中央文献出版社2023年版，第199页。

新是引领发展的第一动力,新一轮科技革命和产业变革正在重构世界政治、经济和科技格局,科学技术从来没有像今天这样深刻地影响着国家、民族的前途命运。因而,成为世界科技强国,就成为走向中华民族伟大复兴的一个先决性条件。试想,如果在科技上还算不上是科技强国,那在国际竞争中怎么能占据主动地位、掌握发展优势呢?

"现在,我们迎来了世界新一轮科技革命和产业变革同我国转变发展方式的历史性交汇期,既面临着千载难逢的历史机遇,又面临着差距拉大的严峻挑战。我们必须清醒认识到,有的历史性交汇期可能产生同频共振,有的历史性交汇期也可能擦肩而过。"①使命在肩,形势逼人,不进则退,时不我待。建设世界科技强国是历史和时代向我们提出的必然要求,是我们把握世界科技发展大势、瞄准世界科技前沿、抢占国际竞争制高点的必然选择。

第二,这是建立在创新型国家基础上更为综合的总体目标。我们党在不同历史时期,总是根据人民意愿和事业发展需要,提出富有感召力的奋斗目标。建设世界科技强国的奋斗目标,既充分考虑了2005年10月党的十六届五中全会确立建设创新型国家奋斗目标以来取得的历史性成就,又充分考虑了我国改革发展客观实际和科技事业发展现状。建设世界科技强国是对建设创新型国家奋斗目标的接力推进,两者不是互相排斥的关系。决不能认为提出建设世界科技强国,就是放弃了建设创新型国家的目标。两者的区别在于强调的侧重点不同。建设创新型国家更多的是从科技创新、自主创新的角度来讲的,主要是以创新为核心指标、核心竞争力的。而建设世界科技强国更多的是从国家整体科技实力的角度来讲的,其指标更具有综合性,指的是我国在国际科技竞争中的总体地位和综合排名。建设世界科技强国内在地包含着建设创新型国家的要求。建设创新型国家是建设世界科技强国的基础和前提,建设世界科技强国是建设创新型国家的深化,是科技实力的整体跃升。所以说,两者既各有侧重又有交叉重合。

"虽有智慧,不如乘势。"历史经验表明,那些抓住科技革命机遇走向现代化的国家,都是科学基础雄厚的国家;那些抓住科技革命机遇成为世界强国的

---

① 习近平:《论科技自立自强》,中央文献出版社2023年版,第199页。

国家,都是在重要科技领域处于领先行列的国家。党中央在审慎分析"十二五"时期我国科技发展现状和"十三五"时期我国经济社会发展前景的基础上,作出综合判断,认为我国已经成为具有重要影响力的科技大国,科技创新对经济社会发展的支撑和引领作用日益增强;同时,还认识到,同建设世界科技强国的目标相比,我国发展还面临重大科技瓶颈,关键领域核心技术受制于人的格局没有从根本上改变,科技基础仍然薄弱,科技创新能力特别是原创能力还有很大差距。新形势、新情况、新任务,给我们提出了建设科技强国的重大使命。

第三,这是有着确定要求的总体目标。世界科技强国具有许多鲜明特征。比如:科技研究实力国际领先,取得一批影响世界科技发展进程的重大科学发现和原始理论创新,形成里程碑式的理论体系和学派;在重要领域实现系列重大技术突破,显著提升社会生产力水平,进而影响和改变人类生产生活方式;涌现出一批具有世界影响力的科学与技术大师,引领和主导科技发展的时代潮流;科技创新成为产业领先、经济发展的核心驱动力;高效、开放的创新体系;拥有健全发达的教育和人才培养系统,能够吸引聚集国际一流创新人才;等等。

客观地说,我国在科技上有短板,但也有强项。对我们来说,一方面要固根基、扬优势,使强项恒强;另一方面又要着力补短板、强弱项,使弱项变强。从这两个方面整体发力,科技实力才会提升,这样才能成为科技上的强国。"历史经验表明,那些抓住科技革命机遇走向现代化的国家,都是科学基础雄厚的国家;那些抓住科技革命机遇成为世界强国的国家,都是在重要科技领域处于领先行列的国家。"[1]世界科技强国,是指那些科学基础雄厚、善于抓住科技革命机遇、在重要科技领域处于领先行列的国家,是在世界上有影响力的科技大国。作为世界科技强国,必须拥有关键领域核心技术,必须具有强大的科技创新能力特别是自主创新能力、原创能力,必须涌现出一大批在世界上占有相当重要地位的代表性成果,必须有着充满活力的科技治理体系,在激烈的国际较量中展现出强大的科技优势和竞争力。

---

① 习近平:《论科技自立自强》,中央文献出版社2023年版,第151页。

"发展科学技术必须具有全球视野、把握时代脉搏"[1]。提出建设世界科技强国,表明我们党具有宽广的全球视野,更表明我们党向世界一流科技水平看齐、赶超的雄心壮志。习近平同志在一系列讲话中反复强调世界科技强国必须具有的一些指标和要求。比如,他提出:"中国要强盛、要复兴,就一定要大力发展科学技术,努力成为世界主要科学中心和创新高地。"[2]"成为世界科技强国,成为世界主要科学中心和创新高地,必须拥有一批世界一流科研机构、研究型大学、创新型企业,能够持续涌现一批重大原创性科学成果。"[3]他还提出:"科技强国不是一句口号,得有内容,得有标志性技术"[4],"建设世界科技强国,得有标志性科技成就。"[5]

由此可见,吹响向世界科技强国进军的时代号角,对建设世界科技强国进行前瞻性部署,正当其时,十分必要,条件也具备。这是我们党顺应新一轮科技革命和产业变革,着眼于我国长远发展,站在实现"两个一百年"奋斗目标的高度,适时作出的重大战略决策。

需要指出的是,对于我国科技事业"三步走"的战略目标,经历了一个不断深化、日益完善的认识过程。2017年10月召开的党的十九大,对新时代中国特色社会主义现代化建设分两个阶段作出了战略安排。第一个阶段,从2020年到2035年,在全面建成小康社会的基础上,再奋斗15年,基本实现社会主义现代化。"到那时,我国经济实力、科技实力将大幅跃升,跻身创新型国家前列"是基本实现社会主义现代化的六个方面内涵的第一个。第二个阶段,从2035年到本世纪中叶,在基本实现现代化的基础上,再奋斗15年,把我国建成富强民主文明和谐美丽的社会主义现代化强国。仔细研读,这里面有三个变化需要注意。一是,跻身创新型国家前列,已经成为基本实现社会主义现代化的重要标志之一。二是,我们党已经将原定的到2030年跻身创新型国家前列,调整为

① 习近平:《论科技自立自强》,中央文献出版社2023年版,第151页。

② 习近平:《论科技自立自强》,中央文献出版社2023年版,第199页。

③ 习近平:《论科技自立自强》,中央文献出版社2023年版,第153页。

④ 中共中央文献研究室编:《习近平关于科技创新论述摘编》,中央文献出版社2016年版,第31页。

⑤ 习近平:《论科技自立自强》,中央文献出版社2023年版,第201页。

到2035年跻身创新型国家前列。三是，2016年提出到2050年建成世界科技创新强国的目标时，对社会主义现代化国家的表述是"富强民主文明和谐的社会主义现代化国家"。党的十九大则将这一表述调整为"富强民主文明和谐美丽的社会主义现代化强国"。

这样，我国科技事业"三步走"的战略目标调整为：第一步，到2020年进入创新型国家行列。第二步，到2035年跻身创新型国家前列。第三步，到2050年建成世界科技强国。经过这样的修改和调整，我国科技事业形成了新"三步走"的战略目标。这是在综合分析国内外形势和我国发展条件的基础上所作的实事求是的适当调整，是对标"两个一百年"奋斗目标作出的战略安排和长远规划。

建设科技强国是一个总的目标。在这个总目标之下，还有一系列的指标。需要注意的是，在每一阶段的目标中，我们党都提出了具体而明确的要求和指标。把每个阶段的具体指标逐一对比，可以看出这些具体的要求和指标总的来说是呈阶梯式不断加码、逐步提升的。比如，参照《国家创新驱动发展战略纲要》和党的十九大报告，到2020年进入创新型国家行列时，我们提出的要求是：基本建成中国特色国家创新体系，有力支撑全面建成小康社会目标的实现；到2035年跻身创新型国家前列时，我们提出的要求是：发展驱动力实现根本转换，经济社会发展水平和国际竞争力大幅提升，为建成经济强国和共同富裕社会奠定坚实基础；到2050年建成世界科技强国时，我们提出的要求是：成为世界主要科学中心和创新高地，为我国建成富强民主文明和谐的社会主义现代化国家、实现中华民族伟大复兴的中国梦提供强大支撑。又比如，在第一步，我们对创新环境方面提出的指标要求是："创新环境更加优化。激励创新的政策法规更加健全，知识产权保护更加严格，形成崇尚创新创业、勇于创新创业、激励创新创业的价值导向和文化氛围。"到了第二步，我们提出的指标要求则是："创新文化氛围浓厚，法治保障有力，全社会形成创新活力竞相迸发、创新源泉不断涌流的生动局面。"到了第三步，我们提出的指标要求则是："创新的制度环境、市场环境和文化环境更加优化，尊重知识、崇尚创新、保护产权、包容多元成为全社会的共同理念和价值导向。"①总之,"三步走"的战略目标中,既有阶段性的目标任务,又有战略部署的重点;既有时间表,又有路线图,为推进新时代科技事业指明了前进方向,提供了根本遵循。

"三步走"的第一步是到2020年进入创新型国家行列,这个阶段性的目标已经顺利实现。第二步是到2035年跻身创新型国家前列,这个阶段性的目标已经随着全面建设社会主义现代化国家新征程的开启而展开,目前正在进行中。第三步是到2050年建成世界科技强国,这是着眼于在本世纪中叶实现中华民族伟大复兴中国梦而提出的宏伟目标。

2022年10月,党的二十大在充分考虑世界科技竞争态势和我国科技发展实际的基础上,根据基本实现社会主义现代化的目标要求和内在需要,作出了新的战略安排。其中,在制定到2035年我国发展的总体目标时,将建成科技强国纳入到2035年要实现的总体目标中。党的二十大报告明确提出:到2035年,我国要实现高水平科技自立自强,进入创新型国家前列,建成科技强国。到2035年建成科技强国,这就表明,党中央将建成科技强国的时间由2050年提前到2035年。这是一个极其重大的战略调整,体现了党只争朝夕的使命感、责任感、紧迫感,彰显了党自信自强、抢抓先机的科技担当。到2035年建成科技强国之时,也就是我国基本实现现代化之时。这是鼓舞人心的奋斗目标,但也是难度更大的奋斗目标,对我国科技事业提出了更高的要求。

我们要建设的科技强国,是自主创新能力强、能够实现高水平科技自立自强的科技强国,是拥有关键领域核心技术和标志性科技成果的科技强国,是拥有强大科技治理体系和治理能力、世界一流创新生态和科研环境的科技强国,是世界主要科学中心、世界重要人才中心和创新高地、世界重要教育中心。成为世界强国,必须拥有一批世界一流战略科学家、科研机构、研究型大学、创新型企业,能够持续涌现一批重大原创性科学成果。在党的二十大报告提出的十四个相互联系的强国建设中,加快建设科技强国是实现制造强国、农业强国、质量强国、交通强国、海洋强国、航天强国、网络强国、贸易强国、文化强国、

---

① 《中共中央、国务院印发〈国家创新驱动发展战略纲要〉》,《人民日报》2016年5月20日,第1版。

教育强国、人才强国、体育强国、知识产权强国目标的科技支撑。

二、贯彻落实新发展理念

发展理念是否对头，从根本上决定着发展成效乃至成败。一定的发展实践都是由一定的发展理念来引导。发展理念是发展行动的先导，是战略性、纲领性、引领性的东西，是管全局、管根本、管方向、管长远的东西。发展理念搞对了，目标任务就好定了，政策举措也就跟着好定了。党的十八届五中全会在深刻总结国内外发展经验教训、深刻分析国内外发展大势的基础上，提出了创新、协调、绿色、开放、共享的新发展理念。新发展理念针对的是我国发展中的突出矛盾和问题，关注的是怎样发展得更好的问题，主要解决"发展起来以后"出现的问题。

建设科技强国、全面建设社会主义现代化国家，必须坚定不移贯彻创新、协调、绿色、开放、共享的新发展理念，把新发展理念贯穿发展全过程和各领域。这是关系我国发展全局的一场深刻变革，是我国发展思路、发展方向、发展着力点的集中体现，也是改革开放以来我国发展经验的集中体现，反映了我们党对科技创新规律、社会主义现代化建设规律认识的深化。

新发展理念是以创新发展为首的，突出创新在我国现代化建设全局中的核心地位。但创新发展在发挥"第一动力"的同时，也要服务于协调、绿色、开放、共享发展，解决发展不平衡、人与自然关系、社会公平正义等问题。五大发展理念是不可分割的整体，相互联系、相互贯通、相互促进，要一体坚持、一体贯彻，不能顾此失彼，也不能相互替代。哪一个发展理念贯彻不到位，整个社会主义现代化进程都会受到影响。

第一，坚持创新驱动发展，全面塑造发展新优势。创新发展理念是针对我国创新能力不强、适应不了高质量发展需要而提出来的，注重的是解决发展动力、培育发展新动能问题。创新发展是引领发展的第一动力，位于新发展理念之首。抓住了创新，就抓住了牵动经济社会发展全局的"牛鼻子"。创新发展，就是坚持创新在我国现代化建设全局中的核心地位，不断推进理论创新、制度创新、科技创新、文化创新等各方面创新，使创新贯穿党和国家一切工作，让创新在全社会蔚然成风。在当前国际发展竞争日趋激烈和我国发展动力转换的形势下,我们必须贯彻落实创新发展理念,坚持把发展基点放在创新上,深入实施创新驱动发展战略,形成促进创新的体制架构,塑造更多依靠创新驱动、更多发挥先发优势的引领型发展。

坚持创新驱动发展,最根本的是要增强自主创新能力,最紧迫的是要破除体制机制障碍,最大限度解放和激发科技作为第一生产力所蕴藏的巨大潜能。要把高水平科技自立自强作为国家发展的战略支撑,面向世界科技前沿、面向经济主战场、面向国家重大需求、面向人民生命健康,深入实施科教兴国战略、人才强国战略、创新驱动发展战略,完善国家创新体系,加快建设教育强国、科技强国、人才强国。国家科技战略力量是在重大创新领域由国家布局支持,具有基础性、战略性使命的科技创新"国家队"。要强化国家战略科技力量,健全社会主义市场经济条件下新型举国体制,打好关键核心技术攻坚战,提高创新体系整体效能。提升企业技术创新能力是坚持走中国特色自主创新道路、把科技力量转化为经济和产业竞争优势的必然选择。要强化企业创新主体地位,促进各类创新要素向企业集聚。要激发人才创新活力,贯彻尊重劳动、尊重知识、尊重人才、尊重创造的方针,实施更加积极、更加开放、更加有效的人才政策,深化人才发展体制机制改革,全方位培养、引进、用好人才,造就更多国际一流的科技领军人才和创新团队,培养具有国际竞争力的青年科技人才后备军。实现科技自立自强需要有力的科技创新体制机制保障。要完善科技创新体制机制,深入推进科技体制改革,完善国家科技治理体系。

坚持以推动高质量发展为主题,把实施扩大内需战略同深化供给侧结构性改革有机结合起来,增强国内大循环内生动力和可靠性,加快建设现代化经济体系。着力提高全要素生产率,着力提升产业链供应链韧性和安全水平,着力推进城乡融合和区域协调发展,推动经济实现质的有效提升和量的合理增长。要建设现代化产业体系,坚持把发展经济的着力点放在实体经济上,推进新型工业化,加快建设制造强国、质量强国、航天强国、交通强国、网络强国、数字中国。实施产业基础再造工程和重大技术装备攻关工程,支持专精特新企业发展,推动制造业高端化、智能化、绿色化发展。巩固优势产业领先地位,在关系安全发展的领域加快补齐短板,提升战略性资源供应保障能力。推动战略性新兴产业融合集群发展,构建新一代信息技术、人工智能、生物技术、新能源、新材料、高端装备、绿色环保等一批新的增长引擎。构建优质高效的服务业新体系,推动现代服务业同先进制造业、现代农业深度融合。加快发展物联网,建设高效顺畅的流通体系,降低物流成本。加快发展数字经济,促进数字经济和实体经济深度融合,打造具有国际竞争力的数字产业集群。优化基础设施布局、结构、功能和系统集成,构建现代化基础设施体系。

第二,坚持协调发展,着力形成平衡结构。协调发展理念注重的是解决我国长期存在的发展不平衡问题。协调发展,就是必须牢牢把握中国特色社会主义事业总体布局,正确处理发展中的重大关系,重点促进城乡区域协调发展,促进经济社会协调发展,促进新型工业化、信息化、城镇化、农业现代化同步发展,在增强国家硬实力的同时注重提升国家软实力,不断增强发展的系统性、整体性、协同性。

我国发展不协调是一个长期存在的问题,突出表现在区域、城乡、经济和社会等关系上,"一条腿长、一条腿短"的矛盾仍很突出。这些都是制约长期可持续发展的重要因素。坚持协调发展,就能补短板、强整体、破制约,增强发展的平衡性、包容性、可持续性。必须坚持系统观念,统筹兼顾,在协调发展中拓宽发展空间,在加强薄弱领域中增强发展后劲,促进各区域各领域各方面协同配合、均衡一体发展。

全面推进乡村振兴,加快建设农业强国。坚持农业农村优先发展,坚持城乡融合发展,畅通城乡要素流动,扎实推动乡村产业、人才、文化、生态、组织振兴。全方位夯实粮食安全根基,强化农业科技和装备支撑,确保中国人的饭碗牢牢端在自己手中。树立大食物观,发展设施农业,构建多元化食物供给体系。发展乡村特色产业,拓宽农民增收致富渠道。巩固拓展脱贫攻坚成果,增强脱贫地区和脱贫群众内生发展动力。统筹乡村基础设施和公共服务布局,建设宜居宜业和美乡村。

深入实施区域协调发展战略、区域重大战略、主体功能区战略、新型城镇化战略,促进区域协调发展。优化重大生产力布局,构建优势互补、高质量发展的区域经济布局和国土空间体系。推动西部大开发形成新格局,推动东北全面振兴取得新突破,促进中部地区加快崛起,鼓励东部地区加快推进现代化。推进京津冀协同发展、长江经济带发展、长三角一体化发展,推动黄河流域生态保护和高质量发展。高标准、高质量建设雄安新区,推动成渝地区双城经济圈建设。推进以人为核心的新型城镇化,推进以县城为重要载体的城镇化建设。实施城市更新行动,加强城市基础设施建设,打造宜居、韧性、智慧城市。发展海洋经济,保护海洋生态环境,加快建设海洋强国。

第三,推动绿色发展,促进人与自然和谐共生。绿色发展理念是针对当前我国发展中出现的资源浪费、污染严重、不可持续等问题提出来的,注重的是解决人与自然和谐问题。生态环境问题本质上是发展方式和生活方式问题,归根到底要把科技创新作为根本解决之道。坚持绿色发展,要求我们从碳循环机理、污染防治、生态修复改善、生物多样性、全球气候变化等方面深入研究生态文明建设规律,依靠科技创新突破资源环境瓶颈制约,破解绿色发展和循环经济难题。

必须牢固树立和践行"绿水青山就是金山银山"理念,站在人与自然和谐共生的高度谋划发展。着力推进美丽中国建设,坚持山水林田湖草沙一体化保护和系统治理,统筹产业结构调整、污染治理、生态保护、应对气候变化,协同推进降碳、减污、扩绿、增长,推进生态优先、节约集约、绿色低碳发展。推动经济社会发展绿色化、低碳化是实现高质量发展的关键环节。要加快发展方式绿色转型,加快推动产业结构、能源结构、交通运输结构等调整优化。推进各类资源节约集约利用,加快构建废弃物循环利用体系。发展绿色低碳产业,加快节能降碳先进技术研发和推广应用,倡导绿色消费,推动形成绿色低碳的生产方式和生活方式。

要坚持精准治污、科学治污、依法治污,深入推进环境污染防治,持续深入打好蓝天、碧水、净土保卫战。加强污染物协同控制,统筹水资源、水环境、水生态治理,加强土壤污染源头防控。提升环境基础设施建设水平,推进城乡人居环境整治,健全现代环境治理体系。要以国家重点生态功能区、生态保护红线、自然保护地等为重点,加快实施重要生态系统保护和修复重大工程,提升生态系统多样性、稳定性、持续性。推进以国家公园为主体的自然保护地体系建设。实施生物多样性保护重大工程。科学开展大规模国土绿化行动。推行草原森林河流湖泊湿地休养生息,健全耕地休耕轮作制度。建立生态产品价值实现机制,完善生态保护补偿制度。

要立足我国能源资源禀赋,坚持先立后破,有计划分步骤实施碳达峰行动,积极稳妥推进碳达峰碳中和。完善能源消耗总量和强度调控,推动能源清洁低碳高效利用,推进工业、建筑、交通等领域清洁低碳转型。深入推进能源革命,加快规划建设新型能源体系,确保能源安全。完善碳排放统计核算制度,健全碳排放权市场交易制度。提升生态系统碳汇能力。

第四,实行高水平对外开放,开拓合作共赢新局面。开放发展理念是顺应我国经济深度融入世界经济、同全球很多国家相互信赖程度都比较高而提出来的,注重的是解决发展内外联动问题。开放是国家繁荣发展的必由之路。开放发展,就是必须顺应我国经济深度融入世界经济的趋势,奉行互利共赢的开放战略,发展更高层次的开放型经济,积极参与全球经济治理和公共产品供给,提高我国在全球经济治理中的制度性话语权,构建广泛的利益共同体。

当前,世界经济深度调整,国际经济合作和竞争局面正在发生深刻变化,全球经济治理体系和规则正在面临重大变革,应对外部经济风险、维护国家经济安全的压力也是过去所不能比拟的。中国的发展离不开世界,世界的繁荣同样离不开中国。我国现在面临的问题不是要不要对外开放,而是如何提高对外开放的质量和发展的内外联动性。我国对外开放水平总体上还不够高,用好国际国内两个市场、两种资源的能力还不够强,抢抓国际发展机遇、参与国际产业分工和融入全球产业链、价值链、物流链的能力还不够强,应对国际经贸摩擦、争取国际经济话语权的能力还比较弱,熟悉和运用国际经贸规则的本领也不够强,需要加快弥补。必须充分认识到,引领商品、资本、信息等全球流动的本质力量是科技创新。我们要积极融入全球创新网络,在更高水平上开展国际经济和科技创新合作,提高在全球范围内配置资源的能力,为我国发展营造有利的开放生态和外部环境。

要坚持实施更大范围、更宽领域、更深层次对外开放,全面推进高水平对外开放。依托我国超大规模市场优势,以国内大循环吸引全球资源要素,增强国内国际两个市场两种资源联动效应,提升贸易投资合作质量和水平。稳步扩大规则、规制、管理、标准等制度型开放。推动货物贸易优化升级,创新服务贸易发展机制,发展数字贸易,加快建设贸易强国。推动共建"一带一路"高质量发展。实施自由贸易试验区提升战略,扩大面向全球的高标准自由贸易区网络。深度参与全球产业分工和合作,维护多元稳定的国际经济格局和经贸关系。

第五,坚持共享发展,着力增进人民福祉。共享发展理念是针对我国基本公共服务供给不足、收入差距较大、人口老龄化加快、消除贫困任务艰巨等问题提出来的,注重的是解决社会公平正义问题。共享是中国特色社会主义的本质要求。坚持共享发展,就是必须坚持发展为了人民、发展依靠人民、发展成果由人民共享,作出更有效的制度安排,使全体人民在共建共享发展中有更多获得感,增强发展动力,增进人民团结,朝着共同富裕方向稳步前进。

让广大人民群众共享改革发展成果,是社会主义制度优越性的集中体现,是我们党坚持全心全意为人民服务根本宗旨的重要体现。人民共享改革发展成果水平越高,社会凝聚力就越强,人民群众推动发展的积极性、主动性、创造性就能充分调动起来,国家发展也才能具有最深厚的伟力。我国经济发展的"蛋糕"不断做大,人民生活水平、居民收入水平、社会保障水平持续提高,但还存在分配不公问题,收入差距、城乡区域公共服务水平差距仍然较大。在共享改革发展成果上,无论是实际情况还是制度设计,都还有不完善的地方。为此,我们必须坚持在发展中保障和改善民生,坚决补齐社会建设的民生短板,不断实现人民对美好生活的向往。

要坚持按劳分配为主体、多种分配方式并存,构建初次分配、再分配、第三次分配协调配套的制度体系,完善分配制度。努力提高居民收入在国民收入分配中的比重,提高劳动报酬在初次分配中的比重。完善按要素分配政策制度,规范收入分配秩序,规范财富积累机制。实施就业优先战略,促进高质量充分就业。要健全覆盖全民、统筹城乡、公平统一、安全规范、可持续的多层次社会保障体系。完善基本养老保险全国统筹制度,发展多层次、多支柱养老保险体系。扩大社会保险覆盖面,健全基本养老、基本医疗保险筹资和待遇调整机制。促进多层次医疗保障有序衔接,加快完善全国统一的社会保险公共服务平台。要把保障人民健康放在优先发展的战略位置,扎实推进健康中国建设。深化医药卫生体制改革,促进医保、医疗、医药协同发展和治理。健全公共卫生体系,加强重大疫情防控救治体系和应急能力建设。

总之,贯彻落实新发展理念,推动经济社会高质量发展,对建设科技强国提出了新要求。比如,推动经济发展,要更加注重提高发展质量和效益,从过去主要看增长速度有多快转变为主要看质量和效益有多好;稳定经济增长,要更加注重扩大内需和供给侧结构性改革,有效释放内需潜力、市场活力,实现由低水平供需平衡向高水平供需平衡的跃升;调整产业结构,要更加注重加减乘除并举,做好去产能、去库存、去杠杆、降成本、补短板工作;保护生态环境,要更加注重促进形成绿色生产方式和消费方式,坚定不移走绿色低碳循环发展之路;保障和改善民生,要更加注重持续提高基本公共服务数量和质量;等等。这些都要求我们充分发挥创新引领发展的第一动力作用,深入实施创新驱动发展战略,推动传统产业转型升级,发展战略性新兴产业和现代服务业,优化重组经济结构,全面提升经济发展、社会发展的科技含量。其实质就是让创新成为驱动经济社会发展的新引擎,培育新的经济增长点,使经济社会发展加快从要素驱动、投资规模驱动为主真正转到依靠科技进步和人力资本质量提升的轨道上来,努力实现以比较充分就业和提高劳动生产率、投资回报率、资源配置效率等为支撑的有质量、有效益、可持续的发展,使我国经济社会发展变得既大又强,为推进和拓展中国式现代化提供源源不断的内生动力。

科技创新不仅是实现高质量发展的着力点,而且还是实施扩大内需战略、深化供给侧结构性改革的突破口。推动我国经济社会高质量发展,把实施扩大内需同深化供给侧结构性改革有机结合起来,促进经济提质增效、转型升级,迫切需要依靠科技创新培育发展新动力。这既给我国科技事业带来了大发展的机遇,同时也对高水平科技自立自强提出了更为迫切的要求。当前,全球新一轮科技革命和产业变革同我国经济优化升级交汇融合,将助推我国加快构建新发展格局,有力有效推动高质量发展。围绕突破关键核心技术,我国坚持自主创新、自力更生、发奋图强,在关键核心技术创新上的重大突破,将为我国经济社会高质量发展增添新的动能和优势。我们必须高瞻远瞩,增强危机感和责任感,以高度的清醒和坚定,加快推动科技创新同经济社会发展深度融合,努力实现高水平科技自立自强,为全面建设社会主义现代化国家奠定坚实科技根基,为建成世界科技强国、实现中华民族伟大复兴贡献科技力量。

三、深入实施创新驱动发展战略

科学的本质就是创新。一部科学技术发展史,同时也就是一部科学技术创新的历史。无数历史事实一再表明:创新能力是决定一个民族生存和发展状况的最重要的因素之一,是一个国家永远立于世界先进民族之林的重要保证。当今世界,科学技术日益成为经济社会发展的主要驱动力量,创新成为解决人类面临的能源资源、生态环境、自然灾害、人口健康等全球性问题的重要途径。面对世界新科技革命突飞猛进、新一轮产业革命如火如荼、科技创新和产业发展相互结合、经济全球化和信息化交互发展的态势,我们党作出了实施创新驱动发展战略的重大决策。

创新驱动发展战略从酝酿到正式提出,经历了一个长时间的形成过程。这一重大战略思想追根溯源,可以追溯到创新、自主创新思想。重视科技进步与创新,是我们党一贯强调和坚持的重要思想观点,党的领导人对此都作过大量论述。毛泽东同志强调,发展科学技术不能跟在别人后面爬行,要打破常规,迎头赶上。要有计划地在科学技术上赶超世界水平,先接近,后超过。实行改革开放以后,我们面临着如何引进消化吸收外国先进技术的问题。邓小平同志指出,引进国外先进技术,不是简单的吸收,"自己还要有所创造"[1],"要提高创新"[2]。党的十三届四中全会以后,江泽民同志联系国际竞争日趋激烈的态势,从国家兴衰成败的高度反复强调创新的重要性。江泽民同志提出:"创新是一个民族进步的灵魂,是一个国家兴旺发达的不竭动力,也是一个政党永葆生机的源泉。"[3]他高度重视自主创新,反复强调:"如果自主创新能力上不去,一味靠技术引进,就永远难以摆脱技术落后的局面。"[4]胡锦涛同志也高度重视自主创新,指出自主创新能力"是国家竞争力的核心"[5]。他反复强调,

---

[1]《邓小平思想年谱(1975—1997)》,中央文献出版社1998年版,第66页。
[2]《邓小平文选》第2卷,人民出版社1994年版,第129页。
[3]《江泽民文选》第3卷,人民出版社2006年版,第64页。
[4]《江泽民文选》第1卷,人民出版社2006年版,第432页。
[5]《胡锦涛文选》第2卷,人民出版社2016年版,第404页。

要把提高自主创新能力"摆在突出位置"①、"摆在全部科技工作的首位"②、"作为科技发展的首要任务"③。

2008年国际金融危机发生后,党中央认识到必须抓住国际新一轮经济科技调整的机遇,化危为机,推动经济发展更多依靠创新驱动。2010年3月5日十一届全国人大三次会议通过的《政府工作报告》强调:"要大力推动经济进入创新驱动、内生增长的发展轨道。"④2010年10月,党的十七届五中全会通过的《中共中央关于制定国民经济和社会发展第十二个五年规划的建议》提出:增强科技创新能力,完善科技创新体制机制,推动我国经济更多依靠科技创新。2012年6月11日,胡锦涛同志在中国科学院第十六次院士大会、中国工程院第十一次院士大会上的讲话中,提出要"把推动科技创新驱动发展作为重要任务","推动我国经济社会发展尽快走上创新驱动的轨道"。⑤2012年7月6日,胡锦涛同志在全国科技创新大会上的讲话中提出:"必须把创新驱动发展作为面向未来的一项重大战略,一以贯之、长期坚持,推动科技实力、经济实力、综合国力实现新的重大跨越。""要坚持把创新驱动发展战略贯彻到现代化建设整个进程中,激发全社会创造活力,让建设创新型国家成为全社会共同行动。"⑥2012年11月8日,党的十八大报告中正式提出"实施创新驱动发展战略"。

党的十八大作出了实施创新驱动发展战略的重大决策,明确提出:"科技创新是提高社会生产力和综合国力的战略支撑,必须摆在国家发展全局的核

① 《胡锦涛文选》第2卷,人民出版社2016年版,第404页。
② 中共中央文献研究室编:《十七大以来重要文献选编》上,中央文献出版社2009年版,第499页。
③ 中共中央文献研究室编:《十七大以来重要文献选编》上,中央文献出版社2009年版,第501页。
④ 中共中央文献研究室编:《十七大以来重要文献选编》中,中央文献出版社2011年版,第567页。
⑤ 中共中央文献研究室编:《十七大以来重要文献选编》下,中央文献出版社2013年版,第974页。
⑥ 《胡锦涛文选》第3卷,人民出版社2016年版,第599页。

心位置。"①这是综合分析国内外科技发展大势、立足国家发展全局,高瞻远瞩作出的重大战略抉择,意义十分重大而深远,今天无论怎么评价都不过分。正是由于贯彻落实了这一重大决策,我国科技事业才取得了历史性成就、发生了历史性变革,综合国力和国际竞争力大幅提升。习近平同志指出:"党的十八大提出的实施创新驱动发展战略,就是要推动以科技创新为核心的全面创新,坚持需求导向和产业化方向,坚持企业在创新中的主体地位,发挥市场在资源配置中的决定性作用和社会主义制度优势,增强科技进步对经济增长的贡献度,形成新的增长动力源泉,推动经济持续健康发展。"②这就深刻阐明了党的十八大作出实施创新驱动发展战略的目的所在。

党的十八大以来,以习近平同志为核心的党中央高度重视科技创新,作出了深入实施创新驱动发展战略的重大决策。2012年12月7日至11日,习近平同志在广东考察工作期间就指出:"我们要大力实施创新驱动发展战略,加快完善创新机制,全方位推进科技创新、企业创新、产品创新、市场创新、品牌创新,加快科技成果向现实生产力转化,推动科技和经济紧密结合。"③2013年2月2日至5日,习近平同志在甘肃调研考察期间指出:"实施创新驱动发展战略,是加快转变经济发展方式、提高我国综合国力和国际竞争力的必然要求和战略举措,必须紧紧抓住科技创新这个核心和培养造就创新型人才这个关键,瞄准世界科技前沿领域,不断提高企业自主创新能力和竞争力。"④2013年3月4日,习近平同志在参加全国政协十二届一次会议科协、科技界委员联组讨论时指出:"我们要抓住和用好我国发展的重要战略机遇期,深入实施创新驱动发展战略,不断开创国家创新发展新局面,加快从经济大国走向经济强国。"⑤2014

---

① 《胡锦涛文选》第3卷,人民出版社2016年版,第629页。

② 中共中央文献研究室编:《习近平关于科技创新论述摘编》,中央文献出版社2016年版,第17页。

③ 中共中央文献研究室编:《习近平关于科技创新论述摘编》,中央文献出版社2016年版,第13页。

④ 中共中央文献研究室编:《习近平关于科技创新论述摘编》,中央文献出版社2016年版,第13页。

⑤ 中共中央文献研究室编:《习近平关于科技创新论述摘编》,中央文献出版社2016年版,第14页。

年6月9日，习近平同志在中国科学院第十七次院士大会、中国工程院第十二次院士大会上指出："今天，我们比历史上任何时期都更接近中华民族伟大复兴的目标，比历史上任何时期都更有信心、有能力实现这个目标。而要实现这个目标，我们就必须坚定不移贯彻科教兴国战略和创新驱动发展战略，坚定不移走科技强国之路。"①2015年5月27日，习近平同志在华东七省市党委主要负责同志座谈会上的讲话中指出："要深入实施创新驱动发展战略，推动科技创新、产业创新、企业创新、市场创新、产品创新、业态创新、管理创新等，加快形成以创新为主要引领和支撑的经济体系和发展模式。"②

2015年10月召开的党的十八届五中全会，提出了创新、协调、绿色、开放、共享的发展理念。10月29日，习近平同志在十八届五中全会第二次全体会议上的讲话中指出："创新发展注重的是解决发展动力问题。我国创新能力不强，科技发展水平总体不高，科技对经济社会发展的支撑能力不足，科技对经济增长的贡献率远低于发达国家水平，这是我国这个经济大个头的'阿喀琉斯之踵'。新一轮科技革命带来的是更加激烈的科技竞争，如果科技创新搞不上去，发展动力就不可能实现转换，我们在全球经济竞争中就会处于下风。为此，我们必须把创新作为引领发展的第一动力，把人才作为支撑发展的第一资源，把创新摆在国家发展全局的核心位置，不断推进理论创新、制度创新、科技创新、文化创新等各方面创新，让创新贯穿党和国家一切工作，让创新在全社会蔚然成风。"③党的十八届五中全会通过的《中共中央关于制定国民经济和社会发展第十三个五年规划的建议》在阐述"坚持创新发展，着力提高发展质量和效益"时，明确提出深入实施创新驱动发展战略，并作出一系列战略部署。至此，深入实施创新驱动发展战略作为贯彻落实创新发展理念的一个标志性的重大战略，正式写入党的中央全会文件，开始发挥其巨大的实践影响力。

这样，继党的十八大提出实施创新驱动发展战略之后，党的十八届五中全

---

① 中共中央文献研究室编：《习近平关于科技创新论述摘编》，中央文献出版社2016年版，第15—16页。

② 中共中央文献研究室编：《习近平关于科技创新论述摘编》，中央文献出版社2016年版，第7—8页。

③ 习近平：《论坚持全面深化改革》，中央文献出版社2018年版，第171页。

会提出,创新是引领发展的第一动力,必须把发展基点放在创新上,塑造更多依靠创新驱动、更多发挥先发优势的引领型发展。党的十八届五中全会提出了新发展理念这一时代性、原创性、引领性的重大理念,并对贯彻落实创新驱动发展战略作出部署,成为我国深入实施创新驱动发展战略的一个重要里程碑。

以习近平同志为核心的党中央为什么要提出深入实施创新驱动发展战略呢?

第一,深入实施创新驱动发展战略是总结中外历史经验得出的必然结论。科技兴则国家兴,科技强则国家强。中华民族在5000多年的灿烂文明中,产生了无数的发明创造和科技成果,长期居于世界强国之列。但是近代以来,中国屡屡被经济总量远不如我们的国家打败,原因是什么? 其实,不是输在经济规模上,而是输在科技实力上。我国近代落后挨打的重要原因是与历次科技革命失之交臂,导致科技弱、创新弱、国力弱。封建统治者"雾里"看世界,夜郎自大,将先进科学技术视为"奇技淫巧",采取不屑一顾的态度,结果很快就被世界潮流甩在后面。新中国成立以来特别是改革开放以来,我们取得了"两弹一星"、载人航天、载人深潜、超级计算、北斗导航等一系列重大科技成果,极大提升了我国国际地位。科技是国之利器,国家赖之以强,企业赖之以赢,人民生活赖之以好。中国要强,中国人民生活要好,必须有强大科技。新形势、新任务,要求我们在科技创新方面有新理念、新设计、新战略。

美国学者迈克尔·波特认为,经济发展具有阶段性,在不同的发展阶段,驱动经济增长的力量是不一样的。国家竞争优势的发展可分为四个阶段,即要素驱动阶段、投资驱动阶段、创新驱动阶段和财富驱动阶段。当今世界,典型的创新型国家的发展都是依靠创新实现经济跨越式发展,依靠创新保持长期的经济增长。进入21世纪特别是国际金融危机发生后,世界各国尤其是主要发达国家更加重视创新的驱动作用,纷纷加大科技投入,以创新为利器推动经济长期持续增长。科技竞争在综合国力竞争中的地位更加突出,科学技术日益成为经济社会发展的主要驱动力。主要发达国家纷纷调整科技部署,把科技创新上升为国家发展战略,努力保持科技前沿领先地位。创新驱动是国家安危所在、命运所系。深入实施创新驱动发展战略,是顺应世界科技发展潮流和我国经济社会发展要求的重大举措。

第二，深入实施创新驱动战略是迎接新科技革命挑战的必然抉择。综观世界，全球新一轮科技革命、产业变革和军事变革加速演进，科技探索从微观到宏观各个尺度上向纵深拓展，学科多点突破、交叉融合日益明显，颠覆性技术不断涌现，国际产业分工出现重大调整。全球创新进入高度密集活跃期，世界创新版图正在加速重构，科技创新成为各国实现经济再平衡、打造国家竞争新优势的核心，深刻影响着国际竞争格局、改变国家力量对比。科学技术对经济社会发展的支撑引领作用日益凸显，成为推动经济结构调整、产业优化升级的主要力量。科技创新带动高新技术产业发展，促进新经济新业态产生，在创造需求、改善民生、促进就业等方面发挥着巨大作用，无时无刻不影响着人类文明演化的进程。在这种态势下，许多国家不约而同地把创新驱动作为谋求竞争优势的核心战略。通俗地说，科技竞争的赛道改变了，将要由传统的生产要素驱动转向新型的创新要素驱动。在这个新的赛道上，我们既面临发挥后发优势、实现赶超跨越的难得历史机遇，也面临被人甩下、差距越拉越大的严峻挑战。因此，深入实施创新驱动发展战略，是在激烈的国际竞争中抢占未来发展制高点、赢得发展主动权的不二选择。

第三，深入实施创新驱动发展战略是提高我国自主创新能力的迫切需要。目前我国自主创新能力与发达国家相比还有很大差距，一些关键核心技术受制于人，许多元器件还依赖进口，不少产业仍处于全球价值链中低端，科技创新体系整体效能不高，适应创新驱动的体制机制还不够健全，全社会的创新动能不足。"我国与发达国家科技实力的差距，主要体现在创新能力上。这些年来，重引进、轻消化的问题还大量存在，形成了'引进—落后—再引进'的恶性循环。当今世界科学进步日新月异，技术更替周期越来越短。今天是先进技术，不久就可能不先进了。如果自主创新上不去，一味靠技术引进，就难以摆脱跟着别人后面跑、受制于人的局面。而且，关键技术是买不来的。"①我国能否成功跨越"中等收入陷阱"、迈向高质量发展之路，关键是看能否依靠创新打

---

① 中共中央文献研究室编：《习近平关于科技创新论述摘编》，中央文献出版社2016年版，第41—42页。

造发展新引擎、培育增长新动力。

特别重要的是,我国经济发展进入速度变化、结构优化和动力转换的新常态,传统发展动力不断减弱,推进供给侧结构性改革迫切需要依靠科技创新突破各种瓶颈制约,持续提升我国经济发展的质量和效益。深入实施创新驱动发展战略,比任何时候都显得更加重要、更加强烈。否则,我们就迈不过经济发展新常态的"坎",经济就无法向形态更高级、分工更精细、结构更合理的阶段演进,产业无法迈向中高端水平,整个社会发展就难以跃升。

第四,深入实施创新驱动发展战略是我国经济社会发展提出的内在要求。作为世界上人口最多的发展中国家,我国在迈向现代化的进程中遇到的矛盾和问题无论规模还是复杂性都世所罕见,任务之繁重前所未有,比如:产业结构不合理,发展方式依然粗放,资源环境约束加剧,等等。加快科技创新步伐,推动我国经济发展更多依靠科技创新驱动,是解决这些问题的根本途径。习近平同志清醒地认识到这些问题和症结所在,明确指出:"改革开放这三十多年,我们更多依靠资源、资本、劳动力等要素投入支撑了经济快速增长和规模扩张。改革开放发展到今天,这些要素条件发生了很大变化,再要像过去那样以这些要素投入为主来发展,既没有当初那样的条件,也是资源环境难以承受的。"[1]他强调:"创新驱动是形势所迫。我国经济总量已跃居世界第二位,社会生产力、综合国力、科技实力迈上了一个新的大台阶。同时,我国发展中不平衡、不协调、不可持续问题依然突出,人口、资源、环境压力越来越大。我国现代化涉及十几亿人,走全靠要素驱动的老路难以为继。物质资源必然越用越少,而科技和人才却会越用越多,因此我们必须及早转入创新驱动发展轨道,把科技创新潜力更好释放出来。"[2]

第五,深入实施创新驱动发展战略已经具备诸多有利条件,我国完全可以在新的基础上塑造我国发展更强大的优势。经过多年持续不懈的努力,我国科技体制改革向纵深推进,科研体系逐渐完备,人才队伍日益壮大,科技事业

---

[1] 中共中央文献研究室编:《习近平关于科技创新论述摘编》,中央文献出版社2016年版,第13页。

[2] 中共中央文献研究室编:《习近平关于科技创新论述摘编》,中央文献出版社2016年版,第3页。

取得长足进展,这些都为创新驱动发展奠定了加速发力的基础。与此同时,经济转型升级、民生持续改善对创新提出了强烈而巨大的需求。经济持续向好的巨大潜力、庞大的市场规模、加速释放的多样化消费需求与互联网时代创新效率的提升相结合,为创新提供了广阔的空间。"我们有改革开放三十多年来积累的坚实物质基础,有持续创新形成的系列成果,实施创新驱动发展战略已经具备良好基础和条件。"[①]

深入实施创新驱动发展战略,是着眼长远、面向未来、聚焦关键、带动整体的重大决策,具有全局性的意义。关于如何深入实施创新驱动发展战略,以习近平同志为核心的党中央进行了深入的思考、探索和实践。习近平同志指出:"实施创新驱动发展战略,最根本的是要增强自主创新能力,最紧迫的是要破除体制机制障碍,最大限度解放和激发科技作为第一生产力所蕴藏的巨大潜能。"[②]他强调:"实施创新驱动发展战略,必须紧紧抓住科技创新这个'牛鼻子',切实营造实施创新驱动发展战略的体制机制和良好环境,加快形成我国发展新动源。"[③]2016年1月18日中共中央、国务院印发《国家创新驱动发展战略纲要》,对新时代深入实施创新驱动发展战略作出了"坚持双轮驱动、构建一个体系、推动六大转变"的总体部署。

双轮驱动就是科技创新和体制机制创新两个轮子相互协调、持续发力。抓创新首先要抓科技创新,科技创新"要明确支撑发展的方向和重点,加强科学探索和技术攻关,形成持续创新的系统能力"。"体制机制创新要调整一切不适应创新驱动发展的生产关系,统筹推进科技、经济和政府治理等三方面体制机制改革,最大限度释放创新活力。"[④]

一个体系就是建设国家创新体系。"要建设各类创新主体协同互动和创新

① 中共中央文献研究室编:《习近平关于科技创新论述摘编》,中央文献出版社2016年版,第14页。

② 习近平:《论科技自立自强》,中央文献出版社2023年版,第80页。

③ 中共中央文献研究室编:《习近平关于科技创新论述摘编》,中央文献出版社2016年版,第17页。

④ 《中共中央、国务院印发〈国家创新驱动发展战略纲要〉》,《人民日报》2016年5月20日,第1版。

要素顺畅流动、高效配置的生态系统,形成创新驱动发展的实践载体、制度安排和环境保障。明确企业、科研院所、高校、社会组织等各类创新主体功能定位,构建开放高效的创新网络,建设军民融合的国防科技协同创新平台;改进创新治理,进一步明确政府和市场分工,构建统筹配置创新资源的机制;完善激励创新的政策体系、保护创新的法律制度,构建鼓励创新的社会环境,激发全社会创新活力。"①

六大转变"就是发展方式从以规模扩张为主导的粗放式增长向以质量效益为主导的可持续发展转变;发展要素从传统要素主导发展向创新要素主导发展转变;产业分工从价值链中低端向价值链中高端转变;创新能力从'跟踪、并行、领跑'并存、'跟踪'为主向'并行'、'领跑'为主转变;资源配置从以研发环节为主向产业链、创新链、资金链统筹配置转变;创新群体从以科技人员的小众为主向小众与大众创新创业互动转变"②。这六大转变是衡量我国是否真正转入创新驱动轨道的重要标志。

从实践看,《国家创新驱动发展战略纲要》全面实施,科技体制机制改革、中央财政科技计划管理改革、人才发展体制机制改革、全面创新改革试验和促进科技成果转化等一系列重大改革措施密集出台,建设具有全球影响力的科技创新中心、组建综合性国家科学中心、谋划启动国家实验室建设和实施"科技创新2030—重大项目"等一系列重大战略部署加快推进,我国科技创新能力和水平实现巨大跃升,为经济发展注入强劲动力,以创新为主要引领和支撑的经济体系和发展模式逐渐形成,我国创新驱动发展进入新的阶段。

环顾当今世界,新一轮科技革命和产业变革加速演进和拓展,基础前沿领域相继突破,颠覆性创新不断涌现,科技创新正在深刻改变世界发展格局,我国发展面临千载难逢的历史机遇。习近平同志在党的二十大报告中强调,"高质量发展是全面建设社会主义现代化国家的首要任务。发展是党执政兴国的第一要务。没有坚实的物质技术基础,就不可能全面建成社会主义现代化强

---

① 《中共中央、国务院印发〈国家创新驱动发展战略纲要〉》,《人民日报》2016年5月20日,第1版。

② 《中共中央、国务院印发〈国家创新驱动发展战略纲要〉》,《人民日报》2016年5月20日,第1版。

国"①。我国经济已转向高质量发展阶段,经济社会发展必须以推动高质量发展为主题。我们必须从战略和全局高度充分认识高质量发展的重要性和紧迫性,更加突出实现高质量发展必须靠高水平科技自立自强的强有力支撑和引领。科技创新要在这个工作大局中找准方向、定位和重点,以人才强、科技强支撑引领产业强、经济强、国家强,真正发挥好科技创新在我国现代化建设中的核心关键作用。

新时代新征程上,我们要坚定创新自信,抢抓创新机遇,勇攀科技高峰,破解发展难题,深入实施创新驱动发展战略,推进科技强国建设进程。在宏观层面,要注重把握两个方面的要求。一是牢牢把握"四个面向"的目标导向,坚持面向世界科技前沿、面向经济主战场、面向国家重大需求、面向人民生命健康,加快实现高水平科技自立自强。二是自觉将系统观念运用于科技创新各领域各方面,统筹全面推进科技创新与重点抓好关键核心技术攻关,统筹科技创新活动本身与科技人才工作及相关科技法律、政策、文化等生态环境,统筹好当前"卡脖子"与长远建优势的关系,统筹好基础研究、应用基础研究、技术创新、成果转化、产业化、市场化全链条各环节,统筹做好高水平科技自立自强与国际科技交流合作。

在具体工作中,要聚焦高水平科技自立自强这个总纲,深入实施创新驱动发展战略。一是进一步完善国家创新体系,构建体系化全局性科技创新新格局。加强顶层设计,优化科技创新系统布局,补短板、建长板、强能力、成体系,加快形成与高水平科技自立自强匹配的"顶层设计牵引、重大任务带动、基础能力支撑"科技创新体系化能力。要强化国家战略科技力量,加快组建一批国家实验室,重组现有国家重点实验室,形成国家实验室体系。优化国家科研机构、高水平研究型大学、科技领军企业定位和布局。强化企业科技创新主体地位,发挥科技型骨干企业引领支撑作用,加强企业主导的政产学研用金深度融合,提高科技成果转化和产业化水平。统筹推进国际科技创新中心、区域科技创新中心建设,加快国家自主创新区、高新区高质量发展,加快形成新的经济增长极。加强科技基础能力建设,在力量构建、资源配置、基础设施、科研平

---

① 《习近平著作选读》第1卷,人民出版社2023年版,第23页。

台、政策法规、技术标准、创新生态、科技人才等方面夯实基础。

二是以国家战略需求为导向,坚决打赢关键核心技术攻坚战。鉴于当前美西方国家对我实施无底线打压措施,我们必须把突破关键核心技术作为当务之急,尽快改变关键领域受制于人的局面。以具有先发优势的关键技术和引领未来发展的基础前沿技术为突破口,加快布局实施一批国家重大科技项目,集中优质创新资源进行原创性引领性科技攻关。围绕国家急迫需要和长远需求,大力实施一批具有战略性全局性前瞻性的国家重大科技项目,增强自主创新能力。

三是着力提升产业链供应链韧性和安全水平,着力打造自主可控、安全可靠的产业链供应链。产业链供应链是现代经济的重要形态,其韧性和安全水平反映一国经济抵抗风险能力的大小,对现代经济体系运行具有重要影响。近年来,我国产业链供应链核心竞争力不断增强,在全球产业链供应链中的地位持续攀升,但产业链供应链发展不平衡的情况较为突出,不同产业在发展速度、发展阶段和现代化水平上有明显差异。必须把增强产业链韧性和竞争力放在更加重要的位置,坚持以产业链供应链韧性和安全性保障我国产业安全、经济安全、国家安全。要努力锻造长板,巩固优势产业领先地位,大力推动传统产业改造升级,培育和发展战略性新兴产业,前瞻部署未来产业。创新流通组织和业态模式,推动上下游、产供销、内外贸一体衔接,促进产业链供应链更加畅通。要加快补齐短板,聚焦制造业产业链供应链的堵点卡点,推进重要基础产品和关键核心技术攻关突破,加强共性基础技术供给,实施产业基础再造工程,筑牢重点产业链供应链基础。

四是持续深化科技体制改革,着力营造良好政策环境。着力破解深层次体制机制障碍,深化科技评价、科研管理改革,加强知识产权法治保障,形成支持全面创新的基础制度。深化财政科技经费分配使用机制改革,加大多元化科技投入,提升科技投入效能。营造有利于科技型中小微企业成长的良好环境。培育创新文化,弘扬科学家精神,涵养优良学风,营造创新氛围。

五是有力统筹教育、科技、人才工作,推动创新链产业链资金链人才链深度融合,加强企业主导的政产学研用金深度融合,依靠创新培育壮大发展新动能。深入实施新时代人才强国战略,实施更加积极、更加开放、更加有效的人才政策,坚持自主培养和引进并举,持续完善人才战略布局,加快建设世界重要人才中心和创新高地,着力形成人才国际竞争的比较优势。

六是主动融入全球创新体系,积极拓展国际科技交流合作空间。用好全球创新资源,实施更加开放包容、互惠共享的国际科技合作战略,以科技助力高水平对外开放。以持续提升科技自主创新能力夯实国际合作基础,深度参与全球科技治理,加强国际化科研环境建设,强化政府间双多边科技交流合作,全方位开展民间科技交流合作,形成具有全球竞争力的开放创新生态。

第五章 |
高水平科技自立自强是中国式现代化的战略支撑

　　2020年10月29日,习近平同志在党的十九届五中全会第二次全体会议上指出:"要加快科技自立自强。这是确保国内大循环畅通、塑造我国在国际大循环中新优势的关键。"①2020年12月16日,习近平同志在中央经济工作会议上指出:"科技自立自强是促进发展大局的根本支撑。"②2021年1月11日,习近平同志在省部级主要领导干部学习贯彻党的十九届五中全会精神专题研讨班上指出:"构建新发展格局最本质的特征是实现高水平的自立自强。"③2022年10月16日,习近平同志在党的二十大报告中指出:"坚持面向世界科技前沿、面向经济主战场、面向国家重大需求、面向人民生命健康,加快实现高水平科技自立自强。"④高水平科技自立自强是党和国家主动求变识变应变、因时因势而动的战略抉择,是对科技创新在新发展阶段提出的必然要求,是新时代科技事业的总纲。我们必须增强责任感和危机感,把高水平科技自立自强作为中国式现代化的战略支撑,着力开辟发展新领域新赛道,不断塑造发展新动能新优势。

---

① 习近平:《论科技自立自强》,中央文献出版社2023年版,第250页。

② 习近平:《论科技自立自强》,中央文献出版社2023年版,第251页。

③ 习近平:《论把握新发展阶段、贯彻新发展理念、构建新发展格局》,中央文献出版社2021年版,第485页。

④《习近平著作选读》第1卷,人民出版社2023年版,第29页。

一、新一轮科技革命和产业变革带来的机遇与挑战

发轫于20世纪中叶的新科技革命,经过几十年的发展之后,到21世纪,步入了一个加速发展的时期。科技进步不断突破人类认识的已有境界,不同学科之间、产业之间深度交叉融合。科学发现正在为技术创新和生产力发展开辟更加广阔的道路,科技成果产业化周期更加缩短,技术更新速度越来越快,一些重要科技领域发生革命性突破的先兆已经初显端倪,科学技术的新突破正在孕育之中。如何从正在进行的、如火如荼的新科技革命进程中,敏锐地捕捉到新一轮科技革命和产业变革的蛛丝马迹,进而把握其趋势走向和发展规律,这对我们党来说,是一个严峻的新考验。对这个问题,认识越早、应对越及时,就越主动;认识越慢、见事越迟,就越被动。

1. 对新一轮科技革命和产业变革的总体判断

习近平同志十分关注新一轮科技革命和产业变革的新趋势新变化,分别用"正在孕育兴起"、"蓄势待发"、"重构"、"重塑"、"方兴未艾"、"突飞猛进"等判断,形象生动地阐明了新一轮科技革命和产业变革的发展态势,勾勒出新一轮科技革命和产业变革从初露端倪到迅猛发展的进程。

关于"正在孕育兴起"。2013年3月4日,习近平同志在参加全国政协十二届一次会议科协、科技界委员联组讨论时的讲话中指出:"当今世界,新科技革命和全球产业变革正在孕育兴起,新技术突破加速带动产业变革,对世界经济结构和竞争格局产生了重大影响。"①他说:"我很注意这方面的情况。综合起来看,现在世界科技发展有这样几个趋势:一是移动互联网、智能终端、大数据、云计算、高端芯片等新一代信息技术发展将带动众多产业变革和创新,二是围绕新能源、气候变化、空间、海洋开发的技术创新更加密集,三是绿色经济、低碳技术等新兴产业蓬勃兴起,四是生命科学、生物技术带动形成庞大的

---

① 中共中央文献研究室编:《习近平关于科技创新论述摘编》,中央文献出版社2016年版,第75页。

健康、现代农业、生物能源、生物制造、环保等产业。面对世界科技发展新趋势，世界主要国家纷纷加快发展新兴产业，加速推进数字技术同制造业的结合，推进'再工业化'，力图抢占未来科技和产业发展制高点。一些发展中国家也加大科技投入，加速发展具有比较优势的技术和产业，谋求实现跨越发展。"①针对当时国际国内讨论得比较热烈的"第三次工业革命"即将到来等观点，习近平同志指出："虽然对'第三次工业革命'还有不同看法，但恰好说明人们正在探讨世界科技创新发展趋势，以求抢占先机。对此，我们必须高度重视、密切跟踪、迎头赶上。"②

关于"加快积累和成熟中"、"即将出现"。2013年9月30日，十八届中央政治局以实施创新驱动发展战略为题举行第九次集体学习。这次中央政治局集体学习创造性地采取了走出中南海的形式，把课堂搬到了中关村，将调研、讲解、讨论结合起来进行。习近平同志在主持学习时指出："历次产业革命都有一些共同特点：一是有新的科学理论作基础，二是有相应的新生产工具出现，三是形成大量新的投资热点和就业岗位，四是经济结构和发展方式发生重大调整并形成新的规模化经济效益，五是社会生产生活方式有新的重要变革。这些要素，目前都在加快积累和成熟中。即将出现的新一轮科技革命和产业变革与我国加快转变经济发展方式形成历史性交汇，为我们实施创新驱动发展战略提供了难得的重大机遇。"③这里，习近平同志从五个方面分析了新一轮科技革命和产业变革何以能发生的要素和条件。他强调："我们必须增强忧患意识，敏锐把握世界科技创新发展趋势，紧紧抓住和用好新一轮科技革命和产业变革的机遇，不能等待、不能观望、不能懈怠。"④

---

① 中共中央文献研究室编：《习近平关于科技创新论述摘编》，中央文献出版社2016年版，第75页。
② 中共中央文献研究室编：《习近平关于科技创新论述摘编》，中央文献出版社2016年版，第76页。
③ 中共中央文献研究室编：《习近平关于科技创新论述摘编》，中央文献出版社2016年版，第24页。
④ 中共中央文献研究室编：《习近平关于科技创新论述摘编》，中央文献出版社2016年版，第78页。

　　关于"蓄势待发"、"重构"、"重塑"、"历史关口"。2016年5月30日,习近平同志在全国科技创新大会、两院院士大会、中国科协第九次全国代表大会上的讲话中强调,"当今世界,新一轮科技革命蓄势待发"①。2018年5月28日,习近平同志在中国科学院第十九次院士大会、中国工程院第十四次院士大会上的讲话中指出:"进入二十一世纪以来,全球科技创新进入空前密集活跃的时期,新一轮科技革命和产业变革正在重构全球创新版图、重塑全球经济结构。"②2019年11月5日,习近平同志在第二届中国国际进口博览会开幕式上的主旨演讲《开放合作,命运与共》中指出:"当前,新一轮科技革命和产业变革正处在实现重大突破的历史关口。"③

　　关于"加速演变"、"深入推进"、"方兴未艾"、"突飞猛进"。2020年7月21日,习近平同志在企业家座谈会上指出:"当今世界正经历百年未有之大变局,新一轮科技革命和产业变革蓬勃兴起。"④2020年8月20日,习近平同志在合肥主持召开扎实推进长三角一体化发展座谈会时指出:"当前,新一轮科技革命和产业变革加速演变,更加凸显了加快提高我国科技创新能力的紧迫性。"⑤2020年11月20日,习近平同志在给2020中国5G+工业互联网大会的贺信中指出:"当前,全球新一轮科技革命和产业变革深入推进,信息技术日新月异。"⑥2020年11月23日,习近平同志向世界互联网大会·互联网发展论坛致贺信,指出:"当今世界,新一轮科技革命和产业变革方兴未艾,带动数字技术快速发展。"⑦2021年5月28日,习近平同志在中国科学院第二十次院士大会、中国工程院第十五次院士大会、中国科协第十次全国代表大会上的讲话中强调:"当前,新一轮科技革命和产业变革突飞猛进,科学研究范式正在发生深刻变

① 习近平:《论科技自立自强》,人民出版社2023年第,第151页。
② 习近平:《论科技自立自强》,人民出版社2023年第,第198页。
③ 《习近平谈治国理政》第3卷,外文出版社2020年版,第210页。
④ 《习近平著作选读》第2卷,人民出版社2023年版,第324页。
⑤ 习近平:《论把握新发展阶段、贯彻新发展理念、构建新发展格局》,中央文献出版社2021年版,第365页。
⑥ 《习近平书信选集》第1卷,中央文献出版社2022年版,第307页。
⑦ 《习近平书信选集》第1卷,中央文献出版社2022年版,第310页。

革,学科交叉融合不断发展,科学技术和经济社会发展加速渗透融合。"①

2. 紧紧抓住历史性机遇

习近平同志反复强调,要"抓住新一轮科技革命和产业变革的历史性机遇"②,"顺应当代科技革命和产业变革大方向"③。习近平同志关于抓住科技发展机遇的思想,与我们党关于我国科技事业发展重要战略机遇期的判断一脉相承而又与时俱进。

回顾历史可以看出,能否善于抓住发展机遇,历来是关系革命和建设兴衰成败的重大问题,也是我们党和国家的事业取得胜利的基本经验。过去我们抓住了重要历史机遇,也丧失过某些机遇。邓小平同志在总结历史经验和教训的基础上,提出了抓住机遇、加快发展的思想。在邓小平理论指导下,我们紧紧抓住时代主题转换的历史机遇,坚持改革开放,取得了举世瞩目的巨大成就。进入21世纪,面对风云变幻的国际形势和国内艰巨繁重的改革发展任务,中国共产党人清醒地认识到激烈的国际竞争给我国经济社会发展带来的机遇和挑战。2002年11月,江泽民同志在党的十六大报告中指出:"综观全局,二十一世纪头二十年,对我国来说,是一个必须紧紧抓住并且可以大有作为的重要战略机遇期。"④正是在这个战略判断的基础上,党的十六大提出了到2020年集中力量全面建设小康社会的奋斗目标。十六大以后各项事业发展的成就,充分证明了重要战略机遇期的判断以及建立在这一重大判断之上的各项战略决策都是正确的、富有成效的。

在21世纪初,国际形势继续发生深刻而复杂的变化,世界多极化和经济全球化在曲折中发展,我国既面临着必须紧紧抓住的发展机遇,也面临着必须认真应对的严峻挑战。这种机遇和挑战并存的情况,不仅表现在经济、政治、文化、社会发展等领域,也突出地表现在科学技术领域。胡锦涛同志在全面审视新科技革命发展的最新态势和我国科技发展现状的基础上,提出了"两个重要

① 习近平:《论科技自立自强》,中央文献出版社2022年版,第5—6页。

② 《习近平谈"一带一路"》,中央文献出版社2018年版,第169页

③ 《习近平外交演讲集》第2卷,中央文献出版社2022年版,第345页。

④ 《江泽民文选》第3卷,人民出版社2006年版,第542页。

战略机遇期"的重要论断:"本世纪头二十年,是我国经济社会发展的重要战略机遇期,也是我国科技事业发展的重要战略机遇期。"①这是一个极富世界眼光和战略意识的科学判断。这一重要论断,丰富和发展了江泽民同志在党的十六大报告中提出的"重要战略机遇期"的思想,拓展了"重要战略机遇期"的内涵。胡锦涛同志在关于"两个重要战略机遇期"的战略判断中,指出21世纪头20年也是我国科技事业发展的重要战略机遇期。这就为我们迎接新科技革命挑战、推进新世纪的科技工作提供了理论指导。2012年11月党的十八大报告指出:"综观国际国内大势,我国发展仍处于可以大有作为的重要战略机遇期。"②这表明,尽管我国发展面临的机遇前所未有,风险挑战前所未有,但我国发展的重要战略机遇期并没有变,变化的是重要战略机遇期的内涵和条件。

党的十八大后,国际国内环境发生了更加深刻复杂的变化,我国发展面临着一系列新的风险挑战,各种矛盾和问题比较多地显现出来。在这种情况下,我国发展的重要战略机遇期是否还存在? 我们还能不能为我国的发展争取良好的国际环境? 具体到科技工作来说,面对国际竞争日益加剧的局面,面对新一轮科技革命和产业变革加速演进的态势,我国科技事业发展的重要战略机遇期是否还存在? 我们还能不能有效利用科技事业发展的重要战略机遇期?这些都是必须进行清醒认识并作出准确判断的重大问题。

2015年10月29日党的十八届五中全会通过的《中共中央关于制定国民经济和社会发展第十三个五年规划的建议》,科学分析了我国发展面临的有利和不利因素,作出了这样的综合判断:"我国发展仍处于可以大有作为的重要战略机遇期,也面临诸多矛盾叠加、风险隐患增多的严峻挑战。"正是在这一判断的基础上,党的十八届五中全会强调:"我们要准确把握战略机遇期内涵的深刻变化,更加有效地应对各种风险和挑战,继续集中力量把自己的事情办好,不断开拓发展新境界。"③这表明,尽管诸多矛盾叠加、风险隐患增多,但我国发展的战略机遇期仍然没变。不过,战略机遇期虽然总体上没有变化,但其内涵

---

① 《胡锦涛文选》第2卷,人民出版社2016年版,第402页。
② 《胡锦涛文选》第3卷,人民出版社2016年版,第625页。
③ 中共中央文献研究室编:《十八大以来重要文献选编》中,中央文献出版社2016年版,第788页。

却发生了深刻变化。这同样体现了变与不变的辩证统一。

党的十九大以来,世界百年未有之大变局进入加速演变期,国际局势更加动荡复杂,不稳定性不确定性显著增加,我们面临着更多逆风逆水的外部环境。新冠疫情影响广泛深远,逆全球化、单边主义、民粹主义、保护主义倾向上升。我们党在本世纪之初提出的重要战略机遇期,当时指的是本世纪头20年。在20年后的今天,对战略机遇期如何认识和判断,是一个事关全局的重大问题。过去大环境相对平稳,我们是顺势而上、开顺风船,机遇比较好把握。而现在世界进入动荡变革期,地缘政治挑战风高浪急,暗礁和潜流又多,我们要顶风而上、开顶风船,把握和抓住机遇的难度就大大增加了,对应变能力提出了更高要求。

对这一问题,以习近平同志为核心的党中央在制定"十四五"规划期间进行了深入思考。2020年5月23日,习近平同志在参加全国政协十三届三次会议经济界委员联组会时指出,"要科学分析形势、把握发展大势,坚持用全面、辩证、长远的眼光看待当前的困难、风险、挑战"[1]。2020年8月24日,他在经济社会领域专家座谈会上强调,"进入新发展阶段,国内外环境的深刻变化既带来一系列新机遇,也带来一系列新挑战,是危机并存、危中有机、危可转机",要"深刻认识我国社会主要矛盾发展变化带来的新特征新要求,深刻认识错综复杂的国际环境带来的新矛盾新挑战,增强机遇意识和风险意识,准确识变、科学应变、主动求变,勇于开顶风船,善于转危为机,努力实现更高质量、更有效率、更加公平、更可持续、更为安全的发展"。[2]这一时期,习近平同志在一系列重要讲话中反复强调要在危机中育先机、于变局中开新局。2020年10月召开的党的十九届五中全会明确提出要"善于在危机中育先机、于变局中开新局,抓住机遇,应对挑战,趋利避害,奋勇前进"[3]。2021年1月11日,习近平同志在

① 习近平:《论把握新发展阶段、贯彻新发展理念、构建新发展格局》,中央文献出版社2021年版,第351页。

② 习近平:《正确认识和把握中长期经济社会发展重大问题》,《求是》2021年第2期,第5—6页。

③ 《中共中央关于制定国民经济和社会发展第十四个五年规划和二〇三五年远景目标的建议》,《人民日报》2020年11月4日,第1版。

省部级主要领导干部学习贯彻党的十九届五中全会精神专题研讨班上指出："当前和今后一个时期,虽然我国发展仍然处于重要战略机遇期,但机遇和挑战都有新的发展变化,机遇和挑战之大都前所未有,总体上机遇大于挑战。"①

2022年10月16日,习近平同志在党的二十大报告中对我国面临的国际国内环境进行了分析。一方面,他指出,当前世界百年未有之大变局加速演进,新一轮科技革命和产业变革深入发展,我国发展面临新的战略机遇。另一方面,他特别强调,世界进入新的动荡变革期,我国改革发展稳定面临不少深层次矛盾躲不开、绕不过,来自外部的打压遏制随时可能升级。综合起来看,习近平同志明确提出:"我国发展进入战略机遇和风险挑战并存、不确定难预料因素增多的时期,各种'黑天鹅'、'灰犀牛'事件随时可能发生。我们必须增强忧患意识,坚持底线思维,做到居安思危、未雨绸缪,准备经受风高浪急甚至惊涛骇浪的重大考验。"②

这些都表明,以习近平同志为核心的党中央在战略机遇期问题上的判断是:危和机并存,危中有机,危可转机。这里面的辩证关系昭示我们:机遇更具有战略性、可塑性,挑战更具有复杂性、全局性。挑战虽然前所未有,但我们妥善应对了,就能化危为机、坏事变好事,那么机遇也就会前所未有地呈现出来。概括来说,国际国内形势深刻变化下的时和势总体上对我有利,我国发展仍然处于可以大有作为的重要战略机遇期,但战略机遇期的内涵已经出现深刻变化。它不再是依靠原有要素低成本优势、依赖规模扩张外延发展的机遇,而是通过提升教育和人力资本素质、实施创新驱动发展的机遇;不再是单纯依靠扩大出口、吸引外资加快发展的机遇,而是扩大内需、实现结构优化和动力转换,加快构建新发展格局的机遇;不再是依靠简单加入全球产业分工体系发展的机遇,而是发挥大国影响力、积极参与全球治理和规则制定、保护和拓展我国发展利益主动发展的机遇。我们必须准确把握和深刻认识战略机遇期内涵的这些变化,既增强信心,坚定不移地执行既定的长期发展战略,又主动适应环

---

① 习近平:《把握新发展阶段,贯彻新发展理念,构建新发展格局》,《求是》2021年第9期,第7页。

② 《习近平著作选读》第1卷,人民出版社2023年版,第22页。

境变化,及时主动进行必要的策略调整,将机遇和潜力化为现实,变风险和挑战化为动力,不断开拓发展新境界。

由此可见,从党的十六大作出我国处于重要战略机遇期的判断以来,无论条件发生了怎样的变化,这一判断始终没变。同时,我们又根据形势的发展变化,不断深化对重要战略机遇期内涵的认识和理解。新发展阶段的重要战略机遇,对科技创新提出了更高的要求。高水平科技自立自强,就是应对新发展阶段新机遇新挑战的必然要求,是顺应新一轮科技革命和产业变革的主动应对之策。

二、高水平科技自立自强的时代内涵

我国已进入全面建设社会主义现代化国家、向第二个百年奋斗目标进军的新发展阶段。习近平同志指出:"实现我们的奋斗目标,高水平科技自立自强是关键。"[1]他特别强调"必须把这个问题放在能不能生存和发展的高度加以认识"[2]。高水平科技自立自强对于增强我国发展竞争力和持续力具有决定性意义。

1. 高水平科技自立自强的重大意义

在日趋激烈的国际竞争中,在迅速发展的科技潮流面前,在受到遏制打压的科技环境下,我们必须从战略和全局高度,深刻认识实现高水平科技自立自强的重要性和紧迫性。

第一,迎接新一轮科技革命和产业变革新挑战、打造国家竞争新优势的迫切需要。历史上科技领域的每次革命性突破,都会引发生产力、生产关系和国际格局的重大调整。当今时代,新一轮科技革命和产业变革日新月异,科技创新广度显著加大、深度显著加深、速度显著加快、精度显著加强,已经成为重组

---

① 习近平:《深入实施新时代人才强国战略 加快建设世界重要人才中心和创新高地》,《求是》2021年第24期,第5页。

② 习近平:《论把握新发展阶段、贯彻新发展理念、构建新发展格局》,中央文献出版社2021年版,第485页。

全球要素资源、重塑全球经济结构、重建全球政治版图、重构全球竞争格局的关键因素。科研范式发生重大变化,以人工智能引领的新一代信息技术促进多个前沿技术领域交叉融合,发生多点突破、齐头并进的链式变革。全球科技创新进入空前密集活跃期,科技创新链条更加灵巧,颠覆性创新不断涌现。围绕科技制高点的竞争空前激烈,自主创新成为国际博弈的主战场。世界各国竞相谋划科技创新,积极主动布局新领域新赛道,不断优化科技策略,力图抢占科技先机。我国科技发展既面临着千载难逢的历史机遇,又面临着差距拉大的风险挑战。现实情况是,我国关键核心技术受制于人的局面尚未根本改变,部分技术、基础材料和元器件对外采购率过高、依赖性过强,创造新产业、引领新潮流的科技储备远远不够。必须敏锐把握和用好新一轮科技革命和产业变革机遇,全面提升对科技创新的战略谋划和快速响应能力,抢占未来发展的制高点。只有实现高水平科技自立自强,我们才能赢得主动、赢得优势、赢得未来,把科技创新这个关键变量真正转化为建设科技强国、推进和拓展中国式现代化的最大增量。

第二,建设世界科技强国、建设社会主义现代化强国的内在要求。综观人类发展史,科技创新始终是一个国家、一个民族发展的不竭动力和生产力提升的关键因素。高水平科技自立自强是促进国家发展大局的根本支撑,是决定我国生存和发展的基础能力。我国已经成功进入创新型国家行列,下一步的奋斗目标是到2035年实现高水平科技自立自强、进入创新型国家前列、建成世界科技强国。这就启示我们必须加快科技创新步伐,努力实现科技创新的跨越式发展和质的飞跃,加快形成新质生产力。高水平科技自立自强是现代化强国的鲜明标志。自立是自强的前提条件,科技自立是安身立命之基,科技自强是民族昌盛之要。历史表明,世界上的现代化强国无一不是科技强国,科技自立自强则国家屹立。近代以来,我国曾多次错失科技革命和产业变革良机,教训极为沉痛。民族复兴必须科技复兴。如果难以突破关键核心技术,就无法满足创新驱动引领发展的现实及长远需求,就无法把国家和民族的发展建立在自己力量的基点上。只有实现高水平科技自立自强,才能把中华民族伟大复兴建立在更加坚实、更加可靠、更加稳固的基础之上。

第三,构建新发展格局、实现高质量发展的重大任务。我国是一个人口大国,又是一个发展中国家,在由基本实现社会主义现代化进而全面建成社会主义现代化强国的历史进程中,各方面的需求潜力十分巨大,这是我们的优势所在。近年来,随着我国外部环境的变化,市场和资源两头在外的国际大循环动能明显减弱,而我国内需潜力不断释放,客观上有着此消彼长的态势。特别是自2008年国际金融危机以来,国内循环在我国经济中的作用开始显著上升,基础和条件日益完善,我国经济逐渐向以国内大循环为主体转变。随着我国向高收入国家行列稳步迈进,规模巨大的国内市场还将不断扩张。未来一个时期,我国国内市场主导国民经济循环的特征会更加明显,经济增长的内需潜力会不断释放,客观上迫切需要我国以新的战略举措挖掘内需潜力。正是在这样的大背景下,以习近平同志为核心的党中央作出了构建以国内大循环为主体、国内国际双循环相互促进的新发展格局的重大战略决策。"构建新发展格局最本质的特征是实现高水平的自立自强"①。当前,我国经济发展环境特别是原有的要素禀赋相对优势发生了重大变化,旧的依靠资源、资本、劳动力等要素投入的传统生产函数组合方式已经难以持续,科学技术的重要性全面上升。优化升级产业结构,提高全要素生产力,提升供给体系质量和水平,畅通国内国际双循环,都离不开高水平科技自立自强这个核心要素。推进质量变革、效率变革、动力变革,实现依靠创新驱动的内涵型增长,推动高质量发展,都需要以高水平科技自立自强作为动力源。着力发展实体经济,加快构建以国内大循环为主体、国内国际双循环相互促进的新发展格局,迫切需要高水平科技自立自强做好"动力引擎"、当好"开路先锋",为现代化产业体系"强筋健骨"、注入强大动力。必须依靠高水平科技自立自强提高供给体系规模和水平,推动新技术快速大规模应用和迭代升级,释放和创造新的巨大需求,增强国内大循环内生动力的持续性和可靠性,提升国际循环地位和能级,畅通国内国际双循环,赢得高质量发展的先手权。

第四,掌握发展主动权、把握时代脉搏的根本途径。我国进入创新型国家前列、进入科技创新第一方阵,建成世界科技强国,必须加快科技自立自强步

---

① 习近平:《论把握新发展阶段、贯彻新发展理念、构建新发展格局》,中央文献出版社2021年版,第485页。

伐。当前,全球科技创新进入空前密集活跃的时期,信息、生命、制造、能源、空间、海洋等领域的原创突破为前沿技术、颠覆性技术提供了更多创新源泉,为我们自主创新、自立自强提供了丰厚的科技土壤。我们要坚持扬长补短,在优势领域"锻长板、挖潜力、增优势",在弱势领域"补短板、固根基、强弱项",全面做强自己。只有实现了高水平科技自立自强,中国特色自主创新道路才能越走越宽阔。"察势者明,趋势者智。"实现高水平科技自立自强,是挺立时代潮头、把握时代脉搏,长期密切跟踪关注科技创新最前沿和新趋势得出的科学判断。

第五,防范化解风险挑战、保障国家安全的关键举措。当今世界百年未有之大变局加速演进,全球进入新的动荡变革期,科技创新水平成为影响利益相关各方战略博弈的关键变量。"面向未来,可以说,新科技革命和产业变革将是最难掌控但必须面对的不确定性因素之一,抓住了就是机遇,抓不住就是挑战。"①科技安全是国家安全的重要领域。我国一些高端产业链对外依存度过高、部分关键核心技术受制于人等问题时刻警示我们,高水平科技自立自强不仅是发展问题,更是安全问题、生存问题。近年来,美西方国家频频对我实施"筑墙"、"脱钩"、断供战术,编织科技铁幕,开展"长臂管辖",加码技术封锁,滥用国家安全概念对我科技企业和经济实体极限施压,想方设法打压我国科技创新。虽然这种科技霸权主义的行径在经济科技全球化时代是根本行不通的,但是客观上看,一定时期内势必对我造成非常不利的影响。如果防范不及时、应对不力,极有可能由科技风险演化为影响经济社会发展的全局性风险,甚至会迟滞或中断中华民族伟大复兴进程。特别是在当前国际形势动荡复杂、风高浪急的情况下,高水平科技自立自强更是维护国家安全的定海神针。我们必须把握好历史大变局的趋势和机遇,坚定不移把实现高水平科技自立自强作为国家强盛之基、安全之要,坚持把科技创新作为实现中华民族伟大复兴的战略基石和关键力量,实现产业链供应链安全稳定,把发展的主动权牢牢掌握在自己手中。要更好地贯彻总体国家安全观,着力办好发展和安全两件大事,增强抗压能力、对冲能力和反制能力,强化高水平科技自立自强作为国

---

① 中共中央党史和文献研究院编:《习近平关于防范风险挑战、应对突发事件论述摘编》,中央文献出版社2020年版,第66—67页。

家安全和发展的战略支撑作用,着力防范化解影响我国现代化进程的各类风险,筑牢国家安全屏障,为中国式现代化创造良好的前提和条件。

第六,统筹疫情防控和经济社会发展实践的经验总结。应对新冠疫情,是对我国科技创新能力的一次"突击检验",客观上为加速实现高水平科技自立自强提供了契机。在抗击新冠疫情的过程中,我们高度重视科技的重大作用,在治疗、疫苗研发、防控等多个重要领域和关键环节展开科研攻关,一批重大科研成果取得突破,许多高科技产品直接作用于疫情防控,大量科技手段用于复工复产。我们用科学防治降服病魔,依靠科技力量有效保障人民生命健康,不断提高运用科技应对重大突发公共卫生事件的能力和水平,科研攻关的新型举国体制得到进一步完善。在应对外部经济环境变化、抵御外部势力打压的进程中,我们注重发挥科技力量做好"六稳"工作、落实"六保"任务,运用科技创新保持产业链供应链稳健运行,用加快突破"卡脖子"的关键核心技术保证经济安全、推动实现高质量发展。与此同时,我们积极推动开展疫苗、药物、检测试剂等领域国际科技合作,及时分享抗疫科研成果,向世界彰显了中国科技创新日益增长的国际引领力。实践证明,只要大力推动自主创新,我们就一定能够为我国经济社会高质量发展提供有力支撑,推动中国特色社会主义航船行稳致远。

2. 高水平科技自立自强的原则要求

高水平科技自立自强,是党和国家主动求变识变应变、因时因势而动的战略抉择。面对新发展阶段科技发展和国际竞争的新态势,我们必须增强责任感和危机感,把科技自立自强作为中国式现代化的战略支撑,加快实施创新驱动发展战略,使我国在激烈的国际竞争中掌握主动,在风云变幻中始终充满朝气生存和发展下去。

"高水平科技自立自强,是一种高标准定位的自立自强,是要对标国际先进水平的自立自强。"[①]党中央提出的实现高水平科技自立自强,是一项内涵更

[①] 史湘洲、魏雨虹、徐欧露:《科技创新事关生存发展——战略咨询院专家谈高水平科技自立自强》,《瞭望》2021年第32期,第49页。

广、标准更高的系统工程。要注重以高质量供给适应引领创造新需求,形成消费和投资互促共进的强大国内市场。要全面加强对科技创新的部署,集合优势资源,有力有序推进创新攻关的"揭榜挂帅"体制机制,加强创新链和产业链对接,明确路线图、时间表、责任制,适合部门和地方政府牵头的要牵好头,适合企业牵头的政府要全力支持。中央企业等国有企业要勇挑重担、敢打头阵,勇当原创技术的"策源地"、现代产业链的"链长"。要大力推进科技及其他各方面创新,形成更多新的增长点、增长极,把创新发展主动权牢牢掌握在自己手中。要依托我国超大规模市场和完备产业体系,创造有利于新技术快速大规模应用和迭代升级的独特优势,加速科技成果向现实生产力转化。

实现高水平科技自立自强,要求我们以科学的方法论来推进科技创新工作。高水平科技自立自强是我国建设科技强国的必由之路,是国家层面的大政策,各地区各部门都要落实好这一政策,都要抓好这方面的工作。但是具体到各种关键核心技术,不是家家都能干的。在实践中要注意防范一些认识误区,比如一讲解决"卡脖子"技术难题,就强调什么都要自己干,并且专盯那些"高大上"项目,不顾客观实际和产业基础,结果造成了烂尾项目。又比如,有的地区和部门认为实现高水平科技自立自强只是经济和科技部门的事,同自己部门关系不大,因而难以有效聚集科技创新资源,等等。这些认识和做法都是片面的甚至是错误的,必须加以防范和纠正。要坚持实事求是的原则,看自身具备的条件和可能,同时还要看全国科技创新发展布局,从自己的优势领域着力,不能盲目上项目,不能搞重复建设,更不要为了出政绩不顾条件什么都想干,最后什么也干不成,反而浪费了科技资源,浪费了在其他领域突破的大好时机。所以,实现高水平科技自立自强,坚持科学的思维方法和工作方法很重要。

实现高水平科技自立自强,是一项具有战略意义的重要任务,必须立足当前、着眼长远,整体部署、有序推进。

第一,"加强原创性、引领性科技攻关,坚决打赢关键核心技术攻坚战"①。基础研究是整体科技体系的源头,是科技自立自强的不竭源泉。我国进入新

---

① 习近平:《论科技自立自强》,中央文献出版社2023年版,第7页。

发展阶段,创新在现代化建设全局中居于核心地位,基础研究的战略意义越来越深刻地凸显出来。必须科学选准重点领域和突破口,强化顶层设计和系统布局,持之以恒加大基础研究投入,着力营造全社会支持基础研究的良好氛围,鼓励科研人员大胆探索,挑战未知。

第二,"强化国家战略科技力量,提升国家创新体系整体效能"[1]。当今世界,科技创新已经成为国际战略博弈的主要战场。战略科技力量的影响力和支撑力,直接关系到我国综合国力和国际竞争力的提升。国家实验室、国家科研机构、高水平研究型大学、科技领军型企业以及各类肩负国家使命的创新主体,要立足自身在创新链中不同环节的功能定位,既各自发挥潜力又相互配合,形成合力。

第三,"推进科技体制改革,形成支持全面创新的基础制度"[2]。既要充分发挥社会主义制度集中力量办大事的优越性,又要善于通过市场的决定性作用来优化资源配置,健全社会主义市场经济条件下更加科学、集约、高效的新型举国体制。坚持质量、绩效、贡献为核心的评价导向,重点抓好完善评价制度等基础改革,着力推动科技管理职能转变,改革重大科技项目立项和组织管理方式。

第四,"构建开放创新生态,参与全球科技治理"[3]。坚持统筹发展和安全,积极融入全球创新网络,前瞻研判并有效应对科技发展带来的风险挑战。深度参与全球科技治理,让中国科技为推动构建人类命运共同体作出更大贡献。

第五,"激发各类人才创新活力,建设全球人才高地"[4]。硬实力、软实力,最关键的核心要素是人才实力。实现高水平科技自立自强、建设世界科技强国,归根结底要靠高水平的创新人才。要全方位培养、引进、用好人才,激发各类人才创新活力和创造潜力,建设一支规模宏大、结构合理、素质优良的创新型人才队伍。各级党委和政府要充分尊重人才,加强对科研活动的科学管理和服务保障,为实现高水平科技自立自强创造良好的创新环境。

---

① 习近平:《论科技自立自强》,中央文献出版社2023年版,第8页。
② 习近平:《论科技自立自强》,中央文献出版社2023年版,第10页。
③ 习近平:《论科技自立自强》,中央文献出版社2023年版,第11页。
④ 习近平:《论科技自立自强》,中央文献出版社2023年版,第12页。

三、以高水平科技自立自强推动构建新发展格局

高水平科技自立自强,是构建新发展格局最本质的特征。构建新发展格局,必须坚持以科技创新催生新发展动能、加快实现高水平科技自立自强,这是最关键、最根本的要求。

1. 充分认识加快构建新发展格局的战略意义

习近平同志指出:"构建新发展格局,是与时俱进提升我国经济发展水平的战略抉择,也是塑造我国国际经济合作和竞争新优势的战略抉择。"[1]

近年来,面对我国发展外部环境和内在条件的深刻变化,特别是国际经济循环格局的深度调整和新冠疫情的深远影响,习近平同志对涉及国家中长期经济社会发展的重大问题进行了深入思考。新冠疫情期间,习近平同志到几个省进行调查研究,深入了解抗疫情况,调研复工复产中出现的问题。他在浙江考察时发现,在疫情冲击下全球产业链供应链发生局部断裂,直接影响到我国国内经济循环。当地不少企业需要的国外原材料进不来、海外人员来不了、货物出不去,不得不停工停产。习近平同志敏锐地感觉到,"现在的形势已经很不一样了,大进大出的环境条件已经变化,必须根据新的形势提出引领发展的新思路"[2]。2020年4月10日,习近平同志在中央财经委员会第七次会议上,创造性地提出构建以国内大循环为主体、国内国际双循环相互促进的新发展格局。在其后的一系列重要讲话中特别是在2020年10月召开的党的十九届五中全会、2021年1月召开的省部级主要领导干部学习贯彻党的十九届五中全会精神专题研讨班等重要场合的讲话中,对新发展格局进行了深刻阐述,作出了全面部署。

构建新发展格局"是根据我国发展阶段、环境、条件变化提出来的"[3],是适

---

[1] 《习近平谈治国理政》第4卷,外文出版社2022年版,第114页。

[2] 习近平:《论把握新发展阶段、贯彻新发展理念、构建新发展格局》,中央文献出版社2021年版,第482页。

[3] 《习近平著作选读》第2卷,人民出版社2023年版,第329页。

应我国新发展阶段要求的主动选择。改革开放以前,由于国门没有打开,对外贸易很少,因而我国经济主要以国内循环为主,进出口占整个国民经济的比重很小。改革开放以来,我们顺应经济全球化大势,扩大对外开放,实施出口导向型发展战略,对外贸易大幅增长。特别是加入世贸组织后,我国加入国际大循环,市场和资源"两头在外",形成"世界工厂"发展模式。1997年亚洲金融危机爆发后,我国把扩大内需作为经济发展的立足点和长期方针,推动经济发展向国内需求主导转变,为经济快速发展和扩大开放奠定了基础。"二〇〇八年国际金融危机是我国发展格局演变的一个重要分水岭。"①面对严重的外部危机冲击,我国实施了进一步扩大内需、促进经济平稳较快发展的一揽子政策措施,加快转变经济发展方式,在全球率先实现经济企稳回升,增强了我国在国际经济合作和竞争中的回旋余地。历史经验表明,扩大内需始终是应对外部风险挑战、保持我国经济持续健康发展的战略基点。从世界经济发展的实际情况看,不少大国的经济发展都是以内需为主导、内部可循环。党的十八大以来,我们坚持实施扩大内需战略,使发展更多依靠内需特别是消费需求拉动,对外贸易依存度从2012年的47.3%下降到2020年的31.7%,延续2006年达到67%的峰值后持续下降的趋势。2008年国际金融危机后,有7个年份内需对经济增长的贡献率超过100%,国内大循环日益强劲。"我们提出构建新发展格局,是对我国客观经济规律和发展趋势的自觉把握,是有实践基础的。"②

我国是一个人口大国,又是一个发展中国家,在由温饱不足向全面小康、基本实现社会主义现代化进而建成社会主义现代化强国的历史进程中,各方面的需求潜力十分巨大,这是我们的优势所在。特别是近年来,随着外部环境和我国发展所具有的要素禀赋的变化,市场和资源两头在外的国际大循环动能明显减弱,而我国内需潜力不断释放,客观上有着此消彼长的态势。特别是自2008年国际金融危机以来,国内循环在我国经济中的作用开始显著上升,基础和条件日益完善,我国经济逐渐向以国内大循环为主体转变。我国拥有14

---

① 习近平:《论把握新发展阶段、贯彻新发展理念、构建新发展格局》,中央文献出版社2021年版,第11页。

② 习近平:《论把握新发展阶段、贯彻新发展理念、构建新发展格局》,中央文献出版社2021年版,第11页。

亿人口,其中有4亿多中等收入人群,是全球规模最大和最有发展潜力的消费市场之一,2020年最终消费支出对经济增长的贡献率为54.3%。居民消费优化升级,同现代科技和生产方式相结合,具有巨大增长空间。随着我国向高收入国家行列稳步迈进,规模巨大的国内市场还将不断扩张。新冠疫情对世界经济和我国发展产生了巨大的冲击,未来一个时期,我国国内市场主导国民经济循环的特征会更加明显,经济增长的内需潜力会不断释放,客观上迫切需要我国以新的战略举措挖掘内需潜力。只要顺势而为、精准施策,我们完全有条件构建新发展格局,通过畅通国民经济循环更好推动国际大循环,培育和提升新形势下我国的国际竞争力。正是在这样的形势下,构建新发展格局的重大战略决策应运而生。

构建新发展格局是应对国际环境深刻变化、统筹国内国际两个大局的必然要求。世界进入动荡变革期,我们面临更多逆风逆水的外部环境。我国正处于实现中华民族伟大复兴的关键时期,经济已由高速增长阶段转向高质量发展阶段。在当前国际形势不稳定不确定性明显增加的背景下,立足国内、依托国内大市场优势,充分挖掘内需潜力,有利于化解外部冲击和外需下降带来的影响,有利于提高我们的生存力、竞争力、发展力、持续力。

构建新发展格局,要求我们以辩证思维妥善处理若干重大关系。新发展格局之"新"也主要体现在这些方面。

一是要正确认识国内大循环和国际大循环的关系。新发展格局是一个有机整体,强调的是国内国际双循环,决不能割裂开来,片面强调某一方面。习近平同志强调:不能"只讲前半句,片面强调'以国内大循环为主',主张在对外开放上进行大幅度收缩",也不能"只讲后半句,片面强调'国内国际双循环',不顾国际格局和形势变化,固守'两头在外、大进大出'的旧思路"。①以国内大循环为主体,决不是关起门来封闭运行,而是通过发挥内需潜力,以国内大循环吸引全球资源要素,更好利用国际国内两个市场、两种资源,实现更加强劲可持续的发展。

---

① 习近平:《论把握新发展阶段、贯彻新发展理念、构建新发展格局》,中央文献出版社2021年版,第483—484页。

二是要正确认识全国大循环与区域比较优势的关系。国内循环也是建立在国内统一大市场基础上的大循环,不是每个地方都搞自我小循环。不能"各自为政、画地为牢,不关心建设全国统一的大市场、畅通全国大循环,只考虑建设本地区本区域小市场、搞自己的小循环"①。不能搞"小而全",更不能以"内循环"的名义搞地区封锁。

三是把握整体推进和重点突破的关系。构建新发展格局是事关全局的系统性深层次变革,必须整体推进、统筹谋划,形成整体效应。同时,要把构建新发展格局同实施国家区域协调发展战略、建设自由贸易试验区等衔接起来,在有条件的区域率先探索形成新发展格局,发挥示范和引领作用。

此外,在实践中还要注意防范一些认识误区:比如,认为畅通经济循环就是畅通物流,搞低层次物流循环,等等。这些看法都是片面的、有害的甚至是错误的,在实践中会产生消极、严重的后果,对此必须高度重视,认真加以防范,坚决纠正。

2. 积极探索形成新发展格局的有效路径

构建新发展格局是实现高质量发展的内在要求,是防范化解风险挑战的客观需要,是新发展阶段打造新优势、开创新局面的重大战略任务。我们要深入贯彻新发展理念,以推动高质量发展为主题,以深化供给侧结构性改革为主线,以改革创新为根本目的,以满足人民日益增长的美好生活需要为根本目的,积极探索形成新发展格局的有效路径。

第一,以推动高质量发展为主题,努力实现更高质量、更有效率、更加公平、更可持续、更为安全的发展。我国正处于转变发展方式的关键阶段,劳动力成本上升,资源环境约束增大,粗放型发展方式难以为继,经济循环不畅问题突出。必须更好地贯彻落实新发展理念,以高质量发展为主题。推动高质量发展是我们确定发展思路、制定经济政策、实施宏观调控的根本要求。战胜各种风险挑战,最根本的还是集中力量办好自己的事,坚持质量第一、效益优

① 习近平:《论把握新发展阶段、贯彻新发展理念、构建新发展格局》,中央文献出版社2021年版,第484页。

先,加快建设现代化经济体系,不断壮大我国经济实力和综合国力。

第二,以供给侧结构性改革为主线,努力实现供给与需求更高水平的动态平衡。习近平同志指出,"构建新发展格局的关键在于经济循环的畅通无阻"①。必须坚持深化供给侧结构性改革这条主线,把实施扩大内需战略同深化供给侧结构性改革有机结合起来,打通堵点、补齐短板,贯通生产、分配、流通、消费各环节形成国民经济良性循环。由此可见,高水平自立自强,决不是只注重需求侧管理而不重视供给侧结构性改革,而是强调以供给侧结构性改革为主线,推进深层次改革和强化政策引导,着力打通经济循环的关键堵点,形成需求牵引供给、供给创造需求的更高水平动态平衡。

第三,以扩大内需为战略基点,努力更多释放内需潜力、更好提升消费层次。我国经济正处在转变发展方式、优化经济结构、转换增长动力的攻关期,面临着结构性、体制性、周期性问题相互交织所带来的困难和挑战,加上新冠疫情冲击,经济运行面临较大压力。稳定而富有潜力的内需体系会形成非常可观的发展新动能,是抵御外部不确定性的有效利器。"当今世界,最稀缺的资源是市场。市场资源是我国的巨大优势,必须充分利用和发挥这个优势,不断巩固和增强这个优势,形成构建新发展格局的雄厚支撑。"②面向未来,必须牢牢把握扩大内需这个战略基点,加快培育完整内需体系,增强消费对经济发展的基础性作用和投资对优化供给结构的关键性作用。必须着力释放内需潜力、市场活力,努力形成强大国内市场,以畅通国民经济循环为主构建新发展格局。

第四,以深化改革激发新发展活力,努力增强改革的系统性整体性协同性。随着我国迈入新发展阶段,改革也面临新的任务,我们必须拿出更大的勇气、更多的举措破除深层次体制机制障碍。要继续用足用好改革这个关键一招,加大力度、加快进度、拓展深度,使各项改革朝着推动形成新发展格局聚集发力。要善于运用改革思维和改革办法,加快推进有利于提高资源配置效率

---

① 习近平:《论把握新发展阶段、贯彻新发展理念、构建新发展格局》,中央文献出版社2021年版,第484页。

② 习近平:《论把握新发展阶段、贯彻新发展理念、构建新发展格局》,中央文献出版社2021年版,第485—486页。

的改革、有利于提高发展质量和效益的改革、有利于调动各方面积极性的改革，加强改革系统集成，持续增强发展动力和活力。

第五，以做实做强做优实体经济为主攻方向，努力构建自主可控、安全高效的产业链供应链。实体经济是一国经济的立身之本，是财富创造的根本源泉，是国家强盛的重要支柱。不论经济发展到什么时候，实体经济都是我们在国际经济竞争中赢得主动的根基。要着力振兴实体经济，加快建设制造强国，筑牢现代化经济体系的坚实基础。要把高质量发展着力点放在实体经济上，推动资源要素向实体经济集聚、政策措施向实体经济倾斜、工作力量向实体经济加强。这次新冠疫情防控是对我国产业体系的一次实战状态下的压力测试，我国完备的产业体系为战胜疫情发挥了至关重要的作用。"要把增强产业链韧性和竞争力放在更加重要的位置，着力构建自主可控、安全高效的产业链供应链。"①要准确把握产业链供应链区域化、本地化、多元化、数字化转型的新趋势，巩固拉长产业链供应链长板，同时还要针对产业薄弱环节补齐短板，形成对外方人为断供的强有力反制和威慑能力，确保在极端情况下经济能正常运转。要深刻把握发展的阶段性新特征新要求，坚持把做实做强做优实体经济作为主攻方向，一手抓传统产业转型升级，一手抓战略性新兴产业发展壮大，推动制造业加速向数字化、网络化、智能化发展，提高产业链供应链稳定性和现代化水平。

第六，以高水平对外开放推动国内国际双循环相互促进，努力构建更高水平开放型经济新体制。这是以开放促改革促发展、充分发挥比较优势、提高资源配置效率的重要途径。加快构建新发展格局，需要我们全面提高对外开放水平，坚持实施更大范围、更宽领域、更深层次对外开放，依托我国大市场优势，促进国际合作，推动形成全方位、多层次、多元化的开放合作格局；需要通过发挥内需潜力，更好联通国内市场和国际市场，建设更高水平开放型经济新体制，促进中国经济与世界经济共同发展，实现合作共赢。特别是在我们面临的外部环境越来越复杂多变，发达国家政策逆转、经济全球化遭遇逆流的情况

---

① 习近平：《论把握新发展阶段、贯彻新发展理念、构建新发展格局》，中央文献出版社2021年版，第15页。

下，我们更好处理好自立自强和开放合作的关系，在确保安全前提下扩大开放。

第七，以共建共治共享拓展社会发展新局面，不断促进人的全面发展。"提高人民生活品质，这是畅通国内大循环的出发点和落脚点，也是国内国际双循环相互促进的关键联结点。"①要适应人民群众需求变化，提高保障改善民生水平，实现更加充分、更高质量的就业，健全全覆盖、可持续的社保体系，强化公共卫生和疾控体系。要完善共建共治共享的社会治理制度，完善党委领导、政府负责、民主协商、社会协同、公众参与、法治保障、科技支撑的社会治理格局，建设人人有责、人人尽责、人人享有的社会治理共同体，实现政府治理同社会调节、居民自治良性互动。要多谋民生之利、多解民生之忧，努力办好各项民生事业，推动全体人民共同富裕取得更为明显的实质性进展。

高水平科技自立自强，是畅通国内大循环、塑造我国在国际大循环中主动地位的关键，直接决定着构建新发展格局的成效。其关键性作用，可以从以下几个方面去理解。

其一，提升在国际格局调整中的位势必须依靠高水平科技自立自强。只有高水平科技自立自强，才能增强我国的综合国力和核心竞争力，提升我国在国际竞争格局中的地位。

其二，高水平科技自立自强是畅通国内大循环的基础。当前，百年变局和世纪疫情交织叠加，世界进入新的动荡变革期。主要发达国家制造业产业链本土化意愿强烈，新兴发展中国家加速布局产业链的优势环节，我国产业链供应链稳定受到严峻挑战。要畅通国内大循环，就必须补齐产业链供应链短板，通过高水平科技自立自强，构建自主可控、稳定可靠的现代化产业体系。

其三，高水平科技自立自强是我国赢得国际大循环主动权的有效路径。改革开放特别是加入世界贸易组织后，我国加入国际大循环，深度融入全球经济体系，但我国产业总体上仍处于国际产业分工和价值链的中低端。我国在世界经济中的地位持续上升，同世界经济的联系会更加紧密，如果继续以中低

---

① 任平：《关系我国发展全局的重大战略任务——论加快构建新发展格局》，《人民日报》2021年4月9日，第1版。

端的位势参与国际经济大循环,则将面临被淘汰甚至出局的危险。因而,我国必须以更高水平融入全球经济体系,而这就要求提高我国在全球创新链、产业链和供应链中的地位,增强不可替代性和发展的韧性。通过高水平科技自立自强,能够有力推动我国产业向全球价值链中高端环节不断攀升,塑造我国参与国际经济大循环的竞争新优势。

其四,高水平科技自立自强是提升对消费升级适配性的必然要求。通过高水平科技自立自强,可以更好地发展新技术、研发新产品、创造新模式,优质高效地服务消费者,满足人们对美好生活的新期待新需要,不断释放消费升级潜力。

其五,高水平科技自立自强是拓展投资新空间的客观需要。进入高质量发展阶段,扩大投资不能再走简单扩大再生产或走投资驱动增长的老路子,更不能搞盲目和重复的无效投资。通过高水平科技自立自强,可以使投资更多地投入到新兴产业上,优化投资结构,进而形成新的经济增长点,推动经济社会持续高质量发展。

总之,实现高水平科技自立自强是构建新发展格局、推动高质量发展的紧迫要求,是推进和拓展中国式现代化的重大使命。在新发展阶段,我们必须贯彻新发展理念,深入实施创新驱动发展战略,走出一条中国特色高水平科技自立自强的道路,为迈进创新型国家前列、建设世界科技强国奠定坚实基础,为推进中国式现代化、实现第二个百年奋斗目标贡献科技力量。

第六章｜
打造体系化的国家战略科技力量

国家战略科技力量，是实现高水平科技自立自强的引领力量，直接关系到我国综合国力和国际竞争力的提升。强化国家战略科技力量，是以习近平同志为核心的党中央为加快实现高水平科技自立自强、推进中国式现代化而作出的重大决策。国家战略科技力量，主要指由国家布局支持的国家实验室、国家技术创新中心、国家科研院所、高水平研究型大学、创新型领军企业等为代表的科技创新主体、科技创新单元，具有强使命导向、强能力驱动和强组织协同的特征。国家战略科技力量代表了国家科技创新的最高水平，是体现国家意志、肩负战略性使命的科技"国家队"、"王牌军"，是服务国家需求、推动经济社会发展的"顶梁柱"、"压舱石"，是积极参与国际经济科技竞争、维护国家安全的"领头雁"、"排头兵"。

一、强化国家战略科技力量

习近平同志指出："世界科技强国竞争，比拼的是国家战略科技力量。"[①]世界历史表明，大国博弈的重心之一就是科技竞争，科技竞争的主要表现之一就是不同组织形式的战略科技力量进行布局和比拼。美国、德国、日本、韩国等世界主要科技强国极为重视国家战略科技力量建设，始终高强度稳定支持国家战略科技力量，持续开展基础性、前沿性研究，聚力实施重大科技项目联合攻关，从而登上了国际科技舞台中心。从世界格局演变看，国家战略科技力量

---

① 习近平：《论科技自立自强》，中央文献出版社2023年版，第8页。

是赢得国际竞争优势的关键力量。美国能够长时间保持世界第一强国的地位,正是由于其拥有一批代表国家战略科技力量的、以世界领先的大科学装置集群为核心的、具有强大创新能力的国家实验室,以及由一批研究型大学与重要企业创新研发机构聚集形成的东西海岸两大创新城市群。目前,以国家实验室为代表的国立科研机构已经成为美国、德国、日本、韩国等世界主要科技强国科研体系的重要组成部分、科技竞争力的核心力量、重大科技成果产出的重要载体。美国联邦政府资助的研发中心有40余个,资助部门包括能源部、国防部、国家航空航天局、国土安全部、国家科学基金会、卫生与公众服务部等10余个。美国完善的国家实验室系统在国防、航空航天、能源等领域贡献巨大,是支持国家科技创新的持续力量、基础研究成果的摇篮,比如劳伦斯伯克利国家实验室。英国同样高度重视战略科技力量建设,如卡文迪许实验室、国家物理实验室以及国家海洋学中心等。

与传统科研院所、高校以及企业研发机构相比较,国家战略科技力量具有四个鲜明特征。一是国家意志更加明确。在国家战略科技力量的运行体系中,国家是重大科技创新的组织者。国家对创新要素、创新资源进行优化整合、统筹布局,确保国家重大科技任务顺利实施。国家战略科技力量不是单一地依靠自由探索式的科研组织模式,而是以国家重大使命为牵引,以服务国家战略需求为己任。二是战略目标更加聚焦。国家战略科技力量以国家战略任务为依托,瞄准世界科技前沿,致力于解决涉及国家发展和安全、国计民生的重大科技问题以及关键核心技术。三是更加注重协同创新。国家战略科技力量不是各个创新主体以分散的方式开展创新,而是承担国家重大战略任务的创新主体在国家的统一部署下实施有组织创新、协同创新,着力形成各尽所长、优势互补、资源共享的创新发展合力。四是关键时刻发挥更大作用。衡量国家战略科技力量的一个重要标准,就是要能出大成果、作出大贡献,在维护国家战略利益的关键时刻必须冲得上去,召之能战、战之则胜,充分展现力敌千钧、一举定乾坤的"杀手锏"威力。

1. 强化国家战略科技力量的重要性、紧迫性和必要性

2013年7月17日,习近平同志在中国科学院考察工作时指出:"我们要建

成创新型国家,要为世界科技事业发展作出贡献,必须有一支能打硬仗、打大仗、打胜仗的战略科技力量,必须有一批国际一流水平的科研机构。"①2016年7月28日,国务院印发《"十三五"国家科技创新规划》,提出"打造体现国家意志、具有世界一流水平、引领发展的重要战略科技力量"②。这是国家战略科技力量的提法首次出现在政府文件中。2017年10月,党的十九大报告强调,"加强国家创新体系建设,强化战略科技力量",标志着国家战略科技力量建设上升为党和国家的意志。2019年10月,党的十九届四中全会提出要"强化国家战略科技力量,健全国家实验室体系"。2020年10月,党的十九届五中全会从任务、领域、目标和举措等方面,对强化国家战略科技力量作出专门部署。2022年10月,党的二十大报告从完善国家科技创新体系的高度,进一步强调要强化国家战略科技力量,并作出新的部署。我们必须从党和国家事业全局的高度,深刻认识强化国家战略科技力量的重要性、紧迫性和必要性。

第一,强化国家战略科技力量,是应对新一轮科技革命和产业变革、赢得国际经济科技竞争主动权的客观要求。从国际形势看,经济全球化遭遇逆流,新冠疫情影响广泛深远,全球产业链供应链因非经济因素而面临冲击,国际科技交流合作受到阻断,我国经济和科技发展面临着更多的不稳定不确定性。随着新一轮科技革命和产业变革加速推进,各学科、各领域交叉融合将变得更加紧密并日益走向深入。重大科学研究进入大科学时代,学科协同越来越成为科学研究的有效范式。以新一代信息技术为引领,生命健康、先进制造、新材料、新能源等相互促进、广泛渗透,科技创新进入大融通时代,新技术、新业态不断涌现,产业化进程进一步加快,成果转化更为迅速,新的国际分工格局将快速形成。世界主要发达国家聚焦可能取得革命性突破的重大创新领域和颠覆性技术方向,纷纷制定创新战略,持续加大研发投入,加强人才培养和引进,以求扩大在科技创新、技术研发、装备制造等方面的优势,力图在新的竞争格局中抢占先机。强化国家战略科技力量,在战略关键领域系统谋划、整合资

---

① 中共中央文献研究室编:《习近平关于科技创新论述摘编》,中央文献出版社2016年版,第110页。

②《国务院关于印发"十三五"国家科技创新规划的通知》,中华人民共和国中央人民政府网站,http://www.gov.cn/zhengce/content/2016-08/08/content_5098072.htm。

源,既有助于充分发挥多学科、建制化优势,增强国家科技创新的体系化能力,加快实现我国科技自立自强;同时又能更好地代表国家参与国际科技竞争与合作,为世界科技进步和创新贡献更多中国智慧、中国方案、中国力量。

第二,强化国家战略科技力量,是催生新发展动能、推动高质量发展的必然选择。我国已进入新发展阶段,加快构建以国内大循环为主体、国内国际双循环相互促进的新发展格局,对科技创新提出了新的更高要求。无论是培育新动能、发展新兴产业、改造提升传统产业,还是保障产业链供应链安全稳定、满足人民群众高品质需求、深化社会治理,都离不开科技创新的战略支撑。经过改革开放以来的努力,我国科技整体水平大幅提升,但创新能力还不适应高质量发展的要求,原始创新能力不强,一些涉及产业发展和国家安全的关键核心技术受制于人的局面没有从根本上改变。国家战略科技力量以其雄厚的科研实力,为实现高质量发展、构建新发展格局提供持续的创新力。强化国家战略科技力量,有助于更好地发挥社会主义市场经济条件下新型举国体制优势,加快提升自主创新能力,实现更多依靠创新驱动的内涵型增长,走出一条更高质量、更有效率、更加公平、更可持续、更为安全的高质量发展道路。

第三,强化国家战略科技力量,是优化国家创新体系、引领科技创新综合实力系统提升的有效路径。作为体现国家战略意图、服务国家战略需求的国家级创新团队,国家战略科技力量在我国科技创新体系中具有举足轻重的地位,发挥着引领、示范和带动作用。国家战略科技力量在科技创新体系中具有强大的影响力、辐射力、支撑力,直接关系到我国综合国力和国际竞争力的提升。近代以来,世界主要发达国家都是依靠国家战略力量组织实施重大科技项目和工程,推动国家科技创新能力的整体提升。美国、日本、德国等通过组建国家实验室以及跨学科综合性战略研究机构,高强度持续支持基础性、前沿性研究,开展重大科技项目联合攻关,从而站到了国际科技舞台的中心,引领世界科技发展。强化国家战略科技力量,有助于优化国家创新体系整体布局,引领带动国家创新体系中各创新主体、创新单元竞相开展创新创造,最终提升国家综合科技实力和创新体系整体效能。

2. 发挥国家战略科技力量建制化优势

习近平同志强调，要"发挥国家战略科技力量建制化优势"①。进入新发展阶段，贯彻新发展理念、构建新发展格局、推动高质量发展，要求我们必须深入实施创新驱动发展战略，加强国家战略科技力量的系统谋划和顶层设计，加快建设国家实验室，重组国家重点实验室体系，发挥好高校和科研院所"国家队"作用，培育更多创新型领军企业，形成一批具有国际竞争力的区域创新高地。立足创新主体、创新单元实际，分类施策，实施差异化管理，着力打造体系化的国家战略科技力量。

第一，加强顶层设计和系统部署，为高水平科技自立自强提供强劲牵引。要立足当前、着眼长远，在实现我国科技事业"三步走"战略目标第一步、成功进入创新型国家行列的基础上，前瞻谋划到2035年和到2050年科技发展的政策举措和工作任务，制定科技强国行动纲要，进一步细化建成世界科技强国的时间表、路线图。要根据我国科技发展实际，进一步完善国家创新体系总体布局，更加注重系统性、整体性、协同性，确保国家战略科技力量布局合理、结构优化、功能互补、良性互动。制定中长期科技发展规划、纲要时，要充分发挥国家作为重大科技创新活动组织者的作用，跨央地、跨部门、跨学科整合力量，统筹制定促进科技创新的政策举措。同时，还要充分发挥市场在资源配置中的决定性作用，用好规模巨大的国内市场，激发各类创新主体的内在潜能，提高创新效率，增强创新效益。要强化国家战略科技力量与市场主体的协同联动和融通创新，建立健全政府引导作用与市场决定性作用有机结合的体制机制，加快形成各类创新主体相互配合、协同创新的新局面，提高创新链整体效能和合力。

当前和今后一个时期，要围绕国家区域发展总体战略，推动地方实施创新驱动发展战略，集成优势创新资源，全方位提升科技创新的整体效能。国家自主创新示范区要充分发挥科教资源集聚优势，着力释放高等学校和科研院所创新效能，有效整合国内外创新资源，深化企业主导的产学研用合作机制，发

---

① 习近平：《论科技自立自强》，中央文献出版社2023年版，第160页。

挥在创新发展中的引领示范和辐射带动作用。国家高新技术产业开发区要围绕做实做好"高"和"新"两篇文章,加大体制机制改革力度,积极探索和创新相关政策,促进科技、人才、政策等要素的优化配置,健全从科技研发、成果孵化到产业集聚的创新服务和产业培育体系。要适应大科学时代创新活动的特点,聚焦国家战略产业技术领域,加强技术创新基地建设,形成一批综合性、集成性、开放性、协同性的国家技术创新中心。整合国家工程技术研究中心和国家工程研究中心,鼓励地方发展新型研发机构。新型研发机构以市场为导向、以成果应用为目的,集科学发现、技术发明、产业发展于一体,体制机制更灵活,创新效率更高。近几年,国家层面"给政策",支持新型研发机构申报科技项目、构建产业技术创新战略联盟、建设国家引才引智示范基地等。不少地方在基础设施建设、科研设备购置、机构运行经费等方面给予"真金白银"的支持。在各方面的大力支持和共同努力下,一批新型研发机构异军突起,已经成为建设国家创新体系的一支生力军。

第二,组织实施好重大科技项目,夯实高水平科技自立自强的载体。重大科技项目是实现国家战略意志、体现国家战略目标、集成国家创新资源、实现重点领域跨越发展的重要抓手。近年来,受世界经济周期性调整和国内经济结构性矛盾等深层次因素的影响,同时又面临世界百年变局与世纪疫情叠加交织的冲击,我国经济下行压力较大,经济风险增多,形势变得更加严峻。在这种情况下,我们既要加快出台财税、金融、投资、消费等相关政策,推动经济持续稳定增长,更要依托实施一批国家重大科技项目,加快科技创新步伐,促进经济结构优化升级,打造经济发展的新动能、新增长点。必须进一步增强战略意识,加紧实施一批国家重大科技项目,才能加快发展新兴产业,开辟新的产业发展方向,在科技创新基础上促进经济迈上新台阶。我们必须未雨绸缪,扬长避短,在制定有利于我们发挥比较优势的创新发展战略基础上,明确主攻方向和突破口,选择和实施一批位于国际科技前沿的重大科技项目,才能有效应对发达国家技术创新的挑战,打破在一些关键核心领域受制于人的局面,赢得发展主动权。

另一方面,由于复杂的历史原因,一些参与国家科技攻关项目的科研单位中科研工作低水平重复、同质化竞争、碎片化扩张等现象依然存在,特别是协同创新的能力不够,不利于培育和增强核心竞争力,不利于高效地完成科技攻关任务。必须采取科学的组织方式和管理方式,实施好体现国家发展意图的重大科技任务和科技工程,通过协同攻关优化资源配置,推动参与的创新主体在合作攻关的过程中取长补短、强身健体,形成创新发展的强大合力。要加快突破关键核心技术,努力在关键领域实现自主可控。要聚焦国家战略目标和重大需求,瞄准基础原材料、高端芯片、人工智能、量子科技、生命健康等事关长远发展的前沿领域,科学合理遴选重大科技项目,超前部署、统筹组织,稳步实施、有序推进。要深入谋划推进"科技创新2030—重大项目",加快推进实施科技重大专项。要以重大科技攻关任务为主线,依托最有优势的创新单元整合全国创新资源,充分激发创新要素的活力,提升国家战略科技力量体系的整体实力。要完善和创新重大科技项目组织实施模式,改进项目管理体制,优化管理流程,大力推动成果应用及产业化。要夯实支撑科技创新的能力基础,健全和完善科技创新的基础性制度体系和高水平条件平台的支撑保障。要善于运用大数据、人工智能等新技术促进科研信息的高效开放共享和广泛传播利用,加快构建国家科研论文和科技信息高端交流平台,着力提升对科研活动的服务保障水平。

第三,推进科研力量优化配置和资源共享,建设高水平科研院所和研究型大学。习近平同志指出:"国家科研机构要以国家战略需求为导向,着力解决影响制约国家发展全局和长远利益的重大科技问题,加快建设原始创新策源地,加快突破关键核心技术。"[1]要强化国家科研机构的体系化能力和集群化优势,加快建设有特色高水平科研院所,勇闯创新"无人区",形成一批原始创新策源地,推出一系列战略性、关键性重大科技成果。

高水平研究型大学在国家战略科技力量中显示出蓬勃生机。据有关资料统计,高校牵头建设了60%以上的学科类国家重点实验室、30%的国家工程(技术)研究中心,全国超过40%的两院院士、近70%的国家杰出青年科学基金获得者都集聚在高校,承担60%以上的国家基础研究和重大科研任务。近年来,我国高校不断强化其基础研究主力军地位,为重大科技突破提供了有力支

---

① 习近平:《论科技自立自强》,中央文献出版社2023年版,第9页。

撑。习近平同志强调:"高水平研究型大学要把发展科技第一生产力、培养人才第一资源、增强创新第一动力更好结合起来,发挥基础研究深厚、学科交叉融合的优势,成为基础研究的主力军和重大科技突破的生力军。"①要强化研究型大学的学科设置、专业结构、科研活动、科技创新、体制机制改革等方面同国家战略目标、战略任务的对接,大力加强基础前沿探索和关键技术突破,努力构建中国特色、中国风格、中国气派的学科体系、学术体系、话语体系。要坚持党的教育方针,紧扣落实立德树人根本任务,努力构建德智体美劳全面发展的教育体系,主动融入国家创新体系,推动教育链、人才链与产业链、创新链有机融合,为实现高质量发展源源不断培养和造就一批具有国际水平的战略科技人才、科技领军人才和创新团队。

第四,充分发挥科技领军企业的作用,促进科技创新成果转化应用。科技领军企业在我国产学研用金创新链条中具有重要地位。直接面向市场、对市场需求极为敏感的科技领军企业,是具有生机活力、发展潜力的创新主体。经过近些年来的持续努力,一大批科技领军企业已经成为国家战略科技力量的重要组成部分,在推进高水平科技自立自强方面较好地履行了使命担当。科技领军企业聚焦基础研究和应用基础研究、"卡脖子"关键核心技术攻关、前沿性颠覆性原创技术研究等重要领域,不断加大研发投入,大力推进科技攻关,带动产业链上中下游企业共同参与,为打造创新联合体升级版、提高国家创新体系整体效能作出了积极贡献。科技领军企业的一个重要优势就是善于围绕产业链部署创新链,加强各类创新资源统筹,以原创技术策源地建设为依托,牵头构建以企业为主体、市场为导向、产学研用金深度融合的科技创新体系,发挥市场对技术研发方向、路线选择、各类创新要素配置的导向作用,促进创新链条有机衔接、创新效率大幅提高。科技领军企业还有一个显著特点是,在推进科技成果转化应用方面发挥着主导作用,并且在转化应用过程中不断推动技术产品的完善和迭代升级,加快科技成果向现实生产力转化,不断打通从科技强到企业强、产业强、经济强的通道。

习近平同志指出:"科技领军企业要发挥市场需求、集成创新、组织平台的

---

① 习近平:《论科技自立自强》,中央文献出版社2023年版,第9页。

优势,打通从科技强到企业强、产业强、经济强的通道。要以企业牵头,整合集聚创新资源,形成跨领域、大协作、高强度的创新基地,开展产业共性关键技术研发、科技成果转化及产业化、科技资源共享服务,推动重点领域项目、基地、人才、资金一体化配置,提升我国产业基础能力和产业链现代化水平。"①要发挥企业在科技创新中的主体作用,支持领军企业组建创新联合体,带动中小企业开展创新活动。这其中,将民营科技领军企业纳入国家战略科技力量,是一个需要认真研究和考虑的课题。从我国的实际情况来看,民营企业已成为推动我国科技创新和高新技术产业发展的重要力量,是国家创新体系的重要组成部分。近年来,一大批民营科技领军企业不断加大研发投入,牵头承担国家重大科技任务,为突破产业关键核心技术发挥了重要作用,战略科技力量的地位和作用得到进一步凸显。把民营科技领军企业作为国家战略科技力量进行培育建设,纳入国家战略科技力量体系,是实现中国特色高水平科技自立自强的创新举措。在这方面,科技部与全国工商联不断深化合作,进行了有益的探索和实践,共同支持和引导民营企业提升创新能力。要在总结经验的基础上,加强政策引导,在创新基地、人才建设、科研投入等方面加大对民营企业的支持,优化面向民营龙头企业的创新服务,积极为民营企业营造稳定、透明、可预期的发展环境。建立科技部门与民营科技领军企业会商机制,做好民营科技领军企业与国家科技战略对接,支持民营科技领军企业发挥原创技术策源地作用、产业链链长作用。要着眼长远,构建民营企业梯度培育体系,支持民营龙头企业创建领军企业,支持创新型中小企业发展壮大。要切实解决民营科技领军型企业所面临的实际困难,帮助民营科技领军企业做好风险防范化解工作。民营科技领军企业要强化自身在重大科技任务中的"出题者"和"阅卷人"作用,将企业战略主动融入国家战略,积极参与国家重点研发计划和国家级创新平台建设,勇于承担科技攻关任务,力争突破一批国计民生和经济社会发展的重大技术瓶颈。

---

① 习近平:《论科技自立自强》,中央文献出版社2023年版,第9页。

二、加快构建中国特色国家实验室体系

推进国家实验室建设与运行、全国重点实验室重组，加快构建中国特色国家实验室体系，是强化国家战略科技力量的一项十分重要的任务。科技发展需要有强大的技术平台、体制平台支撑。要实现高水平科技自立自强，必须加快国家实验室建设，重组国家重点实验室体系。

国家实验室是以国家现代化建设和社会发展的重大需求为导向，开展基础研究、竞争前沿高技术研究和社会公益研究，积极承担国家重大科研任务的国家级科研机构。国家实验室作为一种世界通行的科研基地形式，兴起和发展于第二次世界大战前后。作为世界上头号科技强国，美国拥有庞大的国家实验室体系。美国国家实验室主要隶属于美国能源部、国防部和国家航空航天局等联邦部委。其中，美国能源部下属的17个国家实验室是典型代表。加快国家实验室建设，重组国家重点实验室体系，可实现多学科交叉、资源共享和体制机制互补，有效推动国家重大创新目标的实现和重大科技项目的实施。围绕重大创新难题，在相关领域组建国家实验室，组织团队攻关，是推进重大领域创新的有效载体，有利于组织具有重大引领作用的协同创新，促进国家重大科技项目顺利实施。

国家实验室已成为主要发达国家抢占科技创新制高点的重要载体，诸如美国阿贡、洛斯阿拉莫斯、劳伦斯伯克利等国家实验室和德国亥姆霍兹研究中心等，均是围绕国家使命，依靠跨学科、大协作和高强度支持开展协同创新的研究基地。2015年10月召开的党的十八届五中全会提出，要在重大创新领域组建一批国家实验室。这是一项对我国科技创新具有战略意义的重大举措。2015年10月26日，习近平同志在党的十八届五中全会上所作的《关于〈中共中央关于制定国民经济和社会发展第十三个五年规划的建议〉的说明》中就指出："提高创新能力，必须夯实自主创新的物质技术基础，加快建设以国家实验室为引领的创新基础平台。"①他强调："当前，我国科技创新已步入以跟踪为主

---

① 习近平：《论科技自立自强》，中央文献出版社2023年版，第102页。

转向跟踪和并跑、领跑并存的新阶段,急需以国家目标和战略需求为导向,瞄准国际科技前沿,布局一批体量更大、学科交叉融合、综合集成的国家实验室,优化配置人财物资源,形成协同创新新格局。主要考虑在一些重大创新领域组建一批国家实验室,打造聚集国内外一流人才的高地,组织具有重大引领作用的协同攻关,形成代表国家水平、国际同行认可、在国际上拥有话语权的科技创新实力,成为抢占国际科技制高点的重要战略创新力量。"[1]2018年5月28日,习近平同志在中国科学院第十九次院士大会、中国工程院第十四次院士大会上,明确提出了"高标准建设国家实验室"[2]的要求。

2020年10月26日至29日召开的党的十九届五中全会提出:围绕国家发展目标和重大战略需求,统筹布局建设一批引领型、平台型一体的国家实验室,加强跨学科、跨领域协同创新,支撑重要领域前沿取得突破。瞄准科学前沿和重点行业领域发展方向,围绕国家战略和创新链布局需求,对现有国家重点实验室体系进行重组,形成布局合理、治理有效、各具特色、创新能力强的专业化分工格局,做大、做强、做优国家重点实验室。2021年3月,十三届全国人大四次会议通过的《中华人民共和国国民经济和社会发展第十四个五年规划和2035年远景目标纲要》指出:"以国家战略性需求为导向推进创新体系优化组合,加快构建以国家实验室为引领的战略科技力量。聚焦量子信息、光子与微纳电子、网络通信、人工智能、生物医药、现代能源系统等重大创新领域组建一批国家实验室,重组国家重点实验室,形成结构合理、运行高效的实验室体系。"[3]2021年5月28日,习近平同志在中国科学院第二十次院士大会、中国工程院第十五次院士大会和中国科协第十次全国代表大会上指出:"国家实验室要按照'四个面向'的要求,紧跟世界科技发展大势,适应我国发展对科技发展提出的使命任务,多出战略性、关键性重大科技成果,并同国家重点实验室结合,形成中国特色国家实验室体系。"[4]2023年2月21日,习近平同志在主持二

① 习近平:《论科技自立自强》,中央文献出版社2023年版,第102—103页。

② 习近平:《论科技自立自强》,中央文献出版社2023年版,第204页。

③《中华人民共和国国民经济和社会发展第十四个五年规划和2035年远景目标纲要》,《人民日报》2021年3月13日,第1版。

④ 习近平:《论科技自立自强》,中央文献出版社2023年版,第9页。

十届中央政治局第三次集体学习时强调："协同构建中国特色国家实验室体系，布局建设基础学科研究中心，加快建设基础研究特区，超前部署新型科研信息化基础平台，形成强大的基础研究骨干网络。"①

国家重点实验室是国家组织开展基础研究和应用基础研究、聚焦和培养优秀科技人才、开展高水平学术交流、具备先进科研装备的重要科技创新基地，是国家创新体系的重要组成部分。经过30多年持续的建设发展，已成为孕育重大原始创新、推动学科发展和解决国家战略重大科学技术问题的重要力量，但是仍然面临一些难题。比如，国家重点实验室数量众多、体系杂乱。根据科技部、财政部2018年的一份资料显示，国家重点实验室总量到2020年在700个左右。"十四五"规划《纲要》提出了重组国家重点实验室的具体任务，通过调整、充实、整合、撤销等方式，对现有国家重点实验室进行优化整合；在国家重大创新领域、基础学科、新兴交叉学科等新建一批国家重点实验室。这表明，重组国家重点实验室将会根据实际情况采取差别化、多样化的举措和方式进行。有的会根据国家需求和最新科技发展态势而作相应的调整。有的研究基础较好，在一些领域很有潜力，应该根据现实需求加以充实。有的实验室与其他实验室有重复或交叉，那么就应当与其他实验室整合，以壮大力量。对于一些不合格、不能承担相应科研任务的，或学科老化、无法适应新形势的，则会予以撤销。对具体的国家重点实验室来说，究竟采取何种方式，最主要的标准就是"四个面向"的要求，要按照"四个面向"的要求来确定。通过重组，力争形成各尽所能、各有所长、各有优势而又功能互补、相互促进的大格局。

近年来，国家实验室在完善委托机制、创新人才薪酬制度和激励保障机制等方面作了积极探索。与此同时，全国重点实验室重组也在分批推进。重组国家重点实验室，不会是单个实验室的重组，而是体系的重组。这里的"体系"两个字很重要，也很关键。重组国家重点实验室决不是单纯的撤销、合并，不是简单地做加法、减法，也不是对某个重点实验室的局部调整，而是坚持问题导向、目标导向、需求导向，注重构建新型举国体制下的联合科研攻关体系，注重通过优化结构提升整体效能。强调整体效能，是因为不同的国家重点实验

---

① 习近平：《加强基础研究 实现高水平科技自立自强》，《求是》2023年第15期，第6—7页。

室之间会以项目为龙头,开展协同攻关、任务式联合,以最优的组合方式、最佳的协同能力实现目标。重组国家重点实验室,必须辩证地处理好单兵作战与联合作战的关系。对于作为单个创新主体的某一重点实验室来说,重组是外在的,关键是自身要聚焦"四个面向"练好内功,增强内在的科技创新能力。这是基本前提。在重组中,要改变过去单纯注重要素、平台和以单元建设为主的发展模式,强化系统观念、体系建设思想,统筹各个重点实验室建设,通过对体系结构整体再造促进科技创新能力大幅跃升。这样看来,重组国家重点实验室,既要求在单兵作战上有质的提升,更要求在联合作战、协同作战上有新的突破,单兵作战与联合作战相互结合,才能真正提升整体效能。总之,重组国家重点实验室是对国家科技创新体制机制的一次重大改革,需要立足全局、着眼体系、着眼长远,从战略上作出顶层设计。

2021年12月8日至10日召开的中央经济工作会议,在强调强化国家战略科技力量时,特别指出要发挥好国家实验室作用,重组全国重点实验室。这意味着,经过重组后的全国重点实验室,其地位将更加重要,必须承担起职责使命,努力在增强国家战略科技力量上发挥自己的作用。"建立健全以国家实验室为引领、全国重点实验室为支撑的实验室体系",已被明确写入新修订通过的《中华人民共和国科学技术进步法》。2022年1月6日召开的全国科技工作会议将2022年确定为科技政策落实年,重点抓好十个方面的科技工作,其中之一就是推动国家实验室体系有效运行,发挥战略科技力量引领作用。会议指出,国家实验室体系加快建设,编制完成重组国家重点实验室体系方案。会议强调,要更加突出强化国家战略科技力量,推动国家实验室全面入轨运行,完成全国重点实验室重组阶段性任务。2022年12月30日召开的全国科技工作会议,对加速推进国家实验室建设、全国重点实验室重组作出了部署。

重组国家重点实验室体系,是具有深远影响的重大战略任务,必须科学谋划,统筹推进。当前和今后一个时期,要在总结经验的基础上,有序推进中国特色国家实验室体系建设。一是要发挥国家战略科技力量的建制化优势,通过建立国家实验室组织管理科研团队,集聚优势力量,围绕国家重大战略需求,着力攻破关键核心技术,形成代表国家水平、国际同行认可、在国际上拥有话语权的科技创新实力,抢占事关长远和全局的科技战略制高点。二是要聚集国家目标和战略需求，瞄准科学前沿，在有望引领未来发展的战略制高点，统筹部署和建设突破型、引领型、平台型一体的国家实验室，注重科学领域的综合交叉，使国家实验室具有综合性、协同性、原创性、国际性等特点。三是要从国家战略高度进一步优化资源配置，整合优质科技力量，形成良好合作共享环境，鼓励跨学科合作和创新，遵循"开放、合作、流动"原则，高标准建设国家实验室，促进国家实验室与其他科研院所和大学建立创新合作机制。四是在新兴前沿交叉领域和具有我国特色和优势的创新重点领域，按照自上而下的方式布局组建一批具有法定地位与明确责任、实行新型的科研事业单位管理体制机制的国家实验室，吸引、集聚和培育国际一流人才，融合优势创新资源要素，在科技重大任务中承担主导、组织和总体推进作用。五是以国家实验室为核心，按照创新链条上下游分工和协作关系，打破学科类、企业类实验室界限，统筹布局建设全国重点实验室、国家技术创新中心等重大科研基地，形成基础研究、应用基础研究、前沿技术研究融通发展的创新体系架构，全面支撑我国创新体系完善和创新竞争力加快提升。

三、优化国家战略科技力量空间布局

伴随着科技革命、制度创新和经济全球化的深入发展，占据世界经济主导地位和科技创新领先地位的区域不断汇聚全球科技创新资源，形成全球科技创新中心。近代以来，依托优越的地理位置、良好的产业基础、优良的创新环境，在英国、法国、德国、美国、日本等国家先后涌现出具有全球影响力的科技创新中心，它们也成为各国科技发展的战略支点和国家科技综合水平的重要体现。习近平同志提出，要"尊重科技创新的区域集聚规律，因地制宜探索差异化的创新发展路径，加快打造具有全球影响力的科技创新中心，建成若干具有强大带动力的创新型城市和区域创新中心"[①]。这是着眼于我国国情、区域科技发展状况而进行的富有创造性的探索，目的在于形成梯次接续、布局合理的区域创新新引擎、新格局。科技创新中心作为一项重大的国家战略，主要瞄

---

① 习近平：《论科技自立自强》，中央文献出版社2023年版，第159页。

准国家重大科技需求,是解决重大科学问题、提升原始创新能力、催生变革性技术的重要载体。近年来,我们在打造综合性国家科学中心和区域性创新高地方面进行了探索和实践,在统筹推进国际科技创新中心、区域科技创新中心建设方面迈出了新步伐。

2016年2月,以建设具有全球影响力科创中心为目标的上海张江综合性国家科学中心获批开始建设。同年7月,国务院印发《"十三五"国家科技创新规划》,提出围绕拓展创新空间,统筹国内国际两个大局,支持北京、上海建设具有全球影响力的科技创新中心,建设一批具有重大带动作用的创新型省市和区域创新中心。2017年,国家发展改革委、科技部先后批复同意建设合肥综合性国家科学中心、北京怀柔综合性国家科学中心。2019年2月,中共中央、国务院印发《粤港澳大湾区发展规划纲要》,提出要将粤港澳大湾区建成具有全球影响力的国际科技创新中心。2020年7月,国家发展改革委、科技部批复同意东莞松山湖科学城与深圳光明科学城共同建设大湾区综合性国家科学中心先行启动区。北京、上海和粤港澳大湾区三大科技创新中心在我国创新增长极、创新高地、创新廊带梯次联动的区域创新发展布局中发挥着重要的龙头引领作用,是科技强国建设的战略支撑,是高质量发展的重要引擎。加快推进科技创新中心建设,有利于瞄准世界科技创新前沿,以全球视野集聚和配置优质创新资源,打造全球创新创业高地,打造国家战略科技力量,增强我国原始创新能力和战略性新兴产业发展的策源力。

党中央高屋建瓴,积极谋划以创新型城市和创新型城市群为载体打造一批区域创新高地,着力形成高质量发展动力源。目前,我国已经设立了23个国家自主创新示范区,在推动区域创新和经济社会发展方面发挥了辐射和带动作用。国家高新区总数从2012年的89家增长到2022年的177家,集聚了全国35.9%的科技型中小企业、36.2%的高新技术企业、67.4%的科创板上市企业,人均劳动生产力为全国平均水平的2.7倍,用2.5%的建设用地实现13.4%的国内生产总值。习近平同志指出:"各地区要立足自身优势,结合产业发展需求,科学合理布局科技创新。要支持有条件的地方建设综合性国家科学中心或区域科技创新中心,使之成为世界科学前沿领域和新兴产业技术创新、全球科技创新要素的汇聚地。"①党的十九届五中全会指出："布局建设综合性国家科学中心和区域性创新高地，支持北京、上海、粤港澳大湾区形成国际科技创新中心。"2021年3月11日十三届全国人大四次会议通过的《中华人民共和国国民经济和社会发展第十四个五年规划和2035年远景目标纲要》指出："支持北京、上海、粤港澳大湾区形成国际科技创新中心，建设北京怀柔、上海张江、大湾区、安徽合肥综合性国家科学中心，支持有条件的地方建设区域科技创新中心。强化国家自主创新示范区、高新技术产业开发区、经济技术开发区等创新功能。适度超前布局国家重大科技基础设施，提高共享水平和使用效率。集约化建设自然科技资源库、国家野外科学观测研究站（网）和科学大数据中心。"②

推动北京加快建成具有全球影响力的全国科技创新中心，是党中央、国务院着眼国家发展大局作出的重大部署。北京是我国科技基础最为雄厚、创新资源最为集聚、创新主体最为活跃的区域之一，拥有90多所大学、1000多所科研院所和近3万家国家级高新技术企业。这决定了北京具备发展新赛道和未来产业的硬实力。在深入实施创新驱动发展战略中，北京发挥着高端引领、关键支撑、示范带动的重要作用。建设全国科技创新中心，是北京服务我国建设创新型国家、建设世界科技强国的重大使命。2014年2月26日，习近平同志在北京视察工作时，明确了北京"全国政治中心、文化中心、国际交往中心、科技创新中心"③的城市战略定位，为首都科技发展赋予了新的定位、新的使命。2016年9月11日国务院印发的《北京加强全国科技创新中心建设总体方案》明确提出，北京全国科技创新中心的定位是全球科技创新引领者、高端经济增长极、创新人才首选地、文化创新先行区和生态建设示范城。

2016年9月22日，北京市印发了《北京市"十三五"时期加强全国科技创新中心建设规划》，提出从四方面推动全国科技创新中心建设，力争到2020年使

① 习近平：《论科技自立自强》，中央文献出版社2023年版，第9—10页。

② 《中华人民共和国国民经济和社会发展第十四个五年规划和2035年远景目标纲要》，《人民日报》2021年3月13日，第1版。

③ 《习近平在北京考察工作时强调：立足优势 深化改革 勇于开拓 在建设首善之区上不断取得新成绩》，《人民日报》2014年2月27日，第1版。

北京成为具有全球影响力的科技创新中心,支撑我国进入创新型国家行列。这四个方面包括:实施知识创新中心计划,建设全球原始创新策源地;实施技术创新跨越工程,建成国家创新驱动先行区,实施首都蓝天等五大民生科技行动;服务区域发展战略,构建协同创新开放共享新格局,强化"三大科技城"和以北京经济技术开发区为代表的创新型产业集群的科技创新引领作用;深化全面创新改革,建成全球创新人才首选地。

北京建设全国科技创新中心是一项系统性工程。北京市提出了加快建设"三城一区"的思路,统筹做好中关村科学城、怀柔科学城、未来科学城和北京经济技术开发区的特色定位和差异化发展。中关村科学城主抓"聚焦",以"主力要出征,地方须支前"的决心,深化央地合作机制,服务好中央创新"主力军",产生一批原创技术成果,突破一批关键核心技术,推动重大成果转化。怀柔科学城主抓"突破",全力推进综合性国家科学中心建设,加快推动重大科技基础设施和交叉研究平台开工建设,打造科学综合实力新高地。未来科学城主抓"搞活","打开院墙搞科研",努力建设富有活力的创新之城。依托高层次创新创业人才团队,聚力关键技术研发,建设协同创新平台,搭建专业化众创空间,促进重大科技成果转移转化。北京经济技术开发区主抓"转化",推动产业产品向价值链高端跃升。重点培育具有国际竞争力的产业创新体系,依托龙头企业,以技术创新为核心,以大工程和大项目为牵引,加强"城—区"对接,打造一批具有全球影响力的创新型产业集群。

2017年2月24日,习近平同志再次视察北京,指出:要以建设具有全球影响力的科技创新中心为引领,集中力量抓好"三城一区"建设,深化科技体制改革,努力打造北京经济发展新高地。2020年10月29日党的十九届五中全会通过的《中共中央关于制定国民经济和社会发展第十四个五年规划和二〇三五年远景目标的建议》明确提出,支持北京、上海、粤港澳大湾区形成国际科技创新中心。随后,科技部、北京市会同多个部门共同谋划,提出《"十四五"北京国际科技创新中心建设战略行动计划》。2021年11月3日,中共北京市委、北京市人民政府印发《北京市"十四五"时期国际科技创新中心建设规划》,提出以推动首都高质量发展为主线,以科技创新和体制机制创新为动力,以"三城一区"为主平台,以中关村国家自主创新示范区为主阵地,着力打好关键核心技术攻坚战,着力强化战略科技力量,着力构建开放创新生态,着力提升科技治理能力和治理水平。这个《规划》明确了发展目标愿景:到2025年,北京国际科技创新中心基本形成,建设成为世界主要科学中心和创新高地。

通过近年来的持续努力,北京国际科技创新中心建设取得显著成效。北京市科技创新成果红利不断释放,已经初步成为全球创新网络的中坚力量和引领世界创新发展的新引擎。2018年至2022年,北京研发经费投入强度保持在6%左右,超过了纽约、柏林等国际知名创新城市。其中,基础研究投入占比提升至16%。每万人发明专利拥有量是全国平均水平的10倍,累计获得国家科技奖项占全国30%左右。国家级高新技术企业、专精特新"小巨人"企业和独角兽企业数量均居全国各城市首位。"三城一区"平台建设显现新格局,体制机制创新实现新突破,高质量发展积蓄新动能。中关村科学城成为自主创新的主要阵地和原始创新的策源地,经济效益和科技效益持续增长。怀柔科学城建设取得重要突破,一批科技成果转化项目加速落地,创新要素加速集聚,国际知名度显著提升。未来科学城全面提速,初步集聚一批产业项目。北京经济技术开发区成为"三城"科技成果转化承载区、高精尖制造业主阵地。"三城一区"的互动、协同作用也越发凸显。综合创新能力进一步增强,创新发展新动能加快成长,创新创业环境不断优化。北京跻身全球百强科技集群前三名,培育形成了新一代信息技术、科技服务业2个万亿级产业集群,医药健康、智能装备、人工智能、节能环保、集成电路5个千亿级产业集群。

经过扎实高效的建设,北京所拥有的雄厚科技、教育、人才优势更加明显、更加突出。北京拥有90多所大学、1000多所科研院所,34所高校、162个学科入选国家"双一流"建设名单。2022年,北京在校研究生为43.5万人。其中,在校博士生12.5万人,在校硕士生31万人。丰厚的教育资源、高质量的人才自主培养体系,能够造就一大批创新人才和科技人才,为北京建设国际科技创新中心提供强大智力支持。

2023年5月8日,科技部、北京市人民政府、国家发展改革委等12部门制定的《深入贯彻落实习近平总书记重要批示精神 加快推动北京国际科技创新中心建设的工作方案》正式发布。方案明确,加快推动北京国际科技创新中心建设的发展目标是:到2025年,北京国际科技创新中心基本形成,成为世界科学前沿和新兴产业技术创新策源地、全球创新要素汇聚地。其中一些具体目标包括：由科技领军企业牵头的创新联合体有效解决一系列关键核心技术问题，初步实现高水平科技自立自强。全社会研发经费支出占地区生产总值比重保持在6%左右，基础研究经费占研发经费比重达17%左右。每万名就业人员中研发人员数量达260人左右。高技术产业增加值当年超过1.2万亿元，数字经济增加值年均增速保持在7.5%左右，技术合同成交额超过8000亿元，中关村国家自主创新示范区企业总收入全国领先。

习近平同志指出："北京要充分发挥教育、科技、人才优势，协同推进科技创新和制度创新，持续推进中关村先行先试改革，进一步加快世界领先科技园区建设，在前沿技术创新、高精尖产业发展方面奋力走在前列。"[1]

一是坚持教育发展、科技创新、人才培养一体统筹推进。要贯彻落实国家"双一流"建设战略部署，支持在京高校全面融入国际科技创新中心建设，推进新一期北京高校高精尖创新中心建设，强化有组织科研，发挥高水平研究型大学在引领国际学术前沿、催生产业技术变革等方面的策源功能。提高人才自主培养质量，支持高校加快基础学科、新兴学科、交叉学科建设，深入实施国家基础学科拔尖人才培养战略行动，为加快建设北京国际科技创新中心涵养源头活水。聚焦国家重大战略需要和首都发展重大需求，加快建设全球人才高地，全方位吸引集聚更多科技人才，完善科技成果和人才评价机制，最大限度激发广大科技工作者的积极性、主动性、创造性。

二是协同推进科技创新和制度创新。持续推进高水平科技自立自强先行先试改革，贯彻落实中关村新一轮先行先试改革措施，围绕财政金融、成果转化、人才激励、企业创新等方面，推动出台下一批改革措施。改革重大科技项目立项和组织管理方式，实行"揭榜挂帅"、"赛马"等制度，形成以质量、绩效、贡献为核心的科技评价导向，完善自由探索型和任务导向型科技项目的分类评价制度，着力打通高校、科研院所、医疗机构科技成果转化堵点。完善科技金融体系，推动"科技—产业—金融"良性循环，做强北京科技创新基金，更好发挥北京证券交易所服务创新型中小企业的功能。加强知识产权保护，优化

---

[1]《习近平向2023中关村论坛致贺信》，《人民日报》2023年5月26日，第1版。

知识产权快速协同保护、纠纷多元化解机制,形成更高效率、更高质量的知识产权服务体系。

三是更大范围更深层次融入全球科技创新网络,运用全球创新资源提升我国科技创新能力。要依托国家服务业扩大开放综合示范区和中国(北京)自由贸易试验区"两区"优势,加快推动形成市场化、法治化、国际化一流营商环境,持续吸引国际科技组织、行业联盟、外资研发机构、跨国公司、国际科技服务机构等在京集聚发展。加强京津冀国家技术创新中心建设,深化体制机制创新与功能建设,促进技术转移及成果转化,更好促进京津冀协同创新。高水平办好中关村论坛,打造面向全球科技创新交流合作的国家级平台。不断完善外籍人才准入政策,为外籍人才来华创新创业提供便利。

为推进具有全球影响力的科技创新中心建设,中央各部门、地方各级政府、中央及地方企业等进行了创造性的探索。其中富有鲜明中国特色,体现社会主义制度集中力量办大事的政治优势、制度优势的一个举措,就是各方齐心协力支持科技创新中心建设,形成了"一家创建、八方支援"的大协作格局。这里以上海科技创新中心建设为例,略作说明。2014年5月23日至24日,习近平同志在上海调研期间,要求上海加快向具有全球影响力的科技创新中心进军。2015年至2017年两会期间,习近平同志连续三年对上海科技创新中心建设作出重要指示。2016年4月,国务院发布《上海系统推进全面创新改革试验,加快建设具有全球影响力的科技创新中心方案》,提出上海要成为与我国经济科技实力和综合国力相匹配的全球创新城市。2017年11月6日,习近平同志到张江综合性国家科学中心视察,对抓好科技创新中心建设提出明确要求。2018年11月7日,习近平同志在上海考察时强调,上海要在增强创新策源能力上下功夫,加强科技创新前瞻布局,全面提升上海在全球城市的影响力和竞争力。

上海科技创新中心建设是上海实施创新驱动发展战略的重要载体,得到了各方面的鼎力支持。2015年7月1日,公安部推出的支持上海科技创新中心建设的12项出入境政策措施正式实施。这12项都是新推出的,从加大海外高层次人才吸引力度、加大对创业初期人员孵化支持力度、促进国内人才流动、提高出入境专业化服务水平等方面,为上海科技创新中心建设提供最便捷的出入境环境、最优良的外籍人才居留待遇、最高效的出入境服务。2015年8月,上海推出《关于促进金融服务创新支持上海科技创新中心建设的实施意见》，从地方政府推进金融服务创新、营造良好科技金融服务环境的角度，提出了8个方面20条政策措施。其中，在推动股权投资创新试点方面，《意见》指出，要发挥政府创业投资引导基金的引导和放大作用，鼓励更多社会资本发起设立创业投资、股权投资和天使投资，缓解科技创新企业"最先一公里"的资金来源问题。这意味着，上海正努力做好科技与金融深层次融合这篇大文章。2015年12月印发的《国家税务总局关于支持上海科技创新中心建设的若干举措》出台10项举措①，支持上海科技创新中心建设，推进张江国家自主创新示范区和中国（上海）自由贸易试验区联动发展。2016年5月，上海市经信委与中国信通院在2016国际工业互联网大会上，签署了全面战略合作框架协议，加强双方在工业互联网、智慧城市等领域的深入合作，建立长期、紧密、务实的战略合作伙伴关系，力争把上海建设成为国家级工业互联网创新示范城市。2017年6月，中央企业深入参与上海科技创新中心建设推介对接会在京举行，百余家央企和中央金融企业参加，部分上海企业与中央企业进行了现场对接。此次推介会对于展示上海各区域科技创新的发展动态与规划，推动中央企业与上海市共促创新、共推转型、共谋发展，起到了积极作用。

上海科技创新中心建设经过搭框架、打基础，取得了一系列实质性突破，重大成果不断涌现。2022年，上海全社会研发经费支出占全市生产总值的比例提高到4.2%左右，每万人口高价值发明专利拥有量达40件左右。高新技术企业、专精特新企业分别从2017年的7642家、1665家增加到2022年的2.2万家、4942家，每千人拥有的企业数位居全国第一。战略性新兴产业总产值占规模以上工业总产值的比重从2017年的30.8%提高到2022年的42%左右，集成电路、生物医药、人工智能三大先导产业规模达1.4万亿元。全球规模最大、种类最全、综合能力最强的光子大科学设施群已现雏形。2018—2022年实际使

---

① 10项举措具体包括：实施减免税政策"清单制"、外籍人才免税补贴"免报备"、非货币投资等个税"分期缴"、试点内外贸税收征管"一体化"、扩大增值税申报"月转季"、电子发票应用范围"广覆盖"、出口退税管理"无纸化"、打好税收服务"国际牌"、网络办税服务"贴身行"、长江经济带实现服务"互联通"。参见谢卫群：《10项税收举措支持上海科创中心建设》，《人民日报》2016年1月22日，第10版。

用外资五年累计达1030亿美元左右,跨国公司地区总部、外资研发中心累计分别达891家和531家。在沪国家实验室建设顺利推进,世界顶尖科学家社区开工建设,张江科学城完成扩区。一批关键核心技术实现重大突破,高端通用图形芯片实现量产,高温超导电缆示范运行,神舟十二号、天和核心舱、天问一号等重大任务保障有力。

各部委、央企支持科技创新中心建设的例子,举不胜举。这些创新的举措,生动彰显了科技治理"全国一盘棋"的景象。回顾在脱贫攻坚决战中,党中央、国务院制定了东西部扶贫协作、对口支持等举措,并建立了长效化常态化的机制,实践证明效果很好。在未来的科技治理中,应该借鉴这种相互支持、对口支持的模式,持之以恒地坚持下去,并不断丰富其内容形式。

粤港澳大湾区是习近平同志亲自谋划、亲自部署、亲自推动的重大国家战略。打造国际科技创新中心,是粤港澳大湾区建设的重中之重。中共中央、国务院印发《粤港澳大湾区发展规划纲要》,对粤港澳大湾区提出了建成具有全球影响力的国际科技创新中心的战略定位。粤港澳大湾区通过一系列制度创新,突破人才、资金等创新要素流动的瓶颈,初步构建起跨区域、跨制度的开放协同创新体系。2021年,大湾区内11个城市的研发支出超过3800亿元,整体研发投入强度超过3%;国家高新技术企业达到5.7万家,专利授权量达到78万件,其中发明专利授权量超过10万件;世界知识产权组织发布的全球创新指数显示,深圳—香港—广州创新集群连续两年居全球第二;形成了新一代电子信息、绿色石化、智能家电等8个万亿级产业集群,2021年粤港澳大湾区工业增加值达4.26万亿元;粤港澳大湾区以不到1%的国土面积,创造出占全国12%的经济总量。国家支持在粤港澳大湾区建设综合性国家科学中心先行启动区,布局建设了散裂中子源、驱动嬗变装置等一系列重大科技基础设施,依托前海深港现代服务业合作区、横琴粤澳深度合作区、河套深港科技创新合作区、深圳西丽湖国际科教城、中新广州知识城等一批重大创新合作平台,促进科技、产业、金融的良性互动和有机融合,推动广深港、广珠澳科技创新走廊不断提升能级。

为充分发挥科技创新中心引领、辐射和带动作用,党中央、国务院积极搭建跨区域创新合作网络,着力提升区域整体创新能力。党的十八大以来,以习近平同志为核心的党中央高度重视区域创新发展,党的十九大把区域协调发展战略列为七大战略之一,明确提出建立更加有效的区域协调发展新机制。党的二十大进一步明确提出,"统筹推进国际科技创新中心、区域科技创新中心建设"①。科技创新在京津冀协同发展、粤港澳大湾区建设、长三角一体化发展、成渝地区双城经济圈建设等重大国家战略实施方面发挥着越来越重要的作用。京津冀协同创新体系基本建成,三地创新要素流动渠道日趋畅通。2021年,京津冀研发经费投入达3949.1亿元,占全国的比重为14.1%,区域研发投入强度达4.1%,持续高于全国平均水平1个百分点以上。京津冀协同创新共同体有效推进,设立京津冀联合实验室、基础研究合作平台,设立京津冀科技创新券,建立三地技术交易数据信息共享和工作联动机制。粤港澳大湾区协同创新共同体加快推进,2018年9月签署的《内地与香港关于加强创新科技合作的安排》成为内地与香港深化合作的顶层设计。长三角科技创新共同体建设深入推进,在区域创新高地建设、共性技术联合攻关、创新基地平台布局、科技资源开发共享、科技成果转化等方面开展深度合作,有效促进重大创新成果跨区域高效流动和落地转化。强化上海张江综合性国家科学中心、合肥综合性国家科学中心科技创新策源地的重要作用,充分发挥上海张江、苏南、杭州、宁波、温州和合芜蚌等国家自主创新示范区在重大创新政策先行先试、创新型产业集聚发展方面的示范带动效应,依托长三角地区34个国家高新技术产业开发区,推动科技、产业、金融、人才等各方面创新要素汇聚融合、体系化发展。

近年来,我国在建设若干具有强大带动力的创新型城市和区域创新中心方面进行了有益的探索和实践。2016年12月,科技部、国家发展改革委制定印发了《建设创新型城市工作指引》。截至2022年底,科技部共支持103个城市(区)建设国家创新型城市。这103个城市(区)以占全国51%的人口汇聚全国85%的研发经费投入和72%的地方财政科技收入,培育了全国85%的高新技术企业,产出全国81%的高新技术企业营业收入,覆盖全国67%的GDP。创新型城市有效集聚了高端科技创新资源,比如武汉市脉冲强磁场设施多项核心

---

① 《习近平著作选读》第1卷,人民出版社2023年版,第29页。

技术国际领先,精密重力测量装置达到世界最高精度,特别是在科技抗疫中发挥了重要作用。创新型城市建设,探索形成了一批支持创新的改革经验。比如,成都开展了以事前产权激励为核心的职务科技成果权属改革,沈阳实施"定向研发、定向转化、定向服务"的订单式研发和成果转化机制。

建设创新型省份,是加快实施创新驱动发展战略、实现2035年进入创新型国家前列目标的必然要求。2016年4月,科技部制定印发了《建设创新型省份工作指引》。2021年,江苏、浙江、安徽、福建、山东、湖北、湖南、广东、四川、陕西、吉林等11个省持续开展创新型省份建设。11个创新型省份以占全国22%的国土面积、53%的人口,集聚了全国64%的研发经费投入和69%的研发人力投入,取得了全国62%的发明专利,培育了全国65%的高新技术企业,贡献了全国62%的高新技术产业营业收入和全国60%的GDP。高水平创新主体不断成长。2022年,广东省高新技术企业总数达6.9万家,五年来翻了一番多。2022年,浙江省入围世界500强企业9家,入围中国民营企业500强107家,国家单项冠军企业40家,专精特新"小巨人"企业601家。

当前和今后一个时期,要统筹谋划优化国家战略科技力量空间布局。要统筹推进北京、上海、粤港澳大湾区国际科技创新中心建设,着力打造北京怀柔、上海张江、大湾区、安徽合肥综合性国家科学中心,支持有条件的地方建设区域科技创新中心,打造世界科学前沿领域和新兴产业技术创新、全球科技创新要素的汇聚地。围绕国家区域重大战略、区域协调发展战略,结合地区禀赋特色,集成地方优势创新资源,强化国家自主创新示范区、高新技术产业开发区、经济技术开发区等创新功能,实现国家战略科技力量建设与区域发展紧密互动和深度融合。

第七章 |
推动基础研究实现高质量发展

习近平同志指出："加强基础研究，是实现高水平科技自立自强的迫切要求，是建设世界科技强国的必由之路。"①随着科技创新深入发展，基础研究中科学问题的复杂性、系统性越来越突出，科学目标的战略性、导向性越来越强，科研活动的规模化、组织化程度越来越高，科研产出对经济社会的推动力、影响力越来越大。习近平总书记深刻洞察新一轮科技革命和产业变革新趋势，站在应对国际科技竞争、实现高水平科技自立自强，推动构建新发展格局、实现高质量发展的战略高度，明确提出了"推动基础研究实现高质量发展"的使命任务，明确要求"强化国家战略科技力量，有组织推进战略导向的体系化基础研究、前沿导向的探索性基础研究、市场导向的应用性基础研究"。②

一、基础研究是科技创新的源头

习近平同志指出："基础研究是科技创新的源头"③，"是整个科学体系的源头"④。基础研究的使命是探索自然界、人类社会发展的内在规律，追求新的发现和发明，积累科学知识，创立新的学说，为认识世界、推动经济社会发展提供理论和方法。基础研究是人类文明进步的动力，是经济社会发展的源泉和后盾，是创新驱动的塔基，是新发明、新技术、新产业的先导，是培养和造就创新

---

① 习近平：《加强基础研究　实现高水平科技自立自强》，《求是》2023年第15期，第4页。
② 习近平：《加强基础研究　实现高水平科技自立自强》，《求是》2023年第15期，第6页。
③ 习近平：《论科技自立自强》，中央文献出版社2023年版，第240页。
④ 习近平：《论科技自立自强》，中央文献出版社2023年版，第202页。

型人才的摇篮,是国家竞争力的重要组成部分。国际科技竞争中的一个很重要方面,就是基础研究水平和创新能力的竞争。由于开拓新学科领域需要进行全新的超前的基础理论探索,发展知识密集型高技术产品需要基础研究方面的创新和支持,激烈的国际竞争导致各国加强知识保护、加强本国的基础研究以建立自己的科学储备,作为新知识产生之源的基础研究,其战略地位日益受到许多国家的重视。面对全球科技竞争不断向基础研究前移的态势,主要发达国家纷纷制定各自的基础研究发展规划,竞相加大基础研究投入,超前部署基础研究项目,力图在新一轮国际竞争中占据有利地位。

基础研究在整个创新链条中具有至关重要的地位,对于推动前沿技术突破、促进科技与经济的紧密结合具有举足轻重的作用。基础研究处于从研究到应用、再到生产的科研链条起始端,地基打得牢,科技事业大厦才能建得稳固有力。实践证明,科技创新能"跳"多高、"跑"多远,基础研究是关键。基础研究的根基扎得越坚实,科技创新之树就越枝繁叶茂。"加强基础研究是科技自立自强的必然要求,是我们从未知到已知、从不确定性到确定性的必然选择。"[1]历史经验告诉我们,基础研究为科技创新提供了理论和知识基础。牛顿的力学三大定律,形成了物理学乃至自然科学中第一个完整的理论体系。门捷列夫发现了化学元素周期律,为人类认识物质世界提供了系统的指引。香农在1948年创建了信息论,阐明了通信的基本原理,提出了通信的模型,从而奠定了信息时代的理论基础。孟德尔定律、DNA双螺旋结构的发现等,开启了生命科学研究的新范式。

基础研究是所有技术问题的总开关,具有基础性、战略性、先导性等特点。基础研究产生的创新成果,是保证重大应用具有关键知识产权的核心,"重大原始创新成果往往萌发于深厚的基础研究,产生于学科交叉领域"[2]。与科技成果有关的知识产权保护,大部分都是从基础研究阶段就开始进行的。从基础研究与应用研究的关系来看,基础研究的成果为整个人类社会带来了巨大

---

[1] 习近平:《论科技自立自强》,中央文献出版社2023年版,第7页。

[2]《习近平在清华大学考察时强调:坚持中国特色世界一流大学建设目标方向 为服务国家富强民族复兴人民幸福贡献力量》,《人民日报》2021年4月20日,第1版。

的突破和进步,也促进了应用科学的发展;而应用科学的不断发展,也必然对基础科学研究提出更高的要求。如果缺少基础研究作为支撑,整个科学技术的发展就没有后劲。应用研究、技术开发都需要有一定的基础研究的储备,离开了基础研究,应用研究、技术开发是不可能深入开展下去的。

应对国际科技竞争、实现高水平科技自立自强,迫切需要我们加强基础研究,从源头和底层解决关键技术问题。加强基础研究,是应对新一轮科技革命和产业变革的关键。进入大科学时代,科学探索加速演进,科学研究的模式不断重构,基础研究正在不断向宏观拓展、向微观深入,各门学科之间的交叉渗透、跨界合作、协同创新更加紧密,一些基本科学问题正在孕育重大突破,可望催生新的重大科学思想和科学理论,并不断产生变革性技术和颠覆性创新,将为经济社会发展提供更为强劲的新动能,进而促进经济格局和产业生态的重大深刻调整。从科技自身发展演变的规律看,科技越发展,越往前走就越进入到知识边界的拓展、技术边界的延伸、成果原理和应用原理的追寻阶段。到了这样一个阶段,基础研究做得越好,科技发展的前瞻性和主动性就越强。我国虽然经济实力大幅提升,构建起了相对独立的、比较完整的产业体系,一些产业在世界上处于领先地位,但是多数产业大而不强,仍然处于全球价值链的中低端,原因是多方面的,其中一个重要原因就是基础研究积累不够、原始创新和科技源头供给不足。习近平同志明确指出:"我国面临的很多'卡脖子'技术问题,根子是基础理论研究跟不上,源头和底层的东西没有搞清楚。"[1]

我们党历来重视基础研究工作。新中国成立后,党中央发出"向科学进军"号召,广大科技工作者自力更生、艰苦奋斗,取得"两弹一星"关键科学问题、人工合成牛胰岛素、陆相成油理论、多复变函数论突破等重大基础研究成果,极大增强了我国的科技竞争力和综合国力,奠定了我国在世界上有影响力的大国地位。改革开放后,我国迎来"科学的春天",先后实施"863计划"、"攀登计划"、"973计划",基础研究整体学术水平和整体实力显著增强,有力推动了改革开放和社会主义现代化建设。党的十八大以来,以习近平同志为核心的党中央,把提升原始创新能力摆在更加突出的位置,系统谋划基础研究工

---

[1] 习近平:《论科技自立自强》,中央文献出版社2023年版,第240—241页。

作,持续优化基础研究支持体系和发展环境,组织实施重大基础攻关项目,基础前沿方向重大原创成果竞相涌现。

经过长期以来的持续努力,我国基础研究的发展进入了快车道,基础研究投入大幅度增长。2023年,"全年研究与试验发展(R&D)经费支出33278亿元,比上年增长8.1%,与国内生产总值之比为2.64%,其中基础研究经费2212亿元,比上年增长9.3%,占R&D经费支出比重为6.65%"①。科研力量和科研条件大幅度改善,从事基础研究的高水平的队伍不断发展壮大,在国际上有影响的重大原始创新成果加速涌现,比如铁基超导、量子信息、中微子、纳米、空间科学、干细胞等。但是与建设世界科技强国的要求相比,我国基础研究在整个科技创新链条中仍然是短板,数学等基础学科仍然是最薄弱的环节。重大原创性成果缺乏,比如由中国科学家提出来的科学的思想、原创的理论还非常少。资源配置不够优化,效率不高,产出率低,出成果慢、应用慢。基础研究投入总体仍然不足,远远满足不了需要,而且投入结构非常不合理,经费主要来自中央财政,企业的投入非常少,总体上看,多渠道投入机制还不完善。基础研究的顶尖人才和优秀创新团队比较匮乏,特别是缺乏能够心无旁骛、长期稳定深耕基础理论的基地、队伍和人才。评价激励机制有待完善,人才使用、流动等方面还存在问题,有利于基础研究发展的科研生态尚未完全形成,全社会支持基础研究的环境需要进一步优化。

当今世界,新一轮科技革命和产业变革深入发展,学科交叉融合不断推进,科学研究范式发生深刻变革,科学技术和经济社会发展加速渗透融合,基础研究转化周期明显缩短,国际科技竞争向基础前沿前移。其中有两个趋势值得注意。一是,发达国家持续高强度支持基础研究。OECD数据显示,近十年来,美国基础研究支出占研发经费支出的比例一直稳定在16%—18%,日本、英国和法国等国也分别稳定在12%、18%和22%左右。发达国家基础研究投入总额也相应逐年增长。以美国为例,2020年基础研究经费总量约为1086亿美元,约是2000年的2.5倍。二是,基础研究逐渐呈现应用导向。科学家研

---

① 国家统计局:《中华人民共和国2023年国民经济和社会发展统计公报》,《人民日报》2024年3月1日,第10版。

究的重心向下游应用端移动,基础研究与应用研究的距离逐渐缩小。当前发达国家普遍结合重大经济社会发展需求,凝练、部署科学问题。比如,美国长期以来重点支持国防科学、航空航天、生命科学等事关经济和军事竞争力的领域,近年来又重点支持人工智能、量子技术等前沿领域。同时,发达国家注重基础研究与产业界之间的联系,企业在基础研究中作用明显。美国、日本、法国和英国等主要发达国家企业的基础研究支出占研发经费支出的比例近年来稳定在6%以上。

新的科技形势,对加强基础研究提出了新的更高要求。强大的基础研究不仅是建设创新型国家必不可少的基石,更是建设世界科技强国必不可少的基石。党的十八大以来,党中央着眼于新形势新任务新要求,对加强基础研究进行了探索,作出了一系列部署。2014年12月3日,国务院印发的《关于深化中央财政科技计划(专项、基金等)管理改革的方案》,将中央各部门管理的科技计划(专项、基金等)通过撤、并、转等方式进行优化整合,形成新的科技计划(专项、基金等)体系,主要包括五类,即:国家自然科学基金、国家科技重大专项、国家重点研发计划、技术创新引导专项(基金)、基地和人才专项。不同科技计划(专项、基金等)有着明确的分工,比如国家自然科学基金重点资助基础研究和科学前沿探索,支持人才和团队建设,增强我国源头创新能力;国家科技重大专项则聚焦国家重大战略产品和重大产业化目标,在设定时限内进行集成式协同攻关。该《方案》的一大亮点和重大改革举措,就是整合归并国务院各相关部门现有的竞争性科技计划(专项、基金等),形成国家重点研发计划。新设立的国家重点研发计划瞄准国民经济和社会发展各主要领域的重大、核心、关键技术问题,以重点专项的方式,从基础前沿、重大共性关键技术到应用示范进行全链条设计,一体化组织实施,使其中的基础前沿研发活动具有更明确的需求导向和产业化方向。

2015年3月13日,中共中央、国务院印发《关于深化体制机制改革 加快实施创新驱动发展战略的若干意见》,从八个方面提出了30条改革举措。其中提出要"优化对基础研究的支持方式"。具体举措包括:一是"切实加大对基础研究的财政投入,完善稳定支持和竞争性支持相协调的机制",二是"改革基础研究领域科研计划管理方式,尊重科学规律,建立包容和支持'非共识'创新项目的制度",三是"改革高等学校和科研院所聘用制度,优化工资结构,保证科研人员合理工资待遇水平"①。

2015年8月18日,中共中央办公厅、国务院办公厅印发的《深化科技体制改革实施方案》指出:"制定加强基础研究的指导性文件,在科研布局、科研评价、政策环境、资金投入等方面加强顶层设计和综合施策,切实加大对基础研究的支持力度。完善稳定支持和竞争性支持相协调的机制,加大稳定支持力度,支持研究机构自主布局科研项目,扩大高等学校、科研院所学术自主权和个人科研选题选择权。在基础研究领域建立包容和支持'非共识'创新项目的制度。"②

2017年10月18日,习近平同志在党的十九大报告中指出:"要瞄准世界科技前沿,强化基础研究,实现前瞻性基础研究、引领性原创成果重大突破",强调要"加强应用基础研究,拓展实施国家重大科技项目,突出关键共性技术、前沿引领技术、现代工程技术、颠覆性技术创新,为建设科技强国、质量强国、航天强国、网络强国、交通强国、数字中国、智慧社会提供有力支撑"③。

2018年1月19日,国务院印发《关于全面加强基础科学研究的若干意见》。这是新中国成立以来,国务院第一次专门就加强基础研究进行战略部署。该《意见》提出了我国基础科学研究三步走的发展目标。第一步是到2020年,我国基础科学研究整体水平和国际影响力显著提升,为全面建成小康社会、进入创新型国家行列提供有力支撑。第二步是到2035年,我国基础科学研究整体水平和国际影响力大幅跃升,为基本实现社会主义现代化、跻身创新型国家前列奠定坚实基础。第三步是到本世纪中叶,把我国建设成为世界主要科学中心和创新高地,为建成富强民主文明和谐美丽的社会主义现代化强国和世界科技强国提供强大的科学支撑。

为贯彻落实国务院《关于全面加强基础科学研究的若干意见》,充分发挥基础研究对科技创新的源头供给和引领作用,切实解决我国基础研究缺少"从

① 《中共中央国务院关于深化体制机制改革 加快实施创新驱动发展战略的若干意见》,《人民日报》2015年3月24日,第1版。
② 《中办国办印发〈深化科技体制改革实施方案〉》,《人民日报》2015年9月25日,第18版。
③ 《习近平谈治国理政》第3卷,外文出版社2020年版,第24—25页。

0到1"原创性成果的问题。2020年1月21日,科技部、发展改革委、教育部、中科院和自然科学基金委等五部门联合印发《加强"从0到1"基础研究工作方案》。该《方案》从优化原始创新环境、强化国家科技计划原创导向、加强基础研究人才培养、创新科学研究方法手段、强化国家重点实验室原始创新、提升企业自主创新能力、加强管理服务等7个方面提出一系列具体措施。2020年4月29日,科技部、财政部、教育部、中科院、工程院、自然科学基金委联合印发《新形势下加强基础研究若干重点举措》,从优化基础研究总体布局、激发创新主体活力、深化项目管理改革、营造有利于基础研究发展的创新环境、完善支持机制等5个方面提出了一系列原则要求。

2020年10月7日,国务院公布修订后的《国家科学技术奖励条例》。《条例》第三条强调:"国家科学技术奖应当与国家重大战略需要和中长期科技发展规划紧密结合。国家加大对自然科学基础研究和应用基础研究的奖励。"《条例》第九条指出:"国家自然科学奖授予在基础研究和应用基础研究中阐明自然现象、特征和规律,做出重大科学发现的个人。"根据2024年5月26日《国务院关于修改〈国家科学技术奖励条例〉的决定》第四次修订的《条例》,第三条中增写了"坚持国家战略导向"的内容。

2020年10月29日,党的十九届五中全会通过的《中共中央关于制定国民经济和社会发展第十四个五年规划和二〇三五年远景目标的建议》提出:"加强基础研究、注重原始创新,优化学科布局和研发布局,推进学科交叉融合,完善共性基础技术供给体系","鼓励企业加大研发投入,对企业投入基础研究实行税收优惠","支持发展高水平研究型大学,加强基础研究人才培养"。[1]十三届全国人大四次会议审议通过的《中华人民共和国国民经济和社会发展第十四个五年规划和2035年远景目标纲要》强调"持之以恒加强基础研究",指出:"强化应用研究带动,鼓励自由探索,制定实施基础研究十年行动方案,重点布局一批基础学科研究中心。加大基础研究财政投入力度、优化支出结构,对企业投入基础研究实行税收优惠,鼓励社会以捐赠和建立基金等方式多渠道投

---

[1]《中共中央关于制定国民经济和社会发展第十四个五年规划和二〇三五年远景目标的建议》,《人民日报》2020年11月4日,第1版。

入,形成持续稳定投入机制,基础研究经费投入占研发经费投入比重提高到8%以上。建立健全符合科学规律的评价体系和激励机制,对基础研究探索实行长周期评价,创造有利于基础研究的良好科研生态。"①2023年12月6日,科技部印发的《国家科学技术奖提名办法》明确提出:"加强对自然科学基础研究和应用基础研究的激励,鼓励前沿技术研究和社会公益性技术研究,强化对国家重大科技任务、重大科技基础设施和重大工程的支持。"

制定实施基础研究十年规划极为重要。2022年3月5日,十三届全国人大五次会议批准的《关于2021年国民经济和社会发展计划执行情况与2022年国民经济和社会发展计划草案的报告》指出:"实施基础研究十年规划,加强长期稳定支持。实施科技体制改革三年攻坚方案。完善关键核心技术攻关机制,加强基础研究和应用基础研究,加快布局生物医药、高端仪器、关键信息系统、能源绿色低碳转型发展、基础软件等基础和前沿技术研发,支持大型医疗设备、高端医用耗材研发,同步推进标准制定和实施,畅通源头创新、成果转化、市场应用链条。继续组织实施重大技术装备攻关工程。推进科研院所改革,完善重大科技项目立项和管理方式。完善人才发展体制机制,加大对青年科研人员支持力度。""加快构建龙头企业牵头、高校院所支撑、各创新主体相互协同的创新联合体。加大研发费用加计扣除政策实施力度,将科技型中小企业研发费用加计扣除比例从75%提高到100%,对企业投入基础研究实行税收优惠。"②这些部署和举措,我们在实践中要进一步贯彻落实。

为进一步增强自主创新能力,加快实现高水平科技自立自强,党的二十大报告突出强调要"加强基础研究,突出原创,鼓励自由探索"③。2024年3月,十四届全国人大二次会议审议通过的《政府工作报告》指出:"强化基础研究系统布局,长期稳定支持一批创新基地、优势团队和重点方向,增强原始创新能

① 《中华人民共和国国民经济和社会发展第十四个五年规划和2035年远景目标纲要》,《人民日报》2021年3月13日,第1版。

② 国家发展和改革委员会:《关于2021年国民经济和社会发展计划执行情况与2022年国民经济和社会发展计划草案的报告——2022年3月5日在第十三届全国人民代表大会第五次会议上》,《人民日报》2022年3月14日,第9版。

③ 《习近平著作选读》第1卷,人民出版社2023年版,第29页。

力。"①党中央、国务院加大了对基础研究进行前瞻性、战略性、系统性布局的力度,持续深化基础研究体制机制改革,着力推动基础研究实现高质量发展,取得了良好成效。

二、持之以恒加强基础研究

习近平同志指出:"要瞄准世界科技前沿,抓住大趋势,下好'先手棋',打好基础、储备长远,甘于坐冷板凳,勇于做栽树人、挖井人,实现前瞻性基础研究、引领性原创成果重大突破,夯实世界科技强国建设的根基。"②"要明确我国基础研究领域方向和发展目标,久久为功,持续不断坚持下去。"③当前和今后一个时期,要注重做好以下几个方面的工作。

第一,加强顶层设计,构建完善高效的基础研究体系。基础研究涉及经济社会发展各领域,不少项目具有研究周期长、见效慢、难度大、结果不确定、风险多等特点。因此,必须加强统筹,着眼长远整体布局,集聚优势力量攻关。习近平同志指出:"要重视顶层设计,优化基础研究布局,做强优势领域,完善高校专业设置,加强基础学科教育和人才培养,补上冷门短板,把我国基础研究体系逐步壮大起来,努力多出'从0到1'的原创性成果。"④加强基础研究顶层设计的一项重要工作,就是"要加快制定基础研究十年行动方案"⑤。

基础研究在创新链条中举足轻重的地位,决定了加强基础研究顶层设计时,必须强化基础研究前瞻性、战略性、系统性布局。"加强基础研究要突出前瞻性、战略性需求导向,优化资源配置和布局结构,为创新发展提供基础理论支撑和技术源头供给。"⑥要把握科技发展趋势和国家战略需求,加强基础研究

---

① 李强:《政府工作报告——二〇二四年三月五日在第十四届全国人民代表大会第二次会议上》,《人民日报》2024年3月13日,第1版。

② 习近平:《论科技自立自强》,中央文献出版社2023年版,第202页。

③ 习近平:《在科学家座谈会上的讲话》,人民出版社2020年版,第7页。

④ 习近平:《国家中长期经济社会发展战略若干重大问题》,《求是》2020年第21期,第9页。

⑤ 习近平:《论科技自立自强》,中央文献出版社2023年版,第7页。

⑥ 习近平:《加强基础研究 实现高水平科技自立自强》,《求是》2023年第15期,第5页。

重大项目可行性论证和遴选评估,充分尊重科学家意见,把握大趋势、下好"先手棋"。要优化基础学科建设布局,支持重点学科、新兴学科、冷门学科和薄弱学科发展,推进学科交叉融合和跨学科研究,构筑全面均衡发展的高质量学科体系。

在强化顶层设计、总体布局的同时,还要坚持系统观念,前瞻部署、整体推进,着力构建完善高效的基础研究体系。要以提升原始创新能力和支撑重大科技突破为目标,依托高等学校、科研院所布局建设一批重大科技基础设施,支持依托重大科技基础设施开展科学前沿问题研究。加强学科体系建设,促进基础学科和应用基础学科持续发展,培育新的学科增长点,推动一批研究型大学和优势学科进入世界一流行列。积极推进科研院所分类改革,建设和完善具有中国特色的现代科研院所治理体系,力争形成一批具有重要竞争力、影响力和吸引力的一流科研院所。认真落实《关于扩大高校和科研院所科研相关自主权的若干意见》,支持高校和科研院所围绕重要方向,自主组织开展基础研究。加快推进国家实验室和国家科学中心建设,形成以重大问题为导向,跨学科跨领域跨部门协同开展重大基础研究的稳定机制。充分利用全球市场、需求和创新资源,积极参与国际大科学计划和大科学工程,支持高等学校、科研院所和有关研发中心同国外开展紧密型、实质性科技合作。

第二,坚持目标导向和自由探索"两条腿走路",更加科学有效地凝练基础研究关键科学问题。科研选题是科技工作首先需要解决的问题。对于我国这样一个大国来说,对基础研究的需求是全方位的,必须处理好目标导向和自由探索的关系。要坚持"四个面向",坚持目标导向和自由探索"两条腿走路",把世界科技前沿同国家重大战略需求和经济社会发展目标结合起来,统筹遵循科学发展规律提出的前沿问题和重大应用研究中抽象出的理论问题,凝练基础研究关键科学问题。具体到各个不同机构,应结合自身定位和特点有所侧重。比如,对国家科研机构来说,应主要聚焦战略导向的体系化基础研究。

一方面,要坚持目标导向,前瞻部署重大基础交叉前沿领域的科学研究。我国基础研究的发展要加强国家战略需求和国际科学前沿的结合,为经济社会发展和国家安全提供战略性、基础性、前瞻性的知识人才储备和科学支撑。

习近平同志指出："基础研究要勇于探索、突出原创,推进对宇宙演化、意识本质、物质结构、生命起源等的探索和发现,拓展认识自然的边界,开辟新的认知疆域。"①要面向我国经济社会发展中的关键科学问题、国际科学研究发展前沿领域以及未来可能产生变革性技术的科学基础,坚持"有所为,有所不为",统筹优势科研队伍、国家科研基地平台和重大科技基础设施,超前投入、着力部署目标导向的基础研究和前沿技术研究。要瞄准世界科学技术发展前沿,面向国家重大需求、面向国民经济主战场,针对事关国计民生、产业核心竞争力的重大战略任务,凝练暗物质与暗能量、量子调控与量子信息、合成生物学、现代农业、人口健康、资源环境和生态保护、产业转型升级、节能环保和新能源、新型城镇化等领域的关键科学问题,促进基础研究与经济社会发展需求紧密结合,为创新驱动发展提供源头供给。

另一方面,要鼓励自由探索,进一步加大对好奇心驱动基础研究的支持力度。科学研究特别是基础研究的出发点往往是科研人员的好奇心和学术兴趣。基础研究"要遵循科学发现自身规律,以探索世界奥秘的好奇心来驱动,鼓励自由探索和充分的交流辩论"②。要充分尊重科研人员的好奇心和自由探索的动机,充分尊重科学家的学术敏感,尊重科学研究灵感瞬间性、方式随意性、路径不确定性的特点,包容和支持非共识研究,在全社会营造鼓励好奇心与科学探索的氛围,构建宽松包容的良好学术环境。自由探索类基础研究聚焦探索未知的科学问题,勇攀科学高峰。同时,要引导科学家树立责任意识,将好奇心、学术兴趣同报效祖国、服务社会和造福人类有机地结合起来,鼓励科学家自由畅想、大胆假设、认真求证,提出更多原创性理论、原始性方法,形成更多原创性思想、原创性成果。

第三,强化应用基础研究,推动研究、开发和产业化有机衔接。值得注意的是,当前基础研究与应用研究日趋一体化的发展趋势十分明显,客观上向我们提出了以应用研究带动基础研究的要求。从基础研究与高新技术的关系来看,基础研究是高新技术获得突破的基础。如果没有基础研究的理论成果作

① 习近平:《论科技自立自强》,中央文献出版社2023年版,第7页。
② 习近平:《论科技自立自强》,中央文献出版社2023年版,第241页。

为支撑,高新技术将成为空中楼阁。高新技术实际上就是以基础研究的成果作为理论基础,并在基础研究上继续向前探索的成果。离开了基础研究,高新技术就如同无本之木、无源之水,是很难真正发展起来的。从当今世界科技革命和产业变革的发展态势来看,基础研究与高新技术研究的结合趋势越来越明显,在某些高新技术领域,基础研究甚至是与应用开发同步进行的。基础研究所担负的角色,已远非只是简单地负责探索客观规律,而是同时还要负责解决应用开发中所遇到的基础科学问题。

习近平同志指出:"基础研究更要应用牵引、突破瓶颈,从经济社会发展和国家安全面临的实际问题中凝练科学问题,弄通'卡脖子'技术的基础理论和技术原理。"[1]由于种种复杂的原因,科技与经济脱节这个老问题,在基础研究方面表现得更为突出。很多基础性研究一时难以有效地转化为现实生产力,不少基础研究成果或被束之高阁,或沦为"展品、奖品、礼品"。要将基础研究向市场方面延伸,拆除阻碍产业化的"篱笆墙",疏通应用基础研究和产业化连接的快车道,促进创新链和产业链精准对接,使其尽快转化为现实生产力。习近平同志反复强调:"要创新科技成果转化机制,发挥企业主体作用和政府统筹作用,促进资金、技术、应用、市场等要素对接,努力解决基础研究'最先一公里'和成果转化、市场应用'最后一公里'有机衔接问题,打通产学研创新链、价值链。"[2]他特别强调:"要通过重大科技问题带动,在重大应用研究中抽象出理论问题,进而探索科学规律,使基础研究和应用研究相互促进。"[3]在这方面,我们要坚持需求引导,发挥好应用牵引的作用,加强建制化、定向性基础研究,以应用研究、市场需求倒逼基础研究,以基础研究推动应用研究。

第四,着力完善基础研究体制机制,激发创新活力。随着学科交叉日益发展,新的研究范式不断出现,制度保障和政策引导对基础研究产出的影响越来越大。我国支持基础研究和原始创新的体制机制已基本建立但尚不完善,必须深化基础研究体制机制改革,优化细化改革方案,发挥好制度、政策的价值

---

① 习近平:《论科技自立自强》,中央文献出版社2023年版,第7页。
② 习近平:《国家中长期经济社会发展战略若干重大问题》,《求是》2020年第21期,第9页。
③ 习近平:《论科技自立自强》,中央文献出版社2023年版,第241页。

驱动和战略牵引作用。

在深化基础研究体制机制改革中,必须处理好稳定支持和竞争择优的关系。习近平同志指出,"要稳步增加基础研究财政投入","建立完善竞争性支持和稳定支持相结合的基础研究投入机制"。①当前,世界主要科技强国纷纷加大财政资金对基础研究的支持力度,通过竞争性科学基金的方式支持自由探索式基础研究,同时加大对高水平公共科研机构的稳定支持力度,并通过同行评议、机构评估等方式加强对投入绩效的监管。面对基础研究领域的激烈国际竞争和建设世界科技强国的目标,要进一步完善基础研究投入机制,通过竞争择优遴选人,通过稳定支持造就人,选择一批高水平公共科研机构和优秀科学家,加大稳定支持力度,引导科研人员摒弃浮夸、祛除浮躁,产出"十年磨一剑"的重大创新成果。同时,也要加强过程管理和评估问效,放权不放任,松绑不降标,对经费绩效不好的机构和人员逐步减小支持力度。

习近平同志在主持二十届中央政治局第三次集体学习时指出:"要稳步增加基础研究财政投入,通过税收优惠等多种方式激励企业加大投入,鼓励社会力量设立科学基金、科学捐赠等多元投入,提升国家自然科学基金及其联合基金资助效能,建立完善竞争性支持和稳定支持相结合的基础研究投入机制。要优化国家科技计划基础研究支持体系,完善基础研究项目组织、申报、评审和决策机制,实施差异化分类管理和国际国内同行评议,组织开展面向重大科学问题的协同攻关,鼓励自由探索式研究和非共识创新研究。要处理好新型举国体制与市场机制的关系,健全同基础研究长周期相匹配的科技评价激励、成果应用转化、科技人员薪酬等制度,长期稳定支持一批基础研究创新基地、优势团队和重点方向,打造原始创新策源地和基础研究先锋力量。"②提高基础研究投入是大趋势,必须持续加大投入,但是同时也要考虑国家财力,保持合理投入强度。更重要的是坚持目标导向,讲究绩效,切实加强实施过程中的绩效评估,确保"好钢用在刀刃上",使基础研究投入取得最佳、最大、最富创新性的效果。

第五,完善协同保障机制,形成全社会重视和支持基础研究的合力。多元

① 习近平:《加强基础研究 实现高水平科技自立自强》,《求是》2023年第15期,第6页。
② 习近平:《加强基础研究 实现高水平科技自立自强》,《求是》2023年第15期,第6页。

化、多层次、多渠道的基础研究投入体系,对于保障基础研究持续发展十分重要。习近平同志指出:"要加大基础研究投入,首先是国家财政要加大投入力度,同时要引导企业和金融机构以适当形式加大支持,鼓励社会以捐赠和建立基金等方式多渠道投入,扩大资金来源,形成持续稳定投入机制。对开展基础研究有成效的科研单位和企业,要在财政、金融、税收等方面给予必要政策支持。"①在强调要加大基础研究财政投入力度的同时,习近平同志还强调要"优化支出结构"②。健全基础前沿研究投入支持机制,逐步提高基础研究占全社会研发投入的比例,加大中央财政对基础学科、基础研究基地和基础科学重大设施的支持力度,积极引导和鼓励地方政府、企业和社会力量加大对基础研究的投入。坚持以人为本,增加对人的支持,完善经费管理制度,提高经费使用效率。"要创造有利于基础研究的良好科研生态,建立健全科学评价体系、激励机制,鼓励广大科研人员解放思想、大胆创新,让科学家潜心搞研究。"③基础研究评价要反映基础研究特点、符合科学发展规律,实行分类评价、长周期评价,推行代表作评价制度,重点评价基础研究成果的科学价值、创新性和对经济社会发展的实质贡献。支持科学人员围绕重要方向开展长期研究,鼓励科学人员在独创独有上下功夫,努力开辟新领域、提出新理论、设计新方法、发现新现象。引导科研人员大力弘扬"创新科技、服务国家、造福人民"的科技价值观,克服浮躁和急功近利心态。

要扎实推进基础研究高水平支撑平台建设。科技平台是开展创新活动的重要载体和有力保障,主要包括实验室、仪器设备等科技基础设施,科技园区、科技创新区,以及科技期刊、文献和数据库等。打造高水平科技平台是构建科学高效、富有竞争力的创新体系的必然要求。我们要协同构建中国特色国家实验室体系,布局建设基础学科研究中心,加快建设基础研究特区,超前部署新型科研信息化基础平台,形成强大的基础研究骨干网络。要科学规划布局前瞻引领型、战略导向型、应用支撑型重大科技基础设施,强化设施建设事中

① 习近平:《论科技自立自强》,中央文献出版社2023年版,第241页。
② 习近平:《论科技自立自强》,中央文献出版社2023年版,第7页。
③ 习近平:《论科技自立自强》,中央文献出版社2023年版,第241页。

事后监管,完善全生命周期管理,全面提升开放共享水平和运行效率。要打好科技仪器设备、操作系统和基础软件国产化攻坚战,鼓励科研机构、高校同企业开展联合攻关,提升国产化替代水平和应用规模,争取早日实现用我国自主的研究平台、仪器设备来解决重大基础研究问题。要加快培育世界一流科技期刊,建设具有国际影响力的科技文献和数据平台,发起高水平国际学术会议,鼓励重大基础研究成果率先在我国期刊、平台上发表和开发利用。

第六,处理好自立自强和开放合作的关系,广泛开展基础研究国际合作。我们强调自主创新,决不意味着关起门来搞研发,而是要坚持开放创新,积极参与国际科技交流与合作。加快实现高水平科技自立自强,首先要打牢科技事业大厦的地基,把科技发展的主动权牢牢掌握在自己手中,有效保障国家在重要领域的安全自主可控,只有这样才有参与国际科技合作的基础和底气。同时也要深刻认识到,科技自立自强绝不是搞自我封闭,而是要深度融入全球创新网络,特别是在高水平基础研究领域,面对人类共同挑战和前沿科学重大问题,尤其需要加强国际科技交流合作。必须辩证地认识到,高水平开放合作是实现高水平科技自立自强的重要途径,高水平科技自立自强是高水平开放合作的前提和基础,两者相互依存、相互促进、共同发展。

当前,国际科技合作面临少数国家单边主义、保护主义的冲击和挑战。部分国家和地区的科学家及科研人员虽有流动,但流向可能更倾向于发达国家。人类要破解共同发展难题,比以往任何时候都更需要国际合作和开放共享,没有一个国家可以成为独立的创新中心或独享创新成果。我国要坚持以更加开放的思维和举措扩大基础研究等国际交流合作,营造具有全球竞争力的开放创新生态。我们要构筑国际基础研究合作平台,牵头实施国际大科学计划和大科学工程,设立面向全球的科学研究基金,加大国家科技计划对外开放力度,围绕气候变化、能源安全、生物安全、外层空间利用等全球问题,拓展和深化中外联合科研。要前瞻谋划和深度参与全球科技治理,参加或发起设立国际科技组织,支持国内高校、科研院所、科技组织同国际对接,完善法律法规、伦理审查规则和监管框架。我们要敢于斗争、善于斗争,努力增进国际科技界开放、信任、合作,以更多重大原始创新和关键核心技术突破为人类文明进步作出新的更大贡献,并有效维护我国的科技安全利益。

三、多出"从0到1"的原创性成果

"从0到1"指的是原创性成果。科技创新是艰辛探索的历程,需要保持足够的创新耐心与定力。做出科研成果不容易,而做出原始性创新的难度更大。回顾科技发展历程,那些留下鲜明足迹的科学家,都在原创研究上有所成就。避难就易、做跟踪式的研究,或许能较快做出"成绩",但从更长的时间尺度上看,却得不偿失。一位物理学家曾致力于某领域的研究,因没有突破便转换了领域,在新课题上获得新发现,有人称赞他懂得应变。但爱因斯坦并不这么认为,他表示:"我尊重这种人,但不能容忍这样的科学家,他们拿出一块木板来,寻找最薄的地方,然后在容易钻透的地方拼命钻许多孔。"

"从0到1"的原创性成果,概而言之,具有三个基本特征:从性质看,属于"无中生有"的质变;从过程看,具有很强的探索性和不确定性;从结果看,具有突破性、超前性。"从0到1"的原创性成果,有着很强的连锁效应,具有重大牵引作用。它不仅是新技术、新发明的先导,而且还能带来经济结构和产业形态的重大变革。一个国家、一个民族只有多出"从0到1"的原创性成果,才能从根本上避免被"卡脖子",才能在激烈的全球科技竞争中占据优势、掌握主动。"从0到1"的原创性成果,是衡量一个国家、一个民族科技实力的重要指标,在某种意义上,可以说是决定性的指标,是核心竞争力。多出"从0到1"的原创性成果,是实现高水平科技自立自强的迫切需要,客观上要求我们把原始性创新作为目标导向,把提升原始性创新能力摆在最突出的位置,倡导的是敢为天下先、勇于探索科技"无人区"和最前沿的钻研精神,鼓励科技工作者不畏挫折、敢于试错,在独创独有上下功夫。多出"从0到1"的原创性成果,需要广大科技工作者树立敢于创造的雄心壮志,敢于走前人没走过的路,敢于提出新理论、开辟新领域、探索新路径,围绕攻克关键核心技术加大基础研究力度,努力实现前瞻性基础研究、引领性原创成果重大突破。

1. 有组织推进基础研究

基础研究是科技创新的发动机,是构建先发优势、形成持续强大的创新能

169

力的基础,在建设科技强国中发挥着基础性、战略性、先导性作用。在科技强国建设中,必须牢牢把握加强基础研究这条主线。

当今世界面临着诸多战略性、前瞻性科技问题,世界已经进入大科学时代,基础研究在组织化推进方面的要求越来越突出。随着科技创新深入发展,基础研究中科学问题的复杂性、系统性越来越高,科学目标的导向性、计划性越来越强,科研活动的规模化、组织化程度越来越高,科研产出对经济社会的推动力、影响力越来越大。习近平同志指出,要"有组织推进战略导向的体系化基础研究、前沿导向的探索性基础研究、市场导向的应用性基础研究"①。必须加强党对科技事业的全面领导,充分发挥国家战略科技力量的有组织科研优势,提升科技创新能力,建制化、成体系服务国家战略需求。

战略导向的体系化基础研究,围绕科学规划、明确可行的战略目标,依托国家战略科技力量,以"大兵团"体系化协同作战方式联合攻关,着力解决人类可持续发展与国家高质量发展重大需求背后的基础科学难题。比如,旨在解决人类未来能源问题的国际热核聚变实验堆(ITER)计划,由中国与欧盟、印度、日本、韩国、俄罗斯、美国七方共同实施,组织数千名来自不同国家的科研人员共同参与,是目前全球规模最大、影响最深远的国际科研合作项目之一。又如,氦气广泛应用于制冷、半导体、医疗、航空航天等领域,是重要的战略资源。中国科学院组织数十家科研单位联合攻关,在几十年持续积累基础上突破一系列基础原理和关键核心技术,成功研制出我国首台工业级氦液化器,贯通了从天然气源到高纯氦气再到液氦的全流程,实现"国产气源、国产装备、国产液氦",为保障相关领域产业链供应链安全作出重要贡献。②

前沿导向的探索性基础研究面向世界科技发展的最前沿,探索方向大至天体运行、星系演化、宇宙起源,小至基因编辑、粒子结构、量子调控,充分发挥高校和科研院所的平台集成、学科交叉与基础设施等优势,以开放协同、灵活多样的科研组织方式,力求实现"从0到1"的原创性、引领性突破,着力拓展人

① 习近平:《加强基础研究 实现高水平科技自立自强》,《求是》2023年第15期,第6页。

② 中共中国科学院党组:《筑牢高水平科技自立自强的根基》,《求是》2023年第15期,第19页。

类认知边界、开辟创新空间。比如,我国天文学家利用"中国天眼"(500米口径球面射电望远镜),通过对57颗毫秒脉冲星进行长期系统性监测,成功探测到纳赫兹引力波存在的关键性证据,为理解宇宙结构的起源提供了重要支撑。

市场导向的应用性基础研究瞄准重大产业技术背后的基础性、关键性原理问题,发挥科技领军企业准确把握市场需求、组织方式灵活的优势,协同高校和科研院所力量开展集成创新,快速迭代推广创新成果,推动科学技术与经济社会发展加速渗透融合。比如,中国科学院所属研究所基于"合成气高选择性转化制低碳烯烃"原创性成果,与国内相关企业合作,建成世界首套低耗水煤基合成气装置,打通了从基础研究、应用研究到中试放大、工业化生产的全链条,开创了一条煤炭清洁利用的全新技术路线。

我们要深刻把握基础研究发展的新趋势新特点,精准施策,有组织地推动三类基础研究高质量发展。战略导向的体系化基础研究,重在持续解决重大需求背后的基础科学难题。前沿导向的探索性基础研究,重在不断拓展人类认知边界。市场导向的应用性基础研究,重在加快向现实生产力转化。这三类基础研究,虽然目的不同、要求不同、侧重点不同,组织方式、实施途径各有特色,但我们不能以孤立、静止的观点来看待它们,而必须以系统论、动态发展的观点,辩证地把握三类基础研究的特征,遵循各类基础研究的发展规律,努力使三类基础研究各展其特色、各显其优势、各发挥其功能而又相互配合、相得益彰、相互促进,从而形成叠加效应,提升基础研究的整体合力。要全面系统、相互联系地看待三类基础研究,进行宏观把握、系统思考,从宏观上把握贯穿其中的原则要求、方式方法,一体落实到基础研究的顶层设计及组织实施中。要处理好政策引导和市场调节的关系,充分发挥我国社会主义制度能够集中力量办大事的显著优势,强化党和国家对基础研究重大项目的领导,同时又要发挥好市场机制作用,围绕国家战略需求,优化配置基础研究要素和资源。要强化国家战略科技力量,充分发挥国家实验室、国家科研机构和高水平研究型大学作用,有组织推进战略导向的体系化基础研究、前沿导向的探索性基础研究。同时,也要充分发挥市场在创新资源配置中的决定性作用,引导科技领军企业当好"出题人"、"答题人"、"阅卷人",深入开展市场导向的应用性基础研究,为进一步强化企业科技创新主体地位、提升产业国际竞争力提供重要基础支撑。

2. 坚决打赢关键核心技术攻坚战

关键核心技术是国之重器。"在国际上,没有核心技术的优势就没有政治上的强势。"①一个国家只有在关键核心技术领域拥有强大的自主创新能力,才能在激烈的国际竞争中把握先机、赢得主动。如果自主创新能力上不去,我国就难以屹立于世界先进民族之林。我国作为一个独立自主的、发展中的社会主义大国,必须在科技方面掌握自己的命运,必须在一些战略性、基础性的重大科技项目上拥有自主创新的能力和自主知识产权。不能靠别人,靠别人是靠不住的。"大力提升自主创新能力,尽快突破关键核心技术。这是关系我国发展全局的重大问题"②。同发达国家相比,我国的一个最堪忧的差距、最大的短板,就是一些关键核心技术受制于人。实践反复告诉我们,关键核心技术是要不来、买不来、讨不来的,必须依靠自主创新。特别是在关系经济社会发展命脉和国家安全的关键核心领域,更需要加大科技创新力度,矢志不移推进自主创新,坚持不懈提升国家的自主创新能力。我们必须瞄准基础研究和应用基础研究这一关键核心技术创新的源头,着力强化前瞻性、原创性研究成果对产品开发、产业升级的引领和带动,坚决打赢关键核心技术攻坚战。习近平同志强调:"核心技术是国之重器,最关键最核心的技术要立足自主创新、自立自强。市场换不来核心技术,有钱也买不来核心技术,必须靠自己研发、自己发展。"③

严峻的形势表明,必须加快攻克重要领域"卡脖子"技术,努力实现关键核心技术自主可控,把创新主动权、发展主动权牢牢掌握在自己手中。习近平同志指出:"现在,比较正常的技术引进也受到种种限制,过去你弱的时候谁都想卖技术给你,今天你发展了,谁都不愿卖技术给你,因为怕你做大做强。在引

---

① 中共中央党史和文献研究院编:《习近平关于总体国家安全观论述摘编》,中央文献出版社2018年版,第155页。

② 习近平:《论把握新发展阶段、贯彻新发展理念、构建新发展格局》,中央文献出版社2021年版,第373页。

③ 习近平:《论科技自立自强》,中央文献出版社2023年版,第126页。

进高新技术上不能抱任何幻想,核心技术尤其是国防科技技术是花钱买不来的。人家把核心技术当'定海神针'、'不二法器',怎么可能提供给你呢?"①长期以来,我国在高技术领域一直受到发达国家高技术出口管制政策的限制。我们"只有把核心技术掌握在自己手中,才能真正掌握竞争和发展的主动权,才能从根本上保障国家经济安全、国防安全和其他安全"②。我国科技发展水平"不能总是指望依赖他人的科技成果来提高自己的科技水平,更不能做其他国家的技术附庸,永远跟在别人的后面亦步亦趋"③。

以什么样的标准来选择研究方向和领域呢?习近平同志特别强调:"科技攻关要坚持问题导向,奔着最紧急、最紧迫的问题去。"④当前和今后一个时期,要密切跟踪世界科技创新发展趋势,以关键共性技术、前沿引领技术、现代工程技术、颠覆性技术创新为突破口。从哪些关键核心技术突破呢?习近平同志指出:"要从国家急迫需要和长远需求出发,在石油天然气、基础原材料、高端芯片、工业软件、农作物种子、科学试验用仪器设备、化学制剂等方面关键核心技术上全力攻坚,加快突破一批药品、医疗器械、医用设备、疫苗等领域关键核心技术。"⑤选择哪些前沿领域突破呢?习近平同志强调:"要在事关发展全局和国家安全的基础核心领域,瞄准人工智能、量子信息、集成电路、先进制造、生命健康、脑科学、生物育种、空天科技、深地深海等前沿领域,前瞻部署一批战略性、储备性技术研发项目,瞄准未来科技和产业发展的制高点。"⑥开展关键核心技术攻关既要补短板,也要筑长板。补短板就是奔着最紧急、最迫切的要害问题、薄弱环节,去探求科学方法,找出科学答案。筑长板就是向前看,需要有预见性和战略定力,甚至在"无人区"及早部署,在向前发展的过程中得

---

① 中共中央文献研究室编:《习近平关于科技创新论述摘编》,中央文献出版社2016年版,第36页。

② 中共中央文献研究室编:《习近平关于科技创新论述摘编》,中央文献出版社2016年版,第36页。

③ 中共中央文献研究室编:《习近平关于科技创新论述摘编》,中央文献出版社2016年版,第46页。

④ 习近平:《论科技自立自强》,中央文献出版社2023年版,第7页。

⑤ 习近平:《论科技自立自强》,中央文献出版社2023年版,第7—8页。

⑥ 习近平:《论科技自立自强》,中央文献出版社2023年版,第8页。

到最关键的支撑。

要瞄准我国发展面临的瓶颈制约问题,加快实施一批国家重大科技专项,培育若干战略性新兴技术,催生一批战略性新兴产业,为经济社会高质量发展提供驱动、引领和支撑。为发展壮大战略性新兴产业,党的十九届五中全会通过的《中共中央关于制定国民经济和社会发展第十四个五年规划和二〇三五年远景目标的建议》,把"构建一批各具特色、优势互补、结构合理的战略性新兴产业增长引擎"作为发展现代产业体系、培育新发展动能的一项重要任务提了出来。《中华人民共和国国民经济和社会发展第十四个五年规划和2035年远景目标纲要》进一步提出了"推动战略性新兴产业融合化、集群化、生态化发展"的要求。面向未来,我们要以提升竞争力和产业集中度为导向,通过让极点区域率先发展、引领示范,优化完善"极点支撑、轴带辐射、板块联动"的主体架构,统筹推进区域重大战略、区域协调发展战略和主体功能区战略,推动要素自由流动和高效集聚,发展壮大新一代信息技术、生物技术、新能源、新材料、高端装备、新能源汽车、绿色环保以及航空航天、海洋装备等产业,打造更多能够带动全国高质量发展的经济带、增长极,进而带动经济总体效率提升。要善于捕捉世界科技前沿问题,前瞻谋划并加强前沿技术多路径探索,加速形成若干未来产业,比如在类脑智能、量子信息、基因技术、未来网络、深海空天开发、氢能与储能等前沿科技和产业变革领域,组织实施未来产业孵化与加速计划,谋划布局一批未来产业。

采取"非对称"赶超战略,在国家战略必争领域打破重大关键核心领域受制于人的局面。"非对称"赶超战略,主要是指在双方实力不对等的情况下,全面研判自身的差距和不足,明确自己的科研攻关方向和重点,全力推进科技创新,实现后来居上、跨越发展。"非对称"赶超战略,可形象地概括为"你打你的,我打我的",或者"你发展你的,我发展我的"。2013年8月21日,习近平同志在听取科技部汇报时,首次提出"非对称"赶超战略。他指出:我们科技总体上与发达国家比有差距,要采取"非对称"赶超战略,发挥自己的优势,特别是到2050年都不可能赶上的核心技术领域,要研究"非对称"性赶超措施。

实施"非对称"赶超战略,要把握好五点。一是,要避免战略选择的盲目性。必须在全面研判世界科技创新和产业变革大势的前提下,主动跟进、精心选择关系国家和民族长远发展的战略必争领域和突破口，"对看准的方向，要超前规划布局，加大投入力度，着力攻克一批关键核心技术，加速赶超甚至引领步伐"①。二是，越是差距大、未来很长一段时间按常规无法赶上的领域，越要提早谋划，作为重点方向部署实施，以免随着时间流逝导致差距越来越大。三是，要坚持有所为有所不为的方针，"科技布局上既要注重全面布局，也要讲究重点突破、非对称发展，坚持有所为有所不为的方针"②。四是，要制定正确的跟进和突破策略，在国家战略必争的关键领域、"卡脖子"的地方下大功夫，勇于走前人没有走过的路。要增强原始创新、集成创新和引进消化吸收再创新能力，不断取得基础性、战略性、原创性的重大成果。如果总是跟踪模仿，是没有出路的。五是，要注重立足自身实际，发挥好已有的比较竞争优势。

采取"非对称"赶超战略，就要有非对称性"杀手锏"。我国要在激烈的国际科技竞争中赢得主动，就必须"保持战略清醒，避免盲目性，不能人云亦云，也不能亦步亦趋。我们在科技方面应该有非对称性'杀手锏'，不能完全是发达国家搞什么我们就搞什么"③。"如果只是跟在别人后面追赶，不能搞出别人没有的一招鲜，最终还是要受制于人。"④我们必须奋起直追国际先进水平，"提高技术认知力，加强独创性设计，发展独有的'杀手锏'"⑤。这方面的典型案例，就是研制超级计算机。超级计算机是国家计算机综合实力和信息化建设的重中之重，是"国之大者"，是世界各国竞相角逐的重要制高点。20多年来，我国高效能计算技术研究在落后的情况下，潜心钻研、锐意创新，实现了一系列转变，研制出"神威"、"天河"等领先世界的超级计算机，扭转了我国超级计

---

① 中共中央文献研究室编：《习近平关于科技创新论述摘编》，中央文献出版社2016年版，第49页。

② 中共中央文献研究室编：《习近平关于科技创新论述摘编》，中央文献出版社2016年版，第69页。

③ 中共中央文献研究室编：《习近平关于科技创新论述摘编》，中央文献出版社2016年版，第49页。

④ 中共中央文献研究室编：《习近平关于科技创新论述摘编》，中央文献出版社2016年版，第43页。

⑤ 中共中央文献研究室编：《习近平关于科技创新论述摘编》，中央文献出版社2016年版，第49—50页。

算机领域在国际上的被动局面,持续保持领先优势。

要加强基础研究人才队伍建设。多出"从0到1"的原创性成果,归根结底要靠高水平创新型人才。近年来,我国深入实施人才强国战略,深化人才体制机制改革,依托各类机构平台聚焦和培养了一大批科技人才,人才队伍质量显著提升、结构进一步优化,取得显著成效,但高水平创新型人才队伍仍有明显短板。习近平同志强调:"必须下气力打造体系化、高层次基础研究人才培养平台,让更多基础研究人才竞相涌现。"①

一是要加大各类人才计划对基础研究人才支持力度,培养使用战略科学家,支持青年科技人才挑大梁、担重任,积极引进海外优秀人才,不断壮大科技领军人才队伍和一流创新团队。建立健全不同领域基础学科拔尖学生重点培养的体制机制,引导优秀人才投身基础科学研究,形成促进基础学科拔尖人才苗壮成长的良好氛围。尊重人才成长规律和科研活动自身规律,拓展基础学科人才选拔通道,将开放型人才培养理念贯穿于拔尖人才培养全过程,实现高水平科学研究与高质量人才培养相互支撑、相互促进、共同发展。二是要明确"破四唯"后怎么"立"的评价方式和标准,完善基础研究人才差异化评价和长周期支持机制,赋予科技领军人才更大的人财物支配权和技术路线选择权,构建符合基础研究规律和人才成长规律的评价体系。三是要加强科研学风作风建设,坚持科学监督与诚信教育相结合,纵深推进科研作风学风治理,引导科技人员摒弃浮夸、祛除浮躁,坐住坐稳"冷板凳"。四是要坚持走基础研究人才自主培养之路。坚持科学规划、长远布局,深入实施"中学生英才计划"、"强基计划"、"基础学科拔尖学生培养计划",优化基础学科教育体系,发挥高校特别是"双一流"高校基础研究人才培养主力军作用,加强国家急需高层次人才培养,源源不断地造就规模宏大的基础研究后备力量。不断创新人才培养模式,整合全社会创新资源,建好基础学科拔尖学生培养基地,在全方位谋划中积极探索建设一批基础学科拔尖人才培养"特区",激活基础学科人才培养的"一池清水"。

---

① 习近平:《加强基础研究 实现高水平科技自立自强》,《求是》2023年第15期,第7页。

第八章

深化科技体制改革

科技创新和制度创新是社会生产力和生产关系创新的两大基本形式。科技创新和制度创新好比车之双轮,坚持"双轮驱动"是科技发展的必然规律,是推进科技强国和中国式现代化建设行稳致远的体制机制保障。从科技发展的内生动力来说,科技领域是最需要不断改革的领域,科技体制改革是推进自主创新最为紧迫的重大任务。党的十八大以来,我国科技体制改革全面发力、多点突破、纵深发展,科技体制改革主体架构已经确立,重要领域和关键环节改革取得实质性突破,科技创新生态明显改善,科技人员和各类创新主体活力不断迸发、潜能尽情释放。面向未来,要实现高水平科技自立自强,努力建设世界科技强国,就必须继续深化科技体制改革,坚决破除一切制约科技创新的思想障碍和制度藩篱,进一步健全完善支持全面创新的基础制度,着力提升创新体系整体效能,最大限度解放和激发科技作为第一生产力所蕴藏的巨大潜力。

一、健全新型举国体制

构建社会主义市场经济条件下关键核心技术攻关新型举国体制(以下简称新型举国体制),是以习近平同志为核心的党中央立足党和国家事业全局,把握新一轮科技革命和产业变革发展态势,着眼建设科技强国、实现高水平科技自立自强而作出的重大战略决策。新型举国体制具有鲜明的中国特色,体现了我国社会主义制度集中力量办大事的独特优势,彰显了新时代中国共产党人的历史主动和创新自信。新时代新征程上,我们要加快构建协同高效、运行有序的新型举国体制,为强国建设、民族复兴伟业提供更为坚实的科技支撑。

177

1. 新型举国体制的时代特征

举国体制,顾名思义,就是动员和组织国家力量,集中全社会人力、物力、财力和各种资源、要素,为实现国家战略目标而采取的工作体系和运行机制。从世界范围看,发达国家为了维护其发展利益和领先地位,在涉及国防安全、战略高技术等特定领域,通常采用举国体制推动实施一系列重大项目,比如美国的曼哈顿计划和信息高速公路计划、日本的超大规模集成电路计划、欧洲的尤里卡计划等。总的来说,西方国家的举国体制,就是在特定领域运用国家力量实现国家意志的一种特殊制度安排。世界主要创新大国在战略高技术领域都采取过集全国资源、举全国之力的做法。

我国的举国体制,深刻体现了集中力量办大事的原则和思想。我国社会主义制度具有集中力量办大事的显著优势,在这方面我们进行了成功的探索和实践,积累了丰富的经验。新中国成立后,面对国民党反动派留下的乱摊子和满目疮痍的战争创伤,以毛泽东同志为核心的党的第一代中央领导集体带领全国人民以极大的热情投入新民主主义建设中,创造性地实现了由新民主主义到社会主义的转变,确立了社会主义基本制度。在一穷二白的基础上,在百废待兴、百业待举的局面中,党和国家充分发挥社会主义制度集中力量办大事的优势,集中全国有限的资源,举全国之力,开展了以"156项工程"为核心的数百个大中型建设项目,建立起独立的比较完整的工业体系和国民经济体系。"两弹一星"等重大科技成果、"石油大会战"等重大经济建设项目,都是集中力量办大事的典范。党的十一届三中全会以后,面对世界经济快速发展、科学技术突飞猛进的时代潮流,以邓小平同志为核心的党的第二代中央领导集体毅然作出了实行改革开放的历史性决策,领导人民开始了建设中国特色社会主义的新探索。党和国家先后组织实施了一系列重大科技和经济建设项目,取得了三峡工程、南水北调、西气东输、高速铁路等一批举世瞩目的重大成果。党的十八大以来,中国特色社会主义进入新时代。以习近平同志为核心的党中央大力推进科技创新,一些关键核心技术实现突破,战略性新兴产业发展壮大,载人航天、探月探火、深海深地探测、北斗导航、大飞机制造等取得显著成就,我国进入创新型国家行列。实践证明,我国社会主义制度具有非凡的组织动员能力、统筹协调能力、贯彻执行能力,能够充分发挥集中力量办大事的独特优势,极大彰显了我国国家制度和国家治理体系的优越性。

我国过去实施的举国体制是与计划经济紧密结合在一起的,我们一般称其为传统举国体制。在看到传统举国体制的优点和取得的成效时,也要清醒地认识到,传统举国体制还存在一些需要改进、完善的地方。比如:带有强烈的计划经济色彩,灵活性、灵敏性不够;完全依赖政府组织实施,管理层级多,行政管理式的方式无法适应新形势新任务的需要;资源过度集中,导致一些创新主体享受到过多的政策和资金倾斜,而另一些新兴科技领域的创新主体在创新创业时常常得不到及时有效的支持,甚至有的创新性很强的小型科技企业在银行拿不到贷款;项目审批周期长,成果转化慢;忽视市场作用,一些科研机构的研究方向与市场需求脱节,即便做出了成果也难以转化为现实生产力,最终被束之高阁;在一些领域,科研机构重复设置,而在一些领域,科研力量又比较分散,平时缺乏必要的沟通和协同,资源难以有效整合;激励机制不健全,优势得不到发挥,影响到科技人员的积极性、主动性、创造性;为了统筹力量而不计成本,有时效率不高,甚至出现资源错配、内耗;等等。

经过改革开放以来四十多年的发展,我国社会主义市场经济体制日益完善,公有制为主体、多种所有制经济共同发展,单纯基于计划经济体制的传统举国体制难以适应国家治理的新需要,更无法满足未来发展的新要求。随着时代的发展和改革的推进,科技治理现代化对建立新型举国体制的要求越来越迫切。特别是近年来,我国在建立新型举国体制方面进行了探索,建立新型举国体制的时机和条件也已具备,并在实践中发挥出巨大作用。比如,2019年2月20日,习近平同志在会见探月工程嫦娥四号任务参研参试人员代表时指出:"这次嫦娥四号任务,坚持自主创新、协同创新、开放创新,实现人类航天器首次在月球背面巡视探测,率先在月背刻上了中国足迹,是探索建立新型举国体制的又一生动实践。"[①]2021年2月22日,习近平同志在会见探月工程嫦娥五

---

① 鞠鹏:《习近平在会见探月工程嫦娥四号任务参研参试人员代表时强调:为实现我国探月工程目标乘胜前进 为推动世界航天事业发展继续努力》,《人民日报》2019年2月21日,第1版。

号任务参研参试人员代表并参观月球样品和探月工程成果展览时强调,嫦娥五号任务的圆满成功,"是发挥新型举国体制优势攻坚克难取得的又一重大成就"①。

新型举国体制在保留原有举国体制集中力量办大事思想内核的基础上,立足新的时代背景,瞄准新的关键领域,以新的主体结构和新的技术支撑整合创新资源及要素,成为体现国家意志、实现国家战略目标的重要组织实施方式、工作协同机制。新型举国体制是面向国家重大需求,通过政府力量和市场力量协同发力,凝聚和集成国家战略科技力量、社会资源共同攻克科技难题的组织模式和运行机制,是新发展阶段科技治理的重要创新。新型举国体制与传统举国体制一脉相承,在很多根本的方面具有一致性,比如坚持党的领导,通过党和国家的强大组织动员力来统筹实施;依托中国特色社会主义制度全国一盘棋、集中力量办大事的政治优势;等等。新型举国体制不仅继承了传统举国体制的优点,而且还依托社会主义市场经济的体制环境,在发挥社会主义制度集中力量办大事的优势等方面进行了与时俱进的创新创造。同计划经济体制下的传统举国体制相比,新型举国体制具有几个新特征。

第一,在体制环境和资源配置方式上,从行政配置资源为主转变为市场配置资源为主。传统举国体制诞生于计划经济时代,资源配置主要依靠政府组织协调,项目实施整个过程都由政府大包大揽,政府凭借着强大的行政力量,动员和调配一切资源向着战略目标集聚。新型举国体制适应了社会主义市场经济的发展要求,是建立在市场对资源配置起决定性作用基础上的组织模式和运行机制。新型举国体制改变了以往政府主导的科技资源配置方式,更加注重在发挥市场资源配置决定性作用的同时更好地发挥政府作用。新型举国体制不仅需要有效市场,也需要有为政府;既注重发挥"看不见的手"的作用,同时也注重发挥"看得见的手"的作用。可以说,新型举国体制是有效市场和有为政府的有机结合,这是新型举国体制中最重要的"新型"表现。新型举国体制是在社会主义市场经济条件下的创新安排,具有资源配置效益最大化、效

---

① 习近平:《党的伟大精神永远是党和国家的宝贵精神财富》,《求是》2021年第17期,第17页。

率最优化的优势。

第二,在目标导向和价值追求上,从注重目标实现转变为注重目标实现与注重效益并重。传统举国体制目标相对单一,注重科技成果和工程的产出,较少考虑市场价值和经济效益,甚至出现投入大而产出少的现象。传统举国体制往往注重精神激励,相对忽视物质利益、福利待遇等方面的激励,难以充分有效地激发创新主体的潜能。而新型举国体制既注重实现目标也考虑投入产出效益,既注重项目的技术前景也注重其实际应用价值,既注重技术链也注重价值链,同时兼顾各方需求满足和价值实现,能够在技术、研发、市场、产业之间保持动态平衡。新型举国体制注重遵循客观规律,更加紧密结合经济社会发展的重大需求,推动科技创新和经济社会发展深度融合,把满足人民高质量需求作为科技创新的重要方向。

第三,在组织运行和实施模式上,从政府内部协同转变为众多创新主体之间的协同。传统举国体制的运行主要依靠自上而下的指令,科技创新的价值取向、创新方式、创新成果使用等均严格遵守"嵌入"指令,创新行为、功能与结构基本上是靠贯彻落实指令体现出来的。传统举国体制中也注重协同,但更主要的是由政府主导的各部门、机构之间的内部协同。其他的、更多的创新主体听命于政府部门,按行政命令办事。新型举国体制是国家主导、众多创新主体参与的协同机制,更加注重所有创新主体之间的统筹联动,因而能够形成强大合力。新型举国体制更加注重政产学研用金"六位一体"深度融合,强调政府、企业、高校、科研机构、用户和金融机构据自身功能定位积极主动地参与创新活动,共同构建良性互动、完备高效的协同创新格局。

第四,在要素集成和创新生态上,从结构性集成转变为系统性耦合。传统举国体制比较注重结构性集成,强调创新要素集约化、规模化,突出创新要素相互关联、相互作用,形成整体合力。新型举国体制是在更大范围、更宽领域、更深层次、更高水平上集聚创新要素,更加注重创新要素的系统性耦合,强调创新要素体系化共享、协同化开发、高效化利用,突出创新要素同频共振、集群发力,形成结构更优、功能更强、效率更高的整体合力。从创新生态看,新型举国体制将谋事和谋势、谋当下和谋未来有机结合起来,将创新生态由以创新链为主拓展到创新链、产业链、供应链、人才链深度融合发展,着力构建自主可控、安全高效的科技创新体系。构建新型举国体制,除了要优化创新要素的结构外,还要强化全要素科学调配、全链条系统布局,推动实现创新生态的链条重构、功能提升,从而增强创新体系的整体效能。

2. 新型举国体制的构建路径

在推进新时代科技创新的过程中,习近平同志高度重视如何运用和发挥好集中力量办大事优势的问题。他把集中力量办大事上升到"重要法宝"的高度,反复强调这个法宝不能丢了。立足我国科技创新事业面临的机遇和挑战,紧密结合我国科技创新的生动实践,习近平同志深入思考了如何构建和完善新型举国体制的重大理论和实践问题。

2014年6月9日,习近平同志在中国科学院第十七次院士大会、中国工程院第十二次院士大会上的讲话中特别强调:"在推进科技体制改革的过程中,我们要注意一个问题,就是我国社会主义制度能够集中力量办大事是我们成就事业的重要法宝。我国很多重大科技成果都是依靠这个法宝搞出来的,千万不能丢了!"①2015年10月26日,习近平同志在党的十八届五中全会上所作的《关于〈中共中央关于制定国民经济和社会发展第十三个五年规划的建议〉的说明》中明确提出:"发挥市场经济条件下新型举国体制优势,集中力量、协同攻关,为攀登战略制高点、提高我国综合竞争力、保障国家安全提供支撑。"②这就深刻揭示了新型举国体制的一大背景——市场经济,精辟概括了新型举国体制的两大原则——集中力量、协同攻关,高屋建瓴阐明了新型举国体制的三大目标——攀登战略制高点、提高我国综合竞争力、保障国家安全。

2016年5月30日,习近平同志在全国科技创新大会、两院院士大会、中国科协第九次全国代表大会上的讲话中指出:"我们最大的优势是我国社会主义制度能够集中力量办大事。这是我们成就事业的重要法宝。过去我们取得重大科技突破依靠这一法宝,今天我们推进科技创新跨越也要依靠这一法宝,形

---

① 习近平:《论科技自立自强》,中央文献出版社2023年版,第87页。
② 习近平:《论科技自立自强》,中央文献出版社2023年版,第102页。

成社会主义市场经济条件下集中力量办大事的新机制。"①2019年10月31日，党的十九届四中全会通过的《中共中央关于坚持和完善中国特色社会主义制度、推进国家治理体系和治理能力现代化若干重大问题的决定》明确提出"构建社会主义市场经济条件下关键核心技术攻关新型举国体制"②。这是新型举国体制的权威、规范表述。其中，社会主义市场经济、关键核心技术攻关，是理解和把握新型举国体制的两个关键词。社会主义市场经济，点明了新型举国体制诞生和发挥作用的时代大背景、体制大环境。关键核心技术攻关，点明了构建和完善新型举国体制的载体、抓手。

新型举国体制的核心要义，是坚持发挥中国共产党领导和我国社会主义制度的政治优势，集中力量办大事，打好关键核心技术攻坚战。2020年10月29日，党的十九届五中全会通过的《中共中央关于制定国民经济和社会发展第十四个五年规划和二〇三五年远景目标的建议》指出"健全社会主义市场经济条件下新型举国体制，打好关键核心技术攻坚战，提高创新链整体效能"③。2022年10月16日，习近平同志在党的二十大报告中，明确提出了"健全新型举国体制"④的要求，并作出战略部署。从提出"构建新型举国体制"、到强调"坚持和完善新型举国体制"⑤、再到要求"健全新型举国体制"，这是一个层层递进的探索过程，表明我们党对新型举国体制在认识上不断深入、在战略上不断成熟、在实践上不断丰富。

新型举国体制是我国科技治理体系中带有根本性、决定性、全局性的顶层设计。新型举国体制以维护国家发展和安全为前提，以"四个面向"为导向，以科学统筹、集中力量、优化机制、协同攻关为基本方针，以提升国家整体创新能

---

① 习近平：《论科技自立自强》，中央文献出版社2023年版，第157页。

② 中共中央党史和文献研究院编：《十九大以来重要文献选编》中，中央文献出版社2021年版，第282页。

③ 中共中央党史和文献研究院编：《十九大以来重要文献选编》中，中央文献出版社2021年版，第793页。

④ 《习近平著作选读》第1卷，人民出版社2023年版，第29页。

⑤ 中共中央党史和文献研究院编：《十九大以来重要文献选编》中，中央文献出版社2021年版，第498页。

力、实现国家战略需求为目标。构建新型举国体制是一项艰巨复杂的系统工程，必须以系统观念、全局眼光和辩证思维谋划新型举国体制，切忌盲人摸象、以偏概全，切忌只见局部、不见森林。要在坚持好、完善好传统举国体制优点的基础上，聚焦高水平科技自立自强，统筹谋划和整体推进科技创新，加快构建协同高效、运行有序的新型举国体制。当前和今后一个时期，要重点抓好以下几个方面的工作。

第一，坚持科学统筹，加强党对新型举国体制的集中统一领导。构建新型举国体制，首要的一条，就是加强党对科技事业的集中统一领导，确保党中央关于科技创新的决策部署落到实处。我国新型举国体制的最大优势也体现在这里，我国新型举国体制取得的一切成效都根源于党的坚强领导。一是要加强顶层设计和总体布局，从党和国家最高层面组织调动、统筹协调科技创新资源，提升关键核心技术攻关的决策效率与执行力，打造目标明确、统筹协调、组织有力的新型举国体制。二是根据新的使命任务和战略安排健全完善党领导科技创新的体制机制，推进国家科技管理职能优化协同高效，切实解决科技资源配置碎片化、效能有待提升等问题。三是充分发挥党总揽全局、协调各方的作用，构建共促关键核心技术协同攻关的工作格局。各级党委和政府要把科技创新摆上议事日程，做好重大科技任务布局规划，组织实施重大科技任务攻关，发挥好宏观指导、统筹协调、服务保障作用，充分凝聚创新力量、激发创造潜能。

第二，坚持服务支撑，推动政府职能从研发管理向创新服务转变。这是构建新型举国体制的关键因素。政府要强化服务型政府建设，着力补强创新服务短板、优化创新服务体系，以优质高效便捷的服务提升新型举国体制的效能。具体要求包括：更加注重宏观引领和前瞻部署，更加注重优化政策供给，更加注重营造良好创新生态，形成全链条统筹推进的工作格局。要充分发挥政府作为重大科技创新组织者、服务者的作用，强化跨部门、跨学科、跨军民、跨央地整合力量，尊重科学规律、经济规律、市场规律，构建科技、产业、金融、人才、知识产权等方面的政策协调机制，形成动员有力、协同高效、用活市场、激励有效、权责统一的运行机制。在更好发挥政府作用的同时，充分发挥市场在资源配置中的决定性作用，确立企业在关键核心技术攻关中的主体地位，以共同利益为纽带、市场机制为保障,支持有条件的领军企业联合上下游、政产学研用金协同,组建体系化、任务型的创新联合体。依托我国超大规模市场和完备产业体系,建立健全支持攻关成果应用和产业化的政策体系。建立健全符合国际规则的支持采购创新产品和服务的政策,加大创新产品和服务采购力度,促进创新产品的研发和规模化应用。完善使用首台(套)重大技术装备鼓励政策,健全研制、使用单位在产品创新、增值服务和示范应用等环节的激励和约束机制。充分发挥好政府财政资金的杠杆作用,利用市场机制撬动企业和其他社会资源的投入。完善政府采购政策和招投标政策,创造有利于攻关成果产业化应用和迭代升级的市场环境,加速科技成果向现实生产力转化。

第三,坚持强化主体,打造体系化的国家战略科技力量。国家战略科技力量是构建新型举国体制的创新主体。抓住、抓好国家战略科技力量,就抓牢了构建新型举国体制的"牛鼻子"。体系化,是对国家战略科技力量的新要求,强调参与国家重大科技攻关的创新主体必须优势互补、协同发力,提升新型举国体制的整体效能。一是要加快国家实验室建设,重组国家重点实验室,形成结构合理、运行高效、富有中国特色的国家实验室体系。二是要优化国家战略科技力量空间布局,加快打造具有全球影响力的科技创新中心,建成若干具有强大带动力的创新型城市和区域创新高地。三是要推进科研力量优化配置和资源共享,加快建设高水平科研院所和研究型大学,形成一批原始创新策源地,锻造一批基础研究的主力军和重大科技突破的生力军。四是要充分发挥科技领军企业的作用,促进科技创新成果转化应用,推动创新链条有机衔接、创新效率大幅提高,打通从科技强到企业强、产业强、经济强的通道。五是要加强国家战略科技力量之间的协同。各创新主体必须立足自身在创新链中不同环节的功能定位,做到既各自发挥潜力又相互配合,既为一域争光又为全局添彩。

第四,坚持任务牵引,科学合理遴选重大任务。新型举国体制以组织实施重大科技任务为牵引,以关键核心技术为主攻方向,围绕关键核心技术攻关全链条全要素一体化配置创新资源。要坚持国家战略目标导向,明确主攻方向和核心技术突破口,加快锻造事关我国产业、经济和国家安全的"杀手锏"技术,努力攻克制约高质量发展的"卡脖子"技术,重点研发具有先发优势的关键技术和引领未来发展的基础前沿技术。要聚焦我国发展面临的瓶颈制约问题，科学合理遴选重大任务，加快构建定位清晰、梯次衔接、协同推进的重大科技任务体系，培育若干战略性新兴技术，催生一批战略性新兴产业，驱动、引领和支撑经济社会高质量发展。要密切跟踪世界科技发展态势，瞄准关键共性技术、前沿引领技术、现代工程技术、颠覆性技术创新，坚持有所为有所不为的方针，主动跟进、精心选择关系国家和民族长远发展的战略必争领域，持续开展关键性、原创性、引领性科技攻关。选择哪些前沿领域突破呢？习近平同志强调："要在事关发展全局和国家安全的基础核心领域，瞄准人工智能、量子信息、集成电路、先进制造、生命健康、脑科学、生物育种、空天科技、深地深海等前沿领域，前瞻部署一批战略性、储备性技术研发项目，瞄准未来科技和产业发展的制高点。"[1]越是差距大、未来很长一段时间按常规无法赶上的领域，越要提早谋划，作为重点方向部署实施，以免随着时间流逝导致差距越来越大。

二、推动政府职能从研发管理向创新服务转变

我国经济体制改革的核心问题是处理好政府和市场的关系，深化科技体制改革自然而然要求处理好政府和市场的关系，在发挥市场对资源配置起决定性作用的同时，仍然要坚持发挥我国社会主义制度的优越性、更好发挥政府作用。如何更好发挥政府作用、激发和释放科技体系创新活力呢？

2014年8月18日，习近平同志在主持中央财经领导小组第七次会议时指出："要以转变职能为目标，推进政府科技管理体制改革。"[2]2015年党的十八届五中全会通过的《中共中央关于制定国民经济和社会发展第十三个五年规划的建议》指出，"推动政府职能从研发管理向创新服务转变"。这是政府履行创新职能方式方法和体制机制的重大改革，可以说是抓住了深化科技体制改革的"牛鼻子"，对于营造全社会良好创新生态、提升我国科技核心竞争力具有十

---

[1] 习近平：《论科技自立自强》，中央文献出版社2023年版，第8页。
[2] 《习近平主持召开中央财经领导小组第七次会议强调：加快实施创新驱动发展战略 加快推动经济发展方式转变》，《人民日报》2014年8月19日，第1版。

分重大的意义。2016年5月30日,习近平同志在全国科技创新大会、两院院士大会、中国科协第九次全国代表大会上,进一步凝炼提出"政府科技管理部门要抓战略、抓规划、抓政策、抓服务"[1]的"四抓"理念。"四抓"对政府科技管理部门的思想观念、工作思路、手段方法提出了新的要求,对于厘清政府科技职能范围、优化政府组织结构、理顺部门职责分工、推进政府创新管理能力有着极为重要的方法论意义。2018年5月28日,习近平同志在中国科学院第十九次院士大会、中国工程院第十四次院士大会上指出:"要加快转变政府科技管理职能,发挥好组织优势。"[2]2021年5月28日,习近平同志在中国科学院第二十次院士大会、中国工程院第十五次院士大会、中国科协第十次全国代表大会上指出,"科技管理改革不能只做'加法',要善于做'减法'。要拿出更大的勇气推动科技管理职能转变,按照抓战略、抓改革、抓规划、抓服务的定位,转变作风,提升能力,减少分钱、分物、定项目等直接干预,强化规划政策引导"[3]。这就从"加法"与"减法"的角度,形象地说明了"四抓"理念的实质和精华所在。

长期以来,我国在科技管理中一般是采取研发管理的模式。研发管理目的是组织好科研活动,管理的对象主要是科研单位,运用的管理手段多为行政手段,管理者的注意力主要集中在研发环节。而创新服务视野更开阔,服务的对象是产学研用、大中小微等各类创新主体,注意力不单纯集中在研发环节而是从研发到应用转化的创新全链条,采取的不是行政管理方式而主要是服务方式。除了对象、途径、方式等发生了重大变化外,创新服务更加聚焦于经济社会发展重大需求,更加注重创新活动的引导,更加强化企业在技术创新中的主体地位。

推动政府职能从研发管理向创新服务转变,这是科技治理方式的深层次变革,对政府在科技和创新管理职能与治理格局方面提出了新的更高标准,"要求政府更加注重抓宏观、抓战略、抓前瞻、抓基础、抓环境、抓监督,更加注重向创新链前后端延伸,更加注重优化政策供给,更加注重营造良好创新生

---

① 习近平:《论科技自立自强》,中央文献出版社2023年版,第160页。

② 习近平:《论科技自立自强》,中央文献出版社2023年版,第204页。

③ 习近平:《论科技自立自强》,中央文献出版社2023年版,第10—11页。

态,形成全链条统筹推进的工作格局"①。

1. 抓战略

抓战略,就是要把建设科技强国作为国家战略,摆在国家发展全局的核心位置,积极主动谋划事关高水平科技自立自强、事关中国式现代化兴衰成败的战略性问题。习近平同志反复强调,"在关系国计民生和产业命脉的领域,政府要积极作为"②,"努力实现优势领域、共性技术、关键技术的重大突破"③,将政府抓科技创新的职能提高到新的战略高度。抓战略,要求我们要牢牢把握科技创新的战略方向和重点,集中精力谋大事、议大事、抓大事。

战略应当有前瞻性、全局性、稳定性,是从全局、长远、大势上作出的判断和决策。我们是一个大党,领导的是一个大国,进行的是伟大的事业,要善于进行战略思维,善于从战略上看问题、想问题。在百年来的奋斗历程中,我们党之所以能够取得革命、建设、改革的伟大胜利和辉煌成就,就在于坚持以马克思主义为指导,既解决现实问题,又解决战略问题。

一百多年来,党总是能够在重大历史关头从战略上认识、分析、判断面临的重大历史课题,制定正确的政治战略策略,这是党战胜无数风险挑战、不断从胜利走向胜利的有力保证。从建党之初制定最高纲领和最低纲领、指出中国革命必须分两步走,到土地革命战争时期开辟农村包围城市、武装夺取政权的正确革命道路;从抗日战争时期建立抗日民族统一战线、提出和实施持久战的战略总方针和一整套人民战争的战略战术,到解放战争时期确立"向北发展,向南防御"的战略方针、逐渐由积极防御转向战略进攻;从社会主义革命和建设时期提出过渡时期总路线、建立社会主义制度、开展全面的大规模的社会主义建设,到改革开放后确立"一个中心、两个基本点"的社会主义初级阶段基本路线、制定"三步走"发展战略……从一定意义上讲,一部党史就是一部战略

① 刘延东:《深入实施创新驱动发展战略》,《人民日报》2015年11月11日,第6版。
② 中共中央文献研究室编:《习近平关于科技创新论述摘编》,中央文献出版社2016年版,第57页。
③ 中共中央文献研究室编:《习近平关于科技创新论述摘编》,中央文献出版社2016年版,第4页。

史。实践证明,正是我们党善于从历史长河、时代大潮、全球风云中分析演变机理、探究历史规律,提出因应的战略策略,才形成了为实现宏伟目标共同奋斗的磅礴力量。

战略和策略是辩证统一的关系。习近平同志从辩证唯物主义和历史唯物主义的高度,深刻揭示了战略和策略的辩证统一关系,指出"正确的战略需要正确的策略来落实","策略是在战略指导下为战略服务的"①。深刻把握战略和策略的辩证统一关系,要求我们运用马克思主义立场观点方法,把握整个物质世界的本质特性和人类社会发展的客观规律,洞悉现象与本质、特殊与普遍、局部与整体、当前与长远的辩证关系,分析战略态势、明确战略方向、把握战略机遇、进行战略布局。同时要制定切合实际的目标任务、政策策略,在不断解决突出问题中实现战略突破,在准确把握战略全局中确保各项事业行稳致远。

党的十八大以来的伟大实践充分表明:重大历史关头、重大考验面前,领导力是最关键的条件,党中央的判断力、决策力、行动力具有决定性作用。只要不断增强"四个意识"、坚定"四个自信"、做到"两个维护",就一定能够在乱云飞渡中始终保持正确战略航向。习近平同志强调,要"把战略的坚定性和策略的灵活性结合起来"②;"既要在战略上布好局,也要在关键处落好子"③。战略定力和策略活力的有机结合,既避免了"只讲长远目标"而"缺乏具体行动"的空谈,也避免了"只顾低头拉车"而"忘了抬头看路"的短视,对党和国家事业长期稳定发展发挥了重要作用。

当前,党和国家面临的新形势新任务,对各级领导干部深刻把握贯彻执行党的战略策略提出了新的更高要求。具体到科技事业来说,就是要胸怀"国之大者",结合本地区本部门实际深入实施创新驱动发展战略。科技创新工作不仅要支撑经济社会全面发展,更要成为"五位一体"总体布局和"四个全面"战略布局的有机构成部分。要在两个大局交织联动的时代背景中,找准科技创

---

① 习近平:《更好把握和运用党的百年奋斗历史经验》,《求是》2022年第13期,第13页。

② 习近平:《更好把握和运用党的百年奋斗历史经验》,《求是》2022年第13期,第14页。

③ 习近平:《论把握新发展阶段、贯彻新发展理念、构建新发展格局》,中央文献出版社2021年版,第380页。

新工作的新定位,明确主攻方向和突破口,强化建设世界科技强国对建设社会主义现代化强国的战略支撑。各地区各部门要自觉同党的理论和路线方针政策对标对表、及时校准偏差,党中央作出的战略决策必须无条件执行,确保不偏向、不变通、不走样。要善作善成坚持党的战略策略,创造性地把党中央作出的战略决策体现到谋划科技创新工作思路、制定科技创新具体政策、部署科技创新工作任务、推进科技创新各项工作的实践中,真抓实干、埋头苦干。

2. 抓改革

抓改革,就是要不断突破体制机制藩篱,创造有利于科技创新的法律法规和政策环境,最大限度激发创新主体的能力、潜力、动力和活力。习近平同志突出强调,要"让科研单位和科研人员从繁琐、不必要的体制机制束缚中解放出来"①。抓改革,要求我们以深化改革激发创新活力,加强系统布局、系统组织、跨界集成,推动创新主体、创新资源、创新要素、创新空间等有机组合融合,形成整体合力。

抓改革,首先要坚持改革开放的方向、立场和原则。方向正、立场稳、原则强,就会为各方面改革创造良好的前提条件,注入源源不断的动力。习近平同志指出:"我们当然要高举改革旗帜,但我们的改革是在中国特色社会主义道路上不断前进的改革,既不走封闭僵化的老路,也不走改旗易帜的邪路。"②他强调:"我们的方向就是不断推动社会主义制度自我完善和发展,而不是对社会主义制度改弦易张。我们要坚持四项基本原则这个立国之本,既以四项基本原则保证改革开放的正确方向,又通过改革开放赋予四项基本原则新的时代内涵,排除各种干扰,坚定不移走中国特色社会主义道路。"③现在,我们面临十分复杂的国内国际环境,各种思想观念和利益诉求相互激荡。要从纷繁复杂的事物表象中把准改革脉搏,在众说纷纭中开好改革药方,没有很强的战略定力是不行的。必须清醒地认识到,我们不断推进改革,是为了推动党和人民

---

① 习近平:《论科技自立自强》,中央文献出版社2023年版,第11页。
② 《习近平著作选读》第1卷,人民出版社2023年版,第66页。
③ 中共中央文献研究室编:《习近平关于全面深化改革论述摘编》,中央文献出版社2014年版,第15页。

事业更好发展,而不是为了迎合某些人的"掌声",不能把西方的理论、观点生搬硬套在自己身上。我们不能邯郸学步,照抄西方制度模式。面对复杂形势和各种风险考验,我们既要有冒的勇气、闯的劲头,又要始终坚持以我为主,应该改又能够改的坚决改,不应改的坚决守住;应该改而不具备条件的创造条件改,该快的一定要快、不能快的则循序渐进。对看准了的改革,要下决心推进,争取早日取得成效。总之,改什么、怎么改必须从我国国情出发、从经济社会发展实际出发,有领导有步骤推进制度建设和改革,不求轰动效应,不做表面文章,始终推动我国国家制度和国家治理体系沿着正确的方向前进。

抓改革,要辩证处理守正与创新的关系。只有守正才能不迷失方向、不犯颠覆性错误。创新是引领发展的第一动力,要求我们紧跟时代步伐,顺应实践发展,以满腔热忱对待一切新生事物,要不断拓展认识的广度和深度,以新的理论指导新的实践。只有创新才能把握时代、引领时代。守正绝不是墨守成规、一成不变,创新绝不是无本之木、无源之水。守正与创新相辅相成。在守正中把稳舵盘、保持航向,在创新中寻求突破、扬帆远航,要以科学的态度对待科学,以真理的精神追求真理,一方面要守好中国式现代化的本和源、根和魂,确保中国式现代化正确方向,另一方面要把创新摆在国家发展全局的突出位置,顺应时代发展要求,着眼于解决重大理论和实践问题,积极识变应变求变,不断塑造发展新动能新优势,不断开辟发展新领域新赛道。在继承中发展、在守正中创新,我们就能始终沿着正确方向推动中国式现代化行稳致远。

当前和今后一个时期,我们要推动新时代科技改革在全面深化改革的伟大实践中行稳致远并不断完善和发展。我们既要敢为天下先、敢闯敢试,又要积极稳妥、蹄疾步稳,坚持方向不变、道路不偏、力度不减,推动新时代科技体制改革以及各方面改革迈出新步伐。我们要把问题导向和目标导向统一起来,坚持试点先行和全面推进相促进,既鼓励大胆试、大胆闯,又坚持实事求是、善作善成,确保国家科技制度和治理体系更加健全,国家科技治理能力和科技治理效能更加提升。我们要增强战略思维、历史思维、辩证思维、系统思维、创新思维、法治思维、底线思维,加强宏观思考和顶层设计,聚焦实现高水平科技自立自强、建设科技强国面临的突出矛盾和问题,深入调查研究,坚持改革决策和立法决策相衔接,不断提高改革决策的科学性。

面对新一轮科技革命和产业变革迅猛发展的态势,我们要以时不我待的精气神抓好科技改革的各项工作。要以科技创新为核心,引领科技体制及其相关体制深刻变革,增强改革措施的系统性、整体性、协同性,强化改革系统集成,提升改革整体效能。要制定和落实鼓励企业技术创新各项政策,强化企业创新倒逼机制,加强对中小企业技术创新支持力度。要优化科研院所和研究型大学科研布局,厚实学科基础,培育新兴交叉学科生长点。要尊重科技创新的区域集聚规律,建设若干具有强大带动力的创新型城市和区域创新中心。

要紧盯人民对美好生活的向往,面向人民生命健康,聚焦民生需求,把惠民、利民、富民作为科技改革的价值取向。要围绕需求、供给与制度环境,强化普惠性和精准性政策供给,推动战略、规划落地实施,引导激励服务供给,最大限度激发各类创新主体的能力、潜力、动力和活力。政府要积极营造有利于创新的政策环境和制度环境,对看准的、确需支持的,政府可以采取一些合理的、差别化的激励政策。不断优化科技政策供给质量,积极探索有利于战略、规划落地实施的政策机制、模式、措施、办法,使科技创新在驱动引领发展上更好地发挥作用。

3. 抓规划

习近平同志指出:"发挥政府作用,不是简单下达行政命令,要在尊重市场规律的基础上,用改革激发市场活力,用政策引导市场预期,用规划明确投资方向,用法治规范市场行为。"[1]

抓规划,就是要抓好落实科技创新战略的全面性、长期性的科技规划。习近平同志指出,"政府从分钱分物的具体事项中解脱出来,提高战略规划水平"[2]。抓规划,要求我们根据党中央的总体战略部署,密切联系地方、部门实

---

[1] 中共中央文献研究室编:《习近平关于社会主义经济建设论述摘编》,中央文献出版社2017年版,第69—70页。

[2] 中共中央文献研究室编:《习近平关于科技创新论述摘编》,中央文献出版社2016年版,第66页。

际,因地制宜,研究制定本地区、本部门实施创新驱动发展战略的具体措施和办法,以规划为实施载体,扎扎实实做好地区、部门职责范围内的工作,确保把党中央的总体要求和战略部署落到实处。

要迎接新一轮科技革命和产业变革的挑战,着力实现高水平科技自立自强,就必须紧密关注新科技革命发展进程,跟踪世界科技前沿,把握新科技革命发展趋势。在对新科技革命进行深入、全面了解的基础上,结合我国基本国情和科技现状,制定科技发展规划。综观当今世界,尽管各国在历史文化、发展水平、社会制度等方面存在着这样那样的差异,但普遍关注和重视科学技术,希望通过科技进步和创新来推动本国的经济社会发展。世界各国特别是主要大国都高度关注科学技术的发展趋势,纷纷加强科学展望和技术预见,认真思考和积极实施新的科技发展战略和科技政策。党制定科技政策、谋划未来科技发展,更需要在国家战略层面上关注、跟踪新科技革命发展趋势和各国的科技发展战略。

以中长期规划和五年计划方式明确推动和加快科技发展的总体思路、发展目标、主要任务和重大举措,是我国科技治理的一条成功经验。除此之外,党和国家还制定了一些综合性或专题性的规划,比如《国家创新驱动发展战略纲要》《深化科技体制改革实施方案》等。各地区、各部门也制定了相应的科技规划及实施方案。科技规划及实施方案,对我国明确科技发展方向、确定科技发展方针、选择科技发展重点领域,产生了极为重要的影响。制定正确的科技规划,既要顺应世界科技发展的潮流,遵循科技规律,又要紧密结合国情和国家战略需求,选择顺应时代发展要求、符合我国实际的科技发展方针、领域、项目。在制定科技规划及实施方案的过程中,党和国家组织了大量专家,包括科技、经济、社会、管理等各方面的专家开展了讨论,并尽可能调动一线科技人员参与。科技规划及实施方案,都是在深入进行战略研究的基础上制定的,离不开对世界科技发展的密切关注和长期跟踪。

抓规划,必须做到放眼世界、立足国内。正是因为放眼世界,我们的一系列重大科技决策部署、科技规划计划,才有了宽广的世界眼光。放眼世界,我国科技工作才不致与世界新科技革命脱节,才能对我国科技发展的方向、目标形成科学的认知。正是因为立足国内,我们才能结合我国经济社会发展实际和科技工作现状,制定正确的战略决策、规划计划。立足国内,我们的放眼世界才能有的放矢、才有现实针对性,才能明确我国科技发展重点和措施,真正做到"有所为,有所不为"。

抓规划,必须注重前瞻引领、超前部署。科技规划是从全局性、战略性高度对我国科技发展进行前瞻性的总体规划和统筹安排。科技发展规划是面向未来的,具有前瞻性、引领性。对于一些尖端科技、战略性新兴产业,必须提前布局,超前部署,这样才能掌握未来发展的先机和主动。在跟踪世界科技先进水平的基础上,还要善于从全局性、战略性、前瞻性的高度对我国科技发展进行思考和谋划。只有具备了超前的战略眼光,科技规划才能站得高、看得远,而不是就事论事。

抓规划,必须前后相继、滚动实施。科技规划之所以能对我国科技事业起到巨大的推动作用,关键在于既关注、跟踪世界科技前沿,把握住新科技革命的前进方向和发展趋势,同时又结合我国实际,确定了我国科技发展的重点领域、项目,对我国科技发展作出了部署和安排。科技规划的制定过程,实际上是持续关注、跟踪世界科技前沿并对我国科技发展作出规划、设计的过程。我国建立了规划滚动编制机制,当一个阶段性的科技规划即将实施结束时,党中央、国务院适时启动新一轮科技规划的研究与编制工作。阶段性的科技规划前后相继,推动了我国科技事业一步步向前发展。

鉴于我国经济科技实力与西方发达国家相比还有一定的差距,我们要想短期内在所有的领域都赶上世界先进水平是不现实的。因此,必须要坚持"四个面向",紧紧把握可能发生革命性变革的重要研究方向,坚持突出重点、有限目标,选择具有一定优势和基础、对国家发展具有全局和长远影响的重点领域,明确主攻方向,有效组织力量开展攻关,力争取得突破和进展。以这些重点领域为支撑,通过伞型辐射,带动我国科技整体水平的提高。

当前和今后一个时期,要改革国家科技创新战略规划和资源配置体制机制,统筹科技、产业、经济、教育、人才等战略规划,充分发挥科技创新在推动产业迈向中高端、培育发展新动能、拓展发展新空间、提高发展质量和效益等方面的战略支撑引领作用。深入实施国家创新驱动发展战略,对看准战略方向的大事,以中长期规划的形式进行系统前瞻布局,选准突破路径,部署重大项目、重大工程、重大载体和重大任务,明确规划时间表和路线图。要继续深入实施区域发展总体战略,完善并创新区域政策,缩小政策单元,重视跨区域、次区域规划,提高区域政策精准性,按照市场经济一般规律制定政策。

4. 抓服务

抓服务,就是重在为科技创新主体松绑减负和提供创新公共服务。习近平同志反复强调政府科技管理部门要抓服务,"形成充满活力的科技管理和运行机制"①。抓服务,要求我们坚持"在服务中实施管理,在管理中实现服务",不断提高工作效率和服务水平,提高政府科技决策能力和执行能力,建设服务型政府。

近年来,随着党和国家机构改革深入推进,简政放权、放管结合、优化服务改革力度持续加大,效果日益明显,政府管理和服务能力大幅提升。在看到成绩的同时,我们也要看到,一些涉及体制机制方面的深层次问题仍然没有解决。比如,一方面,政府对创新主体有时干预过多过细,束缚了创新主体的积极性、能动性;另一方面,政府职能还存在着错位、越位、缺位等现象,在一些领域发挥作用还不够,等等。要进一步创新治理、强化服务,把更多行政资源从事前审批转到加强事中事后监管和提供公共服务上来,在审批和监管中也要充分体现服务理念,着力为优化创新环境创造良好条件,为创新主体从事创新活动增加便利。始终坚持放管有机结合、放管两手并重,切实改变重审批轻监管、"以批代管"等行政管理方式,夯实监管责任,提升监管效能,确保放而不乱、管而有序。要注重创新监管理念和方式,切实管出公平、管出效率、管出活力。

加快政府职能从研发管理转向创新服务,总体要求是:着眼国家创新体系建设这一目标,抓住理顺政府和市场关系这一关键,突出科技和经济结合这一重点,紧扣激发"人"的积极性创造性这一根本,着力补强创新服务短板、优化创新服务体系,把全社会创新创业活力更加充分地激发出来、释放出来。要把

---

① 中共中央党史和文献研究院编:《十八大以来重要文献选编》下,中央文献出版社2018年版,第336页。

握好以下几个方面的要求。一是进一步理顺政府和市场关系,将有效市场和有为政府更好结合起来,在充分尊重市场经济一般规律的基础上,最大限度减少政府对市场资源的直接配置和对创新主体的直接干预;同时要创新和完善政府经济调节、市场监管、社会管理、公共服务等职能,更好运用服务手段、服务方式提升政府效能。二是必须适应创新主体更多元的情况,更好面向"多主体"履行创新职能。政府要从更多面向科研单位转为面向包括科研单位在内的各类创新主体,更好激发产学研用、大中小微企业等各类创新主体的积极性和内生动力,促进各创新主体优势互补、开放协同,整体提升创新效能。三是要更好围绕"全链条"履行创新职能,促进科技和经济深度结合。政府要加快从更多围绕研发环节拓展为从研发到产业化应用的创新全链条,打通科技创新和经济社会发展之间的通道,把"出成果"和"用成果"更有机地统一起来,从而实现科技和经济更加紧密的结合。四是要牢固树立以人为本的创新理念,通过充分激发人的积极性创造性更好营造创新生态。我国虽然已成为具有重要影响的科技大国,但自主创新能力特别是原创能力仍是重大短板,创新活动中见物不见人等现象仍然存在。政府履行创新职能,应牢牢抓住人这一创新的根本源泉,把优化创新生态摆在更加突出的地位,加快从具体组织科研活动转为更好营造创新生态环境,使科技人员和企业家在创新中更好受益、企业在创新中更多赢利、社会在创新中更快发展。

注重创新宏观引导。深化科技体制改革,必须大力转变传统的管理观念,把宏观引导作为政府服务创新的基本方式。在统筹制定科技创新战略规划时,要强化科技发展预测,准确判断经济社会需求,据此对中长期创新方向适时合理引导。在推动科技创新政策落地落实时,要强化部门之间、中央与地方之间的合理分工和高效协同,推进科技和经济政策、供给侧和需求侧政策更好结合。要打通堵点,产学研用齐发力,强化创新链、产业链和市场需求的有效衔接,畅通创新成果应用转化渠道。要继续深入推进放管服改革,更多为各类创新主体减负松绑、清障搭台。要健全重大科技决策事前评估和事后评价制度,注重从源头上把控政策方向,减少科技决策的随意性,增强科技决策的规范性,不断提高科技决策水平。

优化创新资源配置。近年来,中央财政科技计划(专项、基金等)管理改革、行政审批和商事制度改革等付诸实施,政府转变职能的力度进一步加大,成效显著。要在总结经验的基础上,与时俱进深化中央财政科技计划(专项、基金等)管理改革,推动资金合理、高效使用,提高使用效率。积极创新财政投入方式,把握好稳定支持和竞争择优的动态平衡,完善并用好研发费用加计扣除等税收政策。加快科技金融创新发展,壮大符合我国国情、适合创新创业的金融服务,推动市场和社会资本更多投入。采取有效措施支持多样化创新主体健康有序发展,积极促进区域创新这一综合载体,构建高效率国家创新体系。以市场为导向培育新型研发机构,增强高校、科研单位原始创新和服务发展能力。总之,凡是市场能做好的,原则上都要交给市场去做,政府应当将工作重心转移到统筹协调、优化机制、政策引导、环境营造方面上来。

改进创新公共服务。创新公共服务是开展创新活动的重要保障和基础前提。提升创新公共服务水平,是构建科学高效、富有竞争力的创新体系的必然要求。要大力发展适应大科学时代创新活动特点、支撑高水平创新的基础设施和公共平台。积极引导社会资本参与建设社会化技术创新服务平台,完善专业化技术应用转化服务体系。完善大型科学仪器设备、科学数据等基础条件,建立健全科技决策咨询、创新调查、科技报告等基础制度,加快科技资源开放共享。围绕提供更加优质高效的政务服务,大力推进政务服务标准化、规范化、便利化,优化再造政务服务流程,提高政务服务绩效,更好满足创新主体需求。针对新产业新业态蓬勃兴起的态势,坚持包容审慎监管原则,引导新产业新业态规范健康发展。加强知识产权保护,更好地体现创新品牌和创新者价值。培育开放公平的市场环境,健全保护创新的法治环境,营造崇尚创新的文化环境,推动全社会创新活动更加规范、更加充满活力。

三、形成支持全面创新的基础制度

深化科技体制改革是一项艰巨复杂的工程,涉及一系列创新主体、创新单元、创新领域、创新活动。深化科技评价改革、加强知识产权法治保障、加大多元化科技投入等等,都是深化科技体制改革的重要内容,目的在于形成支持全面创新的基础制度。

1. 以科技评价制度改革为突破口激发科技人员创新活力

科技评价是指挥棒,项目评审、人才评价、机构评估"三评",是科研人员最为关切的改革内容。2016年5月30日,习近平同志在全国科技创新大会、两院院士大会、中国科协第九次全国代表大会上指出:"要改革科技评价制度,建立以科技创新质量、贡献、绩效为导向的分类评价体系,正确评价科技创新成果的科学价值、技术价值、经济价值、社会价值、文化价值。"①2021年5月28日,习近平同志在中国科学院第二十次院士大会、中国工程院第十五次院士大会、中国科协第十次全国代表大会上强调:"要重点抓好完善评价制度等基础改革,坚持质量、绩效、贡献为核心的评价导向,全面准确反映成果创新水平、转化应用绩效和对经济社会发展的实际贡献。"②

近年来,我国围绕破除"唯论文、唯职称、唯学历、唯奖项"出台了很多硬措施,核心是完善分类评价机制,对基础研究、技术创新、成果转化等采取不同的评价标准,突出创新能力、质量、实效、贡献的评价导向。2018年7月3日中央办公厅、国务院办公厅发布《关于深化项目评审、人才评价、机构评估改革的意见》,聚焦项目评审、人才评价、机构评估"三评"工作中存在的突出问题,明确提出,"以激发科研人员的积极性创造性为核心,以构建科学、规范、高效、诚信的科技评价体系为目标,以改革科研项目评审、人才评价、机构评估为关键,统筹自然科学和哲学社会科学等不同学科门类,推进分类评价制度建设,发挥好评价指挥棒和风向标作用,营造潜心研究、追求卓越、风清气正的科研环境,形成中国特色科技评价体系"③。"三评"改革是推进科技评价制度改革的重要举措,树立了更加注重质量、贡献、绩效的评价导向,提高了改革的实效性。如果用一个比喻来形容,可以说,"三评"改革让广大科研人员吃了"定心丸"。

"三评"改革中的一个基本原则就是坚持分类评价。分类评价就是根据基础研究、应用研究、技术创新、成果转化等不同科技活动的规律和特点,针对不

① 《习近平谈治国理政》第2卷,外文出版社2017年版,第274页。

② 习近平:《论科技自立自强》,中央文献出版社2023年版,第10页。

③ 《中办国办印发〈关于深化项目评审、人才评价、机构评估改革的意见〉》,《人民日报》2018年7月4日,第6版。

同评价对象的实际情况,实行客观、真实、准确、全面的分类考核评价标准,注重实效,鼓励高质量成果产出。对基础研究注重评价新发现、新观点、新原理、新机制等标志性成果的质量、贡献和影响,对论文评价实行代表性制度,强化同行评议。对应用研究、技术开发类科技活动,注重评价新技术、新工艺等以及关键部件、应用解决方案等标志性成果的质量、贡献和影响,不把论文作为主要的评价依据和考核指标。对国家科技计划项目(课题)的评审评价要突出创新质量和综合绩效,对国家技术创新中心、科技资源共享服务平台等创新基地的评估要突出支撑服务能力,对中央级科研事业单位绩效评价要突出使命完成情况。深化院士制度改革,强化院士称号学术性、荣誉性,健全院士遴选、管理和退出机制。为破除科技评价中过度看重论文数量多少、影响因子高低、忽视标志性成果的质量、贡献和影响等"唯论文"不良导向,2020年2月17日科技部印发了《关于破除科技评价中"唯论文"不良导向的若干措施(试行)》,提出了改进科技评价体系27条措施。

要切实提升科技评价的科学性、客观性和实效性,建立"按方向选人、按人定任务"的机制,实行与不同类型科研活动规律相适应的跟踪和分类评价制度。要在总结经验的基础上,进一步深化"三评"工作。在项目评价方面,要注重完善自由探索型和任务导向型科技项目分类评价制度,建立非共识科技项目的评价机制。要更加注重绩效评估,针对国家科技计划整体情况组织开展绩效评估,重点评估计划目标完成、管理、产出、效果、影响等绩效。在人才评价方面,"要'破四唯'和'立新标'并举,加快建立以创新价值、能力、贡献为导向的科技人才评价体系"[1]。在机构评估方面,要根据科研机构从事的科研活动类型,分类建立相应的评价指标和评价方式,避免简单以高层次人才数量评价科研事业单位。"要支持科研事业单位探索试行更灵活的薪酬制度,稳定并强化从事基础性、前沿性、公益性研究的科研人员队伍,为其安心科研提供保障。"[2]

为更好发挥科技成果评价作用,更好为构建新发展格局、实现高质量发展

---

[1] 习近平:《论科技自立自强》,中央文献出版社2023年版,第10页。

[2] 习近平:《论科技自立自强》,中央文献出版社2023年版,第10页。

提供有力支撑,2021年7月16日国务院办公厅印发了《关于完善科技成果评价机制的指导意见》。这个《意见》强调,要坚持正确的科技成果评价导向,创新科技成果评价方式,通过评价激发科技人员积极性,推动产出高质量成果、营造良好创新生态,促进创新链、产业链、价值链深度融合。《意见》紧扣"评什么"、"谁来评"、"怎么评"、"怎么用",从十个方面提出了完善评价机制的工作举措。

2. 强化激励机制

党的"十四五"规划《建议》提出"完善科研人员职务发明成果权益分享机制"①。这一看似小切口的改革举措,却是强化我国科技成果转化激励的一项重大政策创新。这是一项引领性的改革,对于激励科研人员创新创业、促进科技与经济深度融合具有重要意义。

职务发明的形式多种多样,但都有一个共同的、典型的突出特征,就是科研人员于在岗状态下或执行单位指派任务,或利用单位物质技术条件,开展创造性活动所形成的发明成果。我国高等学校和科研院所集聚了大量科研人员,因而是职务发明和专利数量最为集中的地方,但一直以来存在发明技术质量不高,科技成果更新慢、应用转化率低、应用转化周期长等现象。这些现象背后,有其深层的体制机制原因,说到底就是缺乏激励相容的权属关系和利益分配机制。如何科学界定职务发明的权属关系,如何分享职务发明成果,已经成为深化科技体制改革中一个绕不过、避不开的棘手难题。这涉及到尊重知识、尊重创新能否贯彻落实,科研人员在创新活动中能不能得到合理回报等重大理论和实践问题,亟须给出答案,提供解决方案。

近年来,我国在职务发明成果权益分享相关机制改革方面进行了一系列探索。在不断总结试点经验的基础上,中共中央、国务院印发的《关于深化体制机制改革加快实施创新驱动发展战略的若干意见》,中央办公厅、国务院办公厅印发的《深化科技体制改革实施方案》等提出了相应的改革措施。一是

---

① 《中共中央关于制定国民经济和社会发展第十四个五年规划和二〇三五年远景目标的建议》,《人民日报》2020年11月4日,第1版。

"加快下放科技成果使用、处置和收益权"。但需要注意的是,这里面有个前提条件,这些下放"三权"的科技成果,必须是不涉及国防、国家安全、国家利益、重大社会公共利益的科技成果。二是收益全留。"科技成果转移转化所得收入全部留归单位,纳入单位预算,实行统一管理,处置收入不上缴国库。"三是提高分享比例。"在利用财政资金设立的高等学校和科研院所中,将职务发明成果转让收益在重要贡献人员、所属单位之间合理分配,对用于奖励科研负责人、骨干技术人员等重要贡献人员和团队的收益比例,可以从现行不低于20%提高到不低于50%。"四是加大科研人员股权激励力度。鼓励各类企业通过股权、期权、分红等激励方式调动科研人员创新积极性。对高等学校和科研院所等事业单位以科技成果作价入股的企业,放宽股权奖励、股权出售对企业设立年限和盈利水平的限制。2021年9月27日,习近平同志在中央人才工作会议上强调:"要为各类人才搭建干事创业的平台,构建充分体现知识、技术等创新要素价值的收益分配机制,让事业激励人才,让人才成就事业。"①

科研人员分享职务发明成果权益适应了创新时代发生的要素稀缺性的重大变化,充分体现了知识、技术等创新要素价值。随着新科技革命的加速发展,创新成为引领发展的第一动力,人力资本作为价值创造的智力来源,越来越成为稀缺但在综合国力竞争中具有决定性意义的资源。科研人员充分发挥主动性能动性创造性进行创造是科技发明的关键因素,创新劳动就应该在科技成果产权和收益分享中拥有显著份额。科研人员对职务发明成果权益没有分享权利时,科研活动往往是冲着评职称、报奖励去的,成果质量并不高。当可以分享成果权益时,科研人员就会从立项到科研全过程注重成果可转化性,减少职务发明无效供给。科研人员处在科研一线,对技术、市场、产品最了解,最具识别和利用科研成果潜在价值的能力。让科研人员分享发明成果权益,实质上是让其全程深度参与科技成果转化,必将大大提高科技成果转化成功率。

让科研人员分享发明成果收益虽然是一项重大政策创新,但对于建立科

① 习近平:《深入实施新时代人才强国战略 加快建设世界重要人才中心和创新高地》,《求是》2021年第24期,第15页。

学合理有效的科技激励机制来说,还只是刚刚破题。虽然历经探索,但这一步毕竟已经迈出了。让科研人员进一步分享职务发明成果产权是更为彻底的激励措施,这是下一步改革的难点。近年来在"权属"和"收益"分享机制建立方面,"收益"分享机制走得相对较快。要遵循产权激励是最大激励的原则,吸收相关地方改革探索的有益做法,在"权属"分享上取得突破。科研人员分享职务发明成果产权,同"三权"下放到单位相比,可避免单位决策过程冗长等问题;同奖励权相比,可解决在实际操作中存在的奖励口径难以达成共识、知情权难以保障等问题;同股权激励相比,可避免对职务发明人股权激励设置一些限制、造成股权奖励延迟和强度弱化等问题。总之,"权属"分享的激励作用更大、更精准、更持久。

2020年2月14日,习近平同志主持召开中央全面深化改革委员会第十二次会议,审议通过《赋予科研人员职务科技成果所有权或长期使用权试点实施方案》等。2020年5月9日,科技部、发展改革委、教育部、工业和信息化部、财政部等9部门联合印发《赋予科研人员职务科技成果所有权或长期使用权试点实施方案》,分领域选择40家高等院校和科研机构开展试点,试点期为3年。《实施方案》要求,试点单位应建立健全职务科技成果转化收益分配机制,使科研人员收入与对成果转化的实际贡献相匹配。要充分赋予试点单位管理科技成果自主权,探索形成符合科技成果转化规律的国有资产管理模式。当前和今后一个时期,要认真开展试点工作,探索形成赋权形式、成果评价、收益分配等方面制度。要按照"十四五"规划《建议》要求,在试点基础上形成可复制可推广的经验做法,完善发明成果权益分享机制,在包括国有企业在内的更大范围全面展开,更有力激发科研人员创新积极性,促进科技成果转移转化。

3. 优化科研项目和经费管理,赋予科研机构和人员更大自主权

习近平同志对此极为关注,反复强调,要"给予科研单位更多自主权,赋予科学家更大技术路线决定权和经费使用权,让科研单位和科研人员从繁琐、不必要的体制机制束缚中解放出来"[①]。

---

① 习近平:《论科技自立自强》,中央文献出版社2023年版,第11页。

　　科研经费管理是深化科技体制改革的重要内容,对于更好激发科研人员积极性具有重要意义。改革开放以来特别是党的十八大以来,包括中央财政经费在内的全社会研发投入逐年快速增加,为科技创新提供了有力的经费支撑。2014年3月3日,国务院印发《关于改进加强中央财政科研项目和资金管理的若干意见》。2016年5月30日,习近平同志在全国科技创新大会、两院院士大会、中国科协第九次全国代表大会上的讲话中指出:"要着力改革和创新科研经费使用和管理方式,让经费为人的创造性活动服务,而不能让人的创造性活动为经费服务。"①党中央、国务院聚焦完善科研管理体制机制,先后制定出台了提升科研绩效、推进成果转化、优化分配机制等方面的一系列政策文件,比如《关于深化中央财政科技计划(专项、基金等)管理改革的方案》《关于进一步完善中央财政科研项目资金管理等政策的若干意见》《关于实行以增加知识价值为导向分配政策的若干意见》《关于深化科技奖励制度改革的方案》《关于分类推进人才评价机制改革的指导意见》《关于优化科研管理提升科研绩效若干措施的通知》等。

　　2018年5月28日,习近平同志在中国科学院第十九次院士大会、中国工程院第十四次院士大会上的讲话中谈到改革方案时强调,"大家反映,这些改革还有需要改进的地方,有的还没有完全落地,有关部门要认真听取大家意见和建议,继续坚决推进,把人的创造性活动从不合理的经费管理、人才评价等体制中解放出来"②。为更大限度释放科研人员的创新活力,2018年7月4日召开的国务院常务会议研究和确定了进一步扩大科研人员自主权的措施,强调要深化科技领域"放管服"改革,按照能放尽放的要求赋予科研人员更大的人财物自主支配权,指出科研人员在研究方向和目标不变的前提下可自主调整技术路线,项目直接费用中除设备费外的其他科目费用调剂权全部下放给项目承担单位。2018年12月26日,国务院办公厅印发《关于抓好赋予科研机构和人员更大自主权有关文件贯彻落实工作的通知》,明确提出各地区、各部门和

---

① 习近平:《论把握新发展阶段、贯彻新发展理念、构建新发展格局》,中央文献出版社2021年版,第275页。

② 习近平:《努力成为世界主要科学中心和创新高地》,《求是》2021年第6期,第10页。

各单位要制定落实党中央、国务院有关政策的配套制度和具体实施办法,对现行的科研项目、科研资金、科研人员以及因公临时出国等管理办法进行修订,对与新出台政策精神不符的规定要进行清理和修改,这项工作要在2019年2月底前完成。强调要深入推进下放科技权限工作,推动预算调剂和仪器采购管理权落实到位。要明确"赋予科研人员更大技术路线决策权","科研项目负责人可以根据项目需要,按规定自主组建科研团队,并结合项目实施进展情况进行相应调整"。对科研项目要由重过程管理向重项目目标和标志性成果转变,加强对科研项目结果及阶段性成果的考核,推动项目过程管理权落实到位。上述这些举措充分考虑了科研活动的自身特点和内在规律,回应了科研人员的关切,在激发科研人员全力攻关、潜心创新方面发挥了积极作用。

为更好贯彻落实党中央、国务院决策部署,进一步激励科研人员多出高质量科技成果、为实现高水平科技自立自强作出更大贡献,切实解决在科研经费管理方面仍然存在的政策落实不到位、项目经费管理刚性偏大、经费拨付机制不完善、间接费用比例偏低、经费报销难等问题,2021年8月5日,国务院办公厅印发《关于改革完善中央财政科研经费管理的若干意见》。《意见》提出了七个方面的25条举措。在扩大科研项目经费管理自主权方面,强调简化预算编制、下放预算调剂权、扩大经费包干制实施范围。在完善科研项目经费拨付机制方面,强调合理确定经费拨付计划、加快经费拨付进度、改进结余资金管理。在加大科研人员激励力度方面,强调提高间接费用比例、扩大稳定支持科研经费提取奖励经费试点范围、扩大劳务费开支范围、合理核定绩效工资总量、加大科技成果转化激励力度。在减轻科研人员事务性负担方面,强调全面落实科研财务助理制度、改进财务报销管理方式、推进科研经费无纸化报销试点、简化科研项目验收结题财务管理、优化科研仪器设备采购、改进科研人员因公出国(境)管理方式。在创新财政科研经费投入与支持方式方面,强调拓展财政科研经费投入渠道、开展顶尖领衔科学家支持方式试点、支持新型研发机构实行"预算+负面清单"管理模式。这个《意见》在破除科研经费管理过细过死、预算编制繁琐、经费拨付进度慢、使用及报销繁杂等方面进一步提出了新举措,赋予科研人员以更大的经费管理自主权,有利于更好激励科研人员潜心钻研。

深化科技体制改革是一项艰巨复杂的系统工程。除了上述所提到的改革举措外,还有两项科技体制改革也要予以高度重视,有序加以推进。

一是全面加强知识产权保护工作,激发创新活力。知识产权保护工作是保护科技创新的一项基础性工作,在鼓励发展创造、促进科技成果应用、保护创新创造以及推动科技进步和经济社会高质量发展等方面发挥着不可替代的作用。党的十八大以来,以习近平同志为核心的党中央高度重视知识产权保护工作。习近平同志多次主持召开中央全面深化改革领导小组和委员会会议,审议有关文件,对知识产权保护工作作出战略部署。"当前,我国正在从知识产权引进大国向知识产权创造大国转变,知识产权工作正在从追求数量向提高质量转变。"①立足我国知识产权保护工作的历史方位,党的十九届五中全会《建议》指出:"加强知识产权保护,大幅提高科技成果转移转化成效。"②党的二十届三中全会审议通过的《中共中央关于进一步全面深化改革、推进中国式现代化的决定》明确提出要建立高效的知识产权综合管理体制。必须加快推进知识产权改革发展,协调好政府与市场、国内与国际,以及知识产权数量与质量、需求与供给的联动关系,不断完善与新技术发展相适应的知识产权工作体系,全面提升我国知识产权综合实力。第一,要主动完善我国知识产权制度,统筹推进专利法、商标法、著作权法、反垄断法、科学技术进步法等协同发力,统筹推进知识产权严保护、大保护、快保护、同保护,提高知识产权保护工作法治化水平。第二,在授权、维护环节提高知识产权质量,促进其应用。第三,统筹协调,强化知识产权全链条保护。第四,促进知识产权回归市场,加强知识产权宣传教育。

二是完善金融支持创新体系。深化科技体制改革,必须强化金融创新功能,构建科技、产业、金融协同互促的体制机制。金融创新对科技创新具有重要的助推作用。现代经济中,金融和科技创新呈现融合发展之势,金融资本和科技创新已经成为社会生产力中极为活跃的因子。党的十九届五中全会《建

---

① 习近平:《全面加强知识产权保护工作 激发创新活力推动构建新发展格局》,《求是》2021年第3期,第6页。

② 《中共中央关于制定国民经济和社会发展第十四个五年规划和二〇三五年远景目标的建议》,《人民日报》2020年11月4日,第1版。

议》指出：要"完善金融支持创新体系，促进新技术产业化规模化应用"。这项举措的目的就在于，推动构建全方位、多层次、多渠道科技金融体系，更好地支持科技成果转化应用、企业关键技术研发，促进科技型中小微企业发展壮大。党的二十届三中全会《决定》提出要构建同科技创新相适应的科技金融体制。需要着重抓好以下几个方面的工作。第一，加强对科技企业全链条、全生命周期金融服务，确保其在初创期、成长期、成熟期都能获得更多优质的金融服务。第二，加大对国家科技重大任务的金融支持，重点对国家科技重大任务、关键核心技术攻关、战略科技力量建设等给予全方位金融支持。第三，构建丰富的科技金融产品体系，完善长期资本投早、投小、投长期、投硬科技的支持政策。大力发展科技信贷，健全信贷支持科技创新的体制机制。强化资本市场支持，畅通科技企业市场融资渠道。拓展科技金融服务，完善科技融资担保体系和配套制度。总之，要大力发展创业投资，建立多层次资本市场支持创新机制，构建多元化融资渠道，支持符合创新特点的结构性、复合性金融产品开发，完善科技和金融结合机制，形成各类金融工具协同支持创新发展的良好局面。

第九章 |
推动教育科技人才深度融合发展

　　党的二十大报告对教育、科技、人才单列专章作出部署，进一步深化和拓展了新时代党和国家工作布局，具有重大战略意义。报告明确提出："教育、科技、人才是全面建设社会主义现代化国家的基础性、战略性支撑。必须坚持科技是第一生产力、人才是第一资源、创新是第一动力，深入实施科教兴国战略、人才强国战略、创新驱动发展战略，开辟发展新领域新赛道，不断塑造发展新动能新优势。"①党的二十届三中全会对统筹推进教育科技人才体制机制一体改革作出部署，并统一于构建支持全面创新体制机制。我们要紧扣教育、科技、人才三大领域深度融合发展，聚焦教育强国、科技强国、人才强国三大目标协同发力，着力完善教育科技人才事业的发展路径、实践载体、制度安排、政策保障、环境营造，全面激发创新活力动力，引领我国从创新大国跃升为创新强国。

一、从教育大国迈向教育强国

　　新中国成立以来，我国教育事业用70多年时间走过西方发达国家几百年的历程，开辟了中国特色社会主义教育发展道路，实现了从文盲大国向教育大国、从人口大国向人力资源大国的转变。特别是党的十八大以来，以习近平同志为核心的党中央坚持把教育作为国之大计、党之大计，不断深化对教育事业发展的规律性认识，引领教育改革更加深化、教育公平和质量大幅跃升，新时代教育事业取得历史性成就、发生格局性变化。习近平同志指出："建设教育

---

① 《习近平著作选读》第1卷，人民出版社2023年版，第27—28页。

强国,是全面建成社会主义现代化强国的战略先导,是实现高水平科技自立自强的重要支撑,是促进全体人民共同富裕的有效途径,是以中国式现代化全面推进中华民族伟大复兴的基础工程。"①这就深刻阐述了教育强国建设的重大意义,赋予教育新的战略地位、职责使命和发展目标。

我国已建成世界上规模最大的教育体系,教育现代化发展总体水平跨入世界中上国家行列,教育强国建设有着良好基础,教育发展进入由大到强的历史新阶段。同时也要清醒地认识到,新时代教育面临的内外环境发生了深刻复杂的变化。新一轮科技革命和产业变革突飞猛进,数字技术日新月异,既可能给教育带来颠覆性影响,也将给教育拓宽未来发展空间带来无限可能。我国产业转型升级、区域经济结构调整和城镇化深入发展,对院校学科专业结构、科研创新数量质量、人才数量类型结构等提出全新要求。我国人口结构变化将给教育发展带来新挑战,围绕高素质人才和科技制高点的国际竞争空前激烈,实现从教育大国向教育强国的跨越依然任重道远。面对这些变化和趋势,我们必须敢于抢抓机遇、善于主动作为,强弱项、固底板、防风险、扬优势,自立自强地推进教育强国建设。

我们要建设的教育强国,有哪些鲜明特征和实践要求呢? 习近平同志精辟指出:"我们要建设的教育强国,是中国特色社会主义教育强国,必须以坚持党对教育事业的全面领导为根本保证,以立德树人为根本任务,以为党育人、为国育才为根本目标,以服务中华民族伟大复兴为重要使命,以教育理念、体系、制度、内容、方法、治理现代化为基本路径,以支撑引领中国式现代化为核心功能,最终是办好人民满意的教育。"②建设教育强国是一项艰巨复杂的系统工程,涉及教育观念、教育体制、教学方式的全方位调整,需要做到老师"教好"、学生"学好"、学校"管好"三位一体,需要全社会及各部门聚力推进。党的十八大以来,以习近平同志为核心的党中央高度重视教育事业高质量发展,从德智体美劳"五育并举",到全员全程全方位"三全育人",始终把促进人的全面发展、适应国家社会需要作为衡量教育高质量发展的重要标准,以提高教育质

---

① 习近平:《扎实推动教育强国建设》,《求是》2023年第18期,第4页。
② 习近平:《扎实推动教育强国建设》,《求是》2023年第18期,第5—6页。

量为导向完善管理制度和工作机制,全面提高各级各类教育的质量。新时代新征程上,我们要坚持以人民为中心发展教育,主动超前布局、有力应对变局、奋力开拓新局,加快推进教育现代化,以教育之力厚植人民幸福之本,以教育之强夯实国家富强之基,为全面推进中华民族伟大复兴提供有力支撑。

第一,培养担当民族复兴大任的时代新人。培养什么人,是教育的首要问题。这是思考和谋划教育事业发展的逻辑起点,也是丝毫不能偏离的政治方向。我国是中国共产党领导的社会主义国家,办的是社会主义教育,培养的人必须树立共产主义远大理想和中国特色社会主义共同理想,这就是我们要立的"德"。

落实立德树人根本任务,培养德智体美劳全面发展的社会主义建设者和接班人,是推进教育现代化、建设教育强国必须把握的大是大非问题。教育无论发展到什么程度,第一位的是立德树人,引导学生树立正确的世界观、人生观、价值观,教会学生有能力、有责任、有爱心,全面发展、学有所长,培养出党和国家需要、对社会有用的人。习近平同志鲜明指出:"我们的教育绝不能培养社会主义破坏者和掘墓人,绝不能培养出一些'长着中国脸,不是中国心,没有中国情,缺少中国味'的人! 那将是教育的失败。"[1]2023年5月29日,习近平同志在主持二十届中央政治局第五次集体学习时指出:"我们建设教育强国的目的,就是培养一代又一代德智体美劳全面发展的社会主义建设者和接班人,培养一代又一代在社会主义现代化建设中可堪大用、能担重任的栋梁之才,确保党的事业和社会主义现代化强国建设后继有人。"[2]我们要全面贯彻党的教育方针,持续完善党对教育工作的全面领导、德智体美劳全面发展、全员育人全过程育人全方位育人体制机制,真正把坚持为党育人、为国育才落到实处。

总的指导思想是:坚持用习近平新时代中国特色社会主义思想铸魂育人,推进大中小学思想政治教育一体化建设,将社会主义核心价值观融入教育全过程,着力培养担当民族复兴大任的时代新人。在具体工作中,要着重把握好三个方面的要求。一是"坚持不懈用新时代中国特色社会主义思想铸魂育人,

---

① 《习近平著作选读》第2卷,人民出版社2023年版,第195页。

② 习近平:《扎实推动教育强国建设》,《求是》2023年第18期,第6页。

着力加强社会主义核心价值观教育,引导学生树立坚定的理想信念,永远听党话、跟党走,矢志奉献国家和人民"①。二是"坚持改革创新,推进大中小学思想政治教育一体化建设,提高思政课的针对性和吸引力"②。三是"提高网络育人能力,扎实做好互联网时代的学校思想政治工作和意识形态工作"③。

第二,加快建设高质量教育体系。当今时代,新一轮科技革命和产业变革深刻改变着人类的思维、生产、生活和学习方式,深刻重塑教育理念、模式、形态和内容。从国内来看,我国教育制度优势明显,人才资源基础较好,以学习者为中心、注重能力培养的教育新生态正在形成。但是与此同时,我国区域教育资源配置不够均衡,人才培养体制机制改革需要深化,教育创新满足不了人民群众对高质量教育的期盼。如何构建更加公平、更高质量的教育体系,培养大批符合时代发展需求的创新型人才,成为我们党治国理政必须解决好的重大问题。当前,我国教育已由规模扩张阶段转向高质量发展阶段。必须坚持把高质量发展作为各级各类教育的生命线,加快建设高质量教育体系,以教育高质量发展赋能经济社会可持续发展。

一是以更大力度深入实施科教兴国战略。在互联网、人工智能等新技术的推动下,知识获取方式和传授方式、教和学的关系正在发生深刻变革,人民群众对更高质量、更加公平、更具个性的教育需求也更为迫切。在坚定不移实施创新驱动发展战略、人才强国战略的同时,必须采取更有效的举措深入实施科教兴国战略,并在此基础上对接制造强国、科技强国等国家重大战略,使我国教育越办越好、越办越强,源源不断地提供高质量的研究开发支持,坚持不懈输送高质量的人力资源。2018年12月8日,中共中央、国务院印发《中国教育现代化2035》,明确提出了到2035年的奋斗目标,即:总体实现教育现代化,迈入教育强国行列,推动我国成为学习大国、人力资源强国和人才强国,为到本世纪中叶建成富强民主文明和谐美丽的社会主义现代化强国奠定坚实基础。我们要坚持问题导向、需求导向,充分运用新机制、新模式、新技术激发教育发展

① 习近平:《扎实推动教育强国建设》,《求是》2023年第18期,第6页。
② 习近平:《扎实推动教育强国建设》,《求是》2023年第18期,第6—7页。
③ 习近平:《扎实推动教育强国建设》,《求是》2023年第18期,第7页。

活力,着力解决群众最关心最直接最现实的问题,确保教育现代化目标的实现。

二是着力构建优质均衡的基本公共教育服务体系。人力资源是构建新发展格局的重要依托,这就要求我们必须紧盯构建新发展格局的各项任务,优化同新发展格局相适应的教育结构、学科专业结构、人才培养结构,加快形成各级各类教育全面协调发展的新格局。要夯实教育基点,加强学前教育普及普惠安全优质发展,促进义务教育优质均衡发展和城乡一体化发展,加快高中阶段学校多样化发展,推动特殊教育普惠发展。要提升教育支撑发展能力,重点是加快发展现代职业教育和培训、有效提升劳动者技能和收入水平,不断优化学科专业结构、推进高等教育提升创新。要加快完善全民终身学习推进机制,构建方式更加灵活、资源更加丰富、学习更加便捷的终身学习体系。锚定2035年基本公共服务均等化目标,实施新时代基础教育扩优提质行动,重点推进学校建设标准化、城乡教育一体化、师资配置均衡化、资源共享智慧化、教育关爱制度化,加快构建政府主导、覆盖城乡、可持续的基本公共服务体系。

第三,全面提升教育服务高质量发展的能力。习近平同志指出:“要把服务高质量发展作为建设教育强国的重要任务。”①要尽快突破关键核心技术,提升自主创新能力。高等学校特别是一流大学、高水平研究型大学是基础研究的生力军和重大科技突破的重要策源地,要聚焦国家战略需求,瞄准关键核心技术特别是“卡脖子”问题,紧盯科技前沿和关键领域,完善以健康学术生态为基础、以有效学术治理为保障、以产生一流学术成果和培养一流人才为目标的大学创新体系,增强原始创新能力。要支持“双一流”建设高校加强科技创新工作,依托高水平大学布局建设一批研究设施,推进政产学研用金一体化。要进一步加强科学教育、工程教育,加强拔尖创新人才自主培养,为解决我国关键核心技术“卡脖子”问题提供人才支撑。要扎实推进新工科、新医科、新农科、新文科建设,加快培养创新型、应用型、技能型人才以及现代化建设急需紧缺人才。

要大力推进教育数字化变革,以数字教育赋能教育强国建设。习近平同志指出:“教育数字化是我国开辟教育发展新赛道和塑造教育发展新优势的重

---

① 习近平:《扎实推动教育强国建设》,《求是》2023年第18期,第7页。

要突破口。"①据统计,目前我国互联网上网人数已达10.67亿人,教育数字化的需求极为庞大。从实践看,我国在线教育具有显著优势,已经形成多样化格局。特别是2020年新冠疫情防控推动了我国在线教育大规模发展,极大探索创新了教育模式。习近平同志强调:"要总结应对新冠肺炎疫情以来大规模在线教育的经验,利用信息技术更新教育理念、变革教育模式。"②我们要按照"人人皆学、处处能学、时时可学"方向,深入实施国家教育数字化战略,建设公平包容、更有质量、适合人人、便捷高效的数字教育。要充分利用新一代信息技术赋能教育,完善国家数字教育公共服务体系,打造更多精品在线课程,促进各级各类学习平台资源共享,加强数字教育资源监管,更好支持线上线下、虚拟现实等多场景学习,有效支撑个性化学习,扩大和发挥教育数字助学、助教、助管、助交流合作的功能。

第四,全面深化教育领域综合改革。教育关乎公平与效率、规模与质量、国家需要与个人期望,涉及思想观念、利益调整,要发挥关键领域改革的作用,带动育人方式、办学模式、管理体制、保障机制等综合改革。习近平同志指出:"从教育大国到教育强国是一个系统性跃升和质变,必须以改革创新为动力。"③建设教育强国,必须继续破除一切制约教育高质量发展的思想观念束缚和体制机制弊端,深化教育领域综合改革,统筹推进育人方式、办学模式、管理体制、保障机制改革,全面提高教育治理体系和治理能力现代化水平。

教育公平是社会公平的重要基础,也是建设教育强国的内在要求。要把促进教育公平融入深化教育领域综合改革的各方面各环节,缩小教育的城乡、区域、校际、群体差距,努力让每个孩子都能享有公平而有质量的教育,更好满足群众对"上好学"的需要。要发挥学校育人主阵地作用,持续优化教育教学秩序和综合育人环境,巩固拓展"双减"成果,防止反弹。全面推进依法治教、依法治校、依法办学,稳步推进民办义务教育治理,落实"公民同招"和免试就近入学,引导规范民办教育发展。

---

① 习近平:《扎实推动教育强国建设》,《求是》2023年第18期,第8页。

② 习近平:《论把握新发展阶段、贯彻新发展理念、构建新发展格局》,中央文献出版社2021年版,第400页。

③ 习近平:《扎实推动教育强国建设》,《求是》2023年第18期,第8页。

教育评价事关教育发展方向,事关教育强国成败。学校的职责归根结底是教书育人,要推动办学治校坚守育人的本源,坚决破除唯分数、唯升学、唯文凭、唯论文、唯帽子,完善学校管理和教育评价体系,在全社会营造教育发展良好环境。2020年,党中央、国务院印发《深化新时代教育评价改革总体方案》。我们要认真贯彻落实,加快构建多元主体参与、符合我国实际、富有时代特征、彰显中国特色、具有世界水平的教育评价体系。要创新试题形式,增强开放性、灵活性,注重对学生关键能力的考察,深化考试招生制度改革,完善自主招生、特才特招等选拔机制,更好发挥"指挥棒"作用。要加强教材建设和管理,全面落实教材建设国家事权,牢牢把握正确政治方向和价值导向,用心打造培根铸魂、启智增慧的精品教材。要健全学校家庭社会育人机制,更加重视儿童青少年的体育、美育、劳动教育、心理健康教育。

第五,推进教育高水平对外开放。当前,世界百年未有之大变局加速演变,国际局势更加动荡复杂,我国发展面临的不稳定性不确定性显著增加,对外交流合作遇到一定的困难。但是,教育对外合作的步伐决不能动摇,更不能停止。要积极完善教育对外开放战略策略,统筹做好"引进来"和"走出去"两篇大文章,有效利用世界一流教育资源和创新要素,使我国成为具有强大影响力的世界重要教育中心。优化教育开放全球布局,着力推动更大范围、更宽领域、更深层次、更加主动灵活的高水平教育对外开放,不断扩大中国教育的朋友圈,加快构建面向全球的教育伙伴关系。积极参与全球教育治理,大力推进"留学中国"品牌建设,讲好中国故事、传播中国经验、发出中国声音,增强我国教育的国际影响力和话语权,努力为世界教育发展贡献中国智慧、中国方案。深入贯彻总体国家安全观,统筹发展和安全,坚持在开放中促改革、促发展,把牢教育对外开放的正确方向和安全底线,坚决维护我国主权、发展、安全利益。

第六,培养高素质教师队伍。强教必先强师。习近平同志指出:"要把加强教师队伍建设作为建设教育强国最重要的基础工作来抓,健全中国特色教师教育体系,大力培养造就一支师德高尚、业务精湛、结构合理、充满活力的高素质专业化教师队伍。"①必须加强教育队伍建设,严把入口关、考核关、监督

---

① 习近平:《扎实推动教育强国建设》,《求是》2023年第18期,第8页。

关、惩处关,落实好教师职业行为准则,打造德才兼备的高素质教师队伍。

要立足教育强国建设实际需要,加大教职工统筹配置和跨区域调整力度。健全中国特色教师教育体系,加大对师范院校的支持力度,实施好国家优秀中小学教师培养计划("国优计划"),推动"双一流"建设高校重点开展科学类课程教师培养。加大教师待遇保障,巩固义务教育教师平均工资收入水平不低于当地公务员平均工资收入水平成果。从目标、方法、机制和手段创新着手,深化教师队伍建设改革,优化教师管理和结构配置,拓宽成长发展空间。

要大力弘扬教育家精神。教师群体中涌现出一批教育家和优秀教师,他们具有心有大我、至诚报国的理想信念,言为士则、行为世范的道德情操,启智润心、因材施教的育人智慧,勤学笃行、求是创新的躬耕态度,乐教爱生、甘于奉献的仁爱之心,胸怀天下、以文化人的弘道追求。2024年8月6日印发的《中共中央、国务院关于弘扬教育家精神、加强新时代高素质专业化教师队伍建设的意见》,明确提出要坚持教育家精神铸魂强师、培养涵养、弘扬践行、引领激励。我们要强化教育家精神引领作用,抓牢师德师风建设,引导广大教师坚定理想信念、陶冶道德情操、涵养扎实学识、勤修仁爱之心,树立"躬耕教坛、强国有我"的志向和抱负。在全社会弘扬尊师重教社会风尚,提高教师政治地位、社会地位、职业地位,使教师成为最受社会尊重的职业之一,支持和吸引优秀人才热心从教、精心从教、长期从教、终身从教。

二、培养造就创新型人才

习近平同志指出:"人才是创新的根基,是创新的核心要素。创新驱动实质上是人才驱动。"[1]"没有人才优势,就不可能有创新优势、科技优势、产业优势。"[2]他强调:"牢固确立人才引领发展的战略地位,全面聚集人才,着力夯实

[1] 中共中央文献研究室编:《习近平关于科技创新论述摘编》,中央文献出版社2016年版,第119页。

[2] 中共中央文献研究室编:《习近平关于科技创新论述摘编》,中央文献出版社2016年版,第116页。

创新发展人才基础。"①这些重要论述,都阐明了人才资源的极端重要性,也为我们深入实施新时代人才强国战略、加快建设世界重要人才中心和创新高地提供了科学指导。

培养、引进、用好人才是有机统一的整体。当今世界人才的竞争首先是人才培养的竞争,我们要全面提高人才自主培养质量,着力提升人才供给自主可控能力。引进是壮大人才队伍、改善人才结构的重要途径,虽然我国人才队伍总量居于世界第一,依然迫切需要面向世界汇聚一流人才、吸引海外高端人才。使用是发挥人才作用、推动事业发展的根本所在,我们要千方百计为各类人才搭建干事创业的平台,让事业激励人才,让人才成就事业。要紧紧围绕高质量发展这个首要任务和构建新发展格局这个战略任务,注重发挥人才高地和人才平台建设的辐射作用,统筹开发利用各方面人才资源。

第一,大力培养使用战略科学家。"千军易得,一将难求。"战略科学家是科学帅才,是国家战略人才力量中的"关键少数",在科技创新活动中起着谋战略、指方向的重要作用。当前,全球进入大科学时代,科学研究的复杂性、系统性、协同性显著增强,战略科学家的重要性日益凸显。对正处于实现中华民族伟大复兴关键时期的我国来说,战略科学家极为稀缺。当年搞"两弹一星",我们虽然物质极端匮乏,但有像钱学森、钱三强、邓稼先那样的世界顶尖科学家以及一大批优秀科技人才。战略科学家从哪里来?归根到底要从科技创新主战场中涌现出来,从科技创新主力军中成长起来。要坚持实践标准,在国家重大科技任务担纲领衔者中发现具有深厚科学素养、长期奋战在科研第一线,视野开阔,前瞻性判断力、跨学科理解能力、大兵团作战组织领导能力强的科学家。要坚持长远眼光,有意识地发现和培养更多具有战略科学家潜质的高层次复合型人才,形成战略科学家成长梯队。今天,我们要加快建设世界重要人才中心和创新高地,加快建成世界科技强国,必须在人工智能、量子信息、集成电路、生命健康、生物育种、空天科技等战略必争领域和重要前沿基础领域,大力培养战略科学家。

第二,打造大批一流科技领军人才和创新团队。科技领军人才是国家战

---

① 习近平:《论科技自立自强》,中央文献出版社2023年版,第206页。

略人才力量的中坚骨干,在重大科技任务中发挥着挑大梁、带队伍的重要作用。创新型科技领军人才已经成为国际人才竞争的焦点,世界各国都围绕拥有更多的创新型科技领军人才展开激烈竞争。我国科技人才总量不少,但高层次领军人才、尖子人才、创新型科技人才仍然十分紧缺。随着科学技术不断向广度拓展、向深度迈进,多学科交叉渗透融合不断加强,科学研究的复杂性、系统性、协同性日益增强,高水平创新团队在科研活动中的作用更加凸显。必须把培养造就高层次创新型科技领军人才作为人才队伍建设的当务之急,努力造就更多国际一流的科学家、科技领军人才、工程师和高水平创新团队,注重培养一线创新人才,建设宏大的创新型科技领军人才队伍。特别是要注重充分发挥国家实验室、国家科研机构、高水平研究型大学、科技领军国家队作用,优化领军人才发现机制和项目团队遴选机制。要注重做好以下几个方面工作:一是创新人才培养模式,探索并推行创新型教育方式。二是深化科技创新体制机制改革,解放科技生产力。三是培育创新文化,倡导追求真理、勇攀高峰、宽容失败、团结协作的精神,营造科学民主、学术自由、严谨求实、开放包容的氛围。

第三,造就规模宏大的青年科技人才队伍。青年科技人才是国家战略人才力量的源头活水,是我国高层次创新人才的主要后备力量,是我国科技创新发展的生力军。尽管我国在青年人才培养支持上取得了很好成绩,但青年人才的发展道路依然不够顺畅,一些青年人才处于缺资源、缺平台、缺项目、缺帮扶的状况,存在担纲机会少、成长通道窄等问题。青年人才把精力过多投入到职称评审、项目申报、"帽子"竞争上,非科研负担重。符合青年科技人才特点的评价机制不完善,在薪酬待遇、住房、子女入学等方面还存在不少实际困难,生活压力大。我国当代青年科技人才的职业生涯与到本世纪中叶全面建成社会主义现代化强国的时间高度契合。培养用好青年科技人才,对加快实现高水平科技自立自强,建设科技强国和人才强国意义重大。2022年,科技部等五部门聚焦青年科研人员启动实施"减负行动3.0",有针对性地开展挑大梁、增机会、减考核、保时间、强身心五项行动,取得积极成效,起到先行先试的探索作用。2023年8月,中共中央办公厅、国务院办公厅发布的《关于进一步加强青年科技人才培养和使用的若干措施》,采取了一系列突破性举措。一是在支持青年科技人才在国家重大科技任务中"挑大梁"方面。规定国家重大科技任务、关键核心技术攻关和应急科技攻关大胆使用青年科技人才,40岁以下青年科技人才担任项目(课题)负责人和骨干的比例原则上不低于50%。鼓励青年科技人才跨学科、跨领域组建团队承担颠覆性技术创新任务,不纳入申请和承担国家科技计划项目的限项统计范围。稳步提高国家自然科学基金对青年科技人才的资助规模,将资助项目数占比保持在45%以上,支持青年科技人才开展原创、前沿、交叉科学问题研究。二是在深入实施国家重点研发计划青年科学家项目方面。规定国家重点研发计划重点专项进一步扩大青年科学家项目比例,负责人申报年龄可放宽到40岁,并不设职称、学历限制。对组织实施高效、高质量完成任务目标的优秀青年科研团队通过直接委托进行接续支持。经费使用可实行包干制。三是在国家科技创新基地大力培养使用青年科技人才方面。鼓励各类国家科技创新基地面向青年科技人才自主设立科研项目,由40岁以下青年科技人才领衔承担的比例原则上不低于60%。青年科技人才的结构比例、领衔承担科研任务、取得重大原创成果等培养使用情况纳入国家科技创新基地绩效评估指标,加强绩效评估结果的应用。四是在青年科技人才分类评价方面。明确要求不把论文数量和人才称号作为机构评价指标,避免层层分解为青年科技人才的考核评价指标。

第四,着力培养急需紧缺专门人才。专门人才是推动专门领域创新创业的重要力量。哪个领域拥有越多的高素质专门人才,其创新能力、市场竞争力就越强。目前我国产业领军人才、高层次技术专家和高技能人才严重匮乏,新能源、新材料等战略性新兴产业领域人才数量相对不足,人才配置结构与产业优化升级不够适应,社会管理人才、公共服务人才紧缺程度严重。因此,必须适应建设现代化经济体系、发展现代化产业体系的需要,加大重点领域急需紧缺专门人才开发力度。要下大气力加快装备制造、信息、生物、新材料、航空航天、能源资源、现代交通运输、农业科技、国际商务等经济重点领域人才培养,下大气力加快医药卫生、防灾减灾等社会发展重点领域人才培养,大规模开展重点领域专门人才知识更新,使重点领域各类专业人才数量充足,整体素质和创新能力显著提升,人才结构趋于合理。要围绕经济社会发展需要,整体推进党政人才、专业技术人才、企业经营管理人才、农村实用人才、高技能人才以及社会工作人才队伍建设。要统筹兼顾各个层次、各个门类的人才需求，实现不同层次、不同门类、不同职业人才的协调发展。

第五，注重培养大批卓越工程师。制造业是我国的立国之本、强国之基。我国是唯一拥有全部工业门类的国家，这是我们的优势。但是，我们的劣势也十分明显，我国制造业总体上处于全球价值链的中低端，许多产业的工程师数量不足、质量不高。当前人才培养过程中一定程度上存在学术研究与产业需求脱节、动手实践能力不足、工程知识积累不够等问题。这些都是我国制造业做强做优做大、向高端迈进的不利因素，严重制约了我国科技事业的整体发展。要重点培养科技人员解决当代社会、经济和产业发展中所面临的实际问题的能力，兼顾专业知识的深化、学术能力的培养和综合素质的扩展。习近平同志在中央人才工作会议上强调："要探索形成中国特色、世界水平的工程师培养体系，努力建设一支爱党报国、敬业奉献、具有突出技术创新能力、善于解决复杂工程问题的工程师队伍。"① 立足战略性新兴产业发展需要，加快布局建设新型高水平理工科大学，加大理工科人才培养分量，探索实行高校和企业联合培养高素质复合型工科人才的有效机制。深化工程教育改革，鼓励科研院所、高校与企业共同设计培养目标、制定培养方案、实施培养过程，实行"双导师制"，将科技人员、学生完成企业特定研究课题和项目作为研究、学业重要内容。完善科研院所、高校与企业之间高水平人才流动机制，确保科学家与工程师之间、科研院所和高校与企业之间在人才培养和供给方面保持持续深入的对话与合作，共同面向未来产业发展的人才需求，打造政产学研用金深度融合的卓越工程师培养新体系。

第六，积极引进海外高层次人才。海外高层次人才是我国现代化建设的特需资源。引进海外高层次人才，是壮大我国人才队伍、改善人才结构的重要途径，必须坚定不移做好。习近平同志指出，"发展的中国需要更多海外人才，开放的中国欢迎来自世界各地的英才"②。当今世界已进入人才流动时代，各

---

① 习近平：《深入实施新时代人才强国战略 加快建设世界重要人才中心和创新高地》，《求是》2021年第24期，第12页。

② 习近平：《在欧美同学会成立100周年庆祝大会上的讲话》，《人民日报》2013年10月22日，第2版。

主要国家都在围绕抢占未来科学技术制高点,积极适应"人才双向流动"的特点和规律,想方设法引进各类高层次人才。我国的改革开放和现代化建设事业需要海外高层次人才,也为海外高层次人才回国创新创业提供了千载难逢的机遇和舞台。习近平同志强调,我国要走创新发展之路,必须高度重视创新人才的聚集,择天下之英才而育之。中国要敞开大门,招四方之才。我们要适应国际人才竞争的新形势,从实现中华民族伟大复兴中国梦的战略高度,以更加主动的态度、更加有力的措施、更加开放的政策,继续大力引进海外高层次人才。要坚持以我为主、按需引进、突出重点、讲求实效,进一步健全我国留学人才的引才机制。建立统一的海外高层次人才信息库和人才需求信息发布平台,制定完善相关特殊政策。对引进的海外高层次人才,要充分信任、放手使用。要坚持引进来和走出去相结合,继续扩大人才对外开放,使人才培养渠道更加多元化,力争为建设世界重要人才中心和创新高地储备更多优秀人才。当前,美国等西方国家在人才方面既抓紧在全球布局争夺人才资源,又对我国引进科技和人才进行遏制打压。针对这一新动向,我们必须及时完善工作思路,拓宽引才视野,优化引才方式,制定更具有吸引力和竞争力的引才政策,加强引才安全保护,提高海外引才工作的精准性、有效性、安全性。

三、一体部署创新链教育链人才链

党的二十大报告对"坚持教育优先发展、科技自立自强、人才引领驱动,加快建设教育强国、科技强国、人才强国"[1]进行整体谋划,并将"建成教育强国、科技强国、人才强国"纳入2035年我国发展的总体目标。2023年1月31日,习近平同志在主持二十届中央政治局第二次集体学习时强调,要"实现科教兴国战略、人才强国战略、创新驱动发展战略有效联动,坚持教育发展、科技创新、人才培养一体推进,形成良性循环"[2]。2023年5月29日,他在主持二十届中央政治局第五次集体学习时指出:"当今时代,人才是第一资源,科技是第一生产

---

① 《习近平著作选读》第1卷,人民出版社2023年版,第28页。
② 习近平:《加快构建新发展格局 把握未来发展主动权》,《求是》2023年第8期,第7页。

力,创新是第一动力,建设教育强国、科技强国、人才强国具有内在一致性和相互支撑性,要把三者有机结合起来、一体统筹推进,形成推动高质量发展的倍增效应。"①面向未来,我们必须深化对教育发展规律、科技创新规律、人才成长规律的认识,加强前瞻性思考、全局性谋划,研究和制定深入实施创新驱动发展战略、科教兴国战略、人才强国战略的一揽子方针政策和战略部署,促进三者同向发力、同频共振,有效推动教育、科技、人才深度融合发展。

1. 以科技为三者深度融合发展的驱动和牵引

从宏观层面看,教育、科技、人才既相互依托又相互支撑,构成辩证统一的整体。从具体层面看,教育、科技、人才既各有特色又相互关联,形成你中有我、我中有你的格局。一体推进教育、科技、人才事业,对我国来说,不仅要解决好"谁来统筹、统筹什么"这个根本性问题,而且还要解决好三者一体统筹推进的着力点和突破口。

第一,坚持党对教育、科技、人才事业的全面领导。推进中国式现代化关键在党。党的领导是关乎中国式现代化前途命运的重大政治问题。党的二十大报告在对中国式现代化进行战略部署时,首先明确了中国式现代化的性质和方向问题,明确指出:"中国式现代化,是中国共产党领导的社会主义现代化。"②这就对中国式现代化进行了定性,指明了根本方向,是管总、管根本的。坚持中国共产党的领导是中国式现代化的最鲜明特征和最突出优势,这一点必须始终坚定不移、毫不动摇,否则就会犯灾难性的、颠覆性的错误。

党的领导是教育、科技、人才事业高质量发展的"定海神针"。我国科技、教育、人才事业发展的路线方针政策、各项战略部署,都是在党中央统一领导下制定的,最高决策权集中在中央,重大顶层设计都由中央研究决定。新时代新征程上,必须一以贯之坚持和加强党对教育、科技、人才事业的全面领导,完善党中央对教育、科技、人才事业统一领导的体制机制,坚决把党的领导落实到教育、科技、人才事业的各个领域、各个环节之中,决不能出现盲点、堵点,决

---

① 习近平:《扎实推进教育强国建设》,《求是》2023年第18期,第7页。
②《习近平著作选读》第1卷,人民出版社2023年版,第18页。

不能弱化、虚化。党对教育、科技、人才事业的领导,重在把方向、谋全局、定政策、促改革、抓大事,就我国教育、科技、人才发展的方向性原则性重大问题进行前瞻研究、加强战略部署、制定有效措施。各级党委和政府要把教育、科技、人才事业摆上议事日程,做好总体布局规划,组织实施重大任务攻关,发挥好宏观指导、统筹协调、服务保障作用,充分凝聚各方面创新力量。

第二,把科技作为统筹推进教育、科技、人才一体发展的驱动和牵引。如何统筹好教育、科技、人才事业发展,推动三者优化协同高效运行? 这就必须抓紧抓牢科技创新这个"牛鼻子"。教育、科技、人才是全面建设社会主义现代化国家的基础性、战略性支撑,三者紧密联系又各有侧重:教育是民族复兴的基础工程,是先导性、战略性工程;科技是第一生产力,是引领发展的第一动力;人才是第一资源,是创新创造的活力源泉。当今世界百年未有之大变局全方位、深层次加速演进,世界之变、时代之变、历史之变正以前所未有的方式展开,世界进入新的动荡变革期。新一轮科技革命和产业变革深入发展,产业智能化、融合化、绿色化加速,全球产业链供应链深度调整,大国竞争博弈日益加剧。美西方国家对我科技创新的打压不断升级,大搞"筑墙"、"脱钩"、"断供"战术,其手段包括加征关税、高技术产品断供、市场封闭、限制科技人才流动等等,无所不用其极。我国实现高水平科技自立自强面临的不稳定性不确定性因素大大增加,风险挑战前所未有。

要立足世界科技发展前沿,站在我国经济社会发展全局,科学谋划教育、科技、人才事业。在现阶段,要把科技作为一体落实教育、科技、人才统筹发展的着力点和突破口,以科技创新为"指挥棒"和"红绿灯",以实现高水平科技自立自强为总纲,统筹推进教育、科技、人才一体发展。具体说来,就是根据世界科技发展新趋势、锚定关键核心科技领域,优化学科和专业设置、建设高质量教育体系,调整人才引进培养使用模式、打造科技创新急迫需要和长远需求的创新型人才。在实际工作层面,就是要以科技创新方向为教育创新、人才创新发展的方向,充分发挥科技的驱动引领作用,实现在科技创新基础上的三者有机结合、深度融合。科技领域改革要突出科技的战略性地位,围绕制约高水平科技自立自强最紧迫的问题改革攻坚,优化资源配置,完善激励机制,实现布局重大科研任务和发展高质量教育、培养创新型人才的有机结合。这样有利于更好坚持创新在我国现代化建设全局中的核心地位,加快实现到2035年同步建成教育强国、科技强国、人才强国的奋斗目标。2035年以后,持续深化教育、科技、人才一体发展的体制机制,为2050年建成社会主义现代化强国奠定坚实的基础。

2. 以教育为三者深度融合发展的先导和基石

党的二十大报告将教育强国明确列为到2035年必须建成的目标之一,放在科技强国、人才强国、文化强国、体育强国、健康中国等目标之前,充分体现出教育对于国家现代化建设的极端重要性。教育、科技、人才在为中国式现代化提供基础性、战略性支撑时,各自承载的使命任务虽然有所不同,但三者具有相互伴生、相互赋能、相互促进的内在逻辑。教育的繁荣发展,不断吸引和造就创新型人才,创新型人才催生科技创新,而科技创新的发展演变又反过来作用于教育,新构重塑教育业态。教育由于其自身的特殊属性,决定了教育发展的成果往往需要一定的时间才能显现出来。十年树木,百年树人。从教育、科技、人才相互作用的辩证机理看,教育具有先导性,是人才培养的基础性工程,对于推进科技创新发挥着至关紧要的作用。加快实现高水平科技自立自强,客观上要求我们必须把教育摆在优先位置,作为三者统筹推进的先手棋,前瞻部署、提前布局。

第一,打造国家战略教育力量。以习近平同志为核心的党中央立足我国科技事业和人才事业实践进程,着眼世界科技发展大势和国际人才竞争趋势,明确提出了强化国家战略科技力量和国家战略人才力量的目标。我国教育发展已经进入由大到强的历史新阶段,新一轮科技革命和产业变革既给我国教育拓宽未来发展空间提供无限可能,同时又给我国教育事业高质量发展带来新挑战新考验。我们必须敢于抢抓机遇、善于主动作为,着力打造与国家战略科技力量、国家战略人才力量相匹配的国家战略教育力量。国家战略教育力量,主要包括高水平研究型大学、"双一流"建设高校,以及国家教育体系中具有引领性、发展潜力大、辐射带动能力强的高端教育机构,还包括由国家布局支持的、具有教育和培养人才职能的国家实验室、国家科研院所、创新型领军企业等为代表的科技创新主体。要制定国家战略教育力量中长期发展规划,采取有效措施,把我国打造为具有全球影响力的世界教育高地。按照重点扶持、整体推进的原则,充分整合现有教育资源,支持一些教育优势集中的地区建设区域性教育中心,形成各具特色、相得益彰的教育空间布局。

第二,培育教育发展新动能。深化教育、科技、人才综合改革,加强科教创新和产业创新融合,一体推进创新链教育链人才链。教育领域改革要突出教育的先导性功能,围绕成为科技创新策源地和人才培养主阵地,推动教育理念、体系、制度、评价、治理等变革,以教育之强成就人才之强,赋能科技之强。要把科技创新理念、创新创业意识贯穿教育活动和人才培养全过程,倡导"处处是创造之地,天天是创造之时,人人是创造之人"的教育氛围,注重培养创新意识和创新能力,以创造之教育培养创造之人才,以创造之人才造就创新之国家。要围绕科技前沿方向,加强相关学科和课程体系建设,造就一批创新思维活跃、敢闯"无人区"的顶尖人才。要优化同科技前沿方向相适应的教育结构、学科专业结构、人才培养结构,增强学科和专业设置的针对性。把推动科研人员、高校教师、企业创新团队薪酬分配制度改革作为一体部署创新链教育链人才链的切入口,健全劳动、知识、技术、管理、资本和数据等生产要素参与收入分配机制,逐步建立激发创新活力、知识价值导向、管理规范有效、保障激励兼顾的薪酬制度,进一步凝聚各类创新主体的积极性、创造性、主动性。

3. 以人才为三者深度融合发展的耦合点和联动点

千秋基业,人才为本。深入实施科教兴国战略、创新驱动发展战略、人才强国战略,推动政产学研用金有机结合等,都与人才紧密相连。当前,我们正处于世界新一轮科技革命和产业变革同我国加快构建新发展格局、着力推动高质量发展的历史性交汇期,围绕科技制高点和高端人才的战略博弈空前激烈,科技人才领域的赛道和赛跑呈现新的发展态势和特征。习近平同志在中国科学院第十七次院士大会、中国工程院第十二次院士大会上指出:"我国科技队伍规模是世界上最大的,这是我们必须引以为豪的。但是,我们在科技队伍上也面对着严峻挑战,就是创新型科技人才结构性不足矛盾突出,世界级科技大师缺乏,领军人才、尖子人才不足,工程技术人才培养同生产和创新实践脱节。"①我国要加快建成教育强国、科技强国、人才强国，就必须在创新实践中发现人才，在创新活动中培育人才，在创新事业中凝聚人才。

科技和教育之间的紧密纽带就是人才，科技创新引领教育创新，教育培养造就人才，人才推动科技创新。人才是教育、科技、人才深度融合发展的耦合点，培养人才是建设教育强国、科技强国、人才强国的共同任务和焦点所在，是三者有效联动、良性循环的内在要求和题中应有之义。必须坚持走人才自主培养之路，着力造就规模宏大、结构合理、素质优良的创新型科技人才，增强人才对科技创新的支撑力，提升人才对教育、科技、人才一体发展的贡献力。

第一，立足教育、科技、人才工作现状，进一步加强人才工作顶层设计。锚定加快建设世界重要人才中心和创新高地的奋斗目标，全方位培养、引进、用好人才，为2035年基本实现社会主义现代化提供人才支撑，为2050年全面建成社会主义现代化强国打好人才基础。一是坚持高端引领，强化国家战略人才力量，完善人才战略布局，努力培养造就更多大师、战略科学家，打造一流科技领军人才和创新团队，用好用活青年人才，培养大批卓越工程师。加强劳动者技能培训，统筹职业教育、高等教育、继续教育，推进职普融通、产教融合、科教融汇，源源不断培养高素质技术技能人才、大国工匠、能工巧匠。二是坚持与时俱进，锚定科技创新方向培育人才。根据世界科技发展态势，系统分析我国各方面人才发展状况及缺口，聚焦国家重大战略需求，动态调整优化高等教育学科设置，有的放矢培养国家战略人才和急需紧缺人才，为打赢关键核心技术攻坚战提供人才支撑。三是完善创新主体梯次培养机制。面对高校、科研院所、初创企业、高新技术企业和科技领军企业等不同创新主体，推广企业创新积分制等做法，匹配投入相适应的项目、人才、资金等创新要素。支持高校建立产业导师制度，创建高校教师和产业导师联合体，大力培养一批"懂科技、懂产业、懂资本、懂市场、懂管理"的复合型人才。

第二，着眼教育、科技、人才发展需求，进一步完善人才发展体制机制。习近平同志指出："要按照发展新质生产力要求，畅通教育、科技、人才的良性循

---

① 中共中央文献研究室编：《习近平关于科技创新论述摘编》，中央文献出版社2016年版，第117页。

环,完善人才培养、引进、使用、合理流动的工作机制。"总的要求是:完善科学决策机制,优化分工协作机制,强化沟通交流机制,健全督促落实机制,形成统分结合、上下联动、协调高效、整体推进的人才工作机制,实现人才工作各环节联动集成。一是要树立全局观和大局观,自觉从教育、科技、人才深度融合发展的战略高度谋划人才工作,把握人才为经济社会发展服务、为促进人的全面发展服务的大方向,紧紧围绕构建新发展格局、实现高质量发展,制定人才发展规划,明确人才发展的指导思想、战略目标、重点任务和保障机制,整体推进各类人才队伍建设。二是深化人才发展体制机制改革,加快形成有利于人才成长的培养机制、有利于人尽其才的使用机制、有利于人才各展其能的激励机制、有利于人才脱颖而出的竞争机制。人才领域改革要突出人才的根本性作用,围绕激发人才创新活力,疏通人才引育用留的机制性梗阻,打造一支宏大的创新型人才队伍,更好支撑教育发展、创新突破。坚持问题导向、破立并举,向用人主体授权、积极为人才松绑,完善人才管理制度、深化科研经费管理和项目管理改革,优化整合人才计划,加快建立以创新能力、质量、时效、贡献为导向的人才评价体系,构建科学规范、开放包容、运行高效的人才发展治理体系。三是加强人才发展保障体系建设,积极营造尊重人才、求贤若渴的社会环境,着力创造公正平等、竞争择优的制度环境,持续打造待遇适当、保障有力的生活环境,不断健全分层次、多样化的人才荣誉表彰体系,在全社会形成鼓励大胆创新、勇于创新、包容创新的良好氛围。

我国已经迈上了全面建设社会主义现代化国家、向第二个百年奋斗目标进军的新征程,我们比历史上任何时期都更加接近实现中华民族伟大复兴的宏伟目标,也比历史上任何时期都更加渴求人才。我们要更好统筹教育、科技、人才一体发展,为到2035年基本实现社会主义现代化、到2050年全面建成社会主义现代化强国提供坚实的战略支撑。

第十章 |
加快推进新型工业化

　　工业是综合国力的根基、经济社会发展的"压舱石"。工业化是现代化的前提和基础，是一个国家和民族繁荣昌盛的必由之路。新中国成立特别是改革开放以来，我们用几十年时间走完西方发达国家几百年走过的工业化历程，创造了经济快速发展和社会长期稳定的两大奇迹。进入21世纪，我们党明确提出了走新型工业化道路的重大战略。党的十八大以来，习近平同志从党和国家事业全局出发，强调"工业是我们的立国之本"，"中国梦具体到工业战线就是加快推进新型工业化"。新时代加快推进新型工业化，是以习近平同志为核心的党中央立足新发展阶段，着眼全面建成社会主义现代化强国而作出的重大战略部署。我们要准确把握新型工业化的时代特征、内涵要求和重点任务，坚持走中国特色新型工业化道路，加快建设制造强国，更好服务构建新发展格局、推动高质量发展、实现中国式现代化。

一、不断深化对新型工业化的规律性认识

　　经过百年来的接续奋斗，我们党团结带领人民在一穷二白的基础上创造了经济快速发展和社会长期稳定两大奇迹。我国用几十年时间走完了发达国家几百年走过的工业化历程，跃升为世界第二大经济体，综合国力、科技实力、国防实力、文化影响力、国际影响力显著提升。正是在这波澜壮阔的历史进程中，我们党立足基本国情，积极探索新型工业化的发展规律，不断回答和解决事关新型工业化发展的一系列重大理论和实践问题。

1. 辩证处理工业化和信息化的关系

我们党对新型工业化的认识经历了一个不断深化的探索过程,其中最核心的问题就是正确处理工业化和信息化的关系。

新中国成立后,我国开始了工业化的进程。经过长期努力,我国工业建设取得举世瞩目的成就,实现了从农业大国向工业大国的历史性转变。到世纪之交,我国总体上进入了工业化中后期阶段。与此同时,世界性的信息化潮流迅猛发展。在这样的形势下,如何处理信息化和工业化的关系? 一种观点认为,我国应该全力推进信息化,工业化可以放弃不管。另一种观点则认为,我国当务之急是重点发展传统工业,继续推进工业化,有了基础后,再大力发展信息化。中国该走怎样的工业化发展之路? 这成为摆在我们党面前的一个重大问题。

面对工业化有待继续推进而信息化建设又时不我待的局势,我们党深刻认识到,中国的现代化建设面临着双重使命:中国还是一个发展中国家,工业化任务尚未完成,又面临着实现信息化的艰巨任务。由于我国的信息化不是出现于工业化成熟阶段,而是在工业化进入中后期的过程中开始的,因此,我们决不能像西方经济发达国家那样,先走完工业化,然后再推进信息化,更不能用信息化取代工业化,而必须同时推进工业化与信息化。如果按部就班地在完成工业化后再进行信息化建设,就会坐失良机,永远无法赶上西方发达国家。反之,如果放弃工业化,把建设重点全面转向信息化,也不符合我国国情,还可能欲速则不达。

工业化与信息化的双重使命,决定了我们必须以工业化作后盾,信息化作先导,决定了我们必须把工业化作为信息化的基础,让工业化为信息化的发展提供物资、能源、资金、人才以及市场;同时也决定了我们在加快信息化建设的同时,必须着重巩固和发展工业化,不断夯实信息化的工业根基。对我国来说,在工业化中后期大力推进信息化,与新中国成立初期大力推进工业化一样,具有同等重要的战略意义。没有工业化的积累,信息化就成了无源之水、无本之木。没有信息化的带动,工业化就不可能顺利实现。把工业化同信息化对立起来,或者埋头于工业化而置信息化于不顾,或者脱离工业化现状而盲

227

目追求信息化,都是片面的、不可取的。

2000年10月,党的十五届五中全会通过的《中共中央关于制定国民经济和社会发展第十个五年计划的建议》,将以信息化带动工业化作为一个覆盖现代化建设全局的重大战略方针确定下来,作出了"加快国民经济和社会信息化"[①]的重大决策。加快国民经济和社会信息化,就是我们为推进产业优化升级和实现工业化、现代化而采取的重大举措,实质是发挥后发优势,依靠信息化实现社会生产力的跨越式发展。2002年11月,党的十六大报告作出了"走新型工业化道路"的重大决策,明确提出:"坚持以信息化带动工业化,以工业化促进信息化,走出一条科技含量高、经济效益好、资源消耗低、环境污染少、人力资源优势得到充分发挥的新型工业化路子。"[②]这是我们党的重要文献中首次提出并对新型工业化进行战略部署。高、好、低、少、优五个字,揭示了新型工业化道路与传统工业化道路的鲜明区别。高,是指科技含量、科技水平高;好,是指经济效益、社会效益好;低,是指资源消耗、单位能耗低;少,是指环境污染、生态损害少;优,是指人力资源、人才支撑优势得到充分发挥。可见,新型工业化道路是速度与结构、质量、效益相统一的工业化发展道路。

工业化是一个历史范畴,在不同的历史条件下,不同国家实现工业化的标准和道路不尽相同。英国、美国、法国、德国等西方发达国家工业化道路的基本特征是:从世界广大殖民地掠夺能源、原材料,并倾销其产品,结果造成全球范围贫富两极分化、资源大量消耗和生态环境恶化。在我们这样一个人口众多的发展中大国实现工业化,世界上没有先例可循。由于人口规模、资源禀赋、历史条件的不同以及国际政治经济形势的变化、科学技术的发展,我们决不能重复别国走过的道路,更为重要的是,我们必须避免西方发达国家走过的弯路。我国是在新的历史条件下继续推进工业化的,国际环境和我国基本国情决定了传统的工业化道路在我国已走不通。以信息技术为代表的新一轮科技革命和产业变革迅猛发展,又使我国走新型工业化道路成为可能。走新型

---

① 中共中央文献研究室编:《十五大以来重要文献选编》中,人民出版社2001年版,第1377页。

② 中共中央文献研究室编:《十六大以来重要文献选编》上,中央文献出版社2005年版,第16页。

工业化道路,是在总结世界各国工业化经验教训基础上,从我国基本国情出发,把握科技发展趋势,根据信息化时代实现工业化的要求和有利条件而提出的。

2007年10月,党的十七大报告在十六大报告提出新型工业化的基础上,进一步提出:"要坚持走中国特色新型工业化道路"①,"大力推进信息化与工业化融合"②。提出走中国特色新型工业化道路,丰富了中国式现代化道路的内涵。2010年10月,党的十七届五中全会进一步提出"推动信息化和工业化深度融合"③。从提出走新型工业化道路到提出走中国特色新型工业化道路,从提出以信息化带动工业化到提出推动信息化和工业化深度融合,反映了我们党对社会主义建设规律认识的不断深化。

2. 深入思考和回答了新型工业化的一系列方向性全局性战略问题

党的十八大以来,以习近平同志为核心的党中央立足中国式现代化的宏观全局,深入思考了新型工业化所处的历史方位问题。2013年9月,习近平同志在主持十八届中央政治局第九次集体学习时指出:"我国现代化同西方发达国家有很大不同。西方发达国家是一个'串联式'的发展过程,工业化、城镇化、农业现代化、信息化顺序发展,发展到目前水平用了二百多年时间。我们要后来居上,把'失去的二百年'找回来,决定了我国发展必然是一个'并联式'的过程,工业化、信息化、城镇化、农业现代化是叠加发展的。"④在综合分析的基础上,习近平同志作出"我国进入了新型工业化、信息化、城镇化、农业现代化同步发展、并联发展、叠加发展的关键时期"⑤的重大判断。这就揭示了"四

① 中共中央文献研究室编:《十七大以来重要文献选编》上,中央文献出版社2009年版,第17页。

② 中共中央文献研究室编:《十七大以来重要文献选编》上,中央文献出版社2009年版,第18页。

③ 中共中央文献研究室编:《十七大以来重要文献选编》中,中央文献出版社2011年版,第982页。

④ 习近平:《论科技自立自强》,中央文献出版社2023年版,第33—34页。

⑤ 习近平:《论科技自立自强》,中央文献出版社2023年版,第81页。

化同步"的典型特征,阐明了新型工业化与信息化、城镇化、农业现代化相融并进、互促共兴的内在关系。

经济发展进入新常态,是我国经济发展阶段性特征的必然反映。2013年12月,习近平同志在中央经济工作会议上提出"新常态"。针对新常态下我国经济增速会不会进一步回落、能不能爬坡过坎等疑问,2014年11月,习近平同志在亚太经合组织工商领导人峰会开幕式上指出:"我们正在协同推进新型工业化、信息化、城镇化、农业现代化,这有利于化解各种'成长的烦恼'。"①2015年1月,他在中央党校县委书记研修班学员座谈会上指出:"现在,我国经济发展进入新常态,保持经济社会持续健康发展,必须转方式、调结构,必须实施创新驱动发展战略,必须推动新型工业化、信息化、城镇化、农业现代化同步发展。"②在认识、适应、引领经济发展新常态的过程中,以习近平同志为核心的党中央注重发挥"四化同步"的整体效应,不仅为中国经济增长提供了强大动力,也为世界经济释放出巨大需求。

坚持新发展理念是关系我国发展全局的一场深刻变革。2015年10月,习近平同志在党的十八届五中全会上,提出了新发展理念。创新成为第一动力、协调成为内生特点、绿色成为普遍形态、开放成为必由之路、共享成为根本目的的五大发展理念极大丰富了新型工业化的内涵,为我们把握、衡量、推动新型工业化提供了遵循。比如,针对我国长期存在的发展不协调的突出问题,习近平同志2016年5月在全国科技创新大会、两院院士大会、中国科协第九次全国代表大会上指出:"我们要立足于科技创新,释放创新驱动的原动力,让创新成为发展基点,拓展发展新空间,创造发展新机遇,打造发展新引擎,促进新型工业化、信息化、城镇化、农业现代化同步发展,提升发展整体效能,在新的发展水平上实现协调发展。"③新发展理念是"指挥棒"、"红绿灯",新型工业化是新发展理念在工业领域的生动实践。以习近平同志为核心的党中央强调,必须坚持用新发展理念引领新型工业化,着力推动工业质量变革、效率变革、动

---

① 《习近平外交演讲集》第1卷,中央文献出版社2022年版,第207页。

② 习近平:《做焦裕禄式的县委书记》,中央文献出版社2015年版,第10页。

③ 习近平:《论科技自立自强》,中央文献出版社2023年版,第155页。

力变革。

推进供给侧结构性改革,是践行新发展理念、适应和引领经济发展新常态的重大创新。2015年11月,习近平同志在中央财经领导小组第十一次会议上,提出要"着力加强供给侧结构性改革"①。2016年1月,习近平同志在省部级主要领导干部学习贯彻党的十八届五中全会精神专题研讨班上指出:"推进供给侧结构性改革,要从生产端入手,重点是促进产能过剩有效化解,促进产业优化重组,降低企业成本,发展战略性新兴产业和现代服务业,增加公共产品和服务供给,提高供给结构对需求变化的适应性和灵活性。简言之,就是去产能、去库存、去杠杆、降成本、补短板。"②正是牢牢抓住了"三去一降一补"这个供给侧结构性改革的关键,我国新型工业化才能在我国经济爬坡过坎的关口发挥了"发动机"和"稳定器"的作用,推动我国经济运行保持在中高速增长的合理区间。

实体经济是一国经济的立身之本、国家强盛的重要支柱。我国经济是靠实体经济起家的,也必然要靠实体经济走向未来。针对一段时间以来实体经济特别是制造业困难增大、一度出现的脱实向虚的苗头,习近平同志在2016年12月召开的中央经济工作会议上指出:"振兴实体经济是供给侧结构性改革的主要任务,供给侧结构性改革要向振兴实体经济发力、聚力。"③习近平同志明确提出了"必须把发展经济的着力点放在实体经济上"④、"着力振兴实体经

① 习近平:《论把握新发展阶段、贯彻新发展理念、构建新发展格局》,中央文献出版社2021年,第55页。
② 习近平:《论把握新发展阶段、贯彻新发展理念、构建新发展格局》,中央文献出版社2021年版,第101页。
③ 习近平:《论把握新发展阶段、贯彻新发展理念、构建新发展格局》,中央文献出版社2021年版,第142页。
④ 《习近平著作选读》第2卷,人民出版社2023年版,第25页。

济"①、"夯实实体经济"②、"把实体经济做实做强做优"③的要求,有力扭转了脱实向虚的不良倾向,巩固壮大了实体经济根基,极大促进了新型工业化的健康发展。

构建新发展格局,是基于我国发展阶段和环境变化,统筹发展和安全作出的重大战略决策。2020年4月,习近平同志在中央财经委员会会议上,首次提出构建新发展格局。2020年5月,他在参加全国政协十三届三次会议经济界委员联组会时,分析了我国经济发展面临的结构性、体制性、周期性问题相互交织所带来的困难和挑战,分析了新冠疫情的冲击,分析了世界经济深度衰退、国际贸易和投资大幅萎缩、国际金融市场动荡、国际交往受限、经济全球化遭遇逆流、一些国家保护主义和单边主义盛行、地缘政治风险上升等不利局面,指出我国"正处于新型工业化、信息化、城镇化、农业现代化快速发展阶段"④,强调要"着力打通生产、分配、流通、消费各个环节,逐步形成以国内大循环为主体、国内国际双循环相互促进的新发展格局,培育新形势下我国参与国际合作和竞争新优势"⑤。构建新发展格局的实践,极大提升了我国发展的安全性稳定性,增强了我国的生存力、竞争力、发展力、持续力,有力彰显了新型工业化在促进国民经济循环畅通、提高国际竞争力中的"压舱石"作用。

加快培育完整内需体系、实现高水平科技自立自强,是构建新发展格局的必然要求,也是推进新型工业化的重大任务。2020年10月,习近平同志在党的十九届五中全会第二次全体会议上指出:"要以满足国内需求为基本立足点,把实施扩大内需战略同深化供给侧结构性改革有机结合起来,着力提升供给

① 习近平:《论把握新发展阶段、贯彻新发展理念、构建新发展格局》,中央文献出版社2021年版,第142页。

② 《习近平春节前夕赴四川看望慰问各族干部群众:祝福全国各族人民新春吉祥 祝愿伟大祖国更加繁荣昌盛》,《人民日报》2018年2月14日,第1版。

③ 《习近平在参加内蒙古代表团审议时强调:扎实推动经济高质量发展 扎实推进脱贫攻坚》,《人民日报》2018年3月6日,第1版。

④ 习近平:《论把握新发展阶段、贯彻新发展理念、构建新发展格局》,中央文献出版社2021年版,第352页。

⑤ 习近平:《论把握新发展阶段、贯彻新发展理念、构建新发展格局》,中央文献出版社2021年版,第352—353页。

体系对国内需求的适配性,形成需求牵引供给、供给创造需求的更高水平动态平衡。"[1]2022年10月,在党的二十大报告中,习近平同志强调"把实施扩大内需战略同深化供给侧结构性改革有机结合起来,增强国内大循环内生动力和可靠性"[2]。高水平科技自立自强是中国式现代化的战略支撑、维护国家安全的"定海神针"。2021年1月,习近平同志在省部级主要领导干部学习贯彻党的十九届五中全会精神专题研讨班上指出:"构建新发展格局最本质的特征是实现高水平的自立自强。当前,我国经济发展环境出现了变化,特别是生产要素相对优势出现了变化。劳动力成本在逐步上升,资源环境承载能力达到了瓶颈,旧的生产函数组合方式已经难以持续,科学技术的重要性全面上升。在这种情况下,我们必须更强调自主创新。"[3]

提升产业链供应链韧性和安全水平、建设现代化产业体系,是构建新发展格局的迫切需要,也是推进新型工业化的战略选择。新发展格局以现代化产业体系为基础,经济循环畅通需要各产业有序链接、高效畅通。2020年10月,习近平同志在党的十九届五中全会第二次全体会议上指出:"要把增强产业链韧性和竞争力放在更加重要的位置,着力构建自主可控、安全高效的产业链供应链。"[4]2022年12月,他在中央经济工作会议上指出:"我国有世界最完整的产业体系和潜力最大的内需市场,要切实提升产业链供应链韧性和安全水平,抓紧补短板、锻长板。""要在重点领域提前布局,全面提升产业体系现代化水平,既巩固传统优势产业领先地位,又创造新的竞争优势。"[5]2023年1月,习近平同志在二十届中央政治局第二次集体学习时,针对全球产业体系和产业链供应链呈现多元化布局、区域化合作、绿色化转型、数字化加速的态势,明确提出要

① 习近平:《论把握新发展阶段、贯彻新发展理念、构建新发展格局》,中央文献出版社2021年版,第14页。

② 《习近平著作选读》第1卷,人民出版社2023年版,第23—24页。

③ 习近平:《论把握新发展阶段、贯彻新发展理念、构建新发展格局》,中央文献出版社2021年版,第485页。

④ 习近平:《论把握新发展阶段、贯彻新发展理念、构建新发展格局》,中央文献出版社2021年版,第15页。

⑤ 习近平:《当前经济工作的几个重大问题》,《求是》2023年第4期,第5—6页。

"加快建设现代化产业体系,夯实新发展格局的产业基础"①。

总之,在适应把握引领经济发展新常态、深入推进供给侧结构性改革的探索中,在贯彻新发展理念、推动高质量发展的进程中,在决战全面建成小康社会、统筹疫情防控和经济社会发展的实践中,在构建新发展格局、统筹发展和安全的征程中,以习近平同志为核心的党中央对新型工业化的认识越来越深刻、思路越来越清晰。党的二十大报告将"基本实现新型工业化、信息化、城镇化、农业现代化",与实现高水平科技自立自强、建成现代化经济体系、形成新发展格局等一起纳入到2035年基本实现社会主义现代化的总体目标之中,这是我们党在深刻把握新型工业化发展规律的基础上,提出的既鼓舞人心又符合实际的奋斗目标。

二、加快推进新型工业化的战略考量

新型工业化是我们党在21世纪之初就提出的重大任务。经过20多年的持续努力,新型工业化稳步推进,我国经济根基愈加稳固。特别是党的十八大以来,在以习近平同志为核心的党中央坚强领导下,我国新型工业化捷报频传,取得历史性成就。2023年我国全部工业增加值39.9万亿元,制造业规模连续14年居世界首位。我国建成了全球规模最大、技术领先的移动通信网络,新能源汽车、光伏产量等新产业新产能连续多年保持世界第一。我国产业规模和体系优势更加明显,产业结构持续优化,创新力、竞争力、抗风险能力显著提升,产业智能化、融合化、绿色化转型不断加速,产业整体实力和质量效益不断提高,为有效应对外部打压、世纪疫情等严重冲击提供了有力支撑,为如期全面建成小康社会、实现第一个百年奋斗目标作出了重要贡献。

我国已经进入新发展阶段,正处于全面建设社会主义现代化国家、向第二个百年奋斗目标进军的关键时期。在这样一个承前启后的重要节点,以习近平同志为核心的党中央统筹中华民族伟大复兴战略全局和世界百年未有之大变局,站在以中国式现代化全面推进强国建设、民族复兴伟业的战略高度,

---

① 习近平:《加快构建新发展格局 把握未来发展主动权》,《求是》2023年第8期,第7页。

作出了加快推进新型工业化的重大决策。2023年9月，习近平同志就推进新型工业化作出指示："新时代新征程，以中国式现代化全面推进强国建设、民族复兴伟业，实现新型工业化是关键任务。"①同月召开的全国新型工业化推进大会，深刻分析了我国新型工业化面临的形势任务，对新时代新征程加快推进新型工业化作出全面部署。2023年12月召开的中央经济工作会议强调，要以科技创新引领现代化产业体系建设，大力推进新型工业化。2024年3月十四届全国人大二次会议审议通过的政府工作报告，对加快推进新型工业化作出系统部署。我们必须增强责任感使命感紧迫感，从战略和全局高度深刻领会党中央作出这一重大决策的战略考量，深刻认识加快推进新型工业化的重要性紧迫性。

1. 夯实国家发展根基的战略选择

第一，加快推进新型工业化是实现中国式现代化的必然要求。实现新型工业化，能够夯实中国式现代化的物质技术基础，对于实现中华民族伟大复兴的中国梦至关重要。工业化是现代化的前提、基础和核心动力。对于我们这样的发展中大国而言，没有强大的工业，现代化强国的奋斗目标就难以实现。工业强国是建设农业强国、质量强国、航天强国、交通强国、网络强国、数字中国和世界一流军队的重要支撑，是建设科技强国、教育强国、人才强国、文化强国、知识产权强国、体育强国、健康中国的题中应有之义。我国新型工业化虽然取得了举世瞩目的成就，国家综合实力、国际影响力大幅提升，但总体上看，我国工业仍处于全球价值链中低端，自主可控能力还不强，工业大而不强的格局尚未根本改观。现实情况是，我国工业全而不优，部分领域和关键环节存在突出短板，发展面临资源约束趋紧、要素成本上升等多重约束，正处于工业大国向工业强国迈进的重要关口。必须乘势而上，加快推进新型工业化，着力建设制造强国，做强做优做大实体经济，为全面建成社会主义现代化强国奠定坚实基础，为实现第二个百年奋斗目标提供坚强支撑。

---

① 中共中央党史和文献研究院编：《习近平关于中国式现代化论述摘编》，中央文献出版社2023年版，第200页。

第二,加快推进新型工业化是振兴实体经济的客观需要。实体经济是我国发展的本钱,是构筑未来发展战略优势的重要支撑,是在国际经济竞争中赢得主动的根基。新中国成立以来特别是改革开放以来,我国建成了门类齐全、独立完整的工业体系,拥有41个工业大类、207个工业中类和666个工业小类,成为全世界唯一拥有联合国产业分类中所列全部工业门类的国家,500种主要工业产品中有四成以上产品产量位居世界第一,为国民经济持续健康发展提供了有力支撑,极大增强了从容应对国内外各种风险挑战的信心和底气。但同世界工业强国相比,我国产业基础不牢、地基不稳问题仍相当突出,特别是在核心基础零部件(元器件)、先进基础工艺、关键基础材料、产业技术基础(简称工业"四基")等方面,对西方国家的依存度较高,产业基础投入严重不足,许多产业面临"缺芯"、"少核"、"弱基"的窘境,这些短板亟待补齐。面对日益激烈的国际科技与产业竞争,我们必须加快推进新型工业化,实现高水平科技自立自强,保护好全球最完整的产业体系,提高制造业在全球产业分工中的地位和竞争力,确保我国在大国博弈中赢得竞争新优势,掌握发展主动权。

第三,加快推进新型工业化是推动信息化和工业化深度融合发展的重要举措。推动信息化和工业化深度融合发展,实质是高起点加快工业化进程,全面提高信息化水平。信息化对工业化的带动作用主要表现在四个方面。一是加速作用,信息化程度越高,社会经济活动和社会财富的积累速度越快,工业化进程也就相应加快;二是牵引作用,信息化在给工业化带来新机会、新途径的同时,规范、引导着工业化的进一步发展方向;三是转型作用,利用信息这一新资源,可以避免传统的工业化过程中的缺陷,如高消耗、低效益和重污染等问题,进而优化经济结构,实现经济转型;四是倍增作用,它能向其他行业渗透,并产生倍加的效益。信息技术是一种关联度、感应度、牵引度、带动度很高的新技术,它可以带动与之相关的一系列新技术取得突破,优化资源配置,提高经济运行效率,从而大大加速我国工业化的进程,提高工业化的质量,提升国民经济的整体效益和水平。我们所要推进的工业化,不再是传统的工业化,而是体现时代特征、符合中国国情的新型工业化,是立足于更高起点加快工业化进程的新型工业化。信息化和工业化深度融合,引发了生产方式变革,推动了发展方式转变。智能化基础设施、协同化创新体系、集约化资源利用、精细化管理模式,极大提升了工业制造基础能力、新产品开发能力、品牌创建能力、产业集中度,极大地促进和彰显了新型工业化的巨大威力。我们必须加快推进新型工业化,加速信息化和工业化深度融合发展,促进全产业链整体升级,增强工业可持续发展能力。

第四,加快推进新型工业化是实现经济高质量发展的根本途径。新型工业化建设在经济高质量发展中起着牵一发而动全身的根本性、基础性作用。高质量发展是真正体现新发展理念、从"有没有"转向"好不好"的发展,是注重从数量追赶转向质量追赶、从规模扩张转向结构升级、从要素驱动转向创新驱动、从分配失衡转向共同富裕、从高碳增长转向绿色低碳的发展。在全面建设社会主义现代化强国的进程中,工业依然是推动经济增长、保障物质产品供给、带动其他产业升级、促进科技创新、维护国家经济安全、满足人民美好生活需要的重要支柱。离开了工业的高质量发展,就不可能实现经济高质量发展。推动经济高质量发展,重点和要害在工业,困难和薄弱环节也在工业。目前,我国产业发展在规模体量、结构体系、质量水平等方面取得长足进步,在一些优势产业和重大科技领域取得国际领先地位,但供需结构不协调、低端领域竞争加剧、高精尖产业占比偏低、关键核心领域"卡脖子"等问题越来越突出,难以适应新发展阶段和高质量发展要求。必须完整、准确、全面贯彻新发展理念,加快推进新型工业化,把高质量发展的要求贯穿新型工业化全过程,在促进技术进步和结构优化升级的基础上推动经济实现质的有效提升和量的合理增长。

2. 塑造大国竞争新优势的迫切需要

当今世界百年未有之大变局全方位、深层次加速演进,世界之变、时代之变、历史之变正以前所未有的方式展开,世界进入新的动荡变革期。新一轮科技革命和产业变革深入发展,产业智能化、融合化、绿色化加速,全球产业链供应链深度调整,大国竞争博弈日益加剧。我国推进新型工业化的外部环境发生深刻变化,既有实现跨越发展的历史机遇,也面临着前所未有的风险挑战。

一是,新一轮科技革命和产业变革对我国新型工业化建设提出了新要求。当今世界,科学研究范式发生深刻变革,全球科技创新进入空前密集活跃期。

科技创新广度显著加大、深度显著加深、速度显著加快、精度显著加强,颠覆性技术、前沿技术不断涌现,极大地改变了人类生产生活方式和社会治理方式。以大数据、云计算、互联网、物联网、虚拟现实、人工智能、量子信息等为代表的新一代信息技术突飞猛进,日益向高端制造、先进材料、能源资源、生物工程、环境保护等方面加速渗透,引发多领域系统性、革命性、群体性技术突破,孕育一系列新产业新应用新业态。随着新一代信息技术、生命科学、新能源、新材料、空天海洋、卫生健康等领域技术的梯次成熟、应用、扩散,技术迭代频率加快,不同学科、不同领域的技术日益交叉融合,跨学科、跨领域的集成创新越来越多。鉴于国家间的技术优势加快变迁,世界主要工业大国纷纷制定发布制造业发展战略,加强前瞻部署,强化政府引导和政策支持,力图抢占先机、赢得主动。为适应产业科技新趋势,我们必须加快推进新型工业化,持续推进关键核心技术创新,催生更多新技术新产业,开辟更多新领域新赛道,增强发展新动能新活力。

二是,加快形成新质生产力对我国新型工业化建设提出了新要求。科技创新深刻重塑生产力基本要素,推动生产力向更高级、更先进的质态演进。新质生产力摆脱传统经济增长方式、生产力发展路径,代表着科技革命和产业变革的发展趋势,代表着先进生产力的发展方向。"它由技术革命性突破、生产要素创新性配置、产业深度转型升级而催生,以劳动者、劳动资料、劳动对象及其优化组合的跃升为基本内涵,以全要素生产率大幅提升为核心标志,特点是创新,关键在质优,本质是先进生产力。"[1]新质生产力是以创新为第一动力、科技创新发挥主导作用的高科技生产力,是以战略性新兴产业和未来产业为主要载体、持续推动产业结构跃迁的高效能生产力,是以新供给与新需求高水平动态平衡为落脚点、促进社会大生产良性循环的高质量生产力。新质生产力推动制造业生产方式、发展模式和企业形态发生根本性变革,给制造业的传统模式及发展方式带来挑战。我们必须大力推进新型工业化,发展壮大战略性新兴产业,积极培育未来产业,加快形成新质生产力,引领经济社会发展进入新

---

[1] 《习近平在中共中央政治局第十一次集体学习时强调:加快发展新质生产力 扎实推进高质量发展》,《人民日报》2024年2月2日,第1版。

轨道新空间。

三是，全球产业结构和布局深度调整对我国新型工业化建设提出了新要求。近年来，国际局势错综复杂、变乱交织，局部冲突和动荡频发，和平赤字、发展赤字、安全赤字、治理赤字加重，各国内顾倾向上升，全球产业链供应链因非经济因素而面临冲击。世界经济复苏乏力，经济逆全球化思潮抬头，民粹主义、保护主义的负面效应日益显现。创新链出现新的结构性特征，全球产业链重组、供应链重塑、价值链重构不断深化。受新冠疫情反复延宕的冲击，许多国家意识到在特定地区集中生产、缩减库存等提升效率方式的脆弱性，纷纷采取措施保障关键领域供应链安全。跨国企业供应链布局由传统的成本和效率导向，转向更加重视韧性和安全，呈现出本地化、区域化、多元化、分散化、碎片化等新特征新趋势，推动全球制造业发展格局深刻调整。与此同时，先进制造业领域国际竞争日趋激烈，发达国家纷纷推进"再工业化"，推动高端制造业回流，新兴经济体凭借成本优势积极承接国际产业转移。全球产业结构在生产要素、生产组织、业务流程、空间布局、价值形态等各方面发生深刻变革，进而导致全球产业格局发生重大改变。必须加快推进新型工业化，充分发挥我国社会主义市场经济制度优势、全球最完整产业体系供给优势和超大规模市场需求优势，统筹国内国际两个市场、两种资源，立足国内大循环、促进国内国际双循环，加快形成全球竞争新优势。

四是，美西方国家的遏制打压给我国新型工业化建设带来严峻挑战。美国等西方发达国家重新认识工业在支撑创新、吸纳就业、促进增长等方面的重要作用，纷纷推出一系列振兴制造业的法律和政策，全球竞争大于合作的态势正在形成，世界制造业已形成多强并存、多区域发展、多元共治的新态势。由于不甘于"东升西降"特别是"中升西降"，近年来美国等西方国家针对我国先进制造业的打压不断升级。其手段包括加征关税、高技术产品断供、市场封闭、限制科技人才流动等等，无所不用其极，妄图遏制中国高技术产业和战略性新兴产业发展。我国新型工业化发展面临更加严峻复杂的外部环境，这是推进新型工业化绕不开、回避不了的难题，也是必须迈过去的一道坎。这就要求我们统筹发展和安全，坚持底线思维、极限思维，坚定信心和决心，保持战略定力，解决近忧、兼顾远虑，集中力量办好自己的事。必须加快推进新型工业化,全面深化改革,加快实现高水平科技自立自强,抓紧补短板、锻长板,提升产业基础高级化、产业链现代化水平,深化国际产业合作。这是增强抗压能力、对冲能力和反制能力,筑牢国家安全障碍的应对之策。

三、牢牢把握加快推进新型工业化的实践要求

推进新型工业化是一项艰巨复杂的系统工程。习近平同志指出:"要完整、准确、全面贯彻新发展理念,统筹发展和安全,深刻把握新时代新征程推进新型工业化的基本规律,积极主动适应和引领新一轮科技革命和产业变革,把高质量发展的要求贯穿新型工业化全过程,把建设制造强国同发展数字经济、产业信息化等有机结合,为中国式现代化构筑强大物质技术基础。"[①]新时代新征程上,我们必须紧紧围绕高质量发展这个首要任务和构建新发展格局这个战略任务,坚持走中国特色新型工业化道路,坚持以新发展理念为引领,坚持以高水平科技自立自强为支撑,坚持以建设制造强国为战略重点,坚持以满足人民高品质生活需要为根本目的,牢牢把握加快推进新型工业化的实践要求,扎实推进各项重点任务。

第一,从加快构建新发展格局的战略高度,着力提升产业链供应链韧性和安全水平。"产业链、供应链在关键时刻不能掉链子,这是大国经济必须具备的重要特征。"[②]产业链供应链安全可控尤为重要,推进新型工业化必须优化和稳定产业链供应链。总的来说要做到双管齐下,一方面要补齐上一阶段发展遗留的短板,另一方面要锻造面向未来的长板。

一是打通产业链供应链堵点卡点。聚焦事关发展和安全的战略需求,找准"卡脖子"、"掉链子"薄弱环节,着力补短板、锻长板,实施产业基础再造工程,提升产业体系自主可控能力,确保在被国外断供的极端情况下国民经济内部可循环。围绕重点产业链深入推进强链、补链、稳链、延链、升链,发挥"链

---

① 中共中央党史和文献研究院编:《习近平关于中国式现代化论述摘编》,中央文献出版社2023年版,第200页。

② 习近平:《论把握新发展阶段、贯彻新发展理念、构建新发展格局》,中央文献出版社2021年版,第344页。

主"企业带动作用,强化产业链上下游、大中小企业协同攻关,促进全产业链发展。二是调整优化产业链布局。深入落实区域协调发展战略和主体功能区战略,立足资源禀赋、发挥比较优势,打造一批具有国际竞争力的先进制造业集群,形成优势互补、差异化发展的区域经济布局。三是统筹发展和安全。着力完善产业安全发展环境,开展重点领域产业竞争力调查和产业安全评估,提升风险识别和协同处置能力,建立健全立足我国实际、符合世界贸易组织规则的产业救济工作机制和政策体系。进一步提升战略性资源供应保障能力,加强产业链关键环节产能储备和备份。四是深化产业链供应链开放合作。稳步扩大制度型开放,实施重点产业国际化战略,积极发展外贸新业态,持续推进新工业革命伙伴关系建设,促进内外产业深度融合,推动构建安全稳定、畅通高效、开放包容、互利共赢的全球产业链供应链体系。

第二,聚焦提升产业创新能力这个关键环节,大力健全完善产业科技创新体系。工业是技术创新活动最活跃、创新成果最丰富、创新应用最集中、创新溢出效应最强的领域。产业科技创新是新型工业化的根本动力。"要围绕推进新型工业化和加快建设制造强国、质量强国、网络强国、数字中国和农业强国等战略任务,科学布局科技创新、产业创新。"①必须把增强产业创新能力摆到更加突出的位置,在企业、技术、平台、服务等方面持续发力,大力推进科技创新和产业创新深度融合。

一是强化企业科技创新主体地位。企业从"创新主体"的定位转变为"科技创新主体"的定位,表明企业在国家创新体系中的位置上升到新高度,更加强调推动企业向基础研究、应用基础研究等创新链前端延伸,突出企业在基础研究、应用基础研究、技术创新、成果转化和产业化全过程的主体地位。我们需从要素、政策、项目、市场等多方面着力,支持企业成为技术创新决策、研发投入、科研组织和成果转化中的主体。扩大企业在国家创新决策中的话语权,推动企业提高对国家技术创新规划、计划等的决策参与度。二是系统布局重点领域关键核心技术攻关。围绕事关国家安全和发展全局的关键领域,加强

---

① 《习近平在中共中央政治局第十一次集体学习时强调:加快发展新质生产力 扎实推进高质量发展》,《人民日报》2024年2月2日,第1版。

全产业链谋划和中长期系统布局,一体化推进关键核心技术攻关、迭代应用、生态培育。健全"揭榜挂帅"等新机制,加快突破一批核心技术和标志性重大战略产品。三是建设高水平产业科技创新平台体系。推动创新链和产业链深度融合,鼓励企业与高等学校和科研院所共建创新联合体,支持行业领军企业建设高水平研发机构,加快建设完善需求导向、应用牵引、企业主体、政产学研用金高效协同深度融合的产业科技创新体系。促进科技成果高效转移转化,加快科技成果工程化产业化。高质量建设一批制造业创新中心,强化重点产业关键共性技术供给体系。四是持续优化创新生态环境。加强产业科技创新服务支撑,完善激励创新的政策支持、要素投入、激励保障、服务监管等长效机制。强化知识产权保护,加强重点产业专利布局和运用。加强创新型人才队伍建设,培养造就一批产业技术创新领军人才和高水平创新团队。

第三,突出重点领域,持续推动产业结构优化升级。习近平同志指出:"必须始终高度重视发展壮大实体经济,抓实体经济一定要抓好制造业。"①"制造业高质量发展是我国经济高质量发展的重中之重,建设社会主义现代化强国、发展壮大实体经济,都离不开制造业,要在推动产业优化升级上继续下功夫。"②必须坚守实体经济特别是制造业,巩固完整产业体系优势,保持制造业占国内生产总值比重基本稳定,避免经济脱实向虚。既要坚持系统考虑、统筹兼顾,同时又要开展辩证施策、靶向治疗,针对不同产业制定差异化、精准化政策。

一是加快改造升级传统产业。传统产业是现代化产业体系的基底,不能简单当成"低端产业"退出。要实施制造业技术改造升级工程,加快"智改数转",大力推动企业设备更新、工艺升级、数字赋能、管理创新,推动钢铁、石化化工等重点行业加快兼并重组,提高产业集中度,提升在全球产业分工中的地位和竞争力。二是巩固提升优势产业。加强新技术新产品创新迭代,增强新能源汽车、太阳能光伏、移动通信、电力装备等领域全产业链优势,增强高端产业供给能力,推进产业集群化发展,打造更多具有国际影响力的"中国制造"高

① 习近平:《论科技自立自强》,中央文献出版社2023年版,第59页。
② 习近平:《论科技自立自强》,中央文献出版社2023年版,第60—61页。

端品牌。三是培育壮大新兴产业。聚焦新一代信息技术、高端装备、生物医药等重点领域,加强技术攻关和成果转化。深入推进战略性新兴产业融合集群发展,扩大应用场景建设,构建产品配套、软硬协同的产业生态。前瞻布局未来产业,重点推进未来制造、未来信息、未来材料、未来能源、未来空间和未来健康等六大新赛道产业发展,打造人形机器人、元宇宙、量子信息、生物制造等创新标志性产品,成为世界未来产业重要策源地。四是推动产业协调发展。加强数据互通、标准衔接、设施共享,完善产业配套体系,提升不同产业链以及产业链上下游之间的协同性。以服务制造业高质量发展为导向,推动生产性服务业向专业化和价值链高端延伸,推进先进制造业同现代服务业、现代农业深度融合,大力发展服务型制造。

第四,牢牢把握产业形态发生的根本性变革,扎实推进数字化智能化绿色化发展。面对新一轮科技革命和产业变革浪潮,习近平同志强调:要"推进数字化、智能化、绿色化转型发展"①。当今时代,数字化智能化绿色化的时代浪潮正在向各产业各领域广泛传播和渗透。数字化转型、人工智能赋能和绿色低碳发展是新型工业化的鲜明标识,也是制造业规模扩大、技术水平提升、国际竞争力提高、全球价值链掌控力增强的关键推动力。数字化智能化绿色化已经成为推进新型工业化的加速器,为经济社会高质量发展注入强劲动能、形成强力支撑。

一是加快工业数字化转型。数字技术与实体经济深度融合是新型工业化的技术特征。充分运用互联网、大数据、物联网等新一代信息技术对制造业进行全行业、全方位、全链条改造提升,全面深化重点行业和重点领域数字化转型,着力推动研发设计、生产制造、经营管理、市场服务等全生命周期数字化普及应用。二是促进工业智能化转型。人工智能赋能给新型工业化注入新的动能。深入实施智能制造工程,大力发展智能产品和智能制造装备,加快智能工厂、智慧供应链建设,赋能传统产业以新的应用场景,从而释放新技术新应用对制造业的放大、叠加、聚合、倍增效应。统筹推进算力、算法、数据、应用资源

---

① 习近平:《同心协力 共迎挑战 谱写亚太合作新篇章——在亚太经合组织工商领导人峰会上的书面演讲》,《人民日报》2023年11月18日,第2版。

协同的全国一体化大数据中心体系建设,深入实施工业互联网创新发展工程。三是推动工业绿色化转型。绿色低碳是新型工业化的生态底色。要把绿色发展理念贯穿于工业的全领域、全过程,使工业与生态、工业与城市和谐共生。瞄定"双碳"目标,稳妥推进工业领域碳减排,统筹实施重点行业碳达峰行动。提高工业资源综合利用效率和清洁生产水平,构建资源节约、环境友好的绿色制造生产体系。完善绿色制造服务体系,积极利用绿色低碳技术、创新绿色低碳发展模式、开发绿色低碳产品、打造绿色低碳消费场景。推进资源节约高效利用,建设清洁低碳、安全高效的绿色能源体系。

第五,以做强做优做大企业为目标导向,全面提升企业竞争力。"企业是科技和经济紧密结合的重要力量。"[①]作为国民经济的细胞,企业对市场供求关系和创新需求最为敏锐,最能发现和把握科技创新的方向。工业强,企业必须强。推进新型工业化的一个题中应有之义,就是充分发挥大企业主力军和中小企业生力军作用,加强优质企业梯度培育,充分激发推进新型工业化的微观主体活力和动力。

一是发展壮大产业链龙头企业。完善中国特色现代企业制度,提升国有企业核心竞争力,促进民营经济发展壮大,加快建设世界一流企业和科技领军企业。大力支持龙头企业发展,加快培育具有核心竞争力和生态主导力的产业链领航企业。二是培育更多专精特新中小企业。坚持管理和服务并重、发展和帮扶并举,加快完善中小企业工作体系、政策法规体系、优质高效服务体系和运行监测体系,激发涌现更多专精特新中小企业和制造业单项冠军企业。三是促进大中小企业融通创新。发挥大企业在技术、标准、资金、人才等方面的优势和中小企业在产业创新、强链稳链中的支撑作用,支持中小企业深度融入大企业供应链,推动大中小企业创新链产业链资金链人才链深度融合、全面融通。四是弘扬企业家精神和工匠精神。激发企业家创新活力,着力培养富有创新精神、冒险精神、科学头脑和国际化视野的优秀企业家队伍。鼓励企业家与科学家深度合作,加快科技成果从实验室走向市场。

第六,不断增强推进新型工业化的动力与活力,切实提升产业治理现代化

---

① 习近平:《论科技自立自强》,中央文献出版社2023年版,第158页。

水平。产业治理体系和治理能力是一个国家产业制度和制度执行能力的集中体现。推进新型工业化,必然要求提升产业治理体系和治理能力现代化水平,努力形成高效的组织领导体系和统筹协调的产业要素配置体系,切实把产业治理优势更好转化为产业治理效能。习近平同志强调:"要完善党委(党组)统一领导、政府负责落实、企业发挥主体作用、社会力量广泛参与的工作格局,做好各方面政策和要素保障,开拓创新、担当作为,汇聚起推进新型工业化的强大力量。"①

一是坚持和加强党对新型工业化的全面领导。要把党的集中统一领导贯穿到新型工业化的全过程各方面,强化组织领导、政策支持和人才保障,完善横向协同、上下贯通、执行有力的组织体系,增强产业发展的系统性整体性协同性。二是坚持有效市场和有为政府更好结合。充分发挥市场在资源配置中的决定性作用,更好发挥政府作用。加快政府职能从研发管理转向创新服务,切实谋划好战略问题、规划问题、政策问题、标准问题,突出服务职能。持续深化"放管服"改革和重点领域改革,促进产业发展与科技创新、现代金融、人力资源高效协同。完善政策法规和标准体系,加快重点领域立法进程,全面推进依法行政,使新型工业化建设的各项政策举措既遵循经济发展规律,又确保在法治轨道上健康有序运行。三是推动高端化转型。新型工业化的核心是高端化转型。瞄准产业升级和消费升级方向,适应个性化、差异化、品质化等消费需求,加强质量品牌建设,不断扩大优质消费品和中高端产品供给,提供更先进的技术、工具和优质服务,满足人民日益增长的美好生活需要。四是推进高水平对外开放。稳步扩大规则、规制、管理、标准等制度型开放,着力营造市场化、法治化、国际化一流营商环境。深化国际交流合作,支持外资企业在华投资兴业,鼓励有实力的企业深度参与全球产业分工与合作,增强国内国际两个市场两种资源联动效应。

---

① 《习近平就推进新型工业化作出重要指示强调:把高质量发展的要求贯穿新型工业化全过程 为中国式现代化构筑强大物质技术基础》,《人民日报》2023年9月24日,第4版。

第十一章 |
大力发展数字经济

数字经济是以数据资源为关键要素、以现代信息网络为主要载体、以信息通信技术融合应用和全要素数字化转型为重要推动力、以数字赋能为显著特征的新经济形态，是信息技术创新的扩散效应、数据和知识的溢出效应、数字技术释放的普惠效应日益凸显、交互作用的综合结果。推进和拓展中国式现代化，必须顺应新一轮科技革命和产业变革态势，加快发展数字经济，促进数字经济和实体经济深度融合。加快发展数字经济，提升我国在数字经济领域的国际竞争力，也是高水平科技自立自强的内在要求。

党的十八大以来，习近平同志站在统筹中华民族伟大复兴战略全局和世界百年未有之大变局的高度，围绕"为什么要发展数字经济、怎样发展数字经济"这个重大课题进行了深邃思考和不懈探索，提出一系列新理念新思想新战略，为我国数字经济发展指明了前进方向、提供了根本遵循。新时代新征程上，我们要大力发展数字经济，促进数字经济和实体经济深度融合，"不断做强做优做大我国数字经济"[①]。

一、数字经济事关国家发展大局

当今世界，新一轮科技革命和产业变革加速推进，以大数据、云计算、互联网、物联网、虚拟现实、量子信息、区块链、人工智能等为代表的新一代信息技术突飞猛进、广泛应用，数字经济以不可阻挡之势破茧而出、强势崛起，迅速从

---

① 习近平：《不断做强做优做大我国数字经济》，《求是》2022年第2期，第4页。

微观经济现象转变为宏观经济现象,极大地改变了人类生产生活方式和社会治理方式,成为"重组全球要素资源、重塑全球经济结构、改变全球竞争格局的关键力量"①。

"数字经济是科技创新的重要前沿。"②"数字经济是世界经济发展的重要方向。"③发展数字经济,是关系我国核心竞争力的战略问题,是必须紧紧抓住的战略制高点。习近平同志指出:"数字经济事关国家发展大局"。"综合判断,发展数字经济意义重大,是把握新一轮科技革命和产业变革新机遇的战略选择。"④他从历史和现实相贯通、国际和国内相关联、理论和实际相结合上,精辟论述了发展数字经济的重大战略意义。

第一,迎接新一轮科技革命和产业变革新挑战、打造竞争新优势的必然要求。当今时代,数字生产力日新月异,研发突破和迭代应用明显加快,成为集聚创新要素最多、应用前景最广、辐射范围最宽、带动作用最强的技术创新领域。数字技术迅猛发展,日益向高端制造、先进材料、能源资源、生物工程、芯片传感、卫生健康等方面交叉渗透,引发多领域系统性、革命性、群体性技术突破,孕育一系列新技术新应用新产品。数字技术与人类生产生活交汇融合,不断催生新产业新业态新模式。滑动屏幕就可购买全球商品,敲击键盘就能开展跨境贸易,轻点鼠标便可一键游览世界,这些在以前无法想象的场景,现在却是触手可及。

数字技术、数字经济是数字时代国家综合实力的重要体现,是新一轮国际竞争的博弈焦点、重点领域。能不能适应和引领数字化发展,成为影响国家兴衰成败的一个关键因素。习近平同志指出:"数字经济健康发展,有利于推动构筑国家竞争新优势。"⑤近年来,世界主要发达国家高度重视数字经济,纷纷把推进经济数字化作为实现创新发展的重要动能,竞相出台中长期数字化发展战略,在前沿技术研发、数据开放共享、隐私安全保护、人才培养等方面进行

---

① 习近平:《不断做强做优做大我国数字经济》,《求是》2022年第2期,第4页。
②《习近平外交演讲集》第2卷,中央文献出版社2022年版,第403页。
③《习近平外交演讲集》第2卷,中央文献出版社2022年版,第363页。
④ 习近平:《不断做强做优做大我国数字经济》,《求是》2022年第2期,第5页。
⑤ 习近平:《不断做强做优做大我国数字经济》,《求是》2022年第2期,第6页。

前瞻性布局,力图构建数字驱动的经济体系,重塑数字时代的国际新格局。紧紧抓住数字技术变革机遇,大力发展数字经济,关系到我国能否在日趋激烈的国际竞争中抢占制高点,掌握发展主动权,赢得优势、赢得未来。

第二,建设现代化经济体系、维护产业链供应链安全稳定的迫切需要。数字经济具有高创新性、强渗透性、广覆盖性,既能改造提升传统产业、颠覆传统经济运行模式,同时又能培育新的发展动能、打造新的经济增长点,成为构建现代化经济体系的重要引擎。习近平同志指出:"数字经济健康发展,有利于推动建设现代化经济体系。"①数字经济是现代产业体系的新支柱,发展数字经济能够大幅提高数字技术在现代产业体系中的贡献率,加快建设实体经济、科技创新、现代金融、人力资源协同发展的现代产业体系。"建设现代化经济体系离不开大数据发展和应用。"②数据具有爆发增长、海量集聚的特点,挖掘数据潜能,用好数据要素,有效释放数据红利,能够为经济发展和产业变革提供不竭的动力源泉。

发展数字经济,有利于推动产业结构优化升级,提升产业链供应链现代化水平。我国许多行业处于低端产能过剩与高端产品有效供给不足并存的局面,推动数字技术在千行百业广泛应用,有助于牵引生产和服务体系智能化升级,促进产业链供应链融合融通、延伸拓展,带动产业向全球价值链中高端迈进。"产业链、供应链在关键时刻不能掉链子,这是大国经济必须具备的重要特征。"③新冠疫情防控是一次实战状态下的压力测试,我国完备的产业体系、强大的动员组织和产业转换能力发挥了至关重要的支撑作用,但是与此同时,疫情冲击也暴露出我国产业链供应链存在的风险隐患。我们不应该也不可能再简单重复过去的模式,而应该运用数字技术、数字经济等新动能延伸、重塑新的产业链条,增强产业链供应链的韧性和竞争力,着力构建自主可控、安全高效的产业链供应链,确保我国经济在被外方人为断供的极端条件下能够正常运转。

---

① 习近平:《不断做强做优做大我国数字经济》,《求是》2022年第2期,第6页。
② 中共中央党史和文献研究院编:《习近平关于网络强国论述摘编》,中央文献出版社2021年版,第134页。
③ 习近平:《论把握新发展阶段、贯彻新发展理念、构建新发展格局》,中央文献出版社2021年版,第344页。

第三,加快构建新发展格局、实现高质量发展的战略抉择。数字技术的快速发展和广泛应用,从根本上改变了传统经济的生产方式和商业模式,全面渗透和深刻影响生产、分配、流通、消费、进出口等各个环节,引领劳动力、资本、能源、技术、管理等要素网络化共享、集约化整合、协作化开发和高效化利用,为经济社会发展注入了新活力。习近平同志指出:"数字经济健康发展,有利于推动构建新发展格局。"[1]数字经济是增强经济发展新动能、畅通经济大循环的重要载体。数字经济向经济社会各个领域渗透,不仅能扩大就业规模、提高就业质量,而且还能扩大消费市场规模、推动消费结构升级。因而发展数字经济可以激发新的消费潜能,释放内需潜力,增加居民有效需求,加快培育内需体系。数字经济是强化国内循环与国际循环间的纽带。发展数字经济不仅可以打通经济循环的堵点,有效提升国内供给能力,而且可以凭借数字经济平台提高进口规模和质量,推动国际经济大循环。进口规模扩大反过来又可以促进国内消费升级、产业升级,进而为出口贸易创造条件,推动国内循环与国际循环相互促进。基于此,习近平同志特别强调,要"推动数字经济更好服务和融入新发展格局"[2]。

数字经济是推动高质量发展的重要支柱。发展数字经济有利于推动各类资源要素快捷流动、各类市场主体加速融合、各类业态跨界发展,驱动实体经济体系重构、范式迁移,提升经济发展整体效能。数字经济是以数字技术驱动的经济形态,发展数字经济可以提高劳动效率、资本效率、资源效率、环境效率,实质是不断提高全要素生产率,加快推进质量变革、效率变革、动力变革,最终促成新旧动能加快转换,实现依靠创新驱动的内涵型增长,在经济发展方式转变的基础上进一步推动高质量发展。

第四,坚持以人民为中心的发展思想、满足人民高品质需要的重要途径。我国社会主要矛盾已经转化为人民日益增长的美好生活需要和不平衡不充分的发展之间的矛盾。在新时代,伴随生产力水平的大幅提高,人民对美好生活的向往更加强烈,期盼教育更加公平优质、就业更加灵活充分、收入更加稳定

---

[1] 习近平:《不断做强做优做大我国数字经济》,《求是》2022年第2期,第6页。

[2] 习近平:《不断做强做优做大我国数字经济》,《求是》2022年第2期,第8页。

丰裕、医疗更加方便贴心、养老服务更加可及有保障、住房更加宽敞舒适、环境更加生态宜居、社会更加安定有序。人民群众对美好生活的需要越来越广泛，呈现多样化、多层次、多领域、多方面的特点。同时，我国发展的不平衡不充分问题仍然突出，已经成为满足人民高品质生活需要的主要制约因素和症结所在。发展数字经济，是关系经济发展全局的大事，更是关系民生福祉和社会稳定的大事。"当今世界，信息技术创新日新月异，数字化、网络化、智能化深入发展，在推动经济社会发展、促进国家治理体系和治理能力现代化、满足人民日益增长的美好生活需要方面发挥着越来越重要的作用。"①数字化能有效打破时空阻隔，延伸活动场域，提高有限资源的普惠化水平，极大地方便群众生活，满足多样化个性化需要。

数字经济承载着人民对高品质生活的新期盼，数字生活成为人民群众的重要生活方式，数字化服务是满足人民美好生活需要的内在要求。数字技术以新理念、新业态、新模式全面融入经济社会发展各领域全过程，人民群众在数字化发展中享受到看得见、摸得着的实惠，体验到数字生活的优质、高效、便捷。"分享经济、网络零售、移动支付等新技术新业态新模式不断涌现，深刻改变了中国老百姓生活。"②面向未来，我们必须树立战略眼光，瞄准人民高品质需要，把增进民生福祉作为数字化发展的出发点和落脚点，深入推进数字为民、数字惠民、数字便民，打造更多涉及民生的数字应用场景，着力解决优质民生服务供给不足、分布不均、可及性不够等问题，努力提升公共服务数字化、均等化、智能化水平，让人民群众的获得感成色更足、幸福感更可持续、安全感更有保障。

二、正确处理数字经济和实体经济的关系

我们党对数字经济的认识经历了一个不断深化的探索过程，其中最核心

---

① 《习近平书信选集》第1卷，中央文献出版社2022年版，第168页。
② 中共中央党史和文献研究院编：《习近平关于网络强国论述摘编》，中央文献出版社2021年版，第27页。

的问题就是正确处理数字经济和实体经济的关系。在相当长的一段时间内，通常使用知识经济、信息经济、虚拟经济等词来描述世界范围内"依靠高新技术特别是信息技术的进步"①、"传统经济与信息网络技术相结合"②而形成的新经济现象。2002年11月，党的十六大报告在提出坚持走以信息化带动工业化、以工业化促进信息化的新型工业化道路时，特别强调要正确处理"虚拟经济和实体经济的关系"。这是虚拟经济一词正式出现在党的重要文献中。2008年国际金融危机爆发后，党中央深刻总结美国等发达国家进行大量所谓"金融创新"导致虚拟经济扩张过度、形成金融泡沫的教训，强调要促进实体经济和虚拟经济均衡发展，"形成虚拟经济和实体经济相辅相成、良性互动的格局"③。

新时代我国数字经济是在深入实施网络强国战略的大背景中不断发展壮大的。2013年4月25日，习近平同志在出席外事活动时，强调要拓展数字经济等新领域合作。尽管当时这个概念在国内用得并不多，但习近平同志还是敏锐地认识到了数字经济的重要性。2014年2月27日，习近平同志在中央网络安全和信息化领导小组第一次会议上，明确提出了"努力把我国建设成为网络强国"④的战略任务，并且把"形成实力雄厚的信息经济"⑤纳入网络强国建设的内容和要求之中。建设网络强国，是以习近平同志为核心的党中央全面研判世界科技创新和产业变革大势作出的重大决策，"信息经济全面发展"成为"网络基础设施基本普及、自主创新能力显著增强、信息经济全面发展、网络安全保障有力"⑥四大目标之一。这标志着我国数字经济发展站在了一个新的起

① 《江泽民文选》第3卷，人民出版社2006年版，第9页。
② 江泽民：《论中国信息技术产业发展》，中央文献出版社、上海交通大学出版社2009年版，第265页。
③ 中共中央文献研究室编：《十七大以来重要文献选编》上，中央文献出版社2009年版，第762页。
④ 中共中央党史和文献研究院编：《习近平关于网络强国论述摘编》，中央文献出版社2021年版，第33页。
⑤ 中共中央党史和文献研究院编：《习近平关于网络强国论述摘编》，中央文献出版社2021年版，第34页。
⑥ 中共中央党史和文献研究院编：《习近平关于网络强国论述摘编》，中央文献出版社2021年版，第34页。

点上。

在对我国经济发展新常态进行分析判断的过程中,习近平同志注重从信息技术、信息产业的角度思考转变经济发展方式和调整经济结构问题。2014年6月3日,习近平同志在2014年国际工程科技大会上的主旨演讲中指出:"信息技术成为率先渗透到经济社会生活各领域的先导技术,将促进以物质生产、物质服务为主的经济发展模式向以信息生产、信息服务为主的经济发展模式转变,世界正在进入以信息产业为主导的新经济发展时期。"①这里,习近平同志不仅作出了世界正在进入新经济发展时期的重大判断,而且进一步揭示了新经济有别于传统经济的典型特征——以信息技术为先导技术、以信息产业为主导产业、以信息生产和服务为主的经济发展模式。2014年12月9日,习近平同志在中央经济工作会议上系统地阐述了经济发展新常态带来的九个趋势性变化,其中就讲到"互联网技术加快发展,创新方式层出不穷,新兴产业、服务业、小微企业作用更加凸显"②。可见,习近平同志在思考如何认识、适应、引领新常态时,极为重视以互联网为代表的信息技术所发挥的作用。正如他后来所指出的:"我国经济发展进入新常态,新常态要有新动力,互联网在这方面可以大有作为。"③

新经济以什么形态呈现?习近平同志通过深入思考,逐渐聚焦到互联网技术及以之为基础的经济形态上。2015年12月16日,习近平同志在第二届世界互联网大会开幕式上的讲话中,针对世界经济复苏艰难曲折、中国经济面临下行压力的形势,提出了"推动网络经济创新发展"、"推动全球数字经济发展"④的主张。这里,数字经济、网络经济概念都是用来界定和描述建立在互联

---

① 中共中央党史和文献研究院编:《习近平关于网络强国论述摘编》,中央文献出版社2021年版,第129页。

② 习近平:《论把握新发展阶段、贯彻新发展理念、构建新发展格局》,中央文献出版社2021年版,第30页。

③ 中共中央党史和文献研究院编:《习近平关于网络强国论述摘编》,中央文献出版社2021年版,第131页。

④ 中共中央党史和文献研究院编:《习近平关于网络强国论述摘编》,中央文献出版社2021年版,第157页。

网技术基础之上的新经济现象。此时虽然已经使用了数字经济的概念,但是这一概念在不同程度上仍然与信息经济、虚拟经济、网络经济等概念同时使用。

在推进供给侧结构性改革的实践中,习近平同志进一步思考了数字经济和实体经济的关系。2016年1月18日,他在省部级主要领导干部学习贯彻党的十八届五中全会精神专题研讨班上明确指出:"推进供给侧改革,必须牢固树立创新发展理念,推动新技术、新产业、新业态蓬勃发展,为经济持续健康发展提供源源不断的内生动力。"[1]2016年4月19日,习近平同志在网络安全和信息化工作座谈会上明确提出"着力推动互联网和实体经济深度融合发展"[2]。这就揭示了互联网和实体经济既相互对应又相互融合的内在关系,是我们党认识数字经济发展规律的一次重要飞跃。2016年9月3日,习近平同志在杭州举行的二十国集团工商峰会开幕式上的主旨演讲中指出:"以互联网为核心的新一轮科技和产业革命蓄势待发,人工智能、虚拟现实等新技术日新月异,虚拟经济与实体经济的结合,将给人们的生产方式和生活方式带来革命性变化。这种变化不会一蹴而就,也不会一帆风顺,需要各国合力推动,在充分放大和加速其正面效应的同时,把可能出现的负面影响降到最低。"[3]这就进一步揭示了虚拟经济与实体经济的辩证关系,强调要防止出现片面化的倾向。在2016年9月4日至5日召开的二十国集团领导人杭州峰会上,习近平同志作为会议主席国的最高领导人主持起草并推动制定了首个具有全球意义的数字经济倡议——《二十国集团数字经济发展与合作倡议》,"数字经济"成为这次会议的一大热词。2016年10月9日,十八届中央政治局就实施网络强国战略举行第三十六次集体学习,习近平同志分析了"世界经济加速向以网络信息技术产业

---

[1] 习近平:《论把握新发展阶段、贯彻新发展理念、构建新发展格局》,中央文献出版社2021年版,第103页。

[2] 中共中央党史和文献研究院编:《习近平关于网络强国论述摘编》,中央文献出版社2021年版,第131页。

[3] 中共中央党史和文献研究院编:《习近平关于网络强国论述摘编》,中央文献出版社2021年版,第160页。

为重要内容的经济活动转变"①的态势,明确提出了"做大做强数字经济,拓展经济发展新空间"②的新要求。在部署"三去一降一补"的过程中,习近平同志既注重"加快数字经济对经济发展的推动"③,同时又突出强调"着力振兴实体经济"④,显示了高超的战略思维。为防止脱实向虚倾向,2016年12月14日他在中央经济工作会议上指出:"振兴实体经济是供给侧结构性改革的主要任务,供给侧结构性改革要向振兴实体经济发力、聚力。"⑤这体现了对数字经济和实体经济关系的精准把握,强调了实体经济对数字经济的定向、聚力作用。此后,习近平同志在谈及数字经济,特别是谈及与实体经济相对应的经济形态时,不再使用虚拟经济的提法。这表明我们党已经将数字经济从虚拟经济中剥离出来,更加强化数字经济和实体经济的融合性,注重防范化解虚拟经济的负面性。可以说,深入推进供给侧结构性改革,是继应对国际金融危机后,我们党对网络经济、虚拟经济的又一次校正和重新定位。

从实践进程看,党的十八届五中全会、"十三五"规划纲要对实施网络强国战略、"互联网+"行动计划、大数据战略等作出了部署,数字中国建设加速推进。全社会兴起了创新创业热潮,基于新一代信息技术的各类创新迅猛发展,许多企业开展了新业态新模式的探索,极大地拓展了经济发展空间,数字经济在我国国内经济生产总值中的占比不断攀升。正因如此,党的十九大报告在总结经济建设成就时,作出了这样的表述:供给侧结构性改革深入推进,经济结构不断优化,数字经济等新兴产业蓬勃发展。在世界经济起伏不定、我国经济发展进入新常态的严峻形势下,能取得这样的成绩,的确来之不易。党的十

---

① 中共中央党史和文献研究院编:《习近平关于网络强国论述摘编》,中央文献出版社2021年版,第132页。

② 中共中央党史和文献研究院编:《习近平关于网络强国论述摘编》,中央文献出版社2021年版,第132页。

③ 中共中央党史和文献研究院编:《习近平关于网络强国论述摘编》,中央文献出版社2021年版,第38页。

④ 习近平:《论把握新发展阶段、贯彻新发展理念、构建新发展格局》,中央文献出版社2021年版,第142页。

⑤ 习近平:《论把握新发展阶段、贯彻新发展理念、构建新发展格局》,中央文献出版社2021年版,第142页。

九大进一步对建设网络强国、数字中国、智慧社会作出战略部署,提出要"推动互联网、大数据、人工智能和实体经济深度融合"[1],强调发展数字经济、共享经济。我国数字经济发展驶入了快车道。

党的十九大以来,以习近平同志为核心的党中央精心谋划数字经济,对新一代信息技术多领域多场景应用进行超前布局。十九届中央政治局集体学习中,与新一代信息技术直接相关的主题就有七次。分别是:2017年12月8日就实施国家大数据战略举行第二次集体学习,2018年10月31日就人工智能发展现状和趋势举行第九次集体学习,2019年1月25日就全媒体时代和媒体融合发展举行第十二次集体学习,2019年10月24日就区块链技术发展现状和趋势举行第十八次集体学习,2020年10月16日就量子科技研究和应用前景举行第二十四次集体学习,2020年11月30日就加强我国知识产权保护工作举行第二十五次集体学习,2021年10月18日就推动我国数字经济健康发展举行第三十四次集体学习。习近平同志在主持上述集体学习时,提出了"推动实体经济和数字经济融合发展"[2]、"构建数据驱动、人机协同、跨界融合、共创分享的智能经济形态"[3]、"探索'区块链＋'在民生领域的运用"[4]、"健全大数据、人工智能、基因技术等新领域新业态知识产权保护制度"[5]、"促进数字技术和实体经济深度融合"[6]等经典论断。这些都反映了习近平同志对数字经济发展规律的认识深化和与时俱进。特别是在2018年4月20日召开的全国网络安全和信息化工

[1] 《习近平谈治国理政》第3卷,外文出版社2020年版,第24页。

[2] 中共中央党史和文献研究院编:《习近平关于网络强国论述摘编》,中央文献出版社2021年版,第134页。

[3] 中共中央党史和文献研究院编:《习近平关于网络强国论述摘编》,中央文献出版社2021年版,第140页。

[4] 中共中央党史和文献研究院编:《习近平关于网络强国论述摘编》,中央文献出版社2021年版,第27页。

[5] 习近平:《全面加强知识产权保护工作 激发创新活力推动构建新发展格局》,《求是》2021年第3期,第8页。

[6] 习近平:《不断做强做优做大我国数字经济》,《求是》2022年第2期,第7页。

作会议上,习近平同志提出加快推动"两化"即"数字产业化"、"产业数字化"①,指明了数字经济和实体经济融合发展的方法与路径。由此形成了"一融两化"的工作布局。

从战略部署看,党和国家先后出台《网络强国战略实施纲要》、《数字经济发展战略纲要》等,从国家层面部署推动数字经济发展。一些地方、部门也制定了相关规划、配套政策并推动落地落实。在2019年10月20日开幕的第六届世界互联网大会上,国家发展改革委联合中央网信办召开了国家数字经济创新发展试验区启动会,发布了《国家数字经济创新发展试验区实施方案》,河北省(雄安新区)、浙江省、广东省、重庆市、四川省等由此启动了国家数字经济创新发展试验区创建工作。随着一系列政策举措的制定实施,我国网络购物、移动支付、共享经济、平台经济等数字经济新产业新业态新模式蓬勃发展,走在了世界前列。

在抗击新冠疫情的重大斗争中,数字经济经受了考验并加速发展,习近平同志关于发展我国数字经济的战略思考增添了许多富有时代特色的新内容。2020年2月23日,他在统筹推进新冠肺炎疫情防控和经济社会发展工作部署会议上指出:"疫情对产业发展既是挑战也是机遇。一些传统行业受冲击较大,而智能制造、无人配送、在线消费、医疗健康等新兴产业展现出强大成长潜力。要以此为契机,改造提升传统产业,培育壮大新兴产业。"②2020年4月1日,他在浙江考察时发现"在疫情冲击下全球产业链供应链发生局部断裂",并敏锐地指出:"要抓住产业数字化、数字产业化赋予的机遇"③,"抓紧布局数字经济、生命健康、新材料等战略性新兴产业、未来产业,大力推进科技创新,着

---

① 中共中央党史和文献研究院编:《习近平关于网络强国论述摘编》,中央文献出版社2021年版,第136页。

② 习近平:《论把握新发展阶段、贯彻新发展理念、构建新发展格局》,中央文献出版社2021年版,第339页。

③ 中共中央党史和文献研究院编:《习近平关于网络强国论述摘编》,中央文献出版社2021年版,第143页。

力壮大新增长点、形成发展新动能"①。战略性新兴产业具有先导性全局性作用,是引领国家未来发展的重要力量,是促进新旧动能转换的主要载体。从历史看,战略性新兴产业往往是在危机倒逼之下主动应对和超前部署的抓手。将数字经济列入战略性新兴产业,这是一个影响深远的重大战略决策。2020年8月21日,习近平同志在安徽考察时指出,"要深刻把握发展的阶段性新特征新要求,坚持把做实做强做优实体经济作为主攻方向,一手抓传统产业转型升级,一手抓战略性新兴产业发展壮大"②。这期间,国家发展改革委、中央网信办联合印发《关于推进"上云用数赋智"行动 培育新经济发展实施方案》,强调要大力培育数字经济新业态,形成产业链上下游和跨行业融合的数字化生态体系。国务院办公厅印发《关于以新业态新模式引领新型消费加快发展的意见》,提出了加力推动线上线下消费有机融合、优化新型消费发展环境等方面的15项政策举措。疫情防控对数字技术的需求旺盛,大数据、云计算、人工智能等新技术广泛应用于疫情监测分析、病毒溯源、医疗救护、人员物资管控、复工复产等各环节工作,大幅度提高了效率,极大减少了病毒传播风险,为疫情防控提供了有效支撑。远程办公、线上购物、在线教育、网络问诊等蓬勃发展,直播电商、无人零售、零工经济、"宅经济"等全面提速。在实体经济和其他社会活动遭受疫情严重冲击的情况下,数字经济脱颖而出、逆势上扬,充分发挥了促进消费、保障就业、稳定市场、提振经济、赋能治理的积极作用,拓展和增强了我国经济发展的抗冲击力、回旋空间和韧性。可以说,继应对国际金融危机、实施供给侧结构性改革之后,经过统筹推进疫情防控和经济社会发展的实践,我们党对数字经济的认识又上升到一个新的高度。

在总结近年来各地各部门、各行业各领域数字经济发展实践,特别是2020年新冠疫情防控经验的基础上,2020年10月29日党的十九届五中全会通过的"十四五"规划《建议》,对加快数字化发展作出专门部署。数字经济由此成为党的中长期发展规划的一个重要内容。2021年3月11日十三届全国人大四次

① 中共中央党史和文献研究院编:《习近平关于网络强国论述摘编》,中央文献出版社2021年版,第143页。

② 中共中央党史和文献研究院编:《习近平关于网络强国论述摘编》,中央文献出版社2021年版,第145页。

会议通过的"十四五"规划《纲要》,第五篇以"加快数字化发展,建设数字中国"为题,对打造数字经济新优势、加快数字社会建设步伐、提高数字政府建设水平作出战略安排。2021年12月12日,国务院印发《"十四五"数字经济发展规划》,明确将"以数字技术与实体经济深度融合为主线"纳入"十四五"时期推动数字经济健康发展的指导思想之中。

通过上述梳理可见,我国数字经济之所以能健康发展,没有步入脱实向虚的歧途,关键在于以习近平同志为核心的党中央对数字经济和实体经济关系的辩证思考和科学把握。习近平同志提出的"一融两化",是在顺应数字技术发展潮流、总结国内外发展实践的基础上,在应对一个个接踵而来的考验中,不懈探索数字经济发展规律而形成的重大成果,是实践创新与理论创新的智慧结晶。由于在这个核心问题上处理得当,我国数字经济在服务实体经济、重塑实体经济的同时,也迎来了自身的大发展。

三、激发数字经济活力

在以习近平同志为核心的党中央坚强领导下,我国深入实施数字经济发展战略,新产业新业态新模式竞相发展,数字经济对经济社会的引领带动作用日益凸显。最近四年的统计显示,2019年我国数字经济规模达到35.8万亿元,占国内生产总值比重达36.2%;2020年,我国数字经济规模达到39.2万亿元,占国内生产总值比重达38.6%;2021年,我国数字经济持续快速增长,规模超45万亿元,占国内生产总值比重达39.8%;2022年我国数字经济规模达50.2万亿元,占国内生产总值比重提升至41.5%。数据表明,我国数字经济正处在不断攀升期,其规模连续多年位居世界第二位,信息通信基础设施、数字产业等快速发展。我国数字消费市场规模全球第一,网民规模连续14年位居世界第一,截至2023年6月已达10.79亿人,互联网普及率达76.4%。庞大的规模奠定了超大规模市场优势,彰显了数字经济发展的巨大潜力。

习近平同志始终以辩证的眼光看待我国数字经济发展,既指出"这些年来,我国数字经济发展较快、成就显著",又强调"同世界数字经济大国、强国相比,我国数字经济大而不强、快而不优"。①这一论述饱含着敏锐的问题意识,切中肯綮,点明了我国数字经济发展存在的最主要问题。我们必须清醒地认识到,我国数字经济发展面临着一些严峻的困难和挑战,主要是:发展不平衡、不充分、不规范的问题较为突出,不少领域存在短板和弱项;关键领域自主创新能力不足,核心技术受制于人的局面尚未根本改变;不同行业、区域、群体间数字鸿沟依然存在,甚至有进一步扩大趋势;数据资源规模庞大,但开发利用不够,价值潜力还没有充分释放;数字经济发展的基础层弱而应用层强、生活性服务业强而生产性服务业和制造业弱的结构性失衡比较突出;数字经济治理体系需要进一步完善,防范化解数字经济风险能力有待提升;等等。习近平同志结合有利条件与不利因素,深入思考了我国数字经济发展的一系列全局性战略性问题。

第一,加强关键核心技术攻关。这是数字经济健康发展的生命线。经过持续努力,我国科技创新水平大幅跃升,我国已跻身创新型国家行列。但是同世界先进水平相比,我们在很多方面还存在着不小差距,"其中最大的差距在核心技术上"②,"缺芯少魂"、"卡脖子"问题严重。关键核心技术是我们最大的"命门",关键核心技术受制于人是我们最大的短板和隐患。如果核心元器件掌握在别人手里,供应链的"命门"严重依赖外国,那我们的发展就如同建造在沙滩上的城堡,经不起风吹浪打,甚至会不堪一击。

什么是核心技术?"一是基础技术、通用技术。二是非对称技术、'杀手锏'技术。三是前沿技术、颠覆性技术。"③市场换不来关键核心技术,有钱也买不来关键核心技术,作为国之重器的关键核心技术必须立足自主创新、自立自强。"只有把关键核心技术掌握在自己手中,才能从根本上保障国家经济安全、国防安全和其他安全。"④近年来,美国等西方国家对我国大搞"筑墙"、"脱钩"、

① 习近平:《不断做强做优做大我国数字经济》,《求是》2022年第2期,第5页。
② 习近平:《论党的宣传思想工作》,中央文献出版社2020年版,第197页。
③ 中共中央党史和文献研究院编:《习近平关于网络强国论述摘编》,中央文献出版社2021年版,第110页。
④ 习近平:《论把握新发展阶段、贯彻新发展理念、构建新发展格局》,中央文献出版社2021年版,第271页。

"断供"战术，编织科技铁幕、加码技术封锁，想方设法打压我国科技发展。美国频频对我国实施"长臂管辖"，对我国科技企业和经济实体进行技术转移限制、专利许可管控等，对正常的科技人文交流设置障碍。严峻的形势表明，必须加快攻克重要领域"卡脖子"技术，多出"从0到1"的原创性成果，努力实现关键核心技术自主可控。

科技创新是影响世界百年未有之大变局的一个关键变量。科技自立自强是促进国家发展大局的根本支撑，是决定我国生存和发展的基础能力。当前，全球科技创新进入空前密集活跃的时期，网络信息技术成为最具魅力而又竞争性极强的战略高地，是国家比拼的志在必得之地。习近平同志指出："要牵住数字关键核心技术自主创新这个'牛鼻子'，发挥我国社会主义制度优势、新型举国体制优势、超大规模市场优势，提高数字技术基础研发能力，打好关键核心技术攻坚战，尽快实现高水平自立自强，把发展数字经济自主权牢牢掌握在自己手中。"[1]一是增强关键技术创新能力。要强化数字技术基础研发，瞄准传感器、量子信息、网络通信、集成电路、关键软件、大数据、人工智能、区块链、新材料等战略性前瞻性领域，加大基础理论研究和关键技术攻关力度。二是推进关键核心技术成果转化。坚持创新引领、应用牵引，以数字技术与各领域融合应用为导向，推动行业企业、平台企业和数字技术服务企业跨界创新，加快创新技术的工程化和产业化。三是推进创新资源共建共享，支持具有自主核心技术的开源社区、开源平台、开源项目发展，促进创新模式开放化演进。

第二，加快新型基础设施建设。这是数字经济健康发展的重要基石。新型基础设施是以信息网络为核心基础，综合集成物联网、云计算、大数据、人工智能、区块链等新一代信息技术，面向社会生产生活的广泛需要而提供感知、传输、存储、计算、处理等数字能力的新一代信息通信基础设施，是经济社会数字化转型、高质量发展赖以支撑的重要前提条件，是新产业新业态新模式全面发展的必要物质基础。

当前，数字技术蓬勃发展，推动信息通信基础设施持续演进升级，并在内涵和外延上不断拓展延伸。"铁公机"代表着工业时代的基础设施，发挥着乘数

---

[1] 习近平：《不断做强做优做大我国数字经济》，《求是》2022年第2期，第7页。

效应,而5G基站、数据中心等代表着信息时代的新型基础设施,带来的是幂数效应。新型基础设施建设不是对传统基建的排斥和放弃,而是运用数字技术对传统物理设施进行深度数字化改造,丰富其应用场景,全面提升其精准感知、精确分析、精细管理和精心服务能力。相较于传统基建,新基建迭代周期更短、对抗突发事件的弹性和韧性更强,更加注重由横向覆盖向纵向渗透转变、由规模增长向集约高效转变、由刚性统一向智能敏捷转变、由封闭运行向开放共享转变。因此,新型基础设施建设在某种程度上也被称为数字新基建。

从世界范围来看,当前及今后一个时期是全球新型基础设施大建设大发展的关键期,是新基建和传统基建融合发展的加速期。从我国来看,数字基础设施日益融入生产生活,对政务服务、公共服务、民生保障、社会治理的支撑作用进一步凸显,由此引发的需求也更加强烈。必须"加快新型数字基础设施建设"[①],推动数字经济全面发展。这是关乎国计民生、利当前惠长远的重大战略工程,既助力产业升级又带动创业就业,必须适度超前部署。习近平同志指出:"要加强战略布局","打通经济社会发展的信息'大动脉'"。[②]要实施信息网络基础设施优化升级工程,推进光纤网络扩容提速,推动5G商用部署和规模应用,前瞻布局第六代移动通信(6G)网络技术储备,加快建设"高速泛在、天地一体、云网融合、智能敏捷、绿色低碳、安全可控的智能化综合性数字信息基础设施"[③]。推进云网协同和算网融合发展,统筹推进算力、算法、数据、应用资源协同的全国一体化大数据中心体系建设,加快实施"东数西算"工程。积极推动数字技术与工业、交通、能源、水利、民生等深度融合、智能升级,增强支撑"智能+"发展的行业赋能能力,稳步构建智能高效的融合基础设施。

第三,协同推进数字产业化和产业数字化。这是数字经济健康发展的根本途径。数字经济和实体经济是相得益彰的辩证关系,实体经济是根基,数字经济可以起到赋能、放大、催化、提质增效的作用。"加快推进数字产业化、产业数字化"[④]是习近平同志关于发展数字经济一以贯之的基本原则。

① 《习近平外交演讲集》第2卷,中央文献出版社2022年版,第403页。
② 习近平:《不断做强做优做大我国数字经济》,《求是》2022年第2期,第7页。
③ 习近平:《不断做强做优做大我国数字经济》,《求是》2022年第2期,第7页。
④ 《习近平书信选集》第1卷,中央文献出版社2022年版,第189页。

着力推进数字产业化,培育发展新动能。形象地说,这是"鼎新"。习近平同志反复强调"要把握数字化、网络化、智能化融合发展的契机,以信息化、智能化为杠杆培育新动能"①。数字产业化的实质,就是充分发挥数据、信息、知识作为新生产要素的作用,依靠数字技术创新驱动,用数字新动能提升数字产业的质量和规模,从而为高质量发展增添强劲新引擎。在数字产业化的过程中,数字技术、数字经济围绕产业化主线深度应用,实现动能接续转换、产业效能跃升。数字产业化的要求主要体现在三个方面。一是运用数字生产力培育和壮大数字产业。推动大数据、人工智能、数字货币、区块链等产业发展,完善信息通信、软件服务等数字产业链,打造一批具有国际竞争力的数字产业集群。二是强化数字技术创新能力。实施数字技术创新突破工程,加快我国数字经济优势从应用端向基础端、技术端拓展,抓紧补齐基础技术、通用技术发展短板,提升产业链关键环节竞争力。三是深化拓展数字化应用。实施数字经济新业态培育工程,整合线上线下资源推进创新协同、产能共享、供应链互通,发展平台经济、共享经济、电子商务、众包众创、个性定制、柔性制造等数字化新业态新模式。

着力推进产业数字化,改造提升传统动能。形象地说,这是"革故"。数字技术是重要的通用和赋能技术,蕴含着无尽的潜能,能够帮助传统产业实现跨界融合、重构组织模式、提高生产效益、拓展创新路径。产业数字化的实质,就是运用数字技术对传统产业进行全方位、全角度、全链条的改造,赋予传统产业以新的应用场景,从而释放新技术新应用对经济发展的放大、叠加、聚合、倍增效应。在产业数字化的过程中,传统产业围绕数字化主线深度融合,完成自身业态转型、变革提升。要深入实施"互联网＋"行动,发展普惠性"上云用数赋智",加快企业数字化转型升级。立足不同产业特点和差异化需求,加强面向多元化应用场景的技术融合和产品创新,推动传统产业数字化赋能。要全面深化重点产业数字化转型。习近平同志反复强调"推动制造业、服务业、农

① 中共中央党史和文献研究院编:《习近平关于网络强国论述摘编》,中央文献出版社2021年版,第139页。

业等产业数字化"①。对制造业来说,要大力推进工业互联网创新发展战略,深入实施智能制造工程,加快推动研发设计、生产制造、经营管理、市场服务等全生命周期数字化转型,"加快培育一批'专精特新'企业和制造业单项冠军企业"②。对服务业来说,要着力赋能传统服务业转型升级,全面加快金融、物流、零售、旅游等生活性服务业和服务贸易数字化进程,提升精准服务、高效服务、智能服务能力。对农业来说,要以农业生产、加工、销售、物流等全产业链数字化加快乡村振兴步伐,创新发展智慧农业,推进"三农"综合信息服务,提升新农民新主体数字技能。

第四,着力培育数据要素市场。这是数字经济健康发展的内生动力。综观世界文明史和科技发展史,人类社会先后经历了农业革命、工业革命、信息革命。农业经济和工业经济以土地、劳动力、资本等为关键生产要素,而在信息化时代诞生的数字经济则以数据资源为关键生产要素。随着新一代信息技术加速突破,数据作为市场资源配置中不可替代的新型生产要素,如润滑剂般加快了经济运行速度,显著提升了劳动生产率,深刻重塑了经济发展方式和社会治理模式。

数据资源的高效整合、深度应用和分析处理能力成为国家软实力的重要因素,谁掌握了大数据资源和技术,谁善于采好数据、管好数据、用好数据,谁就能够赢得发展先机。习近平同志指出:"要构建以数据为关键要素的数字经济。"③党的十九届四中全会首次提出将数据列为与劳动、资本、土地、知识、技术、管理等并列的生产要素参与收入分配。2020年3月30日,中共中央、国务院印发《关于构建更加完善的要素市场化配置体制机制的意见》,明确提出"加快培育数据要素市场"④并进行顶层设计。《中华人民共和国国民经济和社会发展第十四个五年规划和2035年远景目标纲要》强调要"建立健全数据要素市场

---

① 习近平:《不断做强做优做大我国数字经济》,《求是》2022年第2期,第7页。

② 习近平:《不断做强做优做大我国数字经济》,《求是》2022年第2期,第7页。

③ 中共中央党史和文献研究院编:《习近平关于网络强国论述摘编》,中央文献出版社2021年版,第134页。

④《中共中央国务院关于构建更加完善的要素市场化配置体制机制的意见》,《人民日报》2020年4月10日,第1版、第6版。

规则"①。2022年3月25日中共中央、国务院印发的《关于加快建设全国统一大市场的意见》,对"加快培育统一的技术和数据市场"等重点任务作出部署。

我国是数据要素禀赋较为丰富、数据应用需求庞大的国家,数据总量约占全球的20%。近年来,我国大数据发展取得显著成效,但是仍然存在数据要素供求失配、市场分割、流动不畅、规则和标准体系建设相对滞后等问题,在数据集中和共享、创新应用领域等方面还有不少短板弱项。要充分发挥数字技术在促进数据共享、降低运营成本、提升协同效率、建设可信体系等方面的作用,大力推进技术融合、业务融合、数据融合,打通数据要素自由流动面临的障碍和壁垒,形成覆盖全国、统筹利用、统一接入、协同管理的数据共享大平台。大力推动数据资源开发利用、有序共享,建立健全数据确权、交易、安保等方面的基础性制度框架,培育规范的数据交易平台和市场主体,加快构建与高标准市场体系、高水平社会主义市场经济体制相符合的数据要素市场化配置新体系,强化高质量数据要素供给。

四、营造良好数字生态

数字经济经由现代信息网络衍生出一系列新产业新业态新模式,数据驱动、软件定义、智能主导、跨界融合、赋能应用、平台支撑、产业细化、服务增值、普惠共享的特征和属性日趋明显。这些特性关联交织、相互作用,使得发展数字经济不仅仅是经济部门、市场主体的任务,也不再局限于科技部门、技术层面,而是演变成为复杂的社会系统工程。深化数字经济治理、营造良好数字生态,是党治国理政的崭新课题,是推进国家治理体系和治理能力现代化的重大任务,是提高党的长期执政能力的题中应有之义。

第一,完善数字经济治理体系。这是数字经济健康发展的有力保障。数字技术给生产力和生产关系带来的变革调整是前所未有的,给经济社会发展带来的深刻影响是前所未有的,由此决定了数字经济治理不能再简单套用、照

---

① 《中华人民共和国国民经济和社会发展第十四个五年规划和2035年远景目标纲要》,人民出版社2021年版,第52页。

搬照抄传统的治理理念和治理方式。

比如,平台经济作为数字经济新范式,自诞生起就迅猛发展,速度不断加快,领域不断延伸,类型越来越丰富。在提高全社会资源配置效率、拓展消费市场、推动创业就业的同时,也出现了信息泄露、算法滥用、平台垄断、虚假宣传、强制"二选一"、大数据"杀熟"等侵害消费者权益的乱象,暴露出发展不规范、监管体制不适应等突出问题。相关部门本着鼓励创新、趋利避害、规范发展的原则,针对不同平台业态量身定制监管方式方法。国务院办公厅印发的《关于促进平台经济规范健康发展的指导意见》明确提出:"创新监管理念和方式,落实和完善包容审慎监管要求,推动建立健全适应平台经济发展特点的新型监管机制。"[1]习近平同志强调:"我国平台经济发展正处在关键时期,要着眼长远、兼顾当前、补齐短板、强化弱项,营造创新环境,解决突出矛盾和问题,推动平台经济规范健康持续发展。"[2]

作为新生事物,数字经济治理的相关规章制度、配套建设远远不够,适应不了快速发展的需要。习近平同志指出:"要健全法律法规和政策制度,完善体制机制,提高我国数字经济治理体系和治理能力现代化水平。"[3]一是坚持发展和监管并重。"推动数字经济健康发展,要坚持促进发展和监管规范两手抓、两手都要硬,在发展中规范、在规范中发展。"[4]要探索建立与数字经济发展相适应的协同治理和监管机制,强化跨部门、跨层级、跨区域协同监管,强化功能监管、穿透式监管、持续监管。建立完善政府、平台、企业、行业组织和社会公众多元参与、有效协同的数字经济治理新格局,形成治理合力。二是坚持系统治理。注重多措并举,充分运用政治、经济、科技、法治、行政、教育、文化等多种手段辩证施治、联合发力,决不能搞单打一、只顾一点不及其余。注重建章立制,坚持在法治轨道上推进数字经济治理,运用法治思维和法治方式解决数

① 《国务院办公厅关于促进平台经济规范健康发展的指导意见》,中华人民共和国中央人民政府网站,http://www.gov.cn/zhengce/content/2019-08/08/content_5419761.htm。
② 《习近平主持召开中央财经委员会第九次会议强调:推动平台经济规范健康持续发展 把碳达峰碳中和纳入生态文明建设整体布局》,《人民日报》2021年3月16日,第1版。
③ 习近平:《不断做强做优做大我国数字经济》,《求是》2022年第2期,第7—8页。
④ 习近平:《不断做强做优做大我国数字经济》,《求是》2022年第2期,第7页。

字经济发展面临的深层次问题,提升治理法治化水平。三是坚持创新治理方式。"要改进提高监管技术和手段,把监管和治理贯穿创新、生产、经营、投资全过程。"①注重优化监管框架,加快建立全方位、多层次、立体化监管体系,实现事前事中事后全链条全领域监管。创新基于新技术手段的监管模式,建立健全触发式监管机制,推动社会监督、媒体监督、公众监督和行业监管有效结合、协调贯通。

第二,提升数字化公共服务效能。这是数字经济健康发展的必然要求。数字政府、数字社会建设,既是数字经济发展向社会领域的延伸拓展,同时又为数字经济深化发展创造了良好环境。建设数字政府、数字社会是建设数字中国的重要内容,有利于提升公共服务数字化、普惠化、便捷化水平,推动社会治理精准化、高效化、智能化发展。习近平同志反复强调要"增强数字政府效能,优化数字社会环境"②。

加强数字政府建设。这是加快转变政府职能、提升政府数字化治理水平和服务能力的重大举措。习近平同志强调:要"把数字技术广泛应用于政府管理服务,推动政府数字化、智能化运行"③。要立足人民群众对美好数字生活的新期待,着力打造智慧共享、和睦共治的新型数字生活,努力构建泛在可及、智慧便捷、公平普惠的数字化服务体系。要以数字化改革助力政府职能转变,统筹推进各行业各领域政务应用系统集约建设、互联互通、协同联动,发挥数字化在政府履行职能过程中的重要支撑作用,增强经济调节、市场监管、社会管理、公共服务、生态环境保护的精准性和有效性,构建协同高效的政府数字化履职能力体系。要推动政务信息化共建共用,持续提高"互联网＋政务服务"效能,努力提升全流程一体化在线服务平台功能,加强政务信息资源整合和公共需求精准预测,加快推进政务服务标准化、规范化、便利化。近年来,一些地区和部门在运用大数据等数字技术保障和改善民生方面进行了有益的探索,比如实行"最多跑一次"、"一网通办"、"跨省通办"、"不见面审批"改革,让百姓

---

① 习近平:《不断做强做优做大我国数字经济》,《求是》2022年第2期,第8页。

②《习近平书信选集》第1卷,中央文献出版社2022年版,第362页。

③《习近平主持召开中央全面深化改革委员会第二十五次会议强调:加强数字政府建设 推进省以下财政体制改革》,《人民日报》2022年4月20日,第1版。

少跑腿、数据多跑路,深得民心。

加快数字社会建设步伐。建设数字社会,就是要提升社会服务数字化普惠水平,推动社会运行方式数字化创新,持续增强数字治理效能,促进发展成果共享。一是提供智慧便捷、普惠共享的数字化公共服务。数字化公共服务直接关系人民群众切身利益,是检验数字社会建设成效的重要标志。要聚焦民生保障重点领域,加快推动文化教育、医疗健康、体育健身等领域公共服务资源数字化供给和网络化服务,强化劳动就业、养老保险、抚幼助残、家政服务等领域供需对接,促进公共服务和数字平台深度融合,创新拓展"互联网+公共服务"模式,实现优质资源高效配置、共享复用。二是统筹推进智慧城市和数字乡村建设。分级分类推进新型智慧城市建设,加强城市数据大脑建设,探索建设数字孪生城市。近年来,一些地方将数字技术应用在城市建设和治理中,积极开展"数字治城"、"数字治堵"、"数字治疫"等探索,成效显著。习近平同志指出:"运用大数据、云计算、区块链、人工智能等前沿技术推动城市管理手段、管理模式、管理理念创新,从数字化到智能化再到智慧化,让城市更聪明一些、更智慧一些,是推动城市治理体系和治理能力现代化的必由之路,前景广阔。"①加快建设乡村综合信息服务体系,推动农村大数据运用,推进乡村治理数字化,促进城乡要素双向自由流动,构建以城带乡、共建共享的数字城乡融合发展格局。三是构筑全民畅享的数字生活。拓展购物消费、居家生活、社交娱乐、文旅会展、交通出行等各类场景数字化应用,促进智慧社区、智能小区建设,培养全民数字消费意识和习惯,提高全社会数字素养和技能。

第三,筑牢数字安全屏障。这是数字经济健康发展的前提条件。安全是发展的保障和条件,发展是安全的基础和目的。"从世界范围看,网络安全威胁和风险日益突出,并日益向政治、经济、文化、社会、生态、国防等领域传导渗透。"②数字经济安全与网络安全息息相关,涉及国家安全和社会稳定,是我们无法回避的新的综合性挑战。必须统筹发展和安全,坚持底线思维,发扬斗争

---

① 中共中央党史和文献研究院编:《习近平关于网络强国论述摘编》,中央文献出版社2021年版,第143页。

② 中共中央党史和文献研究院编:《习近平关于网络强国论述摘编》,中央文献出版社2021年版,第91页。

精神,提高防范化解数字安全风险能力,着力强化数字经济安全体系。

一是加强体制机制建设。"要结合我国发展需要和可能,做好我国数字经济发展顶层设计和体制机制建设。"①深入实施网络安全法、数据安全法、网络安全审查办法、个人信息保护法等法律法规,运用法治手段维护数字经济安全。"加快数字经济、互联网金融、人工智能、大数据、云计算等领域立法步伐"②,努力健全数字经济治理急需、满足人民美好数字生活需要必备的法律制度。习近平同志强调:"要完善国家安全制度体系,重点加强数字经济安全风险预警、防控机制和能力建设,实现核心技术、重要产业、关键设施、战略资源、重大科技、头部企业等安全可控。"③

二是"加快构建关键信息基础设施安全保障体系"④。金融、能源、电信、交通、水利等重要行业领域的关键信息基础设施是经济社会运行的神经中枢,是网络安全防护的重中之重。一旦被跨网入侵,就会导致调度失灵、金融紊乱、交通中断等问题,破坏性和杀伤力是致命的。必须着力构建一体化的关键信息基础设施安全保障体系,加快发展网络安全产业,加强网络安全信息统筹机制、手段、平台建设,筑牢国家网络安全的坚实根基。

三是切实有效防范各类风险。要强化数字经济安全风险综合研判,防范各类风险源累积叠加、交叉传导而引发经济风险、技术风险和社会稳定问题。习近平同志对此进行了多方面的创造性思考。针对近年来由于认识不足、监管缺位,我国一些领域,特别是互联网、平台经济等领域出现资本无序扩张、野蛮生长问题,习近平同志指出:要"防止平台垄断和资本无序扩张,依法查处垄断和不正当竞争行为"⑤。要"正确认识和把握资本的特性和行为规律","为资

---

① 习近平:《不断做强做优做大我国数字经济》,《求是》2022年第2期,第8页。
② 习近平:《坚持走中国特色社会主义法治道路 更好推进中国特色社会主义法治体系建设》,《求是》2022年第4期,第6页。
③ 习近平:《不断做强做优做大我国数字经济》,《求是》2022年第2期,第8页。
④ 中共中央党史和文献研究院编:《习近平关于防范风险挑战、应对突发事件论述摘编》,中央文献出版社2020年版,第72页。
⑤ 习近平:《不断做强做优做大我国数字经济》,《求是》2022年第2期,第7页。

本设置'红绿灯'","支持和引导资本规范健康发展"。[1]针对数据、人工智能、区块链等技术应用风险,习近平同志反复强调"要切实保障国家数据安全"[2],"确保人工智能安全、可靠、可控"[3],"推动区块链安全有序发展"[4]。针对科技伦理问题,习近平同志指出:"科技伦理是科技活动必须遵守的价值准则,要坚持增进人类福祉、尊重生命权利、公平公正、合理控制风险、保持公开透明的原则,健全多方参与、协同共治的治理体制机制,塑造科技向善的文化理念和保障机制。"[5]针对数字化给就业带来的影响,习近平同志提出要构建"增长友好型、就业友好型数字经济"[6]。针对近年来数字经济所催生的以劳动关系灵活化、工作内容多样化、工作方式弹性化、工作安排去组织化、创业机会网络化为典型特征的新就业形态,习近平同志极为关心农民工、灵活就业人员、新业态就业人员等人群因没有纳入社会保障而出现"漏保"、"脱保"、"断保"的情况,明确提出"要健全农民工、灵活就业人员、新业态就业人员参加社会保险制度"[7]。

第四,深度参与数字经济国际合作。这是数字经济健康发展的外部环境。开展数字经济国际合作,是坚持对外开放国策的必然要求,是促进高水平开放的重要路径,是顺应经济全球化、世界科技革命和产业变革的重大举措。数字

---

[1] 习近平:《正确认识和把握我国发展重大理论和实践问题》,《求是》2022年第10期,第5—6页。

[2] 中共中央党史和文献研究院编:《习近平关于防范风险挑战、应对突发事件论述摘编》,中央文献出版社2020年版,第75页。

[3] 中共中央党史和文献研究院编:《习近平关于防范风险挑战、应对突发事件论述摘编》,中央文献出版社2020年版,第79页。

[4] 中共中央党史和文献研究院编:《习近平关于防范风险挑战、应对突发事件论述摘编》,中央文献出版社2020年版,第81页。

[5] 《习近平主持召开中央全面深化改革委员会第二十三次会议强调:加快建设全国统一大市场提高政府监管效能 深入推进世界一流大学和一流学科建设》,《人民日报》2021年12月18日,第1版。

[6] 杜尚泽、冯雪珺、赵成:《习近平继续出席二十国集团领导人第十二次峰会》,《人民日报》2017年7月9日,第1版。

[7] 习近平:《促进我国社会保障事业高质量发展、可持续发展》,《求是》2022年第8期,第8页。

经济是习近平同志近年来在一系列外事活动、国际会议和重要场合中经常讲到的高频词之一。他以大国领袖的全球视野和使命担当,阐述了中国关于携手各国推动数字经济发展的主张。他强调,要"深度参与数字经济国际合作,让数字化、网络化、智能化为经济社会发展增添动力,开创数字经济合作新局面"①。

当前,世界百年变局和世纪疫情交织叠加,经济全球化遭遇逆流,单边主义、保护主义抬头,全球开放指数不断下滑,全球开放共识弱化,"这值得高度关注"②。习近平同志以一个战略家的眼光指出:"要密切观察、主动作为,主动参与国际组织数字经济议题谈判,开展双多边数字治理合作,维护和完善多边数字经济治理机制,及时提出中国方案,发出中国声音。"③

一是积极参与全球数字经济治理。践行共商共建共享的全球治理观,弘扬全人类共同价值,坚持真正的多边主义,坚定维护以联合国为核心的国际体系、以国际法为基础的国际秩序、以联合国宪章宗旨和原则为基础的国际关系基本准则,推动制定完善数字和网络空间国际规则。依托双边和多边合作机制,加强国家间数字经济战略对接、数字治理对话,积极参与数据安全、数字货币、数字税等国际规则和数字技术标准制定。

二是打造提升数字经济合作平台。加强统筹谋划,拓展数字经济前沿合作领域,"构建数字合作格局"④。用好世界互联网大会等主场平台,积极搭建双边、区域和国际合作平台,建立多边数字经济合作伙伴关系。加快贸易数字化发展,以数字化驱动贸易主体转型和贸易方式变革。加大金融、物流等领域的合作模式创新,加快我国数字经济企业"走出去"步伐。高质量共建"一带一路",促进数字互联互通,推动"数字丝绸之路"走深走实,扩大"丝路电商"覆盖面和影响力。

三是推动共享数字经济发展成果。着力提升数字经济发展的平衡性、协调性、有效性、包容性,创造数字经济成果更多更公平惠及各国人民的良好局

---

① 《习近平书信选集》第1卷,中央文献出版社2022年版,第346页。

② 《习近平外交演讲集》第2卷,中央文献出版社2022年版,第406页。

③ 习近平:《不断做强做优做大我国数字经济》,《求是》2022年第2期,第8页。

④ 《习近平书信选集》第1卷,中央文献出版社2022年版,第362页。

面。积极营造开放、公平、公正、非歧视的数字发展环境,帮助发展中国家消除数字鸿沟。尊重文明多样性,致力推进各国、各民族、各地区网络文化交流互鉴。习近平同志强调:"让数字文明造福各国人民,推动构建人类命运共同体。"①

总之,习近平同志立足我国数字经济发展新实践,科学回答了如何推动我国数字经济健康发展的一系列重大理论和实践问题,深刻揭示了新时代数字经济发展趋势和规律,指引我国数字经济发展取得历史性成就。习近平同志关于发展我国数字经济的战略思考,是习近平经济思想的重要组成部分,是习近平新时代中国特色社会主义思想的重要内容,是我国数字经济健康发展的科学指南。在新的征程上,我们要牢牢把握数字经济发展机遇,着力增强发展数字经济本领,奋力开拓数字经济发展新局面,为构建数字中国提供有力支撑,为全面建成社会主义现代化强国、实现中华民族伟大复兴的中国梦夯实根基。

---

① 《习近平书信选集》第 1 卷,中央文献出版社 2022 年版,第 362 页。

第十二章｜
全面推进乡村振兴

在现代化进程中,如何处理工农关系、城乡关系,在一定程度上决定着现代化的成败。中国式现代化离不开农业农村现代化。党的二十大报告提出:"全面建设社会主义现代化国家,最艰巨最繁重的任务仍然在农村。"[1]党的二十大在擘画全面建成社会主义现代化强国宏伟蓝图时,对加快建设农业强国进行了战略部署。概括地讲就是:未来五年"三农"工作要全面推进乡村振兴,到2035年基本实现农业现代化,到本世纪中叶建成农业强国。这是以习近平同志为核心的党中央站在统筹中华民族伟大复兴战略全局和世界百年未有之大变局的高度,着眼全面建成社会主义现代化强国作出的重大部署。

一、建设农业强国的重大战略意义

强国必先强农,农强方能国强。建设农业强国,是中国式现代化的重要内容,也是具有鲜明中国特色的一项重要标志。在中国广袤的农村大地建设农业强国,其震撼力、影响力是巨大而深远的,国内外都极为关注。从农业强国和现代化强国的内在关系看,农业是基础,如果基础打得不牢,则整个社会主义现代化强国大厦就不稳固、不牢固;农业强国是社会主义现代化强国的根基,没有农业强国就没有社会主义现代化强国;没有农业农村现代化,社会主义现代化就是不完整、不全面的;全面建设社会主义现代化国家,农业不仅是基础、是支撑,更体现强国建设的速度、质量和成色。这种相生相成、辩证统一

---

[1]《习近平著作选读》第1卷,人民出版社2023年版,第25页。

的关系,决定了我们必须把加快建设农业强国摆上建设社会主义现代化强国的重要位置,举全党全社会之力持之以恒加以推进。

农为邦本,本固邦宁;务农重本,国之大纲。回顾历史,中华民族历来重视农业农村,我国自古以农立国,创造了源远流长、灿烂辉煌的农耕文明,长期领先世界。我们党成立以后,充分认识到中国革命的基本问题是农民问题,把为广大农民谋幸福作为重要使命,致力于将农民从政治压迫和经济剥削下解放出来。早在大革命时期,毛泽东同志就指出,农民是中国无产阶级的最广大和最忠实的同盟军,强调农民问题乃国民革命的中心问题。1936年,他在延安会见美国作家斯诺时明确提出,谁赢得了农民,谁就会赢得了中国,谁解决土地问题,谁就会赢得农民。新民主主义革命时期,我们党带领农民打土豪、分田地,经过艰苦卓绝的武装斗争,实现了亿万农民翻身得解放。[1]新中国成立后,我们党领导人民进行了废除封建土地制度的改革,消灭了地主阶级封建剥削的土地所有制,从根本上铲除了中国封建制度的根基,极大促进了农村生产力的解放、农民生产积极性的提高、农业的迅速恢复和发展。我们党组织农民重整山河、发展农业生产,进行了艰辛探索。经过实施几个五年计划,我国在建立起独立的比较完整的工业体系和国民经济体系时,农业生产条件也得到显著改变,"三农"工作不断向前发展。改革开放以来,我们党领导农民率先拉开改革大幕,不断解放和发展农村社会生产力,推动农村全面进步,实现了由温饱不足向全面小康迈进的历史性跨越。

党的十八大以来,以习近平同志为核心的党中央坚持把解决好"三农"问题作为全党工作的重中之重,把脱贫攻坚作为全面建成小康社会的标志性工程,组织推进人类历史上规模空前、力度最大、惠及人口最多的脱贫攻坚战,启动实施乡村振兴战略,推动"三农"工作取得历史性成就、发生历史性变革。农业综合生产能力上了大台阶,重要农产品产量保持稳定,粮食产量连续9年稳定在1.3万亿斤以上,确保了国家粮食安全和农产品有效供给。农业供给侧结构性改革进展顺利,产业、产品结构不断优化,多元化农产品供给充足,农业产业类型和产品品种丰富程度之高处于全球前列,一二三产业融合发展,产业发

---

[1] 习近平:《论"三农"工作》,中央文献出版社2022年版,第2页。

展质量不断提升。新产业、新业态不断涌现。观光休闲农业、"互联网＋"、农产品加工业、农业生产性服务业等乡村产业发展,在实现农民就业增收方面发挥了重要作用。绿色发展理念深入人心,统筹山水林田湖草沙系统治理,实现投入品减量增效,抓好农业废弃物资源化利用,保护农业生态环境,为农业可持续发展提供了重要机遇。积极开展土壤修复,退耕还草还湿地,节水节肥节药成为了自觉行动,资源化利用取得明显效果。农村民生显著改善,农民收入持续增长,城乡居民收入差距不断缩小,为实现共同富裕夯实了基础。土地制度的不断创新、新型农业经营主体的蓬勃发展,最大限度实现了小农户与现代农业有机衔接。农村人居环境治理工作机制得以建立健全,农村厕所、垃圾、污水治理成为工作重心,农村村容村貌不断得到改善,乡村面貌焕然一新。贫困地区发生翻天覆地的变化,解决困扰中华民族几千年的绝对贫困问题取得历史性成就,为全面建成小康社会作出了重大贡献,为开启全面建设社会主义现代化国家新征程、实现第二个百年奋斗目标奠定了坚实基础。总之,我国农业现代化建设取得历史性成就、发生历史性变革,为党和国家事业全面开创新局面提供了重要支撑。

在看到成绩的同时,也要清醒地认识到,农业农村仍然是我国现代化建设的短板。进入新时代,党中央坚持高度重视"三农"工作的传统,在新中国成立以来特别是改革开放以来工作的基础上,通过开展脱贫攻坚、实施乡村振兴战略等,用有限资源稳定解决14亿多人口的吃饭问题,全体农民摆脱绝对贫困、同步进入全面小康,"三农"工作成就巨大、举世公认。同时,受制于人均资源不足、底子薄、历史欠账较多等原因,"三农"仍然是一个薄弱环节,同新型工业化、信息化、城镇化相比,农业现代化明显滞后。主要表现在:农业生产效率相对较低,农业劳动生产率仅为非农产业的25.3%;农业比较效益低下;农产品国际竞争力明显不足,国内粮食等农产品价格普遍超过国际市场;农村基础设施和公共服务落后于城市;城乡居民收入比为2.5:1,消费支出比为1.9:1。农产品对外依存度越来越高,农业产业安全需要高度重视。这是党中央强调全面推进乡村振兴、加快建设农业强国的一个重要原因。

关于农业强国的战略地位和重大意义,可以从以下六个方面来理解。

第一,满足人民美好生活需要,离不开农业强国建设。中国式现代化越往前推进,生产力水平越提高,物质生活越丰富,人民群众的乡村情结就会越来越重,越来越喜欢山清水秀的田园风光。农业除了保障粮食和重要农产品供给,还有着巨大的生态涵养、休闲观光、文化传承功能,亟需我们大力开发、以现代化的方式深度开发。从人口和经济规模看,农业是近两亿人就业的产业,农村是近5亿农民常住的家园,只有把农业农村搞好了,广大农民安居乐业,他们才有充足的获得感、幸福感、安全感。加快建设农业强国是满足人民美好生活需要的必然要求。习近平同志强调:"城乡居民食物消费结构在不断升级,今后农产品保供,既要保数量,也要保多样、保质量。"①当前,我国粮食等重要农产品供给总体有保障,但粮食供求仍呈紧平衡,大豆油料自给率偏低,绿色优质农产品供给不足,稳产保供的基础还不牢固。要加快建设农业强国,把提高农业综合生产能力放在更加突出的位置,全方位夯实粮食安全根基,构建多元化食物供给体系,更好满足人民群众丰富多样的食物消费需求。

第二,实现高质量发展,离不开农业强国建设。拓展中国式现代化的发展空间,必须立足农业农村这片大有可为的广阔天地,始终把"三农"工作牢牢抓在手上。只有农业强了,农产品供给有保障,物价稳定、人心安定,经济大局才能稳住。几亿农民整体、同步迈入现代化,必然会释放出巨大的创造动能、投资需求和消费潜能,从而为经济社会持续健康发展注入强劲的动力。加快建设农业强国是提高农业综合效益和竞争力的客观需要。经过多年努力,我国农业综合生产能力显著增强,粮食产量稳定在1.3万亿斤以上,农业现代化水平稳步提升。但农业生产基础不牢、大而不强、多而不优问题仍然突出。要加快建设农业强国,健全现代农业产业体系、生产体系、经营体系,打造具有更强创新性、更高附加值、更具竞争力的产业链供应链。必须大力培育农业农村发展新动能,提高农业综合效益和竞争力。

第三,加快构建新发展格局,离不开农业强国建设。构建新发展格局,是我们应对世界百年未有之大变局的战略举措,是我们谋划未来发展、掌握发展主动权的必然抉择。城乡经济循环是国内大循环的题中应有之义,也是确保国内国际双循环比例关系健康的关键因素。畅通工农城乡循环,是畅通国内

---

① 习近平:《论"三农"工作》,中央文献出版社2022年版,第10页。

经济大循环、增强我国经济韧性和战略纵深的重要方面。扩内需、稳增长、促发展，农业强国建设始终是重要的发力点和突破口。加快建设农业强国是全面推进乡村振兴的战略任务。习近平同志指出，农业农村现代化是实施乡村振兴战略的总目标。[①]要坚持农业现代化和农村现代化一体设计、一并推进，实现从农业大国向农业强国跨越。这深刻阐释了全面推进乡村振兴的内在逻辑，也鲜明指出了建设农业强国的时代要求。我们必须把加快建设农业强国作为全面推进乡村振兴的重大战略任务，推动农业全面升级，带动农村全面发展，促进农民全面进步。

第四，推进国家治理体系和治理能力现代化，离不开农业强国建设。工农关系、城乡关系，是一个国家走向现代化进程中必然要处理好的紧要关系。从世界各国现代化历史看，一些国家由于没有处理好工农关系、城乡关系，农产品供应不足，不能有效吸纳农村劳动力，导致大量失业农民涌向城市贫民窟，乡村和乡村治理走向凋敝，工业化和城镇化走入困境，甚至造成社会动荡，最终陷入"中等收入陷阱"。这里面更深层次的问题是领导体系和国家治理体制问题。我国作为中国共产党领导的社会主义国家，应该有能力、有条件处理好工农关系、城乡关系，顺利推进中国式现代化的实践进程。目前，我国农村社会处于深刻变化和调整时期，出现了很多新情况新问题，错综复杂。同快速推进的工业化、城镇化相比，我国农业农村发展步伐还跟不上，"一条腿长、一条腿短"现象比较突出。发展乡村产业，开展乡村建设，加强和改进乡村治理，是对我们党做好"三农"工作、推进乡村治理的一个大考。我们必须以建设农业强国为目标，走中国特色社会主义乡村治理道路，加快形成工农互促、城乡互补、协调发展、共同繁荣的新型工农城乡关系。谱写国家治理体系和治理能力现代化的"三农"篇章。

第五，新时代新征程上应变局、开新局，离不开农业强国建设。习近平同志强调："从世界百年未有之大变局看，稳住农业基本盘、守好'三农'基础是应

---

① 中共中央宣传部、国家发展和改革委员会编：《习近平经济思想学习纲要》，人民出版社、学习出版社2022年版，第89页。

变局、开新局的'压舱石'。"①这么多年来,我国之所以能够创造经济快速发展、社会长期稳定这"两个奇迹",一个很重要的支撑就是"三农"稳定发展。我国已进入全面建设社会主义现代化国家、向第二个百年奋斗目标进军的新发展阶段,更加需要稳住农业这一块、稳住农村这一头,也要看到,随着经济社会的发展,农业多种功能、乡村多元价值越来越得以彰显,建设农业强国也是挖掘农村内需潜力、推动"三农"工作提质增效的重要举措。

第六,维护国家安全,离不开农业强国建设。农业在我国现代化建设全局中的战略地位,决定了农业安全是极端重要的安全,是"国之大者",是确保国家安全的重要基础和保障条件。当今世界百年未有之大变局加速演进,叠加新冠疫情反复延宕带来的影响,来自外部的打压遏制不断升级,各种不确定难预料因素明显增多。一旦"三农"工作抓得不好,农业安全出了问题,饭碗就会被别人拿住,看别人脸色吃饭,还谈什么中国式现代化和强国建设?推进中国式现代化,要求我们必须把农业安全贯穿于乡村全面振兴的全过程各方面,充分发挥农业安全对于促进农业优质高效、乡村宜业、农民富足富裕的重要作用。

二、农业强国建设要体现中国特色

综观世界强国发展史,一个国家要真正强大,必须有强大农业作支撑。对我们这样一个拥有14亿多人口的大国来说,"三农"向好,全局主动。从中华民族伟大复兴战略全局看,民族要复兴,乡村必振兴。无论社会主义现代化建设推进到什么程度,"三农"工作决不能有一丝一毫的动摇和削弱。从世界百年未有之大变局看,稳住农业基本盘、守好"三农"基础是应变局、开新局的"压舱石"。必须清醒地认识到,建设农业强国是一项长期而艰巨的历史任务,将伴随全面建设社会主义现代化国家全过程。当前,农业农村仍然是我国现代化建设的短板。受制于人均资源不足、底子薄、历史欠账较多等原因,"三农"仍然是一个短板弱项,同新型工业化、信息化、城镇化相比,农业现代化明显滞

---

① 习近平:《论"三农"工作》,中央文献出版社2022年版,第4页。

后。主要表现在:农业生产效率相对于非农产业而言较低,农业效益比较低下;农产品国际竞争力明显不足,国内粮食等农产品价格普遍超过国际市场;农村基础设施和公共服务落后于城市;城乡发展还不平衡,城乡居民收入比、消费支出比仍然较大。我国农业农村发展面临的难题和挑战还很多,任何时候都不能忽视和放松"三农"工作。习近平同志深刻指出:"我们要坚持用大历史观来看待农业、农村、农民问题,只有深刻理解了'三农'问题,才能更好理解我们这个党、这个国家、这个民族。必须看到,全面建设社会主义现代化国家,实现中华民族伟大复兴,最艰巨最繁重的任务依然在农村,最广泛最深厚的基础依然在农村。"①

建设农业强国,基本要求是实现农业现代化。我们要建设的农业强国、实现的农业现代化,既有国外一般现代化农业强国的共同特征,更有基于自己国情的中国特色。习近平同志指出:"所谓共同特征,就是要遵循农业现代化一般规律,建设供给保障强、科技装备强、经营体系强、产业韧性强、竞争能力强的农业强国。"②实现这"五个强"的要求,离不开科技的贡献和支撑。从一些国家的农业现代化历程中,我们可以吸取其中带有规律性的做法和体会,借鉴其中的共性认识和经验。其一,工业化、城市化是推进农业现代化的必要前提和条件,是现代化的必由之路和有效途径。具体到我国来说,就是要推进新型工业化、以人为核心的城镇化。其二,工业化、城市化能够大量吸纳农村人口,但人口迁移规模和速度不能超出工业经济增长和城市发展所提供的就业岗位及社会保障能力,否则就会引发严重社会问题。具体到我国来说,就是要强化以工补农、以城带乡,加快形成工农互促、城乡互补、协调发展、共同繁荣的新型工农城乡关系,推动城乡融合发展见实效。其三,推进农业现代化需要城市反哺、工业装备投入和科技创新应用,与此同时还要加快发展科学文化事业,着力提高农业劳动者素质,这样才能大幅提高农业生产率,推动农业现代化持续健康发展。具体到我国来说,就是要加快发展乡村产业,加强农村社会主义精神文明建设。其四,农业现代化要与城市发展相协调,做好农业转移人口住房

① 习近平:《论"三农"工作》,中央文献出版社2022年版,第3页。
② 习近平:《加快建设农业强国 推进农业农村现代化》,《求是》2023年第6期,第6页。

的规划和建设,不断满足农村居民的公共服务需求和社保福利需要、改善农村人居环境等,让城乡居民共享现代化发展成果。具体到我国来说,就是要实施乡村建设行动,加强和改进乡村治理,全面推进乡村振兴。

"所谓中国特色,就是立足我国国情,立足人多地少的资源禀赋、农耕文明的历史底蕴、人与自然和谐共生的时代要求,走自己的路,不简单照搬国外现代化农业强国模式。"[1]要走出一条符合国情、具有自身特色的农业现代化之路,必须充分发挥科技的驱动和引领作用。要使农业强国更具有中国特色,就必须立足我国的国情农情,将科技要素更多更好地融入"三农"工作中,使农业现代化进程中的科技要素与中国特色有机结合在一起。近年来,我国农业生产取得了来之不易的丰收答卷,是政策好、科技强、人努力等多种因素共同努力、综合作用的结果。在2023年新年贺词中,习近平同志指出:"面对全球粮食危机,我国粮食生产实现'十九连丰',中国人的饭碗端得更牢了。"[2]

如何把握农业强国的中国特色?比较突出的有以下几个方面。

第一,依靠自己的力量端牢饭碗。中国有14亿多人口,体量庞大,农业发展任务艰巨而繁重。必须始终把农业发展放在自己力量的基点上,任何时候都必须坚持独立自主,依靠自力更生端稳、保好、护牢自己的饭碗。必须更有针对性地加快补上我国农业产业链供应链短板弱项,打造具有更强创新性、更高附加值、更具竞争力的农业产业链供应链,确保在极端条件下实现内部可循环。

第二,依托双层经营体制发展农业。我国小农数量众多。立足这一基本农情,我国坚持和完善以家庭承包经营为基础、统分结合的双层经营体制,这是我国农村改革发展中自主探索而形成的,为做好"三农"工作提供了坚实有力的体制机制保障。加快建设农业强国的同时,必须巩固和完善农村基本经营制度,发展新型农村集体经济,发展新型农业经营主体和社会化服务,形成具有中国特色的农业适度规模经营。

第三,发展生态低碳农业。作为一种环保、节能和可持续的农业生产方式,生态低碳农业旨在通过产业调整、技术创新、可再生能源利用等手段,减少

---

① 习近平:《加快建设农业强国 推进农业农村现代化》,《求是》2023年第6期,第6页。
② 《国家主席习近平发表二〇二三年新年贺词》,《人民日报》2023年1月1日,第1版。

农业生产对生态环境的污染和损耗,降低温室气体排放,促进农业生态环境的改善和保护。近年来,我们坚持绿色是农业的底色、生态是农业的底盘,在推动农业发展的同时,努力让人民望得见山、看得见水、记得住乡愁。加快建设农业强国,必须摒弃竭泽而渔、焚薮而田、大水大肥、大拆大建的老路子,实现农业生产、农村建设、乡村生活生态良性循环,生态农业、低碳乡村成为现实,做到资源节约、环境友好,守住绿水青山。

第四,赓续农耕文明。习近平同志指出:"推进农村现代化,不仅物质生活要富裕,精神生活也要富足。"①农业现代化不仅以强大的物质力量呈现,而且还以强大的精神力量贯穿其中。全面推进乡村振兴,既要塑形,也要铸魂。我国拥有灿烂悠久的农耕文明,其中得时之和、适地之宜的种植经验,精耕细作、用养结合的种植理念,桑基鱼塘、农桑结合的经营模式,以及顺天应时、共生共荣,取之有度、用之有节的生产和消费观念等,同现代农业发展理念具有高度契合性,将两者贯通起来,可以创造出新的现代农业文明。必须确保我国农耕文明的根脉生生不息,做到乡村社会形态完整有效,文化基因、美好品德传承弘扬,农耕文明和城市文明交相辉映,物质文明和精神文明协调发展,广大农民自信自强、振奋昂扬,精神力量充盈。必须大力弘扬社会主义核心价值观,深入挖掘优秀传统农耕文明蕴含的思想观念、人文精神、道德规范,培育挖掘乡土文化人才,弘扬主旋律和社会正气,培育文明乡风、良好家风、淳朴民风,改善农民精神风貌,提高乡村社会文明程度。

第五,扎实推进共同富裕。改革开放以来,我国农村面貌发生了翻天覆地的变化,但城乡二元结构还没有根本改变,城乡发展不平衡不协调的问题依然存在。为改变这种状况,我们健全城乡发展一体化体制机制,给农村发展注入新的动力,努力让广大农民平等参与改革发展进程、共同享受改革发展成果。加快建设农业强国,必须大力推动城乡融合发展、基本公共服务均等化,提高农业发展的包容性和农业支持政策的普惠性,建立农村低收入人口和欠发达地区常态化帮扶机制,实现农村具备现代化生活条件,让农民全面发展、过上更加富裕更加美好的生活。从国际视阈看,我们建设农业强国,实质上是推动

---

① 习近平:《加快建设农业强国 推进农业农村现代化》,《求是》2023年第6期,第15页。

构建人类命运共同体的组成部分,是在为全球可持续发展、消除贫困贡献中国智慧、中国方案、中国力量。

加快建设农业强国是新时代新征程我们党做好"三农"工作的战略部署,必须保持战略定力、久久为功。当前和今后一个时期,要紧紧锚定建设农业强国的宏伟目标,科学谋划、扎实推进"三农"工作。其一,要加强顶层设计、前瞻部署。要从中国式现代化建设全局的战略高度,制定加快建设农业强国规划,针对未来五年、2035年、本世纪中叶的目标,分别制定路线图和施工图,强化规划的法规效力。制定规划要同现有规划相衔接,保持工作连续性、有序性,不能"翻烧饼"。要严格执行规划,确保规划的严肃性,坚决防止不把规划当回事的现象。其二,要循序渐进、稳扎稳打。建设农业强国是一项长期而艰巨的历史任务,要分阶段扎实稳步推进,环环相扣、渐进实施,以钉钉子精神锲而不舍干下去。当前要把重点放在全面推进乡村振兴上,多做打基础、利长远的事情。其三,要因地制宜、注重实效。各地要立足资源禀赋和发展阶段,发挥自身优势,服务大局需要,作出应有贡献,从本地农业农村发展最迫切、农民反映最强烈的实际问题入手,充分调动农民群众的积极性、主动性、创造性。坚持求真务实、真抓实干,做到办一项是一项、办一件成一件,不要一股脑去搞脱离实际的"高大上"或面子工程的东西。

三、全面实施乡村振兴战略

全面推进乡村振兴是新时代建设农业强国的重要任务。经过几十年接续奋斗特别是党的十八大以来的努力,我们如期完成脱贫攻坚目标任务。"现在,我们的使命就是全面推进乡村振兴,这是'三农'工作重心的历史性转移。"[①]"三农"工作重心的历史性转移,要求我们将人力投入、物力配置、财力保障都转移到乡村振兴上来,全面推进产业、人才、文化、生态、组织"五个振兴"。"五个振兴"是相互联系、相互支撑、相互促进的有机统一整体,必须统筹部署、协

---

① 习近平:《坚持把解决好"三农"问题作为全党工作重中之重 举全党全社会之力推动乡村振兴》,《求是》2022年第7期,第8页。

同推进,抓住重点、补齐短板,同时还要精准施策、因地制宜,激发乘数效应和化学反应,增强全面推进乡村振兴的效力效能,促进乡村由表及里、形神兼备的全面提升。全面实施乡村振兴战略的深度、广度、难度都不亚于脱贫攻坚,必须加强顶层设计,以更有力的举措、汇聚更强大的力量来推进。

第一,巩固拓展脱贫攻坚成果。这是全面推进乡村振兴的底线任务。脱贫攻坚虽然取得了胜利,相当一部分脱贫户基本生活有了保障,但收入水平仍然不高,脱贫基础还比较脆弱;一些边缘户本来就晃晃悠悠,稍遇到点风险变故马上就可能致贫;脱贫地区产业普遍搞起来了,但技术、资金、人才、市场等支撑还不强,有的地方甚至帮扶干部一撤,产业就可能垮掉。要清醒地认识到,脱贫地区防止返贫的任务还很重,必须全力做好巩固拓展脱贫攻坚成果同乡村振兴有效衔接,确保工作不松劲、政策不跑偏,绝不能出现这边宣布全面脱贫、那边又出现规模性返贫的现象。

其一,要压紧压实各级巩固拓展脱贫攻坚成果责任,强化防止返贫动态监测,坚决守住不发生规模性返贫底线。健全分层分类的社会救助体系,做好兜底保障。其二,要增强脱贫地区和脱贫群众内生发展动力,把增加脱贫群众收入作为根本要求,把促进脱贫县加快发展作为主攻方向,更加注重扶志扶智,聚焦产业就业,不断缩小收入差距、发展差距。在国家乡村振兴重点帮扶县实施一批补短板促振兴重点项目,深入实施医疗、教育干部人才"组团式"帮扶,更好发挥驻村干部、科技特派员产业帮扶作用。其三,要把脱贫人口和脱贫地区的帮扶政策衔接好、措施落到位,稳定完善帮扶政策。深化东西部协作,组织东部地区经济较发达县(市、区)与脱贫县开展携手促振兴行动,带动脱贫县更多承接和发展劳动密集型产业。持续做好中央单位定点帮扶,调整完善结对关系。深入推进"万企兴万村"行动。研究过渡期后农村低收入人口和欠发达地区常态化帮扶机制。

第二,推动乡村产业高质量发展。产业振兴是乡村振兴的重中之重,也是实际工作的切入点。如果农村的产业发展不起来,那更谈不上留住人才,农民增收路子拓不宽,文化活动很难深入开展,农村基层组织就会缺乏号召力、凝聚力。推动乡村产业振兴,总的要求是突出"土特产"这三个字。"土"讲的是基于一方水土,开发乡土资源。比如发展生态旅游、民俗文化、休闲观光等,注重开发农业产业新功能、农村生态新价值。"特"讲的是突出地域特点,体现当地风情。比如因地制宜打造苹果村、木耳乡、黄花镇等,着力打造为广大消费者所认可、能形成竞争优势的特色。"产"讲的是真正建成产业、形成集群。比如发展农产品加工、保鲜储藏、运输销售等,延长农产品产业链,把农产品增值收益留在农村、留给农民。习近平同志指出:"要依托农业农村特色资源,向开发农业多种功能、挖掘乡村多元价值要效益,向一二三产业融合发展要效益,强龙头、补链条、兴业态、树品牌,推动乡村产业全链条升级,增强市场竞争力和可持续发展能力。"[①]

当前和今后一个时期,要把握以下几点要求。其一,要做大做强农产品加工流通业,实施农产品加工业提升行动,完善农产品流通骨干网络,支持建设产地冷链集配中心,确保农产品物流畅通。其二,要加快发展现代乡村服务业,全面推进县域商业体系建设,加快完善县乡村电子商务和快递物流配送体系,发展乡村餐饮购物、文化体育、旅游休闲、养老托幼、信息中介等生活服务。其三,要培育乡村新产业新业态,继续支持创建农业产业强镇、现代农业产业园、优势特色产业集群,支持国家农村产业融合发展示范园建设,深入推进农业现代化示范区建设,实施文化产业赋能乡村振兴计划,推进乡村休闲旅游精品工程。特别要结合新一轮科技革命和产业变革迅猛发展的态势,深入实施"数商兴农"和"互联网+"农产品出村进城工程,鼓励发展农产品电商直采、定制生产等模式。其四,要培育壮大县域富民产业,完善县乡村产业空间布局,实施"一县一业"强县富民工程,引导劳动密集型产业向中西部地区、向县域梯度转移,支持大中城市在周边县域布局关联产业和配套企业,鼓励国家级高新区、经开区、农高区托管联办县域产业园区。

第三,拓宽农民增收致富渠道。增加农民收入是"三农"工作的中心任务。要紧紧扭住这个中心任务,加大惠农富农政策力度,激活农村各类资源要素,让农民腰包越来越鼓、日子越过越红火。

其一,要促进农民就业增收。大力发展比较优势明显、带动能力强、就业容量大的县域富民产业,多措并举促进农民工稳岗就业,挖掘务工增收潜力。

---

① 习近平:《加快建设农业强国 推进农业农村现代化》,《求是》2023年第6期,第11页。

强化各项稳岗纾困政策落实,加大对中小微企业稳岗倾斜力度,稳定农民工就业。促进农民工职业技能提升。完善农民工工资支付监测预警机制。加快完善灵活就业人员权益保障制度。加强返乡入乡创业园、农村创业孵化实训基地等建设。

其二,要促进农业经营增效。深入开展新型农业经营主体提升行动,支持家庭农场组建农民合作社、合作社根据发展需要办企业,带动小农户合作经营、共同增收。实施农业社会化服务促进行动,大力发展代耕代种、代管代收、全程托管等社会化服务,鼓励区域性综合服务平台建设,促进农业节本增效、提质增效、营销增效。完善社会资本投资农业农村指引,加强资本下乡引入、使用、退出的全过程监管。坚持为农服务和政事分开、社企分开,持续深化供销合作社综合改革。

其三,要赋予农民更加充分的财产权益。深化农村土地制度改革,扎实搞好确权,稳步推进赋权,有序实现活权,让农民更多分享改革红利。稳慎推进农村宅基地制度改革试点,探索宅基地"三权分置"有效实现形式。深化农村集体经营性建设用地入市试点,探索建立兼顾国家、农村集体经济组织和农民利益的土地增值收益有效调节机制。保障进城落户农民合法土地权益,鼓励依法自愿有偿转让。巩固提升农村集体产权制度改革成果,构建产权关系明晰、治理架构科学、经营方式稳健、收益分配合理的运行机制,探索资源发包、物业出租、居间服务、资产参股等多样化途径发展新型农村集体经济。

第四,深化农业农村改革。这是建设农业强国的不竭动力。全面推进乡村振兴,必须用好改革这一法宝。加快建设农业强国,迫切需要改革增动力、添活力。深化农村改革,必须继续把住处理好农民和土地关系这条主线,把强化集体所有制根基、保障和实现农民集体成员权利同激活资源要素统一起来,搞好农村集体资源资产的权利分置和权能完善,让广大农民在改革中分享更多成果。

当前,各地第二轮土地承包正陆续到期,要扎实做好承包期再延长30年的各项工作,确保大多数农户原有承包权保持稳定、顺利延包。有条件的地方可在农民自愿前提下,探索开展农田集中连片整理,解决细碎化问题。发展适度规模经营是现代农业的方向,要支持有条件的小农户成长为家庭农场,支持家庭农场组建农民合作社、合作社根据发展需要办企业,加快健全农业社会化服务体系,把小农户服务好、带动好。土地经营权流转、集中、规模经营要把握好度,不能依靠行政手段强行流转农民土地,人为垒大户、搞不切实际的大规模甚至超大规模经营,防止强行收回农民承包地搞"反租倒包"。

要稳慎推进农村宅基地制度改革试点,聚焦保障居住、管住乱建、盘活闲置,在试点中不断探索完善集体所有权、农户资格权、宅基地使用权等权利内容及其分置的实现形式。要深化农村集体经营性建设用地入市试点,完善土地增值收益分配机制,增强改革系统性。

农村集体产权制度改革重点是适应社会主义市场经济要求,构建产权关系明晰、治理架构科学、经营方式稳健、收益分配合理的运行机制,充分利用农村集体自身资源条件、经营能力,探索资源发包、物业出租、居间服务、资产参股等多样化途径发展新型农村集体经济。发展集体经济必须尊重群众意愿、遵循市场规律,不能走"归大堆"的老路子。要健全农村集体资产监管体系,严格控制集体经营风险,坚决遏止新增债务,充分保障集体成员的知情权、参与权、监督权,决不能让集体经济变成少数人的"小金库"。

要顺应城乡融合发展大趋势,破除妨碍城乡要素平等交换、双向流动的制度壁垒,促进发展要素、各类服务更多下乡,率先在县域内破除城乡二元结构。要鼓励社会资本下乡成为农业经营主体,但必须守住经营农业、农民受益的基本要求,防止跑马圈地。要加快农业转移人口市民化,健全常住地提供基本公共服务制度,让能进城愿进城的,更快更好融入城市。同时,要保障进城落户农民土地等合法权益,鼓励依法自愿有偿退出。

推进农村改革,必须保持历史耐心,看准了再推,条件不成熟的不要急于去动。对涉及土地、耕地等农民基本权益,特别是改变千百年来生产生活方式的事情,一定要慎之又慎,牢牢守住土地公有制性质不改变、耕地红线不突破、农民利益不受损的底线。

第五,扎实推进宜居宜业和美乡村建设。这是建设农业强国的应有之义。当前和今后一个时期,是我国农村形态快速演进的阶段。建设什么样的乡村、怎样建设乡村,是摆在我们面前的一个重大而现实的课题。总的来说,乡村建设要遵循客观规律,着眼长远,稳步推进。

其一,要加强村庄规划建设。坚持县域统筹,规范优化乡村地区行政区划设置,推进以乡镇为单元的全域土地综合整治。积极盘活存量集体建设用地,优先保障农民居住、乡村基础设施、公共服务空间和产业用地需求,出台乡村振兴用地政策指南。编制村容村貌提升导则,立足乡土特征、地域特点和民族特色提升村庄风貌,防止大拆大建、盲目建牌楼、亭廊"堆盆景"。制定农村基本具备现代生活条件建设指引。

其二,要扎实推进农村人居环境整治提升。加大村庄公共空间整治力度,持续开展村庄清洁行动。巩固农村户厕问题摸排整改成果,加强农村公厕建设维护。以人口集中村镇和水源保护区周边村庄为重点,分类梯次推进农村生活污水治理。推动农村生活垃圾源头分类减量,推进厕所粪污、易腐烂垃圾、有机废弃物就近就地资源化利用。

其三,要持续加强乡村基础设施建设。加强农村公路养护和安全管理,推动与沿线配套设施、产业园区、旅游景区、乡村旅游重点村一体化建设。开展水质提升专项行动,推进农村电网巩固提升,支持农村危房改造和抗震改造,加强农村应急管理基础能力建设,开展现代宜居农房建设示范。深入实施数字乡村发展行动,推动数字化应用场景研发推广。加快农业农村大数据应用,推进智慧农业发展。

其四,要提升基本公共服务能力。推动基本公共服务资源下沉,着力加强薄弱环节。推进县域内义务教育优质均衡发展,提升农村学校办学水平。推进医疗卫生资源县域统筹,加强乡村两级医疗卫生、医疗保障服务能力建设。提高农村传染病防控和应急处置能力,加强农村老幼病残孕等重点人群医疗保障,最大程度维护好农村居民身体健康和正常生产生活秩序。优化低保审核确认流程,确保符合条件的困难群众"应保尽保"。

第六,健全党组织领导的乡村治理体系。这为加快建设农业强国提供坚强有力的政治保证。习近平同志指出:"全面推进乡村振兴、加快建设农业强国,关键在党。"①党的领导是"三农"工作须臾不可动摇的根本原则,必须健全党对"三农"工作的领导体制和工作机制,把党的领导贯彻到"三农"工作全过程各方面。

---

① 习近平:《加快建设农业强国 推进农业农村现代化》,《求是》2023年第6期,第16页。

其一,要强化农村基层党组织政治功能和组织功能。突出大抓基层的鲜明导向,强化县级党委抓乡促村责任,深入推进抓党建促乡村振兴。各级党委要加大对涉农干部的培训力度,提高"三农"工作本领,改进工作作风,打造一支政治过硬、适应新时代要求、具有领导农业强国建设能力的"三农"干部队伍。农村基层党组织是党在农村全部工作和战斗力的基础。要健全村党组织领导的村级组织体系,把农村基层党组织建设成为有效实现党的领导的坚强战斗堡垒,把村级自治组织、集体经济组织、农民合作组织、各类社会组织等紧紧团结在党组织的周围,团结带领农民群众听党话、感党恩、跟党走。这一轮全国村"两委"集中换届已经全部完成,要全面培训提高村班子领导乡村振兴能力,不断优化带头人队伍,派强用好驻村第一书记和工作队,注重选拔优秀年轻干部到农村基层锻炼成长,充分发挥农村党员先锋模范作用。当前,村党组织、自治组织负责人普遍实现了"一肩挑",有的还兼任村集体经济组织负责人,对他们的监督管理必须跟上,坚决防止出现"小官巨贪"和无法无天的"村霸"。要推动基层纪检监察组织和村务监督委员会有效衔接,把纪检监察工作向村延伸覆盖。要持续为农村基层干部减负,深入整治形式主义、官僚主义,减少名目繁多、变形走样的考核评估、督查检查等,让基层干部有更多精力为农民办实事。

其二,要提升乡村治理效能。坚持以党建引领乡村治理,强化县乡村三级治理体系功能,压实县级责任,推动乡镇扩权赋能,夯实村级基础。全面落实县级领导班子成员包乡走村、乡镇领导班子成员包村联户、村干部经常入户走访制度。健全党组织领导的村民自治机制,加强乡村法治教育和法律服务,坚持和发展新时代"枫桥经验",完善社会矛盾纠纷多元预防调处化解综合机制。完善网格化管理、精细化服务、信息化支撑的基层治理平台。完善推广积分制、清单制、数字化、接诉即办等务实管用的治理方式。

其三,要加强农村精神文明建设。深入开展社会主义核心价值观宣传教育,深化农村群众性精神文明创建,拓展新时代文明实践中心、县级融媒体中心等建设,支持乡村自办群众性文化活动。注重家庭家教家风建设。深入实施农耕文化传承保护工程,推动各地因地制宜制定移风易俗规范,强化村规民约约束作用。

第十三章 |
实施藏粮于地、藏粮于技战略

实施藏粮于地、藏粮于技战略,是建设农业强国、维护国家粮食安全的重要抓手。党的十八大以来,以习近平同志为核心的党中央坚持以新国家粮食安全观为指导,坚定实施国家粮食安全战略,立足世情国情粮情的深刻变化,作出了藏粮于地、藏粮于技的重大决策。习近平同志对实施藏粮于地、藏粮于技战略进行了深邃思考,提出了一系列政策举措,有力推动了国家粮食安全理论创新和实践创新。在全面推进乡村振兴、加快建设农业强国的实践进程中,我们要结合新时代新征程的形势任务,深入实施藏粮于地、藏粮于技战略,全方位夯实粮食安全根基,确保中国人的饭碗牢牢端在自己手中。

一、藏粮于地、藏粮于技战略的形成背景

藏粮于地、藏粮于技,是以习近平同志为核心的党中央坚持以底线思维审视我国粮食安全态势,坚持以新发展理念为引领,审时度势而作出的战略抉择。

1. 着眼国家粮食安全作出的新部署

联合国粮农组织分别于1974年、1983年、1996年三次对粮食安全作过定义。1974年的定义指出,粮食安全是保证任何人在任何时候都能得到为了生存和健康所需要的足够食品。这一表述重点强调的是粮食供给的数量。1983年的定义提出,粮食安全是确保任何人在任何时候既能买得到又能买得起他们所需要的基本食品。这一表述除了粮食供给的数量要求,还从消费的角度

增加了买得到和买得起的要求,强调要最大限度地"保基本",即保障基本食物需求。1996年的定义进一步明确粮食安全是让所有人在任何时候既能买得到又能买得起足够的、安全的和有营养的食物,以满足其积极和健康生活的膳食需要及食物喜好。这一表述进一步丰富了粮食安全的内容,更加突出了粮食安全的质量,反映了人们对粮食安全问题的认识更为全面、更加深入。

保障粮食安全对中国来说是一个历久弥新的永恒课题,必须从历史和现实相贯通、理论和实际相结合、国际和国内相关联的战略高度认真加以对待。习近平同志指出:"对粮食问题,要从战略上看,看得深一点、远一点。"①我国历史上是一个农业大国。从历代王朝更迭、政权交替中,我们可以得出一个重要启示:无农不稳,无粮则乱。农业兴旺、农民安定,则国家统一、社会稳定;农业凋敝、农民不稳,则国家分裂、社会动荡。放眼世界,那些真正实力强大、没有软肋的国家,无不拥有独立解决本国吃饭问题的能力,而不用依赖世界市场。历史和现实都一再表明,稳定、自足的粮食供应是一个国家经济发展、政局稳定的重要保障。有些人天真地认为,有钱就能买到粮食,多进口一些农产品还可以节省自己的土地和水资源。这种看法是极其错误的。一旦发生大饥荒,有钱也没用,这样的例子比比皆是。国际上一旦有风吹草动,各国就先捂住自己的粮袋子,这一幕反复上演。如果在吃饭问题上被"卡脖子",粮食安全出了问题,就会一剑封喉,谁都不可能救我们,谁也救不了我们。特别是在国内外形势错综复杂的时代背景下,粮食安全必须得到绝对保障,必须坚持以国内稳产保供的确定性来应对外部环境的不确定性。

粮食安全不仅是一个经济问题,更是一个政治问题。习近平同志深刻指出,"粮食安全是'国之大者'","只要粮食不出大问题,中国的事就稳得住"。②对于我们这样一个有着14亿多人口的大国来说,粮食安全始终是治国理政的头等大事。粮食丰则基础强,经济社会发展就能赢得战略主动,反之就会出现波折。虽然经过多年的持续发展,我国的产业结构不断优化,工业不断跃升,服务业迅速发展,但农业在我国现代化建设中的地位始终不能小瞧、不能弱

① 习近平:《论"三农"工作》,中央文献出版社2022年版,第247页。
② 习近平:《论"三农"工作》,中央文献出版社2022年版,第330页、第71页。

化、不能放弃。我国已经进入了新型工业化、信息化、城镇化、农业现代化同步推进、同步发展的阶段,农业在"四化同步"中更是牵一发而动全身,影响到其他三化的发展。实现农业现代化是解决我国发展不平衡不充分问题的必然要求,是全面建设社会主义现代化强国的重大战略任务。无论社会现代化程度有多高,粮食和重要农产品稳定安全供给始终是安身立命之基。只要粮食安全得到完全保障,我们稳大局就有充足底气,应变局就有坚定信心,开新局就能掌握主动。粮食安全是国家安全的重要基础和战略基石,是关乎国计民生、关乎生命安全和生存安全的重大问题,千万不可掉以轻心,一时一刻也马虎不得、松懈不得。

如何确保国家粮食安全?习近平同志高度重视,念兹在兹。2013年12月10日,习近平同志在中央经济工作会议上,提出了"确保谷物基本自给、口粮绝对安全"的新国家粮食安全观,确立了"以我为主、立足国内、确保产能、适度进口、科技支撑"①的国家粮食安全战略。随后的12月23日,习近平同志在中央农村工作会议上,就粮食安全问题进行了深入系统的阐述,强调"中国人的饭碗任何时候都要牢牢端在自己手上","我们的饭碗应该主要装中国粮"。②在反复思考、酝酿和探索的基础上,习近平同志明确提出了"保障粮食安全,关键在于落实藏粮于地、藏粮于技战略"③的重大论断。这就深刻揭示了两者之间的内在关系,强调要从国家粮食安全的高度把藏粮于地、藏粮于技战略谋划好、实施好。

藏粮于地、藏粮于技的本质要求,就是"向耕地和科技要产能"④。藏粮于地、藏粮于技的核心要义,就是着力调整优化粮食安全实现方式,改变以往那种以粮食收储价格支持政策为核心的藏粮于库模式,把产能建设作为根本、把科技创新作为支撑,由注重年度产量向稳定提升粮食产能转变、由主要依靠要素投入向创新驱动转变,推动我国粮食生产迈上更高质量、更有效率、更可持

---

① 习近平:《论"三农"工作》,中央文献出版社2022年版,第54页。

② 习近平:《论"三农"工作》,中央文献出版社2022年版,第72页、第74页。

③ 中共中央党史和文献研究院编:《习近平关于国家粮食安全论述摘编》,中央文献出版社2023年版,第48页。

④ 习近平:《当前经济工作中的几个重大问题》,《求是》2023年第4期,第6页。

续、更为安全的发展之路。正是由于藏粮于地、藏粮于技战略的深入实施,我国粮食综合生产能力不断提升,谷物总产量稳居世界首位,14亿多人的粮食安全得到有效保障。我们不仅走出了一条中国特色粮食安全之路,而且使这条道路越走越稳健、越走越宽阔。藏粮于地、藏粮于技是践行新国家粮食安全观的必然要求,是落实国家粮食安全战略的重大决策,是确保我国粮食安全的必由之路。

2. 以新发展理念为引领的粮食生产新思路

党的十八大后,习近平同志综合分析世界经济长周期和我国经济发展"三期叠加"的阶段性特征,提出我国经济发展进入新常态的重大判断,确立创新、协调、绿色、开放、共享的新发展理念,作出实施供给侧结构性改革的重大决策。藏粮于地、藏粮于技战略,就是在这样一种大背景中提出的。

经济发展进入新常态,是我国经济发展阶段性特征的必然反映。在认识新常态、适应新常态、引领新常态的过程中,习近平同志注重从科技角度思考转变农业发展方式和结构调整问题。2013年8月21日,习近平同志在听取科技部汇报时指出:"要搞大农业,走农业科技化工业化道路,还要考虑碎片化的一家一户的农业,两方面都要考虑。既要搞设施农业,也要考虑个体农户,因地制宜。总之,水资源、能源、农业都要靠科技。"[1]2013年11月27日,习近平同志在山东省农业科学院考察时提出,要"给农业插上科技的翅膀","农业增长必须更多依靠技术进步、走内涵式发展道路"。[2]在2013年12月召开的中央经济工作会议上,习近平同志首次提出"新常态",还深入论述了新国家粮食安全观和国家粮食安全战略问题,指出要依靠自己保口粮、集中国内资源保重点,强调要注重永续发展,让透支的资源环境逐步休养生息,抓好粮食安全生产保障能力建设,加快农业科技进步。2014年5月9日至10日,他在河南考察时再次论述新常态,还分析了新常态背景下粮食生产与耕地、科技的内在关系,指

---

① 中共中央文献研究室编:《习近平关于科技创新论述摘编》,中央文献出版社2016年版,第92页。

② 中共中央党史和文献研究院编:《习近平关于国家粮食安全论述摘编》,中央文献出版社2023年版,第43页。

出:"粮食生产根本在耕地,命脉在水利,出路在科技,动力在政策,这些关键点要一个一个抓落实、抓到位,努力在高基点上实现粮食生产新突破。"[1]正是立足于经济发展新常态,习近平同志将思考粮食安全的重心逐渐聚焦到耕地、科技等关键要素上。

在2014年底召开的中央经济工作会议上,习近平同志分析了新常态下我国经济发展的四个主要特点:增长速度要从高速转向中高速,发展方式要从规模速度型转向质量效率型,经济结构调整要从增量扩能为主转向调整存量、做优增量并举,发展动力要从主要依靠资源和低成本劳动力等要素投入转向创新驱动。这四个主要特点,反映了我国经济发展的速度变化、方式转变、结构优化、动力转换,蕴含着新常态下经济发展的趋势方向、战略导向、路径选择、实践要求。这四个主要特点也反映在农业生产中,对维护国家粮食安全带来了深远影响。今天回过头来看,我们更加清楚地认识到,党中央即将提出的藏粮于地、藏粮于技战略,实际上是这四个主要特点在农业生产和粮食安全领域的集中体现,是主动求变识变应变、因时因势而动的战略抉择。

进入2015年,党中央着手研究制定"十三五"规划,习近平同志开展了一系列调查研究,集中而深入地思考了如何下大气力破解制约如期全面建成小康社会的重点难点问题。2015年5月27日,他在华东七省市党委主要负责同志座谈会上指出:"要着眼于加快农业现代化步伐,在稳定粮食和重要农产品产量、保障国家粮食安全和重要农产品有效供给的同时,加快转变农业发展方式,加快农业技术创新步伐,走出一条集约、高效、安全、持续的现代农业发展道路。"[2]2015年10月29日党的十八届五中全会通过的《中共中央关于制定国民经济和社会发展第十三个五年规划的建议》(以下简称《建议》),明确提出了新发展理念,并在此基础上对我国经济社会发展作出了战略部署。《建议》在部署"大力推进农业现代化"时,强调要推进农业标准化和信息化,健全从农田到餐桌的农产品质量安全全过程监管体系、现代农业科技创新推广体系、农业社

---

[1] 中共中央党史和文献研究院编:《习近平关于国家粮食安全论述摘编》,中央文献出版社2023年版,第30页。

[2] 中共中央党史和文献研究院编:《习近平关于国家粮食安全论述摘编》,中央文献出版社2023年版,第78页。

会化服务体系,等等。这些都对农业科技发展提出了新的要求。解决好这些问题,必须向耕地、向科技要答案。《建议》指出,"实施藏粮于地、藏粮于技战略,提高粮食产能,确保谷物基本自给、口粮绝对安全"①。这标志着藏粮于地、藏粮于技战略的正式提出。

藏粮于地、藏粮于技战略是新发展理念在粮食生产领域的具体贯彻和落实,鲜明地体现了新发展理念的要求。这一战略以创新为第一动力,以创新促改革、以改革促发展,推动粮食生产质量变革、效率变革、动力变革;以协调为内生特点,统筹人地关系、粮地关系,统筹发展和安全,坚持产量产能一起抓、数量质量一起抓、生产生态一起抓,增强粮食产业链供应链韧性和稳定性,推动粮食安全向更高层次跃升;以绿色为普遍形态,将生态优先、绿色发展理念贯穿于粮食高质量发展始终,正确处理发展和保护、利用和修复的关系,促进人与自然和谐共生;以开放为必由之路,深化粮食科技国际合作,主动融入世界粮食安全治理体系,为世界粮食安全贡献中国智慧、中国方案;以共享为根本目的,着力满足人民高品质需求,让粮食发展成果更多更公平惠及全体人民。

藏粮于地、藏粮于技战略,诞生于认识、适应和引领经济发展新常态的进程中,经由新发展理念赋予其鲜明的时代内涵,随后又在推进农业供给侧结构性改革、脱贫攻坚、实施乡村振兴战略、决胜全面建成小康社会的实践中得以深化和拓展。在这个过程中,以习近平同志为核心的党中央对藏粮于地、藏粮于技战略在认识上不断提升、在内容上不断充实、在实践上不断丰富,为新时代新征程建设农业强国奠定了坚实基础。

3. 立足世情国情粮情提出的新战略

为什么在2015年谋划"十三五"规划时要提出实施藏粮于地、藏粮于技战略呢? 这主要是由世情国情粮情的深刻变化所决定的,是综合考虑国内资源环境、粮食供求格局、国际市场贸易条件作出的。

---

① 中共中央文献研究室编:《十八大以来重要文献选编》中,中央文献出版社2016年版,第796页。

第一,从世情看。世界百年未有之大变局加速演进,新一轮科技革命和产业变革蓄势待发,全球治理体系深刻变革,国际力量对比深刻调整,国际秩序和规则博弈不断加剧,地缘政治关系复杂变化。国际金融危机深层次影响在相当长时期依然存在,新的增长动力还没有形成,世界经济在深度调整中曲折复苏,全球贸易增长乏力,各国内顾倾向、保护主义抬头。我国发展面临的外部环境不稳定不确定因素增多,与我国发展相关的矛盾、摩擦、风险也在滋长,对我国发展遏制和打压等不利的一面正在上升。在外部形势错综复杂、国际竞争空前激烈的时代背景下,如何捍卫国家粮食安全、积极参与世界粮食安全治理,为维护世界粮食安全、促进共同发展作出积极贡献,是摆在我们面前的一个重大课题。

我国是世界上最大的粮食消费国,每年粮食消费量约为世界粮食贸易量的两倍。一旦我国粮食进口过多,不仅国际市场难以承受,也会给低收入国家的粮食安全带来不利影响。因此,必须实施藏粮于地、藏粮于技战略,坚持最严格的耕地保护制度,开展耕地质量保护和提升行动,不断提升粮食产能,加快构建更加符合我国国情、更为高效安全的粮食安全保障体系。实施藏粮于地、藏粮于技战略,是提升我国农业竞争力、赢得国际竞争主动权的迫切要求。

第二,从国情看。"十几亿人口要吃饭,这是我国最大的国情。"[①]我国耕地数量有限,质量总体不高,后备资源不足,人地关系紧张是基本国情之一。我国耕地面积占世界耕地面积的比例仅为9%,却养活着地球上近20%的人口,这是了不起的成就。同时也要清醒地认识到,长期以来,我国粮食增产主要是依靠耕地始终维持高投入、高产出的生产模式来实现的,由此导致大量耕地长期处于高强度、超负荷生产状态,继续开发的潜力有限。这就要求我们重新审视传统的粮食生产模式,立足资源禀赋和生产力发展水平,积极探索提高耕地产能和质量的新办法新举措。

中国特色社会主义进入新时代,我国社会主要矛盾已经转化为人民日益增长的美好生活需要和不平衡不充分的发展之间的矛盾。我国稳定解决了十

---

① 中共中央党史和文献研究院编:《习近平关于国家粮食安全论述摘编》,中央文献出版社2023年版,第46页。

几亿人的温饱问题,总体上实现小康,人民美好生活需要更加广泛。"十三五"时期,我国进入了全面建成小康社会的决胜阶段。全面建成小康社会的出发点和落脚点,本质上就是让广大人民生活越过越好。满足人民丰富多彩的美好生活需要,离不开农业发展。只有农业农村发展了,粮食生产和重要农产品供给有保障,广大人民群众才有充足的获得感、幸福感、安全感。藏粮于地、藏粮于技,是推动新时代农业高质量发展的基本路径,有利于释放巨大的生产潜能和创造动能,为经济社会发展注入强劲动力。

第三,从粮情看。在经济发展新常态下,我国经济增长速度放缓,粮食生产质量效益不高的问题更加突出地体现出来。农业生产成本处于"上升通道",而国际大宗农产品价格已经不同程度低于国内,国内外市场粮食价格倒挂十分明显。在成本"地板"和价格"天花板"的双重挤压下,农业比较效益持续下降。与此同时,农业环境资源制约日益突出。耕地数量减少、质量下降、农业面源污染加重等问题日益凸显,资源要素的弦越绷越紧,农业生态环境亮起了"红灯"。特别是在实施供给侧结构性改革的过程中,农业供给侧结构性改革面临的问题愈加明显地暴露出来。部分农产品库存增加与进口增加并存,地力下降与耕地潜能未能充分发挥并存。生产加工流通消费存在脱节,农业全产业链条还未形成。在这种严峻形势下,必须大力推进农业科技创新,加快转变农业发展方式,提高农产品供给体系的质量和效率,推动农业生产实现质的飞跃。实施藏粮于地、藏粮于技战略,是确保我国粮食安全、提高农业质量效益的内在需要。

我国农业正处在转变发展方式、优化经济结构、转换增长动力的攻关期,虽然粮食生产连年丰收,但耕地利用和保护的矛盾越来越突出。在耕地和水资源有限的情况下,发展粮食生产需要通过科技创新来提高资源利用效率。从2004年到2015年,我国粮食总产量实现了历史性的"十二连增",大大改善了我国粮食供求状况,但与此同时也出现了粮食库存增加较多、仓储补贴负担较重、国家财政包袱加大的矛盾。如果仍然沿袭过去那种粗放型发展方式片面追求粮食产量,不仅国内条件不支持,国际条件也不支持。有鉴于此,以习近平同志为核心的党中央适应粮情的新变化,彻底摒弃用旧的思维逻辑和方式方法再现高增长的想法,进一步完善粮食安全政策,提出了藏粮于地、藏粮于技战略。

藏粮于地、藏粮于技是主动作为、超前部署作出的重大决策,其能够提出和可以提出,不仅体现了大国担当和使命责任,而且是党领导人民长期奋斗积累总结出来的粮食自信与宝贵经验。

二、以藏粮于地夯实粮食安全物质基础

藏粮于地、藏粮于技,要害在"藏",根本在"地",关键在"技"。"藏",兼顾现实和可能、当下和未来,既体现了居安思危的忧患意识,又体现了自立自强的奋进精神。贯彻落实藏粮于地、藏粮于技,必须在坚持"藏"的辩证思维前提下,努力做好"地"和"技"这两篇文章。藏粮于地与藏粮于技各有侧重,各有其工作重点和实践要求,但两者又是有机结合、辩证统一的。藏粮于地中蕴含着"技"的需求,如果没有藏粮于技,藏粮于地就会大打折扣,不可能真正实现。藏粮于技中蕴含着"地"的要素,如果没有藏粮于地,藏粮于技就会失去根基依托,成为空中楼阁。

习近平同志指出,"保障国家粮食安全的根本在耕地","耕地是我国最为宝贵的资源",要"像保护大熊猫一样保护耕地"。[1]这些重要论述,精辟揭示了藏粮于地的重要性必要性。藏粮于地,本质上就是"切实加强耕地保护,全力提升耕地质量"[2]。习近平同志围绕藏粮于地,深刻论述了夯实粮食安全物质基础的一系列重大问题。

1. 严守耕地保护红线

耕地是粮食生产的基本载体,是粮食生产最重要的自然资源基础。耕地的数量和质量直接影响到粮食产出的数量和质量。从数量来看,我国耕地总面积占世界第三位,但人均耕地面积却不到世界人均水平的三分之一。从质

---

[1] 中共中央党史和文献研究院编:《习近平关于国家粮食安全论述摘编》,中央文献出版社2022年版,第26页、第31页。

[2] 《习近平主持召开中央财经委员会第二次会议强调:切实加强耕地保护 全力提升耕地质量 稳步拓展农业生产空间》,《人民日报》2023年7月21日,第1版。

量来看,我国耕地受干旱、洪涝、盐碱、贫瘠等因素影响,中低产田占比较大,耕地质量整体不高,对粮食单产提升造成了很大压力。自2003年党的十六届三中全会明确提出实行最严格的耕地保护制度以来,我国耕地资源保护的力度持续加大,耕地面积大量减少的势头得到初步遏制。但我国工业化和城镇化在快速发展,产生了强烈的用地需求,农用地转为非农建设用地的现象屡禁不止,全国耕地面积仍在逐渐减少,建设用地和耕地之间的矛盾依旧突出,保护耕地的任务没有减轻,而是更加艰巨。习近平同志对此进行了探索和实践。

一是"落实最严格的耕地保护制度"[1]。耕地是粮食生产的命根子,是粮食安全的生命线,是中华民族永续发展的根基。对于耕地问题,习近平同志一直高度重视、反复强调。他指出,"我国人多地少的基本国情,决定了我们必须把关系十几亿人吃饭大事的耕地保护好,绝不能有闪失","耕地红线一定要守住,千万不能突破,也不能变通突破"。[2]藏粮于地,首要的是做好耕地保护,牢牢坚守18亿亩耕地红线,落实良田粮用大原则,稳定和扩大粮食播种面积。这些年来,习近平同志先后对清理整治大棚房、违建别墅、乱占耕地建房和遏制耕地"非农化"、防止"非粮化"等作出指示批示,提出了明确的工作要求。耕地保护,不是简单的、片面的保护,而是耕地数量、质量、生态"三位一体"的保护,是耕地管控、建设、激励多措并举的保护。藏粮于地,尤其要注意提升耕地质量。在确保补充耕地数量的同时,要加强耕地土壤改良、地力培肥和治理修复,实施耕地质量保护与提升行动,综合采取工程、科技、生物、农艺等措施有效提升耕地产能。此外,还要积极开发各类非传统耕地资源,通过科技手段突破我国传统耕地的自然条件限制。习近平同志强调,对违法占用耕地"零容忍",要采取"长牙齿"的硬措施,立下"军令状",全面压实各级地方党委和政府耕地保护责任,严格考核、终身追责,确保18亿亩耕地实至名归。

二是"规范耕地占补平衡"[3]。耕地占补平衡政策是对工业化、城镇化建设

<hr />

[1] 习近平:《论"三农"工作》,中央文献出版社2022年版,第8页。

[2] 中共中央党史和文献研究院编:《习近平关于国家粮食安全论述摘编》,中央文献出版社2023年版,第31页、第23页。

[3] 中共中央党史和文献研究院编:《习近平关于国家粮食安全论述摘编》,中央文献出版社2023年版,第35页。

占用耕地不断扩大的补救措施。习近平同志明确提出，"必须带着保护耕地的强烈意识去做这项工作，严格依法依规进行"。他强调，"要处理好工业化、城镇化和农业现代化的关系"，"坚决防止耕地占补平衡中出现的补充数量不到位、补充质量不到位问题，坚决防止占多补少、占优补劣、占水田补旱地的现象"。①他指出，"农田就是农田，只能用来发展种植业特别是粮食生产"，要"加强用途管制，规范占补平衡，强化土地流转用途监管，推进撂荒地利用，坚决遏制耕地'非农化'、基本农田'非粮化'"。②2023年7月20日，习近平同志主持召开中央财经委员会第二次会议，研究加强耕地保护等问题。这次会议提出坚持"以补定占"，强调将各类对耕地的占用统一纳入占补平衡管理。这是对"以占定补"、"先占后补"的改革完善，有助于确保补充的耕地数量相等、质量相当、产能不降。

三是"实行耕地轮作休耕制度"③。针对我国耕地开发利用强度过大、一些地方地力透支严重、土壤退化等制约农业可持续发展的严峻问题，以习近平同志为核心的党中央作出实行耕地轮作休耕的重大决策。实行耕地轮作休耕制度，国家可以根据财力和粮食供求状况，有计划地在地下水漏斗区、重金属污染区和生态脆弱地区安排一定面积的耕地用于休耕，对休耕农民给予必要的伙食或现金补助。耕地休耕轮作，短期看可能会减少一些粮食产量和耕地数字，但这是可持续的粮食生产思路。在部分地区实行轮作休耕，既有利于涵养地力、保养生态，又有利于平衡粮食供求矛盾、稳定农民收入，是一举多得的管用招数。习近平同志指出："开展这项试点，要以保障国家粮食安全和不影响农民收入为前提，休耕不能减少耕地、搞非农化、削弱农业综合生产能力，确保急用之时粮食能够产得出、供得上。"④2016年起，我国在部分地区探索实行耕地轮作休耕制度试点。试点以来，轮作休耕实施面积由2016年的616万亩增

---

① 中共中央党史和文献研究院编：《习近平关于国家粮食安全论述摘编》，中央文献出版社2023年版，第24页、第31页。

② 习近平：《论"三农"工作》，中央文献出版社2022年版，第332页。

③ 中共中央党史和文献研究院编：《习近平关于国家粮食安全论述摘编》，中央文献出版社2023年版，第32页。

④ 习近平：《论"三农"工作》，中央文献出版社2022年版，第125页。

至 2022 年的 6926 万亩,实施省份由 9 个增至 24 个[1],成效显著。习近平同志在党的二十大报告中,进一步提出了"健全耕地休耕轮作制度"[2]的工作要求。

四是"实施黑土地保护工程"[3]。东北地区粮食产量占全国的四分之一,保护东北平原的黑土地,是保障粮食安全的压舱石。然而,由于长期高强度开发利用,导致原本肥沃的黑土区耕地出现长期透支,黑土土层变得越来越"薄",肥力变得越来越"瘦",质地变得越来越"硬"。习近平同志将黑土地比喻为"耕地中的大熊猫",强调要"坚持用养结合、综合施策,确保黑土地不减少、不退化"。[4]针对黑土地"变薄、变瘦、变硬"问题,习近平同志提出了实施国家黑土地保护工程的重大任务。2021 年 7 月,农业农村部、国家发展改革委、科技部等七部委联合印发《国家黑土地保护工程实施方案(2021—2025 年)》,就这项工作进行了部署。2022 年 8 月,《中华人民共和国黑土地保护法》正式施行,为进一步加强黑土耕地保护提供了坚实的法治保障。

2. 持续加强高标准农田建设

建设高标准农田,是巩固和提高粮食生产综合能力、保障国家粮食安全的关键举措,是促进农业可持续发展、提升农业比较效益的有效手段。习近平同志指出:"保耕地,不仅要保数量,还要提质量。建设高标准农田是一个重要抓手,要坚定不移抓下去,提高建设标准和质量,真正实现旱涝保收、高产稳产。"[5]

高标准农田是指土地平整、土壤肥沃、集中连片、设施完善、农电配套、生态良好,抗灾能力强,与现代农业生产和经营方式相适应的旱涝保收、持续高

---

① 杨文明、姚雪青、邵玉姿、张艺开:《轮作休耕　藏粮于地》,《人民日报》2023 年 2 月 17 日,第 13 版。

② 《习近平著作选读》第 1 卷,人民出版社 2023 年版,第 42 页。

③ 中共中央党史和文献研究院编:《习近平关于国家粮食安全论述摘编》,中央文献出版社2023 年版,第 38 页。

④ 中共中央党史和文献研究院编:《习近平关于国家粮食安全论述摘编》,中央文献出版社2023 年版,第 35 页、第 34 页。

⑤ 中共中央党史和文献研究院编:《习近平关于国家粮食安全论述摘编》,中央文献出版社2023 年版,第 36 页。

产稳产的农田,是耕地中的精华,是推动农业高质量发展的重要保障。习近平同志强调,要"抓紧建设一批旱涝保收、稳产高产的高标准农田"①,"持续推进高标准农田建设"②。稳住了高标准农田,就能稳住国家粮食产能的大头。已建成的高标准农田,也要加强管护,防止地力下降,严禁用作他途。在一些地方,花了很大代价建成的高标准农田被成片占用,习近平同志对此提出了严肃批评。为加强高标准农田建设,2019 年 11 月 13 日,国务院办公厅印发《关于切实加强高标准农田建设 提升国家粮食安全保障能力的意见》,强调要加大高标准农田建设的科技基础支撑,"围绕农田建设关键技术问题,开展科学研究,组织科技攻关。大力引进推广高标准农田建设先进实用技术,加强工程建设与农机农艺技术的集成和应用,推动科技创新与成果转化"③。

近年来,各地各部门按照分步施策、先易后难、积极稳妥的原则,大力推进高标准农田建设,取得显著成效。从各地建设实践看,高标准农田的"高"主要体现在四个方面:一是农田质量高,农田平均耕地质量大幅提升,保土保肥保水能力显著增强。二是产出能力高,亩均粮食产能一般提高 10%—20%。三是资源利用效率高,促进水、肥、药等农业资源节约集约利用,节本增收效果明显。四是抗灾减灾能力高,田成方、渠成网、路相通、旱能灌、涝能排,有效抵御自然灾害影响。截至 2022 年底,全国累计建成 10 亿亩高标准农田,占我国19.18 亿亩耕地的一半以上,有力推动了农业转型升级和现代农业发展,进一步夯实了国家粮食安全基础。

在看到成绩的同时,也要清醒地认识到,目前已经建成的高标准农田,大都是按先易后难顺序、在容易建设的地块优先建成的,剩下的都是难啃的"硬骨头",大多位置偏远、地块零散、高低不平、土壤瘠薄,建设难度大、成本高。习近平同志在党的二十大报告中提出了"逐步把永久基本农田全部建成高标

---

① 习近平:《论"三农"工作》,中央文献出版社 2022 年版,第 77 页。

② 习近平:《正确认识和把握我国发展重大理论和实践问题》,《求是》2022 年第 10 期,第 7 页。

③ 《国务院办公厅关于切实加强高标准农田建设 提升国家粮食安全保障能力的意见》,中华人民共和国中央人民政府网站,http://www.gov.cn/zhengce/content/2019-11/21/content_5454205.htm。

准农田"①的奋斗目标。这是党中央立足全面建设社会主义现代化国家、着眼全面推进乡村振兴、加快建设农业强国作出的重大部署,明确了耕地保护的主攻方向和重大任务。2022年12月23日,他在中央农村工作会议上重申:"要逐步把永久基本农田全部建成高标准农田,尽快提出落实办法,该拿的钱要拿到位,建设质量和管护机制也要到位,确保建一块成一块。"②下一步的工作思路是,以提升粮食产能为首要目标,坚持新增建设和改造提升并重、建设数量和建成质量并重、工程建设和建后管护并重的原则,在2030年规划建成12亿亩高标准农田的基础上,到2035年我国基本实现农业现代化时把15.46亿亩永久基本农田全部建成高标准农田,促进高标准农田高质量建设、高效率管理、高水平利用,以此稳定保障1.6万亿斤以上粮食产能。

3. 大力加强农田水利建设

粮食生产"命脉在水利"③。水是生存之本、文明之源。兴水利、除水害,古今中外,都是治国大事。自古以来,我国基本水情一直是夏汛冬枯、北缺南丰,水资源时空分布极不均衡。水灾害多发频发,成为中华民族的心腹之患。我国独特的地理气候环境和农耕文明,决定了水利影响农业丰歉、治水关乎国家强盛。水利是经济社会发展的重要基础设施。习近平同志指出:"解决靠天吃饭问题,根本的一条是大兴农田水利。"④由于历史的原因,我们在农田水利方面欠账很多,很多地方还在吃20世纪六七十年代的老本,习近平同志强调"这个欠账要下决心补上"⑤。

中华人民共和国成立以来,我们党领导开展了大规模水利工程建设,成就显著。但是,水利发展不平衡不充分问题依然突出,比如水利基础设施网络覆盖不全、水资源配置不尽合理、水环境承载能力仍面临制约、水旱灾害防御能

---

① 《习近平著作选读》第1卷,人民出版社2023年版,第25—26页。

② 习近平:《加快建设农业强国 推进农业农村现代化》,《求是》2023年第6期,第9页。

③ 中共中央党史和文献研究院编:《习近平关于粮食安全论述摘编》,中央文献出版社2023年版,第30页。

④ 习近平:《论"三农"工作》,中央文献出版社2022年版,第76页。

⑤ 习近平:《论"三农"工作》,中央文献出版社2022年版,第77页。

力有待进一步提升、治理体系和治理能力现代化存在短板弱项,等等。随着粮食刚性需求增长,粮食生产对水利设施保障有力、水资源高效利用、水生态明显改善、水环境有效治理提出了新的更高要求。我们必须适应新情况新变化,大力加强水利建设,推动水利设施从实现"有没有"到"好不好"转变,更好支撑保障国家粮食安全和建设农业强国需要。

习近平同志在深刻洞察我国国情水情的基础上,将水安全上升为国家战略,创造性地提出"节水优先、空间均衡、系统治理、两手发力"的治水思路,为推动新时代水利高质量发展提供了根本遵循。节水优先,强调治水的关键环节是节水,要把节水放在优先位置,大力推进水资源节约集约利用。空间均衡,强调要树立人口经济与资源环境相均衡的原则,全方位贯彻以水定城、以水定地、以水定人、以水定产的原则,严守水资源开发利用上限。系统治理,强调要用系统论的思想方法把握治水问题,坚持山水林田湖草沙一体化保护和修复,立足生态系统全局谋划治水。两手发力,强调要充分发挥市场在资源配置中的决定性作用,更好发挥政府作用,增强水利发展生机活力。习近平同志关于深入推动长江经济带发展、黄河流域生态保护和高质量发展、推进南水北调后续工程高质量发展、全面加强水利基础设施建设的一系列部署,以及关于防汛抗旱、河湖长制等工作的指示批示,都体现了"节水优先、空间均衡、系统治理、两手发力"治水思路所蕴含的原则要求。他用"让河流恢复生命、流域重现生机"[1]这样激励人心、振聋发聩的形象生动语言,号召大家做好治水工作,切实提高水安全保障能力。

"防汛救灾关系人民生命财产安全,关系粮食安全、经济安全、社会安全、国家安全。"[2]习近平同志继承和发展了中华人民共和国成立以来特别是改革开放以来确立的"以防为主、防抗救相结合"的工作方针,提出了"两个坚持、三个转变"的防灾减灾新理念:"坚持以防为主、防抗救相结合,坚持常态减灾和非常态救灾相统一,努力实现从注重灾后救助向注重灾前预防转变,从应对单

---

① 中共中央党史和文献研究院编:《习近平关于国家粮食安全论述摘编》,中央文献出版社2023年版,第29页。
② 中共中央党史和文献研究院编:《习近平关于防范风险挑战、应对突发事件论述摘编》,中央文献出版社2020年版,第96页。

一灾种向综合减灾转变,从减少灾害损失向减轻灾害风险转变,全面提升全社会抵御自然灾害的综合防范能力。"[1]"两个坚持、三个转变"为做好水旱灾害防御工作提供了科学有效的方法论。水利工程是抵御水旱灾害的第一道防线。党的十八大以来,我国水利基础设施建设成就巨大,防洪抗旱工程设施水平实现跨越式提升,防洪减灾体系基本建成。"一批重大水利设施发挥了关键作用,防洪体系越来越完善,防汛抗洪、防灾减灾能力不断提高,手段和资源也越来越丰富"[2]。习近平同志强调要加快枢纽性重大水利工程建设,指出"聚焦河流湖泊安全、生态环境安全、城市防洪安全,谋划建设一批基础性、枢纽性的重大项目"[3]。他高度重视补齐防洪防旱短板弱项,指出"要认真总结近年来防汛抗洪抢险救灾中暴露出的突出薄弱环节,加快城市地下管廊和小型水利工程建设"[4]。他要求强化预报预警预演预案措施,反复强调要加强雨情水情监测预报预警,及时发布预警信息,及时启动应急响应。他提出精准开展水工程联合调度,强调"要精准开展洪水调度,最大限度发挥水利工程防灾减灾效益"[5]。

加快建设国家水网,建设现代化高质量水利基础设施网络,统筹推进水灾害防治、水资源节约、水生态保护修复、水环境治理工作,是以习近平同志为核心的党中央作出的重大战略部署。习近平同志指出,"以全面提升水安全保障能力为目标,以优化水资源配置体系、完善流域防洪减灾体系为重点,统筹存量和增量,加强互联互通,加快构建国家水网主骨架和大动脉"[6],加快形成"系统完备、安全可靠,集约高效、绿色智能,循环通畅、调控有序"的国家水网。他强调,要"遵循确有需要、生态安全、可以持续的重大水利工程论证原则,立足

① 中共中央党史和文献研究院编:《习近平关于防范风险挑战、应对突发事件论述摘编》,中央文献出版社2020年版,第93页。

② 杜尚泽、朱思雄、张晓松:《下好先手棋,开创发展新局面——记习近平总书记在安徽考察》,《人民日报》2020年8月24日,第1版。

③ 《习近平在安徽考察时强调:坚持改革开放坚持高质量发展 在加快建设美好安徽上取得新的更大进展》,《人民日报》2020年8月22日,第1版。

④ 《习近平关于城市工作论述摘编》,中央文献出版社2023年版,第86页。

⑤ 《习近平就做好当前防汛抗洪抢险救灾工作强调:把确保人民群众生命安全放在首位 继续全力做好防汛抗洪抢险救灾工作》,《人民日报》2016年7月21日,第1版。

⑥ 习近平:《论坚持人与自然和谐共生》,中央文献出版社2022年版,第289页。

流域整体和水资源空间均衡配置,科学推进工程规划建设"①。习近平同志辩证地指出:"既要重视大型水利工程这样的'大动脉',也要重视田间地头的'毛细血管',解决好农田灌溉'最后一公里'问题。"②从实践方面看,以习近平同志为核心的党中央扎实推进重大水利工程建设,加快大中型灌区建设和现代化改造,实施一批中小型水库及引调水、抗旱备用水源等工程建设,提高农田灌排能力,极大提升了我国农田水利设施水平。

此外,我国还以主体功能区规划和优势农产品区域布局为依托,结合供需形势预判和生产形势分析,科学划定并大力建设粮食生产功能区和重要农产品生产保护区。扎实建设"两区",也是落实藏粮于地、藏粮于技的重大战略性举措,是优化农业区域布局、持续提升粮食综合生产能力的一项非常重要的制度性安排。在实施过程中,尤其要注重健全种粮农民收益保障机制和主产区利益补偿机制。习近平同志特别强调:"农民种粮能挣钱,粮食生产才有保障。要健全种粮农民收益保障机制,完善价格、补贴、保险'三位一体'的政策体系,完善农资保供稳价应对机制,稳定农民预期、降低生产风险。""要出实招健全主产区利益补偿机制,探索产销区多渠道利益补偿办法。既不能让种粮农民在经济上吃亏,也不能让种粮大县在财政上吃亏。"③

三、以藏粮于技强化粮食安全科技支撑

习近平同志指出,"建设农业强国,利器在科技"④,"解决吃饭问题,根本出路在科技"⑤,"耕地就那么多,稳产增长根本出路在科技"⑥。这些重要论述,深刻阐明了藏粮于技的重要性必要性。藏粮于技,本质上就是"加强农业与科技

① 习近平:《论坚持人与自然和谐共生》,中央文献出版社2022年版,第287页。
② 习近平:《论"三农"工作》,中央文献出版社2022年版,第77页。
③ 习近平:《加快建设农业强国 推进农业农村现代化》,《求是》2023年第6期,第9页。
④ 习近平:《加快建设农业强国 推进农业农村现代化》,《求是》2023年第6期,第12页。
⑤ 中共中央党史和文献研究院编:《习近平关于国家粮食安全论述摘编》,中央文献出版社2023年版,第50页。
⑥ 习近平:《论"三农"工作》,中央文献出版社2022年版,第8页。

融合"，"用最好的技术种出最好的粮食"。①习近平同志围绕藏粮于技，深入分析了强化粮食安全科技支撑的一系列重大问题。

1. 加快实现高水平农业科技自立自强

总体上看，我国农业科技创新整体迈进了世界第一方阵，但农业科技发展同世界先进水平相比还有不小的差距。经过多年持续努力，我国农业科技进步贡献率达到62.4%，而发达国家早已普遍达到70%以上。农作物耕种收综合机械化率达到73%，而发达国家早已实现全程机械化。我国农作物单产水平、养殖效率落后于发达国家，农田灌溉水利用系数、化肥农药有效利用率、饲料转化率等也都有很大提升空间。我国农业资源有限，超大规模市场对农产品的需求又不断增长，现在比以往任何时候都更加需要重视和依靠农业科技创新，化解耕地资源不足、水资源约束、生态环境压力、气候变化影响等突出矛盾。习近平同志把我国农业科技发展放到世界新一轮农业科技革命的大坐标中，强调我们"不仅要立志补上短板弱项，还要立志发挥后发优势、实现'弯道超车'"②。在审慎分析我国农业科技发展现状、瞄准世界农业科技前沿的基础上，习近平同志以巨大的使命担当，鲜明地提出了"加快实现高水平农业科技自立自强"③的宏伟目标。

高水平科技自立自强，是中国式现代化的战略支撑，是新时代科技事业的总纲。当今时代，科技创新广度显著加大、深度显著加深、速度显著加快、精度显著加强，围绕科技制高点的竞争空前激烈，自主创新成为国际博弈的主战场。我国已进入全面建设社会主义现代化国家、向第二个百年奋斗目标进军的新发展阶段。习近平同志指出："实现我们的奋斗目标，高水平科技自立自强是关键。"④他特别强调"必须把这个问题放在能不能生存和发展的高度加以

① 中共中央党史和文献研究院编：《习近平关于国家粮食安全论述摘编》，中央文献出版社2023年版，第48页。

② 习近平：《加快建设农业强国 推进农业农村现代化》，《求是》2023年第6期，第12页。

③ 习近平：《加快建设农业强国 推进农业农村现代化》，《求是》2023年第6期，第12页。

④ 习近平：《深入实施新时代人才强国战略 加快建设世界重要人才中心和创新高地》，《求是》2021年第24期，第5页。

认识"①。高水平农业科技自立自强，是高水平科技自立自强在农业领域的必然要求，是开辟农业发展新领域新赛道、塑造农业发展新动能新优势的重大任务，是迎接新一轮农业科技革命新挑战、打造国家竞争新优势的迫切需要，对于增强我国农业发展竞争力和持续力具有决定性意义。高水平农业科技自立自强是高标准高定位、对标世界农业科技前沿和先进水平的自立自强。只有实现高水平农业科技自立自强，才能把农业强国建立在更加坚实、更加可靠、更加稳固、更加安全的基础之上。

一是"要着力提升创新体系整体效能"②。由于历史的复杂原因，一些农业科研单位自成体系、各自为战，研究课题大同小异、低水平重复，造成了同质化竞争、碎片化扩张等科研弊端。有的科研项目高大上，与现实脱节，一时难以有效地转化为现实生产力，不少基础研究成果或束之高阁，或沦为"展品、奖品、礼品"，致使科技成果转化率和对经济社会发展的贡献率较低。习近平同志对这些弊端了如指掌，指出要"整合各级各类优势科研资源，强化企业科技创新主体地位，构建梯次分明、分工协作、适度竞争的农业科技创新体系"③。要坚持系统观念，强化统筹谋划，加强党中央对科技工作的统一领导，调动各方面积极性，加速聚集创新要素，优化配置创新资源，完善农业科技创新体系整体布局，增强农业科技创新的体系化能力，深化农村科技体制改革，加强企业主导的产学研用金深度融合，激励各类创新主体竞相开展创新创造，加快形成相互配合、协同创新的科技发展新格局，最终提升农业科技创新体系整体效能。

二是"要打造国家农业科技战略力量"④。国家农业科技战略力量，是实现高水平农业科技自立自强的引领力量。习近平同志指出："世界科技强国竞

① 习近平：《论把握新发展阶段、贯彻新发展理念、构建新发展格局》，中央文献出版社2021年版，第485页。
② 习近平：《加快建设农业强国　推进农业农村现代化》，《求是》2023年第6期，第12页。
③ 习近平：《加快建设农业强国　推进农业农村现代化》，《求是》2023年第6期，第13页。
④ 习近平：《加快建设农业强国　推进农业农村现代化》，《求是》2023年第6期，第13页。

争,比拼的是国家战略科技力量。"①国家农业科技战略力量,主要指由国家布局支持的国家实验室、国家科研院所、高水平研究型大学、创新型领军企业等为代表的农业科技创新主体、创新单元。国家农业科技战略力量代表了国家农业科技创新的最高水平,是体现国家意志、肩负战略性使命的农业科技"国家队"、"王牌军",是服务国家需求、推动农业发展的"顶梁柱"、"压舱石",是积极参与国际农业科技竞争、维护国家粮食安全的"领头雁"、"排头兵"。与传统科研院所、高校以及企业研发机构相比较,国家农业科技战略力量具有三个鲜明特征。其一是国家意志更加明确,以国家重大使命为牵引,以服务国家战略任务为己任。其二是战略目标更加聚焦,紧盯世界农业科技前沿,致力于解决涉及国家发展和安全、国计民生的重大农业科技问题以及关键核心技术。其三是更加注重协同创新,在国家的统一部署下实施有组织创新,着力形成创新发展合力。我们要增强战略意识,加强系统谋划和顶层设计,大力培育国家级创新团队,建设一支锐意创新、优势互补、资源共享、引领发展的国家农业战略力量。

三是要"加快推进农业关键核心技术攻关"②。关键核心技术是国之重器。一个国家没有核心技术的优势,在国际上就绝不可能有政治上的强势,就无法维护自身的主权、安全和发展利益。实践反复告诉我们,关键核心技术是要不来、买不来、讨不来的。习近平同志强调,"要以农业关键核心技术攻关为引领,以产业急需为导向,聚焦底盘技术、核心种源、关键农机装备、合成药物、耕地质量、农业节水等领域,发挥新型举国体制优势"③,"集聚力量进行原创性引领性科技攻关,坚决打赢关键核心技术攻坚战"④。我们必须坚持以"四个面向"即"面向世界科技前沿、面向经济主战场、面向国家重大需求、面向人民生命健康"为导向,健全社会主义市场经济体制下关键核心技术攻关新型举国体

---

① 习近平:《加快建设科技强国 实现高水平科技自立自强》,《求是》2022年第9期,第10页。

② 习近平:《论"三农"工作》,中央文献出版社2022年版,第8页。

③ 习近平:《加快建设农业强国 推进农业农村现代化》,《求是》2023年第6期,第13页。

④ 习近平:《高举中国特色社会主义伟大旗帜 为全面建设社会主义现代化国家而团结奋斗——在中国共产党第二十次全国代表大会上的报告》,人民出版社2022年版,第35页。

制,加快攻克农业科技领域"卡脖子"技术,多出"从0到1"的原创性成果,努力实现农业关键核心技术自主可控。

2. 开展种源"卡脖子"技术攻关

一粒种子可以改变一个世界,一项技术能够创造一个奇迹。农业种质资源是农业科技创新的源头,综观国内外农业发展史,每次绿色革命的突破,都源于种质资源的发掘利用。农业种质资源是保障国家粮食安全与重要农产品供给的战略性资源、物质基础,我国突破性品种成功培育与推广,无不来源于优异种质资源的挖掘利用。种子是农业的"芯片",良种在促进粮食增产方面具有十分关键的作用。习近平同志敏锐地指出,保障国家粮食安全,"要害是种子和耕地"①。这就高屋建瓴地阐明了种子在维护国家粮食安全中的极端重要性。种子是农业现代化的基础,能否培育出良种,关乎农业现代化的成败。习近平同志强调:"这设备那设备,这条件那条件,没有良种难以实现农业现代化!"②

习近平同志对我国种业现状及其与世界先进水平的差距进行了辩证分析。"我国农业科技进步有目共睹,但也存在短板,其中最大的短板就是种子。"③经过长期持续努力,我国种业有了很大进步,水稻和小麦品种可做到自给,但总体形势依然严峻。"种业企业综合竞争力不强,国产种业研发能力同国外差距较大,部分种子大量依赖国外进口,一旦国外种子断供,我国部分农产品可能面临无优质种子可用、种质退化、影响供给安全等难题。"④此外,一些人片面追求经济利益,违规售卖种子,导致假冒伪劣种子乱象滋生,严重损害了农民利益。由于重视程度不够、保护不力,以及成本、技术等方面的原因,我国

---

① 中共中央党史和文献研究院编:《习近平关于国家粮食安全论述摘编》,中央文献出版社2023年版,第48页。

② 习近平:《论"三农"工作》,中央文献出版社2022年版,第8—9页。

③ 中共中央党史和文献研究院编:《习近平关于国家粮食安全论述摘编》,中央文献出版社2023年版,第50页。

④ 中共中央党史和文献研究院编:《习近平关于国家粮食安全论述摘编》,中央文献出版社2023年版,第48页。

农业种质资源开发利用不足,丧失风险加大,数量与种类显著减少,许多本土优秀品种还在快速消失。非法国外种子扩散等问题时有发生,对我国种业安全构成巨大威胁。总体上看,我国虽然是种质资源大国,但还不是种质资源强国。正是从这种深沉的忧患意识出发,习近平同志明确提出:"要把种源安全提升到关系国家安全的战略高度,加强种质资源保护和利用,加强种子库建设。"①

习近平同志以高度的使命感责任感,旗帜鲜明地提出:"中国人的饭碗要牢牢端在自己手中,就必须把种子牢牢攥在自己手里。"②"要下决心把民族种业搞上去,抓紧培育具有自主知识产权的优良品种,从源头上保障国家粮食安全。"③他反复强调,要"集中力量破难题、补短板、强优势、控风险","围绕保障粮食安全和重要农产品供给集中攻关,实现种业科技自立自强、种源自主可控,用中国种子保障中国粮食安全"。④他满怀信心地指出:"要对育种基础性研究以及重点育种项目给予长期稳定支持,开展种源'卡脖子'技术攻关,立志打一场种业翻身仗。"⑤习近平同志高度重视种业科技发展,外出考察时,经常重点考察相关育种基地,了解最新进展情况。他曾两次到国家南繁科研育种基地考察,称赞"国家南繁科研育种基地是国家宝贵的农业科研平台",勉励"一定要建成集科研、生产、销售、科技交流、成果转化为一体的服务全国的'南繁硅谷'"。⑥这虽然是对南繁科研育种基地提出的要求,但却反映了习近平同志关于国家级科研育种基地发展思路的深邃思考。

在洞察世界农业科技革命发展态势的基础上,习近平同志提出,"生物育

---

① 中共中央党史和文献研究院编:《习近平关于国家粮食安全论述摘编》,中央文献出版社2023年版,第48页。

② 中共中央党史和文献研究院编:《习近平关于国家粮食安全论述摘编》,中央文献出版社2023年版,第51页。

③ 习近平:《论"三农"工作》,中央文献出版社2022年版,第77页。

④ 习近平:《论"三农"工作》,中央文献出版社2022年版,第130、131页。

⑤ 中共中央党史和文献研究院编:《习近平关于国家粮食安全论述摘编》,中央文献出版社2023年版,第48页。

⑥ 中共中央党史和文献研究院编:《习近平关于国家粮食安全论述摘编》,中央文献出版社2023年版,第46页。

种是大方向,要加快产业化步伐"①。他强调,"以生物技术和信息技术为特征的新一轮农业科技革命正在孕育大的突破,各国都在抢占制高点。作为一个农业大国,我们绝不能落后",他号召"要拿出攻破'卡脖子'技术的干劲,明确方向和目标,加快实施农业生物育种重大科技项目,早日实现重要农产品的种源自主可控"。②他既高度重视生物育种科技创新,同时又极为关注防范化解生物安全风险,指出"要尊重科学、严格监管,有序推进生物育种产业化应用"。③"要在严格监管、风险可控前提下,加快推进生物育种研发应用。"④

以习近平同志为核心的党中央,采取一系列有力有效的政策举措,积极推动现代种业加快发展。2019年12月30日,国务院办公厅印发《关于加强农业种质资源保护与利用的意见》,提出要"进一步明确农业种质资源保护的基础性、公益性定位,坚持保护优先、高效利用、政府主导、多元参与的原则,创新体制机制,强化责任落实、科技支撑和法治保障,构建多层次收集保护、多元化开发利用和多渠道政策支持的新格局";强调"加强农业种质资源保护基础理论、关键核心技术研究,强化科技支撑",提升种业保护能力;"组织实施优异种质资源创制与应用行动,完善创新技术体系,规模化创制突破性新种质,推进良种重大科研联合攻关",提升种业竞争力。⑤2020年12月召开的中央经济工作会议,把"解决好种子和耕地问题"列为"十四五"开局之年要抓好的八大重点任务之一。2021年7月,中央全面深化改革委员会第二十次会议审议通过了《种业振兴行动方案》。2022年3月,新修改的《种子法》正式施行。这些创新的举措为我们建设现代种业强国奠定了坚实的科技基础与政策支持。

① 中共中央党史和文献研究院编:《习近平关于国家粮食安全论述摘编》,中央文献出版社2023年版,第52页。
② 习近平:《论"三农"工作》,中央文献出版社2022年版,第8、9页。
③ 中共中央党史和文献研究院编:《习近平关于国家粮食安全论述摘编》,中央文献出版社2023年版,第48页。
④ 习近平:《论"三农"工作》,中央文献出版社2022年版,第9页。
⑤《国务院办公厅关于加强农业种质资源保护与利用的意见》,中华人民共和国中央人民政府网站,http://www.gov.cn/zhengce/content/2020-02/11/content_5477302.htm。

3. 提供高质量农业科技供给

习近平同志在谈到科技创新时,明确提出了"提供高质量科技供给"①的要求。高质量农业科技供给,是强化国家粮食安全科技支撑的必然要求。

一是依靠科技创新深入推进农业供给侧结构性改革。这是强化国家粮食安全科技支撑的动力源泉。面对我国农业的主要矛盾由总量不足转变为结构性矛盾,主要表现为阶段性的供过于求和供给不足并存、矛盾的主要方面在供给侧的新情况,以习近平同志为核心的党中央作出了深入推进农业供给侧结构性改革的重大决策。习近平同志从四个方面进行了深入思考。其一是提出了农业供给侧结构性改革的大思路:"要以市场需求为导向调整完善农业生产结构和产品结构,以科技为支撑走内涵式现代农业发展道路,以健全市场机制为目标改革完善农业支持保护政策,以家庭农场和农民合作社为抓手发展农业适度规模经营。"②其二是提出"要适应资源禀赋和发展阶段的变化适时调整农业技术进步路线",强调"要按照增产增效并重、良种良法配套、农机农艺结合、生产生态协调的原则,促进农业技术集成化、劳动过程机械化、生产经营信息化、安全环保法治化,加快构建适应高产、优质、高效、生态、安全农业发展要求的技术体系"。③其三是提出要"树立大食物观","构建多元化食物供给体系",强调"在保护好生态环境前提下,从耕地资源向整个国土资源拓展,从传统农作物和畜禽资源向更丰富的生物资源拓展,向森林、草原、江河湖海要食物,向植物动物微生物要热量、要蛋白,多途径开发食物来源"。④其四是提出"设施农业大有可为"⑤,强调要"探索发展智慧农业、植物工厂、垂直农场,有效

① 习近平:《论科技自立自强》,中央文献出版社2023年版,第199页。
② 中共中央党史和文献研究院编:《习近平关于国家粮食安全论述摘编》,中央文献出版社2023年版,第79页。
③ 中共中央党史和文献研究院编:《习近平关于国家粮食安全论述摘编》,中央文献出版社2023年版,第44页。
④ 习近平:《加快建设农业强国 推进农业农村现代化》,《求是》2023年第6期,第10页。
⑤ 习近平:《加快建设农业强国 推进农业农村现代化》,《求是》2023年第6期,第10页。

缓解我国农业自然资源约束"①。

二是健全粮食产业科技服务体系。农业科技服务体系是强化国家粮食安全科技支撑的重要组成部分,是联系科技成果和农业生产的中介和桥梁。尽管我国基本形成了以国家农技推广机构为主体、科研院所和大专院校广泛参与的农业科技成果推广体系,但也存在诸如服务机制不健全、服务方式不完善、成果推广渠道不畅、服务质量不高和专业队伍不稳定等问题。农户分散经营仍然是我国农业经营的基本面,由此决定了农业科技推广任务依然艰巨繁重,必须"促进政府公益性服务和市场社会化服务协同发力"②。习近平同志强调:"基层农技推广体系要稳定队伍、提升素质、回归主业,强化公益性服务功能。同时,要鼓励发展各类社会化农业科技服务组织,创新市场化农技推广模式,打通科技进村入户'最后一公里'。"③我们必须从全局高度谋划农业科技服务体系建设,加快构建农业科技推广体系,加强粮食科技服务平台建设,稳定农业科技服务专业队伍。要优化农业科技创新与推广体系,支持科研院所、高等院校承担农技推广项目,扶持新型农业经营主体参与科技服务,创新农业科技推广服务方式,示范推广先进适用粮食产业科技。科技特派员制度是科技创新人才服务"三农"工作的一个创造性举措。这项制度的核心内容就是坚持人才下沉、科技下乡、服务"三农"。长期以来,科技特派员队伍不断壮大,"成为党的'三农'政策的宣传队、农业科技的传播者、科技创新创业的领头羊、乡村脱贫致富的带头人"④。习近平同志强调,"要坚持把科技特派员制度作为科技创新人才服务乡村振兴的重要工作进一步抓实抓好"⑤。我们要紧紧围绕全面推进乡村振兴,完善制度体系和政策环境,制定科技特派员扶持激励举措,

---

① 中共中央党史和文献研究院编:《习近平关于国家粮食安全论述摘编》,中央文献出版社2023年版,第88页。

② 中共中央党史和文献研究院编:《习近平关于国家粮食安全论述摘编》,中央文献出版社2023年版,第49页。

③ 习近平:《加快建设农业强国 推进农业农村现代化》,《求是》2023年第6期,第13页。

④ 中共中央党史和文献研究院编:《习近平关于国家粮食安全论述摘编》,中央文献出版社2023年版,第47页。

⑤ 中共中央党史和文献研究院编:《习近平关于国家粮食安全论述摘编》,中央文献出版社2023年版,第47页。

提供精准支持充分调动科技特派员的积极性创造性,不断发展壮大科技特派员队伍,切实提升科技特派员服务基层的内生动力。

三是提升粮食产业科技运用水平。强化国家粮食安全科技支撑的最终表现是科技成果在粮食产业发展中的具体应用。习近平同志指出:"农业科技工作要突出应用导向,加快成果转化,把论文写在大地上。"①要充分运用现代科技成果,深入推进优质粮食工程,大力开发农业多种功能,实施农产品加工提升行动,延长产业链、打造供应链、提升价值链、完善生态链,健全农产品产销稳定衔接机制,大力发展农村电子商务,加快推进农村流通现代化,发展乡村共享经济、创意农业、特色文化产业。要面向粮食产业的各个环节推广使用先进适用技术,完善现代农业产业技术体系,推进国家农业科技创新联盟建设,推动建设现代农业产业科技创新中心,建设一批农业绿色提质增效技术集成示范区,打造一批乡村振兴的科技引领示范村(镇)。习近平同志特别强调,要"强化农业科技和装备支撑"②,"大力推进农业机械化、智能化"③,"提高农机装备水平"④。他指出"既要用物联网、大数据等现代信息技术发展智慧农业,也要加快补上烘干仓储、冷链保鲜、农业机械等现代农业物质装备短板,特别是要加大农业重要装备自主研制力度,加强动植物防疫检疫体系、防灾减灾体系等建设"⑤。在实践中,要加快提高粮食生产机械化水平,升级国产农机质量和效能,推动国产农机装备向高质量发展转型,深入挖掘农机装备在粮食增产增效方面的潜力,示范推广粮食全程机械化生产模式。要加快农业信息化、智能化建设步伐,充分利用5G、物联网、云计算等现代信息技术,构建科技创新服务数据库,提高创新与农业生产的匹配程度。推进农业生产数字化发展,促进人

① 习近平:《加快建设农业强国 推进农业农村现代化》,《求是》2023年第6期,第13页。
② 中共中央党史和文献研究院编:《习近平关于国家粮食安全论述摘编》,中央文献出版社2023年版,第17页。
③ 中共中央党史和文献研究院编:《习近平关于国家粮食安全论述摘编》,中央文献出版社2023年版,第46页。
④ 习近平:《正确认识和把握我国发展重大理论和实践问题》,《求是》2022年第10期,第7页。
⑤ 习近平:《论"三农"工作》,中央文献出版社2022年版,第9页。

工智能与农业生产深度融合,提高农业生产智慧化效率、智能化水平。

四是"强化乡村振兴人才支撑"[1]。保障国家粮食安全,除了解决好"种什么地"、"地怎么种",还要解决好"谁来种地"的问题。"核心是要解决好人的问题,通过富裕农民、提高农民、扶持农民,让农业经营有效益,让农业成为有奔头的产业,让农民成为体面的职业,让农村成为安居乐业的美丽家园。"[2]总体上看,我国乡村人才发展水平有了很大提升,但与新形势新任务相比,还有很多不适应的地方。乡村人才总量不足、供求矛盾突出,中青年、优质人才持续外流,结构失衡、素质偏低、老龄化严重等问题制约着乡村全面振兴。一些乡村发展乏力,关键在于缺人才,缺发展引路人、产业带头人、政策明白人。习近平同志强调,"要着力培养一批乡村人才,重点加强村党组织书记和新型农业经营主体带头人培训,全面提升农民素质素养,育好用好乡土人才。同时,要引进一批人才,有序引导大学毕业生到乡、能人回乡、农民工返乡、企业家入乡"[3],着力打造一支沉得下、留得住、能管用的乡村人才队伍。2021年2月,中共中央办公厅、国务院办公厅印发了《关于加快推进乡村人才振兴的意见》。《意见》强调,要建立健全乡村人才培养、引进、管理、使用、流动、激励等一整套系统完备的政策体系,强化乡村人才振兴的政策保障。统筹部署分散在不同部门、不同行业的乡村人才工作,完善组织领导、统筹协调、各负其责、合力推进的工作机制。通过加强乡村人力资本开发,促进各类人才投身乡村振兴。乡村人才类型多样、构成复杂,我们必须在扩大总量、提高质量、优化结构的基础上,突出重点,实施差别化政策措施,加快培养农业生产经营人才、农村二三产业发展人才、乡村公共服务人才、乡村治理人才、农业农村科技人才,推动形成人才、科技、土地、资金、产业汇聚的良性循环。面对乡村全面振兴的重大任务,特别要注重结合本地区实际,紧抓农业科技型人才需求,培养一批爱农业、懂技术、善经营、会管理的新型职业农民,制定和完善大中专院校毕业生到农

---

[1] 中共中央党史和文献研究院编:《习近平关于"三农"工作论述摘编》,中央文献出版社2019年版,第150页。

[2] 中共中央党史和文献研究院编:《习近平关于"三农"工作论述摘编》,中央文献出版社2019年版,第141页。

[3] 习近平:《加快建设农业强国 推进农业农村现代化》,《求是》2023年第6期,第16页。

技部门就业的政策措施,切实解决粮食生产人才不足的难题。

实施藏粮于地、藏粮于技战略,是建设农业强国、维护国家粮食安全的重要抓手。在全面推进乡村振兴、加快建设农业强国的实践进程中,我们要结合新时代新征程的形势任务,深入实施藏粮于地、藏粮于技战略,全方位夯实粮食安全根基,确保中国人的饭碗牢牢端在自己手中。

第十四章 |
加强绿色低碳科技攻关

我们党一贯重视生态环境保护事业,持续推进生态文明建设。20世纪80年代初,我们就把保护环境作为基本国策。20世纪90年代初,可持续发展战略被确立为国家战略。进入新世纪后,我们大力推进资源节约型、环境友好型社会建设。党的十八大以来,我们把生态文明建设作为关系中华民族永续发展的根本大计,开展了一系列开创性工作,决心之大、力度之大、成效之大前所未有,生态文明建设从理论到实践都发生了历史性、转折性、全局性变化,美丽中国建设迈出重大步伐。在新时代新征程上,要深入贯彻习近平生态文明思想,把建设美丽中国摆在强国建设、民族复兴的突出位置,加快推进绿色低碳科技自立自强,推动城乡人居环境明显改善、美丽中国建设取得显著成效,以高品质生态环境支撑高质量发展,加快推进人与自然和谐共生的现代化。

一、中国式现代化的生态追求

美丽中国是中国式现代化的生态追求。党的十八大以来,以习近平同志为核心的党中央将生态文明建设作为重大民生实事牢牢抓在手上,开展了一系列根本性、开创性、长远性工作。在"五位一体"总体布局中,生态文明建设是其中一位;在新时代坚持和发展中国特色社会主义的基本方略中,坚持人与自然和谐共生是其中一条;在新发展理念中,绿色是其中一项;在三大攻坚战中,污染防治是其中一战;在到本世纪中叶建成社会主义现代化强国目标中,美丽中国是其中一个。这些战略谋划充分体现了我们党对生态文明建设重要性的认识,深刻揭示了生态文明建设在党和国家事业发展全局中的重要地位。

习近平同志深刻阐述了生态文明建设的重大意义,正确判断了我国生态文明建设面临的严峻形势,科学分析了我国生态文明建设所处的历史方位,推动全社会对生态文明建设、美丽中国建设战略地位的认识发生了历史性变化。

1. 从三个高度看待生态文明建设的重大意义

一是从政治高度看待生态文明建设。习近平同志指出:"生态环境是关系党的使命宗旨的重大政治问题,也是关系民生的重大社会问题。"[1]经过改革开放以来多年的快速发展,我国取得了举世瞩目的成就,这是值得我们自豪和骄傲的。同时必须看到,我国积累下来的环境问题进入高强度频发阶段,我国农产品、工业品、服务产品的生产能力迅速扩大,但提供优质生态产品的能力却在减弱,一些地方生态环境还在恶化,甚至到了积重难返的地步,成为民生之患、民生之痛。如果仍是粗放发展,即使实现了发展目标、经济上去了,但环境污染没有治理好,老百姓的幸福感会大打折扣,甚至会出现强烈的不满情绪,弄得不好也往往最容易引发群体性事件。"这里面有很大的政治"[2],"生态文明建设做好了,对中国特色社会主义是加分项,反之就会成为别有用心的势力攻击我们的借口"[3]。我们在生态环境方面欠账太多了,如果不从现在起就把这项工作紧紧抓起来,将来付出的代价会更大。生态环境是我国持续发展最为重要的基础。在这个问题上,我们没有别的选择。这些论述表明,必须从巩固党的执政基础、保证党和国家长治久安的高度看待生态文明建设。

二是从中华民族伟大复兴和永续发展的高度看待生态文明建设。生态环境保护是功在当代、利在千秋的事业。习近平同志指出,"生态文明建设事关

---

[1] 中共中央党史和文献研究院编:《十九大以来重要文献选编》上,中央文献出版社2019年版,第448页。

[2] 中共中央文献研究室编:《习近平关于社会主义生态文明建设论述摘编》,中央文献出版社2017年版,第5页。

[3] 中共中央党史和文献研究院编:《十九大以来重要文献选编》上,中央文献出版社2019年版,第449页。

中华民族永续发展和'两个一百年'奋斗目标的实现"①。到本世纪中叶,我们要建成一个富强民主文明和谐美丽的社会主义现代化强国,要实现中华民族伟大复兴,这是一项绝无仅有、史无前例、空前伟大的事业。14亿多人口的中国实现了现代化,就会把世界工业化人口数量提升一倍以上,其影响将是世界性的。如果我国现代化建设走美欧走过的老路,消耗资源、污染环境,再有几个地球也不够消耗,那是难以为继的,是走不通的。习近平同志用两个短板的比喻告诫我们:生态环境在我国现代化中成为明显的短板,生态文明建设是全面建成小康社会的突出短板,必须尽力补上这块短板。他指出,"生态文明建设是关系中华民族永续发展的根本大计"②,如果任凭生态环境的问题不断产生,我们就难以从根本上扭转我国生态环境恶化的趋势,就是对中华民族和子孙后代不负责任。他强调,要在人与自然和谐共生的高度来谋划经济社会发展,"统筹污染治理、生态保护、应对气候变化,促进生态环境持续改善,努力建设人与自然和谐共生的现代化"③。

三是从人类生存发展的高度看待生态文明建设。建设生态文明是关系人民福祉、关系民族未来的大计。习近平同志指出:"生态环境是人类生存和发展的根基,生态环境变化直接影响文明兴衰演替。"④人与自然共生共存,伤害自然最终将伤及人类。空气、水、土壤、蓝天等自然资源用之不觉、失之难续。工业化创造了前所未有的物质财富,也产生了难以弥补的生态创伤。他在一系列讲话中经常讲到三个镜鉴:一是总结世界历史教训,从生态环境衰退导致古代埃及、古代巴比伦文明衰落得出结论"生态兴则文明兴,生态衰则文明衰";二是强调要认真吸取我国古代水丰草茂的河西走廊、黄土高原一带由于

① 中共中央文献研究室编:《习近平关于社会主义生态文明建设论述摘编》,中央文献出版社2017年版,第9页。
② 习近平:《论把握新发展阶段、贯彻新发展理念、构建新发展格局》,中央文献出版社2021年版,第246页。
③ 习近平:《论把握新发展阶段、贯彻新发展理念、构建新发展格局》,中央文献出版社2021年版,第539页。
④ 中共中央党史和文献研究院编:《十九大以来重要文献选编》上,中央文献出版社2019年版,第444页。

生态遭到严重破坏而加剧经济衰落的教训,不能再在我们手上重犯;三是通过20世纪30年代开始一些发达国家相继发生的多起震惊世界的环境公害事件,反思资本主义发展模式对地球生态系统原有循环和平衡的打破以及人与自然关系的紧张。他强调,"建设生态文明关乎人类未来"。[①]保护生态环境,应对气候变化,维护能源资源安全,是全球面临的共同挑战,任何一国都无法置身事外,需要在全球范围内采取及时有力行动。国际社会应该携手同行,着力深化环保合作,积极应对全球性生态挑战,共同呵护人类赖以生存的地球家园。

正是站在政治的高度、中华民族伟大复兴和永续发展的高度、全人类生存发展的高度来看待生态文明建设,习近平同志反复强调要把生态文明建设摆在更加突出的位置,紧盯不放,抓紧、紧抓。从中也可以看出,习近平生态文明思想,既来自于对中国共产党长期执政经验的科学总结,也来自于对中华文明接续发展的历史借鉴,更来自于对世界文明兴衰存续规律的深刻把握。

2. 科学判断我国生态文明建设面临的形势任务

一是关于生态环境保护形势的总体判断。我国生态文明建设面临的有利条件是:改革开放以来的发展进步提供了坚实的物质、技术和人才基础,我国经济已从高速增长阶段转向高质量发展阶段,宏观经济环境更加有利,绿色低碳发展深入推进,生态文明体制改革红利逐步释放,我国生态环境保护已进入了不欠新账多还旧账的阶段。在看到有利条件的同时,习近平同志清醒地指出:我国环境容量有限,生态系统脆弱,污染重、损失大、风险高的生态环境状况还没有根本扭转,资源约束趋紧、环境污染严重、生态系统退化的形势依然十分严峻。"我国生态环境保护结构性、根源性、趋势性压力尚未根本缓解。"[②]在综合分析的基础上,他指出一方面我国生态环境质量持续改善、持续好转、稳中向好,另一方面我国生态环境稳中向好的基础还不稳固,从量变到质变的拐点还没有到来,生态文明建设挑战重重、压力巨大、矛盾突出,还有不少难关

---

① 中共中央文献研究室编:《习近平关于社会主义生态文明建设论述摘编》,中央文献出版社2017年版,第131页。

② 《习近平在全国生态环境保护大会上强调:全面推进美丽中国建设 加快推进人与自然和谐共生的现代化》,《人民日报》2023年7月19日,第1版。

要过,还有不少硬骨头要啃,还有不少顽瘴痼疾要治。

二是关于我国生态文明建设所处历史方位的判断。我国经济社会发展已进入加快绿色化、低碳化的高质量发展阶段,"生态文明建设正处于压力叠加、负重前行的关键期,已进入提供更多优质生态产品以满足人民日益增长的优美生态环境需要的攻坚期,也到了有条件有能力解决生态环境突出问题的窗口期"①。这"三个期"是习近平同志统筹考虑经济、社会、环境、民生诸要素在内的发展全局而作出的精准、客观、全面的重大战略判断。他指出:现在,我们到了必须加大生态环境保护建设力度的时候了,也到了有能力做好这件事情的时候了。他强调,这是一个凤凰涅槃的过程。必须咬紧牙关,爬过这个坡,迈过这道坎。

三是关于生态文明建设主要矛盾的判断。中国特色社会主义进入新时代,社会主要矛盾发生了变化,这一变化必然体现到生态文明领域中来。现在,随着我国社会主要矛盾转化为人民日益增长的美好生活需要和不平衡不充分的发展之间的矛盾,人民群众对优美生态环境的需要已经成为这一矛盾的重要方面,广大人民群众热切期盼加快提高生态环境质量。新时代,人民群众对干净的水、清新的空气、安全的食品、优美的生态环境等要求越来越高,生态环境在群众生活幸福指数中的地位不断凸显。我们既要创造更多物质财富和精神财富以满足人民日益增长的美好生活需要,也要提供更多优质生态产品以满足人民日益增长的优美生态环境需要。

正是立足于上述判断,习近平同志反复强调要清醒认识加强生态文明建设的重要性和必要性、紧迫性和艰巨性,真正下决心把环境污染治理好、把生态环境建设好,为人民创造良好生产生活环境。也正因为如此,习近平同志对生态环境保护方面的问题看得很重,多次就一些严重损害生态环境的事情作出批示,要求严肃查处。比如,分别就陕西延安削山造城、秦岭北麓西安段圈地建别墅、腾格里沙漠污染、甘肃祁连山生态保护区生态环境破坏等严重破坏生态环境事件作出多次批示。这充分体现了我们党加强生态文明建设的坚定意志和坚强决心。

① 中共中央党史和文献研究院编:《十九大以来重要文献选编》上,中央文献出版社2019年版,第448页。

二、美丽中国建设的根本遵循

党的十八大以来，习近平同志以高度的历史使命感和强烈的责任担当，不断探索生态文明建设规律，深刻回答了为什么建设生态文明、建设什么样的生态文明、怎样建设生态文明的重大理论和实践问题，形成了习近平生态文明思想。习近平生态文明思想是习近平新时代中国特色社会主义思想的重要组成部分，是新时代加强生态环境保护、建设美丽中国的根本遵循和行动指南。

习近平同志在许多重要会议和重要场合，围绕我国生态文明建设的若干重大问题，进行了深入系统的研究、谋划和部署。一是在全国生态环境保护大会上，对美丽中国建设作出系统全面的部署。比如，2018年5月18日、2023年7月17日，习近平同志在全国生态环境保护大会上，阐明了生态文明建设的奋斗目标、方针原则、战略任务和重大举措。二是主持中央政治局集体学习，带头研究和思考我国生态文明中基础性、战略性、前瞻性的重大问题。比如，2013年5月24日十八届中央政治局第六次集体学习内容是大力推进生态文明建设，2013年7月30日第八次集体学习内容是建设海洋强国研究，2017年5月26日第四十一次集体学习内容是推动形成绿色发展方式和生活方式，2021年4月30日十九届中央政治局第二十九次集体学习内容是新形势下加强我国生态文明建设，2022年1月24日十九届中央政治局第三十六次集体学习内容是努力实现碳达峰碳中和目标，等等。三是召开中央财经领导小组、中央财经委员会会议，专题研究和部署生态文明建设中重大而紧迫的问题。比如，2014年3月14日，中央财经领导小组第五次会议研究水安全战略，确立了"节水优先、空间均衡、系统治理、两手发力"的治水新思路；2014年6月13日，中央财经领导小组第六次会议研究我国能源安全战略，明确提出了推动能源消费、能源供给、能源技术、能源体制革命和加强国际合作的能源安全新战略；2016年1月26日，中央财经领导小组第十二次会议研究长江经济带发展规划、森林生态安全等问题；2016年12月21日，中央财经领导小组第十四次会议研究清洁取暖、普遍推行垃圾分类制度、畜禽养殖废弃物处理和资源化、加强食品安全监管等人民群众普遍关心的突出问题；2018年10月10日，中央财经委员会第三次会议研究提高我国自然灾害防治能力问题;2021年2月19日,中央全面深化改革委员会第十八次会议审议通过《关于建立健全生态产品价值实现机制的意见》;等等。四是在一系列重要场合比如中央经济工作会议、中央城镇化工作会议、中央农村工作会议等会议上发表重要讲话,深刻分析和阐述我国生态文明建设的目标任务、重大方针、政策措施等。五是在外出考察比如到青海、甘肃、内蒙古等地以及重要生态屏障、重点生态功能区考察时,结合实际对当地提出具体细致乃至对全国都具有指导意义的工作要求。六是在一些重要国际场合结合推进"一带一路"建设、参与全球治理体系变革、维护全球生态安全等重大问题阐明中国关于生态文明建设的国际主张、原则立场。在这一系列重要论述中,习近平同志既深刻分析了我国生态文明建设的现实状况,又剖析了问题根源,明确提出了解决方案和应对措施,对我国生态文明建设新实践及时做出理论概括和思想提升,习近平生态文明思想的内涵不断充实、深化,作为一个思想体系也愈加丰富、成熟。

习近平生态文明思想内涵十分丰富,涵盖新时代生态文明建设的战略地位、总体目标、体系框架、核心原则、根本途径、制度保障和政治领导等方面,这些构成了习近平生态文明思想的"四梁八柱"。其主要内容可以概括如下。

第一,关于生态文明建设的总体目标。以习近平同志为核心的党中央对我国生态文明建设的奋斗目标作出了战略安排:到2020年,生态文明建设水平与全面建成小康社会目标相适应;到2035年,美丽中国目标基本实现;到本世纪中叶,建成美丽中国。这是内涵十分丰富、要求极为严格的奋斗目标,我们开展生态文明建设,必须对标对表,按照这样的"三步走"目标逐步发力、层层深入推进。

第二,关于生态文明建设的体系框架。习近平同志用"五个体系"全面界定了生态文明体系的基本框架。这"五个体系"是:以生态价值观念为准则的生态文化体系,以产业生态化和生态产业化为主体的生态经济体系,以改善生态环境质量为核心的目标责任体系,以治理体系和治理能力现代化为保障的生态文明制度体系,以生态系统良性循环和环境风险有效防控为重点的生态安全体系。这"五个体系"相辅相成、相得益彰。

第三,关于生态文明建设的核心原则。一是坚持人与自然和谐共生。人与自然是生命共同体。必须坚持节约优先、保护优先、自然恢复为主的方针，坚定不移走生产发展、生活富裕、生态良好的文明发展道路，还自然以宁静、和谐、美丽。二是坚持绿水青山就是金山银山。绿水青山既是自然财富、生态财富，又是社会财富、经济财富。必须贯彻新发展理念，努力把绿水青山蕴含的生态产品价值转化为金山银山，使绿水青山持续发挥生态效益和经济社会效益。三是良好生态环境是最普惠的民生福祉。环境就是民生，青山就是美丽，蓝天也是幸福。必须坚持以人民为中心，重点解决损害群众健康的突出环境问题，提供更多优质生态产品。四是山水林田湖草沙冰是生命共同体。人的命脉在田，田的命脉在水，水的命脉在山，山的命脉在土，土的命脉在林和草，沙和冰也是独特而重要的生态资源。要从系统工程和全局角度寻求新的治理之道，统筹兼顾、整体施策、多措并举。五是用最严格制度最严密法治保护生态环境。要加快制度创新，增加制度供给，完善制度配套，强化制度执行，让制度成为刚性约束和不可触碰的高压线。六是共谋全球生态文明建设。建设绿色家园是人类的共同梦想。要深度参与全球环境治理，积极引导国际秩序变革方向，形成世界环境保护和可持续发展的解决方案，推动构建人类命运共同体。

第四，关于生态文明建设的根本途径。绿色发展是新发展理念的重要组成部分，是全方位变革、构建高质量现代化经济体系的必然要求。绿色发展就其要义来说，是要解决好人与自然和谐共生问题。全面推动绿色发展，加快形成绿色发展方式，是解决污染问题的根本之策。坚持绿色发展、循环发展、低碳发展，做强做大绿色经济。倡导简约适度、绿色低碳的生活方式，通过生活方式革命倒逼生产方式绿色转型。

第五，关于生态文明建设的制度保障。生态文明体制改革是全面深化改革的重要领域，也是生态文明建设的重要保障。建设生态文明，重在建章立制。要以解决生态环境领域突出问题为导向，着力推进生态文明制度创新，不断健全自然资源资产管理体制，改革生态环境监管体制，强化绿色发展法律和政策保障，构建产权清晰、多元参与、激励约束并重、系统完整的生态文明制度体系。

第六，关于生态文明建设的政治领导。在我们这样一个幅员辽阔、生态面貌丰富多样的发展中大国，污染防治是时间紧、任务重、难度大的攻坚战，必须有一个坚强的领导核心，这就是中国共产党。生态治理无小事，生态文明建设的任何战略部署、行动方案，都必须在党中央的坚强领导下开展，各地区各部门必须坚决维护党中央权威和集中统一领导，坚决担负起生态文明建设的政治责任。要健全党委领导、政府主导、企业主体、社会组织和公众共同参与的现代环境治理体系，构建一体谋划、一体部署、一体推进、一体考核的制度机制。要建立科学合理的考核评价体系，推动中央环保督察向纵深发展，实施最严格的考核问责，严格追究责任。

习近平生态文明思想是习近平同志着眼于我国生态文明建设的基本国情和严峻形势，坚持解放思想、实事求是、与时俱进、求真务实，以全新的视野、全新的认识不懈探索生态文明建设规律而形成的独创性理论成果。这一理论成果，用人与自然和谐共处的价值取向拓展了人们对自然的认识，倡导牢固树立社会主义生态文明观，开辟了人与自然和谐发展的现代化建设新格局；用绿水青山就是金山银山的发展导向从根本上扭转了人们对发展的认识，推动了发展观的深刻变革，确立了绿色发展的新理念；用良好生态环境就是最普惠民生福祉的民生底蕴，深化了对人民需要的认识，指明了生态惠民、生态利民、生态为民的生态文明发展新方向；用山水林田湖草是生命共同体的系统思维，改变了过去算小账、算眼前、顾此失彼、单一治理的片面倾向，强调要树立大局观、长远观、整体观，开创了全方位、全地域、全过程生态治理的新模式；用最严格制度最严密法治保护生态环境的法治观念，改变了体制不健全、制度不严格、法治不严密、执行不到位、惩处不得力的弊端，把制度建设作为生态文明建设的重中之重，推动生态文明建设迈入制度化、法治化、规范化、程序化的新轨道；用共谋全球生态文明建设的全球视野，倡导国际社会同舟共济、携手共建生态良好的地球美好家园，为人类可持续发展和全球环境治理提供了充满东方智慧的中国方案。

习近平同志坚持运用辩证唯物主义和历史唯物主义的世界观和方法论，深刻阐述了事关生态文明建设全局的一系列重大关系，揭示了新时代生态文明建设的辩证法，体现了我们党对生态文明建设规律的辩证把握。他在总结新时代十年的实践经验、分析当前面临的新情况新问题的基础上，提出继续推进生态文明建设,必须正确处理几个重大关系。一是高质量发展和高水平保护的关系。要站在人与自然和谐共生的高度谋划发展,通过高水平环境保护,不断塑造发展的新动能、新优势,着力构建绿色低碳循环经济体系,有效降低发展的资源环境代价,持续增强发展的潜力和后劲。二是重点攻坚和协同治理的关系。要坚持系统观念,抓住主要矛盾和矛盾的主要方面,对突出生态环境问题采取有力措施,同时强化目标协同、多污染物控制协同、部门协同、区域协同、政策协同,不断增强各项工作的系统性、整体性、协同性。三是自然恢复和人工修复的关系。要坚持山水林田湖草沙一体化保护和系统治理,构建从山顶到海洋的保护治理大格局,综合运用自然恢复和人工修复两种手段,因地因时制宜、分区分类施策,努力找到生态保护修复的最佳解决方案。四是外部约束和内生动力的关系。要始终坚持用最严格制度最严密法治保护生态环境,保持常态化外部压力,同时要激发起全社会共同呵护生态环境的内生动力。五是"双碳"承诺和自主行动的关系。我们承诺的"双碳"目标是确定不移的,但达到这一目标的路径和方式、节奏和力度则应该而且必须由我们自己作主,决不受他人左右。①

习近平同志在论述生态文明建设时还有很多脍炙人口的名言,比如"让群众望得见山、看得见水、记得住乡愁"②、"绿色生态是最大财富、最大优势、最大品牌"③、"共抓大保护、不搞大开发"④等,这些理念直抵人心,振聋发聩。他主动给各级干部去掉增长速度的"紧箍咒",强调"不能简单以国内生产总值论英雄",经济增速下去一点,但在绿色发展方面搞上去了,那就可以挂红花、当英雄。他对生态文明建设进行总体部署,以抓铁有痕、踏石留印的韧劲,推动重要领域和关键环节取得突破性进展。他亲自部署中央环境保护督察,雷厉风行、压茬推进,推动环境保护重大决策落地生根。这些思想论述和行动举措,在实际工作中都取得了实实在在的成效。

---

① 习近平:《推进生态文明建设需要处理好几个重大关系》,《求是》2023年第22期,第4
—7页。
②《习近平著作选读》第2卷,人民出版社2023年版,第171页。
③ 习近平:《论坚持人与自然和谐共生》,中央文献出版社2022年版,第137页。
④《习近平著作选读》第2卷,人民出版社2023年版,第153页。

新时代十年来,美丽中国建设加速推进,实现了"四个重大转变"。我们从解决突出生态环境问题入手,注重点面结合、标本兼治,实现由重点整治到系统治理的重大转变;坚持转变观念、压实责任,不断增强全党全国推进生态文明建设的自觉性主动性,实现由被动应对到主动作为的重大转变;紧跟时代、放眼世界,承担大国责任、展现大国担当,实现由全球环境治理参与者到引领者的重大转变;不断深化对生态文明建设规律的认识,形成新时代中国特色社会主义生态文明思想,实现由实践探索到科学理论指导的重大转变。经过顽强努力,我国天更蓝、地更绿、水更清,万里河山更加多姿多彩。新时代生态文明建设的成就举世瞩目,成为新时代党和国家事业取得历史性成就、发生历史性变革的显著标志。

三、推进绿色低碳科技自立自强

2020年9月22日,习近平同志在第75届联合国大会一般性辩论上的讲话中庄严宣告:"中国将提高国家自主贡献力度,采取更加有力的政策和措施,二氧化碳排放力争于二○三○年前达到峰值,努力争取二○六○年前实现碳中和。"[①]这是以习近平同志为核心的党中央作出的一项意义深远的重大决策,必将对我国经济社会发展产生巨大而深刻的影响。欧美国家从碳达峰到碳中和,一般有50年到70年过渡期。而中国碳达峰的时间比较紧,从提出碳中和到实现碳中和只有40年时间。这意味着中国作为世界上最大的发展中国家,将完成全球最高碳排放强度降幅,用全球历史上最短的时间实现从碳达峰到碳中和。这无疑将是一场硬仗。

我国力争2030年前实现碳达峰,2060年前实现碳中和,是新发展阶段我国实现可持续发展、高质量发展的内在要求,更是一场广泛而深刻的经济社会系统性变革。降低二氧化碳排放、应对气候变化不是别人要我们做,而是我们自己必须要做、主动要做。实现"双碳"目标是我国向世界作出的庄严承诺,绝不是轻轻松松就能达到的。推进"双碳"工作,建设人与自然和谐共生的现代化,

---

① 习近平:《论坚持人与自然和谐共生》,中央文献出版社2022年版,第252页。

建设美丽中国,是顺应技术进步趋势、破解资源环境约束突出问题、推动经济结构转型升级的迫切需要,是对我们党治国理政能力的大考,对我国科技事业提出了新的更高要求。虽然我国生态文明建设成效显著,但我国生态环境质量同人民群众对美好生活的期盼相比,同建设美丽中国的目标相比,还有较大差距。近年来,我国前瞻部署了一系列重大科技项目,在全球气候变化应对、环境污染防控、生态系统修复、资源开发与高效利用等相关领域科技创新上取得显著进展。但当前和今后一个时期,仍然面临着生态退化、环境恶化、资源短缺等重大科技和民生问题。我国产业结构调整有一个过程,传统产业所占比重依然较高,战略性新兴产业、高技术产业尚未成长为经济增长的主导力量,能源结构没有得到根本性改变,重点区域、重点行业污染问题没有得到根本解决,资源环境对发展的压力越来越大,实现"双碳"目标任务艰巨。

2021年10月24日,国务院印发《2030年前碳达峰行动方案》,强调把"双碳"工作纳入生态文明建设整体布局和经济社会发展全局,坚持降碳、减污、扩绿、增长协同推进,组织实施好能源绿色低碳转型行动、节能降碳增效行动、工业领域碳达峰行动、城乡建设碳达峰行动、交通运输绿色低碳行动、循环经济助力降碳行动、绿色低碳科技创新行动、碳汇能力巩固提升行动、绿色低碳全民行动、各地区梯次有序碳达峰行动等"碳达峰十大行动"。强调要注重处理好发展和减排、整体和局部、短期和中长期的关系,统筹稳增长和调结构,有力有序有效做好碳达峰工作,加快实现生产生活方式绿色变革,推动经济社会发展建立在资源高效利用和绿色低碳发展的基础之上,确保如期实现2030年前碳达峰目标。2023年7月17日,习近平同志在全国生态环境保护大会上指出:"积极稳妥推进碳达峰碳中和。要坚持全国统筹、节约优先、双轮驱动、内外畅通、防范风险的原则,落实好碳达峰碳中和'1+N'政策体系。"①

生态环境问题归根到底是经济社会发展方式和人类生产生活方式问题。绿色发展是生态文明建设的必然要求,代表了当今科技和产业变革方向,是最有前途的发展领域。我国生态文明建设面临着严峻的形势,迫切需要依靠更

---

① 习近平:《以美丽中国建设全面推进人与自然和谐共生的现代化》,《求是》2024年第1期,第8页。

多更好的科技创新建设天蓝、地绿、水清的美丽中国。绿色低碳技术创新是全球新一轮产业革命和科技变革的重要内容,更是我国应对气候变化、推动高质量发展、实现美丽中国建设目标的重要支撑。大力发展绿色低碳技术,推动经济社会发展全面绿色转型是解决我国生态环境问题的基础之策。"加快推动发展方式绿色低碳转型。坚持把绿色低碳发展作为解决生态环境问题的治本之策,加快形成绿色生产方式和生活方式,厚植高质量发展的绿色底色。"①我们要坚定不移贯彻新发展理念,强化科技和制度创新,加强水、土和生态系统保护理论与关键技术研究,加快大气、水、土壤以及生态退化等防治与修复关键方法及适用技术研究与开发,突破能源资源开发和高效利用关键新技术,为人民提供更多优质生态产品,协同推进人民富裕、国家富强、中国美丽。

实现"双碳"目标,必须充分发挥科技创新的支撑引领作用,开展绿色低碳科技创新行动。2022年1月24日,习近平同志在十九届中央政治局第三十六次集体学习时,明确提出了"加快绿色低碳科技革命"的号召,强调要狠抓绿色低碳技术攻关,加快先进适用技术研发和推广应用。要建立完善绿色低碳技术评估、交易体系,加快创新成果转化。要创新人才培养模式,鼓励高等学校加快相关学科建设。绿色低碳技术是实现绿色低碳发展的基本技术途径,是一个总体性概念,包括很多方面,内涵十分丰富。要紧紧抓住新一轮科技革命和产业变革的机遇,推动互联网、大数据、人工智能、第五代移动通信(5G)等新兴技术与绿色低碳产业深度融合,建设绿色制造体系和服务体系,提高绿色低碳产业在经济总量中的比重。要完善绿色低碳政策体系,健全"双碳"标准,构建统一规范的碳排放统计核算体系,推动能源"双控"向碳排放总量和强度"双控"转变。

2023年7月17日,习近平同志在全国生态环境保护大会上指出:"要加强科技支撑。推进绿色低碳科技自立自强,把应对气候变化、新污染物治理等作为国家基础研究和科技创新重点领域,狠抓关键核心技术攻关。"②这里首次提

① 习近平:《以美丽中国建设全面推进人与自然和谐共生的现代化》,《求是》2024年第1期,第6页。
② 习近平:《以美丽中国建设全面推进人与自然和谐共生的现代化》,《求是》2024年第1期,第9页。

出了"绿色低碳科技自立自强",表明了以习近平同志为核心的党中央对绿色低碳科技的殷切期望和明确要求。"绿色低碳科技自立自强"是高水平科技自立自强在生态文明建设领域的具体反映,是建设美丽中国、实现"双碳"目标的必然途径。从"绿色低碳科技革命"到"绿色低碳科技自立自强",表明我们党对生态科技的认识上升到了一个新的高度。

当前和今后一个时期,我们应注重从三个层面努力,着力发展能源资源开发利用技术、污染防治技术、生态修复技术。

1. 发展能源资源可持续利用技术,着力提升综合利用效率

"双碳"目标将倒逼能源资源开发利用方式发生革命性变革。从现状来看,经过长期发展,我国已经成为世界上最大的能源生产国和消费国,形成了煤炭、电力、石油、天然气、新能源、可再生能源全面发展的能源供给体系,但也面临着能源需求压力巨大、能源供给制约较多、能源生产和消费对生态环境损害严重、能源技术水平总体落后等挑战。节约集约开发利用能源资源,是缓解我国能源资源约束的必然选择,是走绿色发展之路的重要路口,也是我们面临的一项长期而艰巨的任务。科学技术可以极大提高能源资源开发利用的效率,保障经济社会发展所需的能源资源安全、可靠、有效供给和可持续利用。走绿色发展之路,必须要有一个总的抓手,这个总抓手就是围绕"双碳"目标推动减污降碳协同增效。牢牢把握这个总抓手,着力推动能源资源开发利用技术实现重大突破,加快推动产业结构、能源结构、交通运输结构、用地结构调整。坚持创新驱动,把科技创新作为提高资源利用效率的关键,紧盯制约我国资源高效利用的核心技术和装备瓶颈,加强绿色低碳技术研发攻关,实现重点领域突破,为提高资源利用效率提供强大动力。要立足我国能源资源禀赋,坚持先立后破、通盘谋划,传统能源逐步退出必须建立在新能源安全可靠的替代基础上。积极开展能源资源可持续利用技术攻关,加快科技创新和成果应用,建设可持续能源资源体系,加强传统能源资源低碳高效清洁安全利用,加快新能源开发利用的信息化、智能化、产业化,提高重要矿产资源、水资源、油气资源的精准勘探、深度开发和高效利用水平。习近平同志提出了"构建清洁低碳安全高效的能源体系","加快构建新型电力系统","提升国家油气安全保障能

力"①的工作要求。

一是抓住资源利用这个源头，全面提高资源利用效率。发展能源资源可持续利用技术，首先就要转变传统的增加资源供给只能依靠开发原生资源的认识，要意识到通过提升利用效率可以有效增加资源供给，并从源头上改善生态环境。我国当前面临的生态环境破坏问题，大部分是在快速工业化城镇化进程中对资源过度开发、粗放使用、奢侈浪费造成的。必须依靠科技手段改变传统的大量生产、大量消耗、大量排放的发展模式，推进资源总量管理、科学配置、全面节约、循环利用，用最少的资源环境消耗取得最大的经济社会效益。巩固提升能源产业链竞争力，立足我国新能源产业优势锻造能源技术装备长板。推动能源技术与现代信息、新材料、先进制造技术深度融合。推广节能新技术和节能新产品，加快钢铁、石化等高耗能行业的节能技术改造。要坚决控制化石能源消费，尤其是严格合理控制煤炭消费增长，有序减量替代，大力推动煤电节能降碳改造、灵活性改造、供热改造"三改联动"。要夯实国内能源生产基础，保障煤炭供应安全，保持原油、天然气产能稳定增长，加强煤气油储备能力建设，推进先进储能技术规模化应用。要推进能源效率促进公平用能，形成多能互补、深度协同的能源生产和消费模式。要立足能源可持续利用，把保护能源生态作为约束条件，着力解决新能源技术瓶颈问题。

二要抓住产业结构调整这个关键，持续降低碳排放强度。既要运用新技术改造传统产业，同时又要加快发展战略性新兴产业。要把促进新能源和清洁能源发展放在更加突出的位置，积极有序发展光能源、硅能源、氢能源、可再生能源。加快发展有规模有效益的风能、太阳能、生物质能、地热能、海洋能、氢能等新能源，统筹水电开发和生态保护，积极安全有序发展核电。要紧紧抓住新一轮科技革命和产业变革的机遇，推动互联网、大数据、人工智能、第五代移动通信(5G)等新兴技术与绿色低碳产业深度融合，建设绿色制造体系和服务体系，提高绿色低碳产业在经济总量中的比重。要完善绿色低碳政策体系，健全"双碳"标准，构建统一规范的碳排放统计核算体系，推动能源"双控"向碳

---

① 习近平:《以美丽中国建设全面推进人与自然和谐共生的现代化》,《求是》2024年第1期,第8页。

排放总量和强度"双控"转变。要强化财政支持、税收政策支持、金融支持、价格政策支持。要推动有效市场和有为政府更好结合,将碳排放权、用能权、用水权、排污权等资源环境要素一体纳入要素市场化配置改革总盘子,支持出让、转让、抵押、入股等市场交易行为,加快构建环保信用监管体系,规范环境治理市场,促进环保产业和环境服务业健康发展。

三是开展能源资源开发利用前沿技术研究,解决好推进绿色低碳发展的科技支撑不足问题。要推动能源技术与现代信息、新材料和先进制造技术深度融合,探索能源生产和消费新模式。加强碳捕集利用和封存技术、零碳工业流程再造技术等科技攻关。以科技创新促进能源水资源节约高效利用、粮食节约减损、土地资源节约集约利用、矿产资源综合开发利用、原材料节约和回收循环利用。加大力度规划建设以大型风光电基地为基础、以其周边清洁高效先进节能的煤电为支撑、以稳定安全可靠的特高压输变电线路为载体的新能源供给消纳体系。从拓宽和节约水资源两手,开展水资源领域重大科技问题研究,加强系统集成技术攻关,形成自主、持续创新的水资源科技能力。加强重点地区土壤污染关键科技问题研究,比如土壤环境容量与承载力、污染物多介质迁移、循环和转化机理等,构建全链条的土壤环境治理与技术体系。

四是加强政策引导,强化稳定支持投入。能源资源领域科技创新的重要性、长期性和艰巨性决定了需要长期大量的经费支持。在保障财政投入的基础上,要进一步完善财税、金融等政策,推动更多社会资本、市场资本投入到能源资源开发利用领域,建立健全多方参与的多元化投融资体制。具体要求包括:发挥资源税、消费税等税收政策以及土地、矿产、海洋等自然资源资产管理制度的调节作用。落实节能、节水、资源综合利用等税收优惠。继续推进水资源税改革。有序推进资源节约等领域相关金融产品和服务开发,鼓励金融机构给予多元化融资支持。发挥各类绿色发展基金作用,吸引各类社会资本进入资源节约领域。

五是要倡导绿色低碳生活。要加强宣传教育,在日常生活中养成珍爱能源资源的消费习惯和良好生活方式,营造节约适度、绿色低碳、文明健康的生活新时尚。要增强全民节约意识,推行简约适度、绿色低碳的生活方式,反对奢侈浪费和过度消费,努力形成全民崇尚节约的浓厚氛围。

2. 发展污染防治技术,深入打好污染防治攻坚战

污染防治技术是直接面向环境污染而形成和发展起来的技术,重在解决生态破坏问题。"十三五"时期污染防治攻坚战取得重大阶段性成果,蓝天、碧水、净土保卫战成效显著。但是我国生态环境压力仍然处于高位,结构性污染问题比较突出,污染物排放总量超过环境容量,生态文明建设任重道远。特别是我国已进入新发展阶段,人民群众对生态环境质量的期望值更高,对生态环境问题的容忍度更低。这就决定了我们要坚持美丽中国建设方向不变、力度不减,延伸深度、拓宽广度,推动污染防治技术实现重大突破,集中力量开展科技攻关,重点解决损害人民群众健康的突出环境问题,不断提高老百姓的环境舒适度、生态体验感。习近平同志指出:"持续深入打好污染防治攻坚战。要坚持精准治污、科学治污、依法治污,保持力度、延伸深度、拓展广度,深入推进环境污染防治,持续改善生态环境质量。"①

一是突出精准治污、科学治污、依法治污"三个治污"。精准治污,就是认真分析生态环境破坏的主要矛盾和矛盾的主要方面,深入研究污染发生的时间、地点、损害程度,做到精准发现问题,精准开展靶向治疗。科学治污,就是深入研究污染问题成因机理及时空和内在演变规律,运用科学手段、科学方法、科学思维制订针对性强、实效性强的治理方案。依法治污,就是加强法治建设,注重建章立制,依靠法律保护生态环境,运用法治措施开展污染治理,在法治轨道上推进生态环境保护工作。

二是抓住污染防治攻坚战三大领域的主要问题,持续攻坚、不懈攻坚,继续打好蓝天、碧水、净土"三大保卫战"。目前我国生态环境压力依然处于高位,结构性污染问题比较突出,污染物排放总量超过环境容量,新老环境问题交织。在大气治理方面,强化多污染物协同控制和区域协同治理,加强细颗粒物和臭氧协同控制,基本消除重污染天气。在水体治理方面,要加强江河湖库污染防治和生态保护,建设美丽海湾,逐步恢复水生态功能,有效保护居民饮

---

① 习近平:《以美丽中国建设全面推进人与自然和谐共生的现代化》,《求是》2024年第1期,第4页。

用水安全。在土壤污染治理方面,要加强科学用地、科学施肥,有效管控农用地和建设用地土壤污染风险。

三是实施垃圾分类和减量化、资源化,加强白色污染治理,加强危险废物医疗废物收集处理,强化重金属污染防治。要加大垃圾资源化利用力度,大力发展循环经济,减少能源资源浪费。要倡导简约适度、绿色低碳、文明健康的生活方式,引导绿色低碳消费,鼓励绿色出行,开展绿色低碳社会行动示范创建,增强全民节约意识、生态环保意识。

四是要补齐短板,在实施乡村振兴战略过程中加强农村污染治理,推动污染防治向乡镇、农村延伸,大力改善农村人居环境。生态宜居是乡村振兴的内在要求,体现了广大农民群众对建设美丽家园的追求。近年来,各级党委和政府以钉钉子精神推进农业面源污染防治,加强土壤污染、地下水超采、水土流失等治理和修复,扎实实施农村人居环境整治三年行动计划,推进农村"厕所革命",完善农村生活设施,着力打造农民安居乐业的美丽家园。2018年12月,中央农办、农业农村部等18个部门共同启动村庄清洁行动,重点发动农民开展"三清一改",即清理农村生活垃圾、清理村内塘沟、清理畜禽养殖粪污等农业生产废弃物、改变影响农村人居环境的不良习惯,集中整治村庄环境脏乱差。经过三年多来的努力,取得了很好的成效。2022年1月,农业农村部、国家乡村振兴局印发《关于通报表扬2021年全国村庄清洁行动先进县的通知》,对北京市昌平区等98个措施有力、成效突出、群众满意的村庄清洁行动先进县予以通报表扬。今后,要健全长效保洁机制,推动村庄环境向美丽宜居迈进,让天更蓝、地更绿、水更清,美丽城镇和美丽乡村交相辉映、美丽山川和美丽人居有机融合。

3. 发展生态修复技术,提升生态系统多样性、稳定性、持续性

生态环境问题之所以频频发生,主要是因为人类的大规模、高强度开发利用超过了生态环境的自然承载力。当前,我国生态系统总体仍然脆弱,生态承载力和环境容量不足,部分地区经济开发与生态保护的矛盾仍然十分突出,生态保护与修复仍然面临较大压力。因而,守住自然生态安全边界和底线,保护并恢复生态环境的自然承载力,开展生态修复工作,既是增加优质生态产品供

给的必然要求,也是减缓和遏制生态恶化带来不利影响的重要手段。习近平同志强调,要"着力提升生态系统多样性、稳定性、持续性","加大生态系统保护力度","切实加强生态保护修复监管","拓宽绿水青山转化金山银山的路径"①。生态系统多样性、稳定性、持续性是综合性的生态要求,表征的是生态系统结构、过程、功能的完整性、协调性以及建立在这种基础之上呈现出来的总体健康、良性循环状态。我们说人与自然和谐共生,生态系统质量和稳定性就是其中一个重要表现和标志。要从生态系统整体性出发,更加注重用养结合、以养为用、养为用先,推动生态修复技术实现重大突破,有效恢复并不断增强生态环境的自然承载力。

一是研究生态系统演变关键过程,坚持以保障自然生态系统休养生息为基础,更加注重综合治理、系统治理、源头治理,同步推进山水林田湖草沙冰一体化保护和修复,增值自然资本、厚植生态产品价值。一方面,科学、合理、有序推进休养生息。科学研究和制定草原森林河流湖泊休养生息的规律和时序,健全耕地休耕轮作制度。另一方面,开展科技攻关,着力推进荒漠化、石漠化、水土流失综合治理,开展大规模国土绿化行动。

二是要加快构建以国家公园为主体的自然保护地体系,特别是要保护好我国生态文明建设的核心载体——自然保护地,加强对维护国家生态安全的生命线——生态保护红线的监管,着力建设陆海统筹、空天地一体、上下协同、信息共享的全国生态监测网络,形成全国"一个库"、"一张网"、"一幅图"的生态监测体系,严格生态执法监督和绩效考核,为维护国家生态安全和实现经济社会高质量发展筑牢基石。自然保护地是生态建设的核心载体,在维护国家生态安全中居于首要地位。

近年来,我国着力构建中国特色的、以国家公园为主体的自然保护地体系,逐步把自然生态系统最重要、自然景观最独特、自然遗产最精华、生物多样性最富集的区域纳入国家公园体系。2021年9月30日,国务院批复同意设立三江源、大熊猫、东北虎豹、海南热带雨林、武夷山国家公园,强调要坚持生态

---

① 习近平:《以美丽中国建设全面推进人与自然和谐共生的现代化》,《求是》2024年第1期,第7—8页。

保护第一、国家代表性、全民公益性的国家公园理念,加强自然生态系统原真性、完整性保护,正确处理生态保护与居民生产生活的关系,维持人与自然和谐共生并永续发展。

为加强生物多样性保护,我国还本着统筹就地保护与迁地保护相结合的原则,启动北京、广州等国家植物园体系建设。国家植物园是一个国家植物资源最丰富、植物分带最清晰、立体生态系统最完整、功能区划最完备的植物园,是衡量一个国家生物多样性保护水平的重要指标。我国是世界上植物多样性最丰富的国家之一,有高等植物3.6万余种。随着经济社会发展和人类活动加剧,生态环境破坏、过度开发、气候变化、外来物种入侵、自身繁殖受限等原因导致许多野生植物野外生存受到严重威胁,甚至濒临灭绝。中共中央办公厅、国务院办公厅印发的《关于进一步加强生物多样性保护的意见》提出,优化建设动植物园等各级各类抢救性迁地保护设施,填补重要区域和重要物种保护空缺,完善生物资源迁地保存繁育体系。2021年12月28日,国务院批复同意在北京设立国家植物园。此次批复在北京设立的国家植物园,现有迁地保护植物1.5万种,是全国唯一拥有世界三大温室旗舰物种的植物园。同时,拥有全国最强植物科研团队,建有2个国家重点实验室、3个中科院重点实验室和1个北京市重点实验室以及1座亚洲最大的植物标本馆,馆藏标本280多万份,是国际知名的综合性植物科学研究机构。国家植物园规划总面积近600公顷,分南、北两园。依托中国科学院植物所建设的南园以科研实验为主,侧重于植物基础科学研究、生物多样性保护和植物资源利用核心技术研发;依托北京市建设的北园以迁地收集、科普、展示为主,侧重植物应用研究、珍稀濒危植物保育、园艺植物收集展示、园林园艺技术研究及培训等。

2022年1月28日,国务院批复同意成都建设践行新发展理念的公园城市示范区,强调要将"绿水青山就是金山银山"理念贯穿城市发展全过程,充分彰显生态价值,推动生态文明建设与经济社会发展相得益彰,促进城市风貌与公园形态交织相融,着力厚植绿色生态本底、塑造公园城市优美形态,着力创造宜居美好生活、增进公园城市民生福祉,着力营造宜业优良环境、激发公园城市经济活力,着力健全现代治理体系、增强公园城市治理效能,实现高质量发展、高品质生活、高效能治理相结合,打造山水人城和谐相融的公园城市。

三是建立健全生态产品价值实现机制,把良好生态本身蕴含着的经济社会价值展现出来。生态产品价值实现机制,就是把被保护的、现有的和潜在的生态产品,通过财政购买、地区间生态价值交换、市场化运作、生态产品溢价等路径和方式,将其生态价值转化为经济价值和社会价值的一种制度形式。近年来,我国在浙江、江西、贵州、青海、福建、海南等省先后开展生态产品价值实现机制试点和先行先试,探索这一机制的实现形式和路径。在总结实践经验的基础上,2021年4月26日,中共中央办公厅、国务院办公厅正式向外公布了《关于建立健全生态产品价值实现机制的意见》。这个《意见》强调要建立生态环境保护者受益、使用者付费、破坏者赔偿的利益导向机制,引导和倒逼形成绿色发展方式、生产方式和生活方式,塑造宜山则山、宜水则水、宜农则农、宜工则工、宜商则商的城乡区域发展新格局,实现生态环境保护与经济发展协同推进,使生态成为支撑经济社会持续健康发展的不竭动力。

生态保护补偿制度作为生态文明制度的重要组成部分,是落实生态保护权责、调动各方参与生态保护积极性的重要手段,也是推动生态产品价值实现机制的一个重要方面。2021年9月12日,新华社播发了中共中央办公厅、国务院办公厅印发的《关于深化生态保护补偿制度改革的意见》。《意见》强调,要加快健全有效市场和有为政府更好结合、分类补偿与综合补偿统筹兼顾、纵向补偿与横向补偿协调推进、强化激励与硬化约束协同发力的生态保护补偿制度,为维护国家生态安全、奠定中华民族永续发展的生态环境基础提供坚实有力的制度保障。①

四是在加强生物多样性格局和群落演化研究的基础上实施重大保护工程。生物多样性是人类赖以生存和发展、人与自然和谐共生的重要基础,是宝贵的自然财富和经济财富。要抓紧开展生物多样性普查,开展调查观测评估,摸清我国生物多样性底数、影响因素和动态变化趋势。通过完善多样性保护监管信息系统,提升保护和监管能力。在生物多样性保护优先区域实施一批重点保护工程,比如生态廊道连通和建设工程、就地保护与迁地保护工程、物

---

① 《中共中央办公厅 国务院办公厅印发〈关于深化生态保护补偿制度改革的意见〉》,新华网,2021年9月12日。

种库建设工程、外来入侵物种综合防治工程等。加强生物多样性保护和恢复理论与应用技术研究,完善相关标准和规范。加快建设生物多样性保护试点示范与公民教育基地,调动地方开展生物多样性保护的主动性积极性创造性。

五是加强生态修复保护知识普及教育。充分运用新媒体以形式多样的方式和载体,在全社会广泛宣传生态文明理念,引导全社会树立保护修复生态环境新风尚,提升保护修复生态环境的思想自觉和行动自觉。

建设美丽中国是一项复杂的系统工程,必须统筹各领域资源,汇聚各方面力量,打好法治、市场、科技、政策"组合拳"。科技"组合拳"是其中一个十分重要的组成部分。在推进"绿色低碳科技自立自强"的同时,我们还必须坚持系统观念,从法治、市场、政策等方面努力,形成整体合力。在新时代新征程上,我们必须以更高站位、更宽视野、更大力度来谋划和推进新征程生态环境保护工作,谱写新时代生态文明建设新篇章。

第十五章 |
推进国防和军队现代化建设

强国必须强军,军强才能国安。当今世界百年未有之大变局正在加速演进,我国正处在由大向强发展的关键阶段,进入战略机遇和风险挑战并存、不确定难预料因素增多的时期。从国际看,世情国情军情持续发生深刻复杂变化,强军兴军面临新的时与势。国际战略格局和全球治理体系变革深入推进,大国博弈日趋激烈,各种安全挑战层出不穷,引发战争风险的不确定因素增多。新一轮科技革命和军事变革加速发展,世界各主要国家纷纷调整安全战略、军事战略,调整军队组织形态,军事竞争战略主动权的争夺更加剧烈。从国内看,改革发展稳定任务更加繁重,我军正在经历一场广泛而深刻的军事变革,新情况新问题不断出现,强军兴军面临不少"娄山关"、"腊子口"。中华民族伟大复兴的前景十分光明,但是挑战也十分严峻,维护国家主权、安全和发展利益任重而道远。把国防和军队建设得更加强大,我国发展的底气才足、腰杆才硬。新的征程上,我们必须全面贯彻习近平强军思想,贯彻新时代军事战略方针,坚持党对人民军队的绝对领导,坚持走中国特色强军之路,全面推进政治建军、改革强军、科技强军、人才强军、依法治军,把人民军队建设成为世界一流军队,以更强大的能力、更可靠的手段捍卫国家主权、安全、发展利益!

一、坚持党对人民军队的绝对领导

强军兴军,关键在党。党对人民军队的绝对领导是中国特色社会主义的本质特征,是人民军队的建军之本、强军之魂。中国人民解放军作为一支新型的无产阶级军队,从一开始就是中国共产党独立缔造的武装力量,是执行党所赋予的政治任务的武装集团,是在党的绝对领导和直接指挥下的革命队伍。中国共产党领导建设强大人民军队的经验启示,最内在、最鲜亮的在于人民军队党缔造、人民军队为人民,在于党对军队绝对领导、军队绝对听党指挥,在于与时俱进创新军事指导理论和战略指导,在于军队建设发展始终与国家富强、民族复兴融为一体,在于保持人民军队的政治本色和优良作风。

1. 人民军队为党和人民建立了不朽功勋

习近平同志在庆祝中国共产党成立一百周年大会上的讲话中指出:"人民军队为党和人民建立了不朽功勋,是保卫红色江山、维护民族尊严的坚强柱石,也是维护地区和世界和平的强大力量。"[①]建设强大的人民军队是我们党的不懈追求。在各个历史时期,我们党都根据面临的形势和任务,加强人民军队建设,着力推动国防和军队现代化。人民军队为巩固国防作出了卓越贡献。

1927年,正当大革命蓬勃发展的时候,国民党反动派背叛革命,勾结帝国主义,血腥屠杀中国共产党人和革命群众,使轰轰烈烈的大革命惨遭失败。一时间,神州大地笼罩在腥风血雨之中,中国共产党面临被赶尽杀绝的严重危险,中国革命处于命悬一线的紧要关头。中国共产党人从血的教训中深刻认识到,没有革命的武装就无法战胜武装的反革命,就无法担起领导中国革命的重任,就无法夺取中国革命的胜利,就无法改变中国人民和中华民族的命运。1927年8月1日,南昌城头一声枪响,拉开了我们党武装反抗国民党反动派的大幕。这是中国共产党历史上的一个伟大事件,是中国革命史上的一个伟大事件,也是中华民族发展史上的一个伟大事件。南昌城头的枪声,像划破夜空的一道闪电,使中国人民在黑暗中看到了革命的希望,在逆境中看到了奋起的力量。南昌起义连同随后党发动和领导的秋收起义、广州起义以及其他许多地区的武装起义,开启了我们党独立领导革命战争、创建人民军队、武装夺取政权的新篇章,揭开了中国革命的新纪元。中国共产党从此有了自己绝对领导之下、忠实执行革命政治任务的武装力量,中国人民从此有了同自己血肉相连、全心全意为人民服务的子弟兵,中华民族从此有了实现独立解放和伟大复

---

① 《习近平著作选读》第2卷,人民出版社2023年版,第484页。

兴的坚强保障。自那时起,中国共产党领导下的人民军队,就英勇投身为中国人民求解放、求幸福,为中华民族谋独立、谋复兴的历史洪流,同中国人民和中华民族的命运紧紧连在了一起。

在中国共产党领导下,人民解放军高举党的旗帜,高举人民的旗帜,牢记使命,英勇奋战,为中国人民解放事业,为我国社会主义建设和改革事业,为坚持和发展中国特色社会主义,为捍卫国家主权、安全、领土完整,建立了不可磨灭的历史功勋。人民解放军的历程,是紧紧同全国各族人民站在一起、全心全意为人民服务的光辉历程,是为民族独立和尊严、社会发展和进步英勇奋斗的光辉历程,是为维护世界和平、促进人类进步事业作出重要贡献的光辉历程。人民解放军以威武之师、文明之师、和平之师闻名于世,赢得了党和人民的高度信赖和赞誉。人民军队历经硝烟战火,一路披荆斩棘,付出巨大牺牲,取得一个又一个辉煌胜利,为党和人民建立了伟大的历史功勋。

英雄的人民军队,在土地革命战争、抗日战争、解放战争长达22年艰苦卓绝的斗争中,脚踏着祖国的大地,背负着民族的希望,以无往不胜的英雄气概、坚韧不拔的革命毅力、灵活机动的战略战术、英勇顽强的战斗作风,不怕牺牲、浴血奋战,克服了各种难以想象的艰难困苦,打败了国内外异常凶恶的敌人,推翻了压在中国人民头上的三座大山,以鲜血和生命为建立人民当家作主的新中国奠定了牢固根基,彻底扭转了中华民族近代以来落后挨打的被动局面。

英雄的人民军队,积极投身社会主义革命和建设,全面履行保卫祖国、保卫人民和平劳动的职能,英勇捍卫新生的人民政权,胜利进行抗美援朝战争和多次边境自卫作战,打出了国威军威,捍卫了祖国万里边疆和辽阔海空,有力支持了国家经济社会发展,为巩固新生人民政权、形成中国大国地位、维护中华民族尊严提供了坚强后盾。

英雄的人民军队,积极投身改革开放新的伟大革命和新时代中国特色社会主义的伟大实践,积极承担关系国计民生的重点工程建设任务,支援地方抢险救灾,为保护人民生命财产奋不顾身、赴汤蹈火,有力服务和保障国家改革发展稳定大局,依法履行香港、澳门防务职责,有效应对国家安全面临的各种威胁,坚决打击一切形式的分裂破坏活动,积极参与对外军事交流合作和联合国维和行动,为维护中国共产党领导和我国社会主义制度,为维护国家主权、安全、发展利益,为维护我国发展的重要战略机遇期,为维护地区和世界和平提供了强大力量支撑。

人民军队一路走来,紧跟党和人民事业发展步伐,在战斗中成长,在继承中创新,在建设中发展,革命化现代化正规化水平不断提高,威慑和实战能力不断增强。人民军队已经由过去单一军种的军队发展成为诸军兵种联合的强大军队,由过去"小米加步枪"武装起来的军队发展成为基本实现机械化、加快迈向信息化的强大军队。

抚今思昔,我们倍感自豪。我们的国家、我们的民族历经挫折而奋起、历经苦难而辉煌,发生了前所未有的历史巨变,迎来了从站起来到富起来、强起来的伟大飞跃。这是中国共产党坚强领导的胜利,是中国人民不懈奋斗的胜利,也是人民军队英勇奋战的胜利。总结历史,我们完全可以说,党和人民事业之所以能够不断从胜利走向胜利,社会主义中国之所以能够在国际风云剧烈变幻中始终站稳脚跟,中国特色社会主义道路之所以能够越走越宽阔,一个重要原因,就是我们有人民解放军这样一支忠于党、忠于社会主义、忠于祖国、忠于人民的英雄军队。

2. 毫不动摇坚持党对人民军队的绝对领导

党的领导,是人民军队始终保持强大的凝聚力、向心力、创造力、战斗力的根本保证。正是因为枪杆子始终掌握在党的手里,才保证了我军在长期复杂斗争中没有迷失方向,才保证了国家的长治久安。推进强军事业,必须毫不动摇坚持党对军队的绝对领导,确保人民军队永远跟党走。

一百年来,人民军队不断从胜利走向胜利,彰显了中国共产党领导的伟大力量。历史昭示我们,党指挥枪是保持人民军队本质和宗旨的根本保障。习近平同志强调:"坚持党指挥枪、建设自己的人民军队,是党在血与火的斗争中得出的颠扑不破的真理。"[①]有了中国共产党,有了中国共产党的坚强领导,人民军队前进就有方向、有力量。无论时代如何发展、形势如何变化,我们这支军队永远是党的军队、人民的军队。

---

① 《习近平著作选读》第2卷,人民出版社2023年版,第484页。

我们党历来强调,我们的人民军队是在党的绝对领导之下的。毛泽东同志指出:"我们的原则是党指挥枪,而决不容许枪指挥党。"①党对人民军队的绝对领导,是毛泽东同志、邓小平同志等老一辈革命家把马克思主义的普遍原理同中国革命和军队建设的实际相结合,创造性提出的一条根本建军原则。江泽民同志结合新的历史条件,从"军魂"的高度创造性地继承和发展了毛泽东同志、邓小平同志关于坚持党对军队绝对领导的思想。他指出:"一个军队要有军魂。我看,我们军队的军魂就是党的绝对领导。"②他在党的十六大报告中强调:"党对军队的绝对领导是我军永远不变的军魂,要毫不动摇地坚持党领导人民军队的根本原则和制度。"③胡锦涛同志指出:"人民军队必须具有凝聚军心的神圣军魂。人民解放军铸就的军魂,就是坚持党的绝对领导。"④"党对军队的绝对领导,是我军建军的根本原则和永远不变的军魂,是我国的基本军事制度和中国特色社会主义政治制度的重要组成部分,是党和国家的重要政治优势。"⑤习近平同志指出:"着力抓好铸牢军魂工作。坚持党对军队绝对领导是强军之魂,铸牢军魂是我军政治工作的核心任务,任何时候都不能动摇。"⑥"前进道路上,人民军队必须牢牢坚持党对军队的绝对领导,把这一条当作人民军队永远不能变的军魂、永远不能丢的命根子,任何时候任何情况下都以党的旗帜为旗帜、以党的方向为方向、以党的意志为意志。"⑦这些关于"军魂"的重要论述,深刻揭示了坚持党对军队绝对领导的极端重要性,为我们深刻理解和贯彻执行党对军队绝对领导的原则指明了方向。

中国人民解放军是党缔造的,一诞生便与党紧紧地联系在一起,始终在党的绝对领导下行动和战斗。军队要以党的宗旨为宗旨,以党的目标为目标。

---

① 《毛泽东选集》第2卷,人民出版社1991年版,第547页。

② 中共中央文献研究室编:《江泽民论有中国特色社会主义(专题摘编)》,中央文献出版社2002年版,第447页。

③ 《江泽民文选》第3卷,人民出版社2006年版,第562页。

④ 《胡锦涛文选》第2卷,人民出版社2016年版,第598页。

⑤ 《胡锦涛文选》第3卷,人民出版社2016年版,第293页。

⑥ 习近平:《论坚持党对一切工作的领导》,中央文献出版社2019年版,第82页。

⑦ 习近平:《论中国共产党历史》,中央文献出版社2021年版,第169页。

党对人民军队的绝对领导是我们党的优良传统,是我们军队特有的政治优势,是人民军队完全区别于一切旧军队的政治特质。千千万万革命将士矢志不渝听党话、跟党走,在挫折中愈加奋起,在困苦中勇往直前,铸就了拖不垮、打不烂,攻无不克、战无不胜的钢铁雄师。在风雨如磐的漫长革命道路上,我军将士讲得最多的一句话是:只要跟党走,一定能胜利。忠诚,造就了人民军队对党的赤胆忠心,造就了人民军队和人民的鱼水情意,造就了人民军队为党和人民冲锋陷阵的坚定意志。正是由于高度自觉听党指挥,人民解放军才始终保持了坚定正确的政治方向,始终保持了强大的凝聚力和战斗力,始终保持了蓬勃旺盛的生机活力。

要不要坚持党对军队的绝对领导,始终是我们同各种敌对势力斗争的一个焦点。自苏联解体、东欧剧变以来,社会主义在世界上遇到了严峻的挑战,西方国家加紧了对于我国的"和平演变",国内外敌对势力也把我军作为他们渗透的重要目标。敌对势力加紧实施"政治转基因"工程,鼓吹什么"军队非党化、非政治化"和"军队国家化"等,其险恶用心是妄图使我军脱离党的领导,妄图对我军官兵拔根去魂,进而改变我军的性质,搞垮搞乱社会主义中国。随着改革开放的深入,我国的政治、经济、文化、军事领域,以及人们的思想、道德、价值观念等方面都发生了重大变化。军队不是真空的,许多问题都会反映到军队里来,比如:广大指战员如何看待改革中的困难和矛盾,如何正确对待改革中的利益调整,如何保持政治上的坚定性和思想道德上的纯洁性,等等。我军在履行抵御外来侵略、保卫人民和平劳动职能的过程中,始终面临着反"和平演变"斗争的考验,面临着改革开放的考验,面临着和平环境的考验。

要经得起这些考验,就必须保证军队在政治上永远合格,真正做到在任何情况下,都毫不动摇地坚持党对人民军队的绝对领导,同党中央在思想上、政治上、行动上保持高度一致;在任何情况下,都坚定对社会主义、共产主义的信念,旗帜鲜明地坚持四项基本原则;在任何情况下,都严守纪律,保持部队的高度稳定和集中统一;在任何情况下,都能应付各种突发事件,胜利完成保卫国家安全与维护社会稳定的光荣任务。始终不渝坚持党对军队的绝对领导,关系人民军队的性质和宗旨,关系党执政地位的巩固和执政能力的提高,关系国家长治久安。全军要强化政治意识、大局意识、核心意识、看齐意识,坚决维护党中央权威,坚决贯彻党对军队绝对领导的根本原则和制度,坚决听从党中央和中央军委指挥。在这个根本政治原则问题上,我们必须头脑特别清醒、态度特别鲜明、行动特别坚决,不能有任何动摇、任何迟疑、任何含糊。

坚持党对军队的绝对领导,必须深入学习贯彻习近平强军思想。党的十八大以来,以习近平同志为核心的党中央深刻把握强国对强军的战略需求,围绕新时代建设一支什么样的强大人民军队、怎样建设强大人民军队这个根本问题,全力推进国防和军队现代化建设,开创了强军兴军新局面,形成了习近平强军思想。习近平强军思想内涵丰富、博大精深,是一个系统完整、逻辑严密的科学思想体系,深刻阐明了新时代军队使命任务和强军的奋斗目标、建设布局、战略指导、必由之路、强大动力、治军方式、发展路径等重大问题,极大地丰富和发展了我们党的军事指导理论。习近平强军思想是习近平新时代中国特色社会主义思想的重要组成部分,是加快国防和军队现代化、全面建设世界一流军队的科学指南和行动纲领。在全面建设社会主义现代化国家的新征程中,必须坚定不移把习近平强军思想全面贯彻到国防和军队现代化各领域全过程,坚持贯彻新时代军事战略方针,坚持党对人民军队的绝对领导,全面加强练兵备战,提高捍卫国家主权、安全、发展利益的战略能力。

坚持党对军队绝对领导是有一整套制度作保证的。党对军队绝对领导的根本原则和制度,发端于南昌起义,奠基于三湾改编,定型于古田会议。经过长期发展,其制度日臻完善,形成了包括坚持军队最高领导权和指挥权属于党中央、中央军委,中央军委实行主席负责制,实行党委制、政治委员制、政治机关制,实行党委统一的集体领导下的首长分工负责制,实行支部建在连上等在内的一整套制度体系。

以更高标准、更严要求贯彻军委主席负责制。军委主席负责制是宪法和党章规定的,是坚持党对军队绝对领导的根本制度,是统一号令、整齐步伐的"定海神针"。"国家大柄,莫重于兵。"对这项制度的极端重要性,要从党、国家和军队兴旺发达、长治久安的高度来认识。军委主席负责制,解决的是我军最高领导权和指挥权问题。中央军委实行主席负责制,就是中央军委主席负责中央军委全面工作,领导指挥全国武装力量,决定国防和军队建设一切重大问题。实现建军一百年奋斗目标是党的意志、统帅号令,必须毫不动摇贯彻军委主席负责制,推动全军官兵向心凝聚、向战发力、向难攻坚。领导干部要带头严格执行贯彻军委主席负责制各项要求,以真忠诚、真负责的模范行动,带动部队完成好党和人民赋予的各项任务。

推进强军事业,必须毫不动摇坚持党对军队的绝对领导,确保人民军队永远跟党走。建军以来,我军之所以能经受住各种考验,不断从胜利走向胜利,最根本的就是靠党的坚强领导。坚持党对军队绝对领导,首先全军对党要绝对忠诚。这是马克思主义建党建军的一条基本原则,是我们党长期以来建军治军经验教训的深刻总结。对党忠诚必须是唯一的、彻底的、无条件的、不掺任何杂质的、没有任何水分的忠诚。衡量我军是不是政治上合格,可以讲很多条,但归根到底要看这一条。对党不忠是对党和军队的致命威胁,必须旗帜鲜明加以反对。要加强忠诚度鉴别和政治考察,搞好"政治体检",防止"带病提拔",确保枪杆子牢牢掌握在对党绝对忠诚的人手中。

要着力提高坚持党对军队绝对领导的政治自觉和实际能力。要深入开展军魂教育,不断强化军魂意识,以积极主动的工作占领部队思想阵地、舆论阵地、文化阵地,确保全军始终同党中央和中央军委保持高度一致,坚决维护党中央和中央军委权威,坚决听从党中央和中央军委指挥。要毫不动摇坚持党对军队绝对领导的根本原则和制度,把党对军队绝对领导贯彻到军队建设发展各领域,贯彻到部队完成各项任务全过程,确保党指挥枪的原则落到实处。要严格党的政治纪律和组织纪律,坚决贯彻执行党的理论和路线方针政策,坚决听从党中央和中央军委指挥,确保党从思想上政治上组织上牢牢掌握部队,确保政令军令畅通和部队高度集中统一。

二、坚持党在新时代的强军目标

习近平同志在庆祝中国共产党成立一百周年大会上的讲话中指出:"以史为鉴、开创未来,必须加快国防和军队现代化。"[①]这是我们党百年来奋斗探索的宝贵经验。在向第二个百年奋斗目标进军的伟大征程中,我们必须牢牢把

---

① 《习近平著作选读》第2卷,人民出版社2023年版,第484页。

握党在新时代的强军目标,贯彻新时代军事战略方针,加快推进国防和军队现代化,强化如期交出历史答卷的使命担当,为中华民族伟大复兴提供有力的战略支撑。

1. 牢牢把握党在新时代的强军目标

我们党作为马克思主义执政党,深知建设一支党领导下的人民军队的极端重要性。建设强大的人民军队是我们党的不懈追求,也是我们维护国家安全利益的强大保障。在各个历史时期,我们党都根据形势任务的变化,及时提出明确的目标要求,引领我军建设不断向前发展。毛泽东同志领导制定建设优良的现代化革命军队的总方针,邓小平同志提出建设一支强大的现代化正规化革命军队的总目标,江泽民同志提出建设政治合格、军事过硬、作风优良、纪律严明、保障有力的总要求,胡锦涛同志提出按照革命化现代化正规化相统一的原则加强军队全面建设的重要思想。中国特色社会主义进入新时代,如何把国防和军队建设继续推向前进,提出什么样的奋斗目标,对我们党来说,是一个新的历史性考验。

当今世界,随着国际政治格局深刻演变,军事安全形势也呈现出复杂多变的态势。我国不断发展壮大,也随之遇到愈加多元复杂的安全威胁和风险挑战。经过广泛征求意见和深入思考,习近平同志2012年12月在中央军委扩大会议上提出:"为建设一支听党指挥、能打胜仗、作风优良的人民军队而奋斗。"[1]2013年3月,他在参加十二届全国人大一次会议解放军代表团全体会议时,明确了党在新时代的强军目标:"建设一支听党指挥、能打胜仗、作风优良的人民军队。"[2]听党指挥是灵魂,决定军队建设的政治方向;能打胜仗是核心,反映军队的根本职能和军队建设的根本指向;作风优良是保证,关系军队的性质、宗旨、本色。这一强军目标,明确了新时代加强军队建设的聚集点和着力点,体现了强军梦的本质属性,回答了什么是新时代人民军队的样子。2016年

---

① 《习近平著作选读》第1卷,人民出版社2023年版,第91页。
② 中共中央党史和文献研究院编:《习近平关于总体国家安全观论述摘编》,中央文献出版社2018年版,第53页。

12月,习近平同志在中央军委扩大会议上进一步提出了实现强军目标、建设世界一流军队的要求。

新时代的强军目标不是凭空提出的,而是在总结国防和军队建设经验、科学分析国际形势、立足我军建设实际、把握国家安全战略需求而提出来的。强军目标是军队建设的总纲,各项工作都要围绕这一目标来加强,各项部署都要服从服务于实现这一目标。新时代的强军目标是一个总体性、综合性的目标,有着丰富的内涵和明确的要求,我们必须辩证地认识和理解。

听党指挥是灵魂,决定军队建设的政治方向。听党指挥是人民军队建设的首要,是人民军队的命脉所在。历史和实践都表明,人民军队能够无往而不胜,最终战胜一切敌人而不为敌人所压倒,坚决听党指挥是人民军队的建军之魂、强军之魂。无论时代如何发展、形势如何变化,我们这支军队永远是党的军队、人民的军队、社会主义国家的军队。必须毫不动摇坚持党对军队绝对领导的根本原则和制度,全面深入贯彻军委主席负责制,坚决维护党中央权威和集中统一领导,确保任何时候任何情况下都坚决听从党中央和中央军委指挥。

能打胜仗是核心,反映军队的根本职能和军队建设的根本指向。人民军队永远是战斗队,人民军队的生命力也在于战斗,必须坚持一切建设和工作向能打胜仗聚焦。必须扭住能打仗、打胜仗这个强军之要,强化官兵当兵打仗、带兵打仗、练兵打仗思想,牢固树立战斗力这个唯一的根本的标准,按照打仗的要求搞建设、抓准备,坚持不懈拓展和深化军事斗争准备,确保部队召之即来、来之能战、战之必胜。

作风优良是保证,关系军队的性质、宗旨、本色。在长期的军事斗争和建设实践中,我军形成了一整套建军治军原则,发展了人民战争的战略战术,培育和形成了特有的光荣传统和优良作风。能否传承和弘扬我党我军的光荣传统和优良作风,关系党和国家事业兴衰成败,关系红色江山会不会改变颜色。部队必须夯实依法治军、从严治军这个强军之基,自觉践行人民军队根本宗旨,持之以恒加强作风建设和反腐败斗争,保持人民军队的先进性和纯洁性。

听党指挥、能打胜仗、作风优良,三者相互联系、密不可分,明确了加强军队建设的聚焦点和着力点,决定着人民军队发展方向,也决定着人民军队生死存亡。强军目标要贯彻到部队建设各领域全过程,用以引领军队建设、改革和军事斗争准备。

实现强军目标,必须同国家现代化进程相一致,按照国防和军队现代化战略安排,把人民军队全面建成世界一流军队。强军目标要贯彻到部队建设各领域全过程,用以引领军队建设、改革和军事斗争准备。要紧紧围绕强军目标想问题、作决策、抓建设,着力提高战略谋划能力、真打实备能力、改革创新能力、科学管理能力、狠抓落实能力,推动强军目标在基层落地生根。广大官兵要牢记强军目标,坚定强军信念,献身强军实践,努力在强军兴军征程中书写出彩的军旅人生。

2. 贯彻新时代军事战略方针

军事战略方针,是党和国家总的军事政策,是军事斗争实施和军事力量建设的总依据。军事战略科学准确,就是最大的胜算。积极防御战略思想是我们党军事战略的基本点,要毫不动摇坚持,同时要丰富和完善其内涵。

积极防御的战略思想,最先是由毛泽东同志在国内革命战争时期提出来的,其主要依据是人民军队创立初期,处于相对劣势,面对强大的敌人,要采取攻势防御,坚持后发制人,实行人民战争,从而达到以劣势装备战胜优势装备之敌的目的。中华人民共和国成立以来,我们的军事战略方针一直是积极防御,这是我们党根据我国社会主义制度的性质和维护国家安全的需要制定的。改革开放以来,以邓小平同志为核心的党的第二代中央领导集体提出,我们的战略方针仍然是积极防御。但实行积极防御的情况却发生了很大的变化:一是无产阶级和人民群众已经掌握了全国政权,提出和制定军事战略所要解决的问题已经不是夺取政权的问题,而是要维护国家主权和安全、保卫社会主义现代化建设;二是军事战略不再限于国内阶级力量对比,要把基本点放在国际战略格局和当代军事斗争的发展趋势上。以邓小平同志为核心的党的第二代中央领导集体赋予积极防御战略思想以新的军事实践意义。一是强调考虑军事战略问题,不能离开社会主义国家性质和我们所奉行的独立自主的和平外交政策。二是强调军事战略要以国家的安全利益作为最高准则。三是强调要把军事战略同国家的实际发展状况联系起来。中国是一个和平力量、制约战争的力量。中国的主要目标是要让自己尽快发展起来。同中国的特殊国情相适应,我们的战略也应该是积极防御。

进入20世纪90年代,党中央、中央军委依据我国安全环境和军事斗争任务的重大变化,确立了新时期军事战略方针,把军事斗争准备的基点放在打赢现代技术特别是高技术条件下的局部战争上来。进入21世纪后,党中央、中央军委根据世界新军事变革的发展,进一步充实和完善新时期积极防御的军事战略方针,明确把军事斗争准备的基点放到打赢信息化条件下的局部战争上,提出实现建设信息化军队、打赢信息化战争的战略目标。

强国强军,战略先行。党的十八大以来,习近平同志多次强调,要毫不动摇坚持积极防御的军事战略方针,同时要丰富和完善积极防御战略思想的内涵。2013年11月,党的十八届三中全会提出,创新发展军事理论,完善新时期军事战略方针。2014年,中央军委制定新形势下军事战略方针。"这一方针坚持积极防御,整体运筹备战与止战、维权与维稳、威慑与实战、战争行动与和平时期军事力量运用,将军事斗争准备基点放在打赢信息化局部战争上,以海上方向军事斗争为战略重心,增强了战略指导的积极性和主动性。"①2015年5月,首部专门阐述中国军事战略的白皮书《中国的军事战略》正式发表。白皮书聚焦新形势下积极防御军事战略方针,明确调整军事斗争准备基点、创新基本作战思想、优化军事战略布局,坚决维护国家主权、安全、发展利益,集中人民军队军事战略发展和实践成果。2019年7月,《新时代的中国国防》白皮书发表,系统阐释新时代中国防御性国防政策的时代内涵,构建了新时代中国防御性国防政策体系。2020年10月,党的十九届五中全会强调要贯彻新时代军事战略方针,加快国防和军队现代化建设,实现富国和强军相统一。2022年10月,党的二十大报告强调必须贯彻新时代党的强军思想,贯彻新时代军事战略方针,开创国防和军队现代化新局面。

实现中华民族伟大复兴,是中国共产党一经成立就肩负起的历史使命。人民军队必须服从服务于党的历史使命,把握新时代国家安全战略需求,为实现中华民族伟大复兴提供战略支撑。习近平同志用"四个战略支撑"深刻阐明了新时代人民军队的使命任务。这"四个战略支撑"就是:为巩固中国共产党

---

① 本书编写组:《中国共产党简史》,人民出版社、中共党史出版社2021年版,第431页。

领导和我国社会主义制度提供战略支撑,为捍卫国家主权、统一、领土完整提供战略支撑,为维护我国海外利益提供战略支撑,为促进世界和平与发展提供战略支撑。

新时代我国安全的内涵外延、时空领域、内外因素发生深刻变化,安全需求的综合性、全域性、外向性特征更加突出,军事安全与其他安全领域的关联性、互动性明显增强,军队担负的使命任务不断拓展。维护国家安全,需要综合运用政治、外交、经济、文化、法理等多种手段,但军事手段始终是保底的,是起定海神针作用的。我们必须强化忧患意识、坚持底线思维,坚定不移贯彻新时代军事战略方针,以更优策略、更高效益、更快速度推进国防和军队现代化,充分发挥军事力量塑造态势、管控危机、遏制战争、打赢战争的战略功能,切实完成好党和人民赋予的新时代使命任务。能战方能止战,准备打才可能不必打,越不能打越可能挨打,这就是战争与和平的辩证法。要坚持军事斗争准备龙头地位不动摇,以国家核心安全需求为导向,用打仗的标准推进军事斗争准备,全面提高我军威慑和实战能力。做好随时打硬仗的准备,立足最困难、最复杂情况,加强各方向各领域军事斗争准备,提高军事斗争准备的针对性实效性。要贯彻新时代军事战略方针,坚持战斗力标准,坚持以战领建、抓建为战,统筹军事力量建设与运用,解决好制约战斗力生成的突出矛盾问题。

三、全面建成世界一流军队

国防和军队现代化建设是一项复杂的系统工程。面对新发展阶段面临的新机遇新挑战,我们必须坚持政治建军、改革强军、科技强军、人才强军、依法治军,努力构建联合作战指挥体系、新型军事管理体系、现代军事力量体系、新型军事训练体系、新型军事人才体系、国防科技创新体系、现代军事政策制度体系、军民融合发展体系,加快把人民军队建成世界一流军队。

1. 深入推进政治建军

政治建军是我军的立军之本,政治工作是人民军队的生命线。在长期实践中,实行革命的政治工作,保证了我军始终是党绝对领导下的革命军队,为我军战胜强大敌人和艰难险阻提供了不竭力量。党的十八大以来,习近平同志反复强调,军队政治工作只能加强不能削弱。2014年10月30日至11月2日,新世纪第一次全军政治工作会议在福建古田召开。习近平同志在会上发表讲话,明确提出了军队政治工作的时代主题,即紧紧围绕实现中华民族伟大复兴的中国梦,为实现党在新形势下的强军目标提供坚强政治保证。2014年12月30日,中共中央转发《关于新形势下军队政治工作若干问题的决定》。2018年8月,中央军委党的建设会议召开,会后印发《关于加强新时代军队党的建设的决定》,对新时代政治建军作出战略部署。2019年11月,中央军委召开基层建设会议并印发《关于加强新时代军队基层建设的决定》,强调要全面锻造"三个过硬"基层,即全面锻造听党话、跟党走的过硬基层,能打仗、打胜仗的过硬基层,法纪严、风气正的过硬基层。2020年11月,中央政治局会议审议《军队政治工作条例》,要求全面深入贯彻军委主席负责制,确保绝对忠诚、绝对纯洁、绝对可靠。在新的征程上,我们必须全面加强我军党的领导和党的建设工作,把理想信念、党性原则、战斗力标准、政治工作威信在全军牢固立起来,培养有灵魂、有本事、有血性、有品德的新时代革命军人,锻造具有铁一般信仰、铁一般信念、铁一般纪律、铁一般担当的过硬部队,把党的政治优势和组织优势转化为制胜优势。

2. 深入推进改革强军

深化国防和军队改革是实现中国梦强军梦的时代要求,是强军兴军的必由之路。党的十八大以来,以习近平同志为核心的党中央面对国家安全环境的深刻变化,以巨大的政治勇气和智慧作出深化国防和军队改革的重大战略部署,果断实施一系列重大改革决策。2013年11月,党的十八届三中全会通过了《中共中央关于全面深化改革若干重大问题的决定》,为深化国防和军队改革指明了大方向、绘制了总框架。2014年3月,中央军委成立深化国防和军队改革领导小组,习近平同志任组长。2015年11月,中央军委改革工作会议召开,对深化国防军队改革进行总体部署。会后,中央军委印发《关于深化国防和军队改革的意见》,绘制了改革的路线图和时间表。自此,新一轮国防和军队改革进入实施阶段。这一轮改革总体分为三个阶段有序推进,"改革三大战役"相互衔接、相互促进、相得益彰。

2015年底开始,第一大战役——领导指挥体制改革率先展开,重在破除体制性障碍,"强大脑、健中枢"。通过"脖子以上"的改革,人民军队突破了长期实行的总部体制、大军区体制、大陆军体制,建立了军委管总、战区主战、军种主建的新格局,实现了军队组织架构的历史性变革。2016年底开始,第二大战役——军队规模结构和力量编成改革压茬推进,重在破解结构性矛盾,"强筋骨、壮肌肉"。通过"脖子以下"的改革,人民军队从根本上改变了长期以来陆战型的力量结构、国土防御型的兵力布势和重兵集团、以量取胜的制胜模式,构建起中国特色现代军事力量体系。2018年底开始,第三大战役——军事政策制度改革进入实施阶段,重在解决政策性问题,"通经络、活气血"。2018年11月,中央军委政策制度改革工作会议召开,要求构建导向鲜明、覆盖全面、结构严密、内在协调的中国特色社会主义军事政策制度体系。2019年10月,党的十九届四中全会围绕坚持和完善党对人民军队的绝对领导制度,进一步对深入推进军事政策制度改革提出明确要求。2020年的新冠疫情防控斗争,对国防和军队改革是一次实际检验,也对改革提出了新要求。2020年5月,习近平同志在出席十三届全国人大三次会议解放军和武警部队代表团全体会议时提出,要坚持方向不变、道路不偏、力度不减,扭住政策制度改革这个重点,统筹抓好各项改革工作,如期完成既定改革任务。

从以上历程可以看出,党的十八大以来,我军改革呈现大开大合、大破大立、蹄疾步稳、纵深推进的良好态势,人民军队实现了政治生态重塑、组织形态重塑、力量体系重塑、作风形象重塑,革命化现代化正规化水平不断提高。我们深刻认识到:深化国防和军队改革是决定我军发展壮大、制胜未来的关键一招,是人民军队从胜利走向胜利、永葆活力的重要法宝。人民军队靠改革创新发展壮大、走到现在,也要靠改革创新掌握发展主动权、走向未来。必须始终保持战略定力、坚持底线思维,保持改革的定力、恒心、韧劲,把军事安全牢牢抓在手上,坚定不移把改革进行到底。在新发展阶段,要以更大勇气、更大力度、更大决心,全面实施改革强军战略,完善和发展中国特色社会主义军事制度,加快构建能够打赢信息化战争、有效履行使命任务的中国特色现代军事力量体系。要注重完善体制机制,加快军队组织形态现代化,推进军事管理革命,加快军兵种和武警部队转型建设,壮大战略力量和新域新质作战力量,打造高水平战略威慑和联合作战体系,加强军事力量联合训练、联合保障、联合运用。

3. 深入推进科技强军

科学技术是核心战斗力,是军事发展中最活跃、最具革命性的因素,是支撑引领世界新军事变革的第一动力。发轫于20世纪70年代的世界新军事变革仍在加速推进,军事电子信息技术快速发展,纳米技术、临近空间技术、高超声技术不断取得突破,新概念武器向实战化方向发展。特别是在新一轮科技革命和产业变革推动下,大数据、云计算、量子信息、物联网、人工智能等前沿科技加速应用于军事领域,国际军事竞争格局正在发生历史性变化。当前,世界新军事变革迅猛发展,以信息技术为核心的军事高新技术日新月异,武器装备远程精确化、智能化、隐身化、无人化趋势更加明显,战场不断从传统空间向新型领域拓展,高超声速武器将从根本上改变传统的战争时空观念,战争形态加速由机械化向信息化战争演变,一体化联合作战成为基本作战形式,智能化战争初现端倪。与之相适应,军队规模结构和力量编成也在发生新变化,科技因素影响越来越大。

世界新军事变革的进程表明,科技创新有力推动了战争形态和作战方式发生深刻变革,推动世界军事政治格局进行深刻调整。这场新军事革命,本质是争夺战略主动权,世界主要国家都在加紧推进军事转型。"中国特色军事变革取得重大进展,但机械化建设任务尚未完成,信息化水平亟待提高,军事安全面临技术突袭和技术代差被拉大的风险,军队现代化水平与国家安全需求相比差距还很大,与世界先进军事水平相比差距还很大。"[1]这场世界新军事革命给我军提供了难得的历史机遇,同时也提出了严峻挑战。机遇稍纵即逝,抓不住就可能错过整整一个时代。我们要抓住机遇、乘势而上,缩小同世界强国在军事实力上的差距,努力实现突破和跨越式发展,掌握军事竞争战略主动权,决不能在当今世界激烈的军事竞争中落伍。

---

[1] 中华人民共和国国务院新闻办公室:《新时代的中国国防》,人民出版社2019年版,第6页。

要坚持自主创新战略基点,着力推进高水平科技自立自强。我们这样一个大国、这样一支军队,必须通过自主创新掌握主动。如果自己的命门控制在别人手里,那是十分危险的,是无法克敌制胜的。自主创新这口气一定要争,关键核心技术攻坚战一定要打赢。要抓关键、补短板。关键核心技术是国之重器。把国防科技和武器装备建设的薄弱环节作为推进自主创新的主攻方向,形成过硬的关键核心技术供给能力。要抓前沿、布新局。瞄准高端前沿,突出独创独有,加强前瞻性、先导性、探索性、颠覆性技术研究。确保在一些战略必争领域形成独特优势。要创新智能化作战思想和作战概念,抓好成果推广和深度应用,构建具有我军特色的智能化军事体系。要抓基础、增后劲。加大国防基础研究投入,找准瓶颈短板背后的基础问题,稳定支持、久久为功,为国防科技创新积累后劲。

推进国防和军队现代化,必须牢牢抓住科技创新这个牛鼻子,把科技创新这个强大引擎发动起来。必须全面实施科技强军战略,依靠科技进步和创新把我军建设模式和战斗力生成模式转到创新驱动发展的轨道上来,努力把我军建设成为创新型人民军队。要紧跟世界新军事革命发展趋势,要着力推动实现高质量发展,把发展模式转到体系化内涵式发展上来,"以高质量武器装备、高素质军事人才、新型作战力量为重点,增加战斗力有效供给,推动军队现代化由'量'的增值转向'质'的提升"①。国防科技创新是国家创新体系的重要组成部分,具有很强的基础性、引领性、战略性。要着眼于抢占未来军事竞争战略制高点,大力发展国防科技,提高创新对战斗力增长的贡献率,培育战斗力新的增长点。新型作战力量代表着军事技术和作战方式的发展趋势,发展新型作战力量事不宜迟,必须积极培育,不能消极等待,否则就会被对手拉开差距。要加快推进以效能为核心的军事管理革命,建立健全精准高效、全面规范、刚性约束的军事管理政策制度体系,提高军事管理规范化、科学化水平。要聚焦实战,抓好科技创新成果转化运用,使科技创新更好为战斗力建设服务。

要贯彻落实创新驱动发展战略。环顾当今世界,主要发达国家高度重视

---

① 许其亮:《加快国防和军队现代化》,《人民日报》2020年11月26日,第6版。

推进高投入、高风险、高回报的前沿科技创新,大力发展能够大幅提升军事能力优势的颠覆性技术。我们必须见之于未萌、识之于未发,超前布局、超前谋划,下好先手棋、打好主动仗,防止同世界军事强国形成新的技术鸿沟。"在引进高新技术上不能抱任何幻想,核心技术尤其是国防科技技术是花钱买不来的。人家把核心技术当'定海神针'、'不二法器',怎么可能提供给你呢? 只有把核心技术掌握在自己手中,才能真正掌握竞争和发展的主动权,才能从根本上保障国家经济安全、国防安全和其他安全。"[1]我们只有通过自主创新才能掌握主动,否则只能处处受制于人。如果在军事上被人家"卡脖子",发展下去后果是极为严重的。要坚持自主创新战略基点,聚力国防科技自主创新、原始创新,加快突破关键核心技术,加快战略性前沿性颠覆性技术发展,加速武器装备升级换代和智能化武器装备发展,坚持机械化、信息化、智能化融合发展,把我军发展命脉牢牢掌握在自己手中。要确定正确的跟进和突破策略,选准主攻方向和突破口,加快赶超步伐,加紧在一些战略必争领域形成独特优势,争取后来居上、弯道超车甚至换道超车。

要加快建设军民融合创新体系。同国家现代化发展相协调,搞好战略层面筹划,深化资源要素共享,强化政策制度协调,构建一体化国家战略体系和能力。军民融合发展既是兴国之举,又是强军之策。"把军民融合发展上升为国家战略,是我们长期探索经济建设和国防建设协调发展规律的重大成果,是从国家发展和安全全局出发作出的重大决策,是应对复杂安全威胁、赢得国家战略优势的重大举措。"[2]要把军民融合发展战略同创新驱动发展战略有机结合起来,拓展军民融合发展新空间,加快形成全要素、多领域、高效益的军民融合深度发展格局,发挥军民融合深度发展的最大效益。习近平同志强调:"要加快构建军民融合发展体系,完善军民融合组织管理体系、工作运行体系、政策制度体系,清除'民参军'、'军转民'障碍。"[3]《中华人民共和国国民经济和社

① 中共中央党史和文献研究院编:《习近平关于防范风险挑战、应对突发事件论述摘编》,中央文献出版社2020年版,第66页。
② 中共中央党史和文献研究院编:《习近平关于总体国家安全观论述摘编》,中央文献出版社2018年版,第65页。
③ 习近平:《努力成为世界主要科学中心和创新高地》,《求是》2021年第6期,第9页。

会发展第十四个五年规划和2035年远景目标纲要》指出：要"深化军民科技协同创新，加强海洋、空天、网络空间、生物、新能源、人工智能、量子科技等领域军民统筹发展，推动军地科研设施资源共享，推进军地科研成果双向转化应用和重点产业发展"[①]。要推动重点区域、重点领域、新兴领域协调发展，加快实施国防科技和武器装备重大战略工程。优化国防科技工业布局，加快标准化通用化进程。

4. 深入推进人才强军

强军之道，要在得人。人才是推动我军高质量发展、赢得军事竞争和未来战争主动的关键因素，人才资源是强军兴军的宝贵战略资源。实现建军一百年奋斗目标，必须充分发挥人才的引领和支撑作用。党的十八大以来，党中央和中央军委实施人才强军战略，坚持人才工作正确政治方向，聚焦备战打仗培养人才，加强军事人员现代化建设布局，深化军事人力资源政策制度改革，推动人才领域开放融合，我军人才工作取得历史性成就。党的十九届六中全会全面总结了我们党百年奋斗重大成就和历史经验，强调要坚持党管人才原则，深入实施新时代人才强国战略，加快建设世界重要人才中心和创新高地，聚天下英才而用之。这些原则要求，对于深入推进人才强军，具有重要的指导意义。

世界百年未有之大变局加速演变，新一轮科技革命和军事革命日新月异，我军正按照国防和军队现代化新"三步走"战略安排，向实现建军一百年奋斗目标迈进。要深入实施新时代人才强军战略，把党对军队绝对领导贯彻到人才工作各方面和全过程，把能打仗、打胜仗作为人才工作出发点和落脚点，面向世界军事前沿、面向国家安全重大需求、面向国防和军队现代化，全方位培养用好人才，深化军事人力资源政策制度改革，打造高素质专业化新型军事人才方阵。要选准用好干部，坚持党管干部、党管人才、组织选人，贯彻军队好干部标准，严把政治关和廉洁关，加强关键岗位忠诚度鉴别和政治考察，确保枪

---

① 《中华人民共和国国民经济和社会发展第十四个五年规划和2035年远景目标纲要》，人民出版社2021年版，第164页。

杆子始终掌握在对党忠诚可靠的人手中。切实在人才培养上投入更大精力，建强联合作战指挥人才、新型作战力量人才、高层次科技创新人才、高水平战略管理人才等各方面人才队伍，推动军事人员能力素质、结构布局、开发管理全面转型升级，锻造德才兼备的高素质、专业化新型军事人才，确保军事人员现代化取得重大进展，关键领域人才发展取得重大突破。

要贯彻新时代军事教育方针，围绕重要学科领域和创新方向，建立健全人才培养、引进、使用的体制机制和政策制度，锻造高素质、专业化新型军事人才队伍，促进各类人才创造活力竞相迸发，为全面建成世界一流军队提供坚强人才支撑和智力支持。要大力弘扬创新文化，使谋划创新、推动创新、落实创新成为全军的自觉行动，大幅提高训练科技含量，增强官兵科技素养，提高打赢现代战争实际本领。2020年10月，中央军委印发《关于加快推进三位一体新型军事人才培养体系建设的决定》。《决定》强调，着眼加快推进军队院校教育、部队训练实践、军事职业教育三位一体新型军事人才培养体系建设，健全与人力资源政策制度改革相契合的人才培养体系，推动全军办教育、全程育人才。2021年11月26日，习近平同志在中央军委人才工作会议上强调："要坚持走好人才自主培养之路，坚持军队培养为主、多种方式相结合，形成具有我军特色的人才培养和使用模式，提高备战打仗人才供给能力和水平。"①提高备战打仗人才供给，坚持作战需求牵引人才储备，注重在重大军事行动和重大演训任务中培养和发现人才，建好蓄足打赢未来战争的"人才池"。提高院校人才培养质量，深化军队院校改革，建强新型军事人才培养体系，构建战教耦合的育人格局。

5. 深入推进依法治军

一个现代化的国家必然是法治国家，一支现代化军队必然是法治军队。依法治军、从严治军，是我们党建军治军的宝贵经验和基本方略。2014年10月，经习近平同志提议，党的十八届四中全会把依法治军、从严治军写入全会

---

① 《习近平在中央军委人才工作会议上强调：聚焦实现建军一百年奋斗目标 深入实施新时代人才强军战略》，《人民日报》2021年11月29日，第1版。

决定,纳入依法治国总体布局。2015年2月,中央军委印发《关于新形势下深入推进依法治军从严治军的决定》,人民军队法治化建设进入快车道。全军上下纠建并举,从《严格军队党员领导干部纪律约束的若干规定》到关于加强干部选拔任用工作监督管理的五项制度规定,从《关于加强军队基层风气建设的意见》到《关于进一步规范基层工作指导和管理秩序若干规定》,从《军队实行党风廉政建设责任制的规定》到《厉行节约严格经费管理的规定》,一系列法规制度配套出台,利剑高悬,有力推进了作风建设。

法治是实现强军目标的重要依托,是治军的基本方式,也是军队建设的保障。要深入推进依法治军、从严治军,强化全军法治信仰和法治思维,把依法治军着力点放在服务备战打仗上,善于运用法治思维提高我军打赢现代化战争能力、保障我军有效履行新时代使命任务,在法治轨道上推进国防和军队现代化建设。要加快构建完善的中国特色军事法治体系,形成系统完备、严密高效的军事法规制度体系、军事法治实施体系、军事法治监督体系、军事法治保障体系。推动治军方式根本性转变,提高国防和军队建设法治化水平。要着力推动治军方式"三个根本性转变",即"从单纯依靠行政命令的做法向依法行政的根本性转变,从单纯靠习惯和经验开展工作的方式向依靠法规和制度开展工作的根本性转变,从突击式、运动式抓工作的方式向按条令条例办事的根本性转变"[1],在全军形成党委依法决策、机关依法指导、部队依法行动、官兵依法履职的良好局面。要坚持从严治军铁律,坚持依法和从严相统一,坚持法治建设和思想政治建设相结合,以严明法治确保部队高度集中统一。

人民军队沿着中国特色强军之路、向着世界一流迈进的历史进程,有力维护和保障了中国人民推进中国式现代化、实现中华民族伟大复兴的实践进程。在强国建设、民族复兴的新征程上,我们必须牢固确立习近平强军思想在国防和军队建设中的指导地位,锚定实现建军一百年奋斗目标,坚定决心意志,埋头苦干实干,奋力开创国防和军队现代化新局面。

---

① 习近平:《论坚持全面依法治国》,中央文献出版社2020年版,第132页。

第十六章
携手构建全球科技共同体

中国共产党领导中国人民开创和拓展的中国式现代化,既有基于自己国情的中国特色,也有各国现代化的共同特征。无论是人口规模巨大、共同富裕,还是物质文明和精神文明相协调、人与自然和谐共生,或者是走和平发展道路,都为发展中国家贡献了具体可借鉴的历史经验,为携手迈向人类命运共同体的美好未来,提供了更为健康、更可持续的选择。

积极融入全球创新网络,通过国际科技合作提高我国科技水平,是我们建设科技强国、全面建设社会主义现代化国家的重要内容。高水平科技自立自强与开放合作辩证统一、并行不悖,开放合作是中国特色自主创新道路的应有之义,而高水平科技自立自强是能够平等合作的前提和基础。与国际社会一道应对人类面临的共同挑战,积极探索科学前沿,促进世界科学技术进步,体现了中国共产党胸怀天下的全球视野和世界担当。习近平同志强调,要"深度参与全球科技治理,贡献中国智慧,着力推动构建人类命运共同体"[①]。我们要坚持以全球视野谋划和推动科技创新,增强全球科技治理的参与度和影响力,积极承担构建人类命运共同体的科技创新使命,为解决世界性科学难题贡献中国智慧、中国方案、中国力量。

一、以人类命运共同体理念引领国际科技合作

推进新时代的国际科技合作,首先必须牢固树立明确的目标,这个总目标

---

① 习近平:《努力成为世界主要科学中心和创新高地》,《求是》2021年第6期,第10页。

就是:构建人类命运共同体。2021年12月24日十三届全国人大常委会第三十二次会议修订通过的《中华人民共和国科学技术进步法》,在第八章"国际科学技术合作"中阐明了我国开展国际科技合作的立场、原则和要求。其中第七十九条指出:"国家促进开放包容、互惠共享的国际科学技术合作与交流,支撑构建人类命运共同体。"①

1. 构建人类命运共同体重大战略思想的提出背景

构建人类命运共同体,就是每个民族、每个国家、每个人的前途命运都紧紧联系在一起,应该风雨同舟,荣辱与共,努力把我们生于斯、长于斯的星球建成一个和睦的大家庭,推动建设持久和平、普遍安全、共同繁荣、开放包容、清洁美丽的世界,把各国人民对美好生活的向往变成现实。

构建人类命运共同体的重大战略思想不是凭空产生的。它源自中国更属于世界,立足现实更面向未来,凝聚着习近平同志对当今世界一系列重大问题的战略思考。百年未有之大变局、日益严峻的全球性挑战,使得人类社会面临的治理赤字、信任赤字、发展赤字、和平赤字有增无减,世界发展的不稳定性不确定性大大增加,人类对未来既满怀信心又倍感困惑。"世界怎么了、我们怎么办?"、"面对复杂变化的世界,人类社会向何处去?"、"建设一个什么样的世界、怎样建设这个世界?"等成为人类命运攸关的时代之问。"人类又一次站在了十字路口",面临何去何从的抉择。合作还是对抗? 开放还是封闭? 互利共赢还是零和博弈? 相互敌视还是彼此尊重? 勇立潮头还是迟疑徘徊? 主动推动国际社会继续前进还是在挑战面前犹豫不定? 携手开辟国际合作新局面还是各自渐行渐远? 大的方面看,人类有两种选择。一种是顺应时代发展潮流,齐心协力应对全球性挑战,这就将为人类共同发展创造有利条件。另一种是为了争权夺利,恶性竞争甚至兵戎相见,这就将带来更为深重的灾难危机。

面对时代之问,站在历史前进的十字路口,习近平同志以宽广的全球视野,深入思考了当今世界面临的一系列难题,为实现人类社会和平永续发展提供了新的方向和路径。习近平同志强调:必须"坚持同舟共济,破解和平赤

---

① 《中华人民共和国科学技术进步法》,《人民日报》2021年12月27日,第14版。

字"①,以合作谋和平、以合作促安全,实现世界长久和平;必须"坚持互商互谅,破解信任赤字"②,把互尊互信挺在前头,把对话协商利用起来,加深相互理解和彼此认同;必须"坚持互利共赢,破解发展赤字"③,以创新驱动打造富有活力的增长模式,以协同联动打造开放共赢的合作模式,以公平包容打造平衡普惠的发展模式,让世界各国人民共享经济全球化发展成果;必须"坚持公正合理,破解治理赤字"④,以共商共建共享的全球治理观,依靠各国人民协商处理全球事务,积极推进全球治理规则民主化。

构建人类命运共同体,集中概括了习近平同志关于应对全球挑战的一系列理论思考和政策主张。"中国方案是:构建人类命运共同体,实现共赢共享。"⑤习近平同志站在人类历史发展进程的高度,以深邃的战略眼光直面人们心中的困惑迷茫,高瞻远瞩地提出了构建人类命运共同体的重大战略思想,给出了解决世界难题、回应时代之问的答案。他形象生动地指出:"在全球性危机的惊涛骇浪里,各国不是乘坐在190多条小船上,而是乘坐在一条命运与共的大船上。小船经不起风浪,巨舰才能顶住惊涛骇浪。"⑥

构建人类命运共同体的思想,来源于悠久的中华文明传统,具有深厚的历史文化根基。"和为贵"历来为中华民族所高度崇尚,和平、和睦、和谐的价值追求深深熔化在中国人民的血脉中。"和而不同"、"睦邻友邦"、"天下太平"等理念世代相传,"仁者爱人"、"与人为善"、"己所不欲,勿施于人"等观念深深植根于中华民族的精神世界中。中国自古就提出了"国虽大,好战必亡"的箴言,留下了许多"化干戈为玉帛"的动人故事。中华民族历来信奉"万物并育而不相害,道并行而不相悖",倡导"强不执弱,富不侮贫",推崇"兼爱非攻"。"四海之内皆兄弟"、"计利当计天下利"体现了中华民族的博大胸怀。中国历史上曾经

---

① 《习近平著作选读》第2卷,人民出版社2023年版,第252页。

② 《习近平著作选读》第2卷,人民出版社2023年版,第252页。

③ 《习近平著作选读》第2卷,人民出版社2023年版,第252页。

④ 《习近平著作选读》第2卷,人民出版社2023年版,第251页。

⑤ 习近平:《论坚持推动构建人类命运共同体》,中央文献出版社2018年版,第416页。

⑥ 习近平:《坚定信心 勇毅前行 共创后疫情时代美好世界——在2022年世界经济论坛视频会议的演讲》,《人民日报》2022年1月18日,第2版。

长期走在世界前列,但没有留下侵略他国的记录。构建人类命运共同体,是对几千年来中华民族热爱和平的文化传统的传承和弘扬,体现了中华民族历来孜孜以求的"天下大同"、"协和万邦"的美好向往,彰显了"讲信修睦"、"兼善天下"的品德,占据了国际道义的制高点,有利于展现我国文明、民主、开放、进步的国际形象。"天下大同"等美好社会理想,也是世界许多国家和地区的文化、文明所共同主张与倡导的。构建人类命运共同体的思想,既汲取了中华优秀传统文化精髓,又继承了人类社会发展优秀成果,是对人类文明智慧的创新性发展。

构建人类命运共同体的思想,来源于中国共产党人不懈的探索追求,具有深厚的理论与实践基础。早在中华人民共和国成立之初,我们党就确立了独立自主的和平外交政策。20世纪50年代以来,我国同印度、缅甸共同倡导的和平共处五项原则,影响力从亚洲扩展到世界,成为处理国际关系的基本准则和国际法的基本原则,在国际舞台上发挥了积极作用。20世纪80年代以来,我们党高举和平、发展、合作、共赢的旗帜,始终坚持走和平发展道路,大力实施互利共赢的开放战略,积极推动建设持久和平、共同繁荣的和谐世界。我们从容应对一系列关系我国主权和安全的国际突发事件,战胜来自国际上的各种风险和挑战,为我国现代化建设争取了有利国际环境。党的十八大以来,以习近平同志为核心的党中央着眼国际形势新变化通盘谋划,创造性地提出构建人类命运共同体,有力推动了对外工作理论和实践创新。构建人类命运共同体的重大战略思想,正是在我们党长期以来特别是新时代以来艰辛探索的基础上形成的,继承、丰富和发展了新中国不同时期重大外交思想和主张,既反映了当代国际关系现实又指明了人类未来的前进方向。

习近平同志在许多重要会议和国际场合,从不同角度深刻阐述人类命运共同体理念。他在一系列讲话中思考和探讨了如何打造亚洲命运共同体、亚太命运共同体、周边命运共同体、中国—东盟命运共同体、中巴命运共同体、中非命运共同体、中拉命运共同体、中阿命运共同体等重大问题。他还分析和阐述了构筑东亚经济共同体、金砖国家利益共同体、网络空间命运共同体等重大议题。从中可以看出,习近平同志提出的人类命运共同体,范围、层次、领域是广泛的,他强调通过打造各种不同的命运共同体,进而整体上推动构建人类命运共同体。习近平同志把坚持推动构建人类命运共同体作为新时代坚持和发展中国特色社会主义"十个明确"、"十四个坚持"的内容之一,充分表明了构建人类命运共同体在习近平新时代中国特色社会主义思想中的重要地位和作用。推动构建人类命运共同体载入党章和宪法,成为党和国家的意志,为中国特色大国外交树立了鲜明旗帜、指明了前进方向。

2. 把人类命运共同体理念贯彻落实到国际科技合作中

从习近平同志2013年在莫斯科国际关系学院首次提出,到2015年在第七十届联大一般性辩论上提出"五位一体"总体框架,再到2017年在联合国日内瓦总部提出建设"五个世界"的总目标,人类命运共同体理念的思想内涵不断深化拓展。我们必须牢牢把握构建人类命运共同体的丰富内涵,把构建人类命运共同体的思想理念、原则要求贯彻落实到科技创新、开展国际科技合作的伟大实践中,为推动构建人类命运共同体作出更大的科技贡献。

第一,以维护世界和平、促进共同发展为宗旨。和平是人类共同愿望和崇高理想,是实现繁荣发展的前提和保障。各国人民期盼的是和平而不是战争,是合作而不是对抗,是发展而不是贫穷,是稳定而不是混乱。中国奉行独立自主的和平外交政策,"坚持以维护世界和平、促进共同发展为宗旨推动构建人类命运共同体"①。中国向世界承诺走和平发展道路,也呼吁其他国家走和平发展道路。各国都走和平发展道路,国与国才能真正和平相处。我国科技事业是维护世界和平、促进共同发展的推动力量,开展国际科技交流合作必须有利于实现这个崇高理想。

第二,以建立新型国际关系为基本路径。迈向命运共同体,必须坚持合作共赢、共同发展。要摒弃单边主义、零和游戏的旧思维,树立双赢、共赢的新理念,在追求自身利益时兼顾他方利益,在实现自身发展时推动共同发展。各国应该齐心协力建立以合作共赢为核心的新型国际关系,做到惠本国、利天下,努力形成相互促进、相得益彰的合作共赢格局。在科技活动尤其是国际科技合作中,要坚持以新型国际关系为遵循,注重实现包括科技交流在内的合作

---

① 习近平:《论坚持推动构建人类命运共同体》,中央文献出版社2018年版,第538页。

共赢。

第三，以国际安全为依托。当今世界，传统安全威胁和非传统安全威胁此起彼伏，国际安全秩序持续受到冲击。面对动荡复杂的国际安全威胁，靠穷兵黩武、恃强凌弱、损人利己而追求自身绝对安全是行不通的，合作安全、集体安全、共同安全才是解决问题的正确选择。必须摒弃冷战思维、集团对抗，践行共同、综合、安全、可持续的新安全观，实现世界的普遍安全。科技是实现国际安全的重要手段，必须在恪守联合国宪章宗旨和原则的基础上正确地运用科技创新成果，真正让科技为人类安全造福，为人类安全提供有力保障。

第四，以文明交流互鉴为纽带。迈向人类命运共同体，既需要经济科技力量，同时还需要文化文明力量。文明是多姿多彩的、平等的、包容的，没有优劣、高低之分，只有地域、特色之别。要秉持平等、互鉴、对话、包容的文明观，以文明交流超越文明隔阂、文明互鉴超越文明冲突、文明共存超越文明优越，使文明交流互鉴成为增进各国人民友谊的桥梁，成为维护世界和平的纽带。我们必须倡导和平、发展、公平、正义、民主、自由的全人类共同价值，坚持把经济、科技与文化贯通起来，同步推进、相向发力、协同增效，促进包括科技在内的一切人类文明有益成果交流互鉴，形成构建人类命运共同体的强大合力。

第五，以建设持久和平、普遍安全、共同繁荣、开放包容、清洁美丽的世界为目标。这是构建人类命运共同体的核心要义。一是坚持相互尊重、平等协商，走对话而不对抗、结伴而不结盟的国与国交往新路，着力建设持久和平的世界，让和平的阳光普照大地；二是坚持以对话解决争端、以协商化解分歧，统筹应对传统和非传统安全威胁，着力建设普遍安全的世界，让人人享有安宁祥和；三是坚持同舟共济，谋求开放创新、包容互惠的发展前景，着力建设共同繁荣的世界，让人人享有富足安康；四是坚持尊重世界文明多样性，促进和而不同、兼收并蓄的文明交流，着力建设开放包容的世界，让人人享有文化滋养；五是坚持环境友好，构筑尊崇自然、绿色发展的生态体系，着力建设清洁美丽的世界，让人人都享有绿水青山。

第六，以"一带一路"建设为重要实践平台。习近平同志指出："我提出'一带一路'倡议,就是要实践人类命运共同体理念。"①共建"一带一路",是以互联互通为"龙头"、以产能合作为支柱、以资金融通为保障、以人文交流为纽带的全新合作模式,是中国同"一带一路"沿线各国开展全方位、宽领域、深层次合作的多元实践平台。这一实践平台为构建人类命运共同体注入了源源不断的新动力。

第七,以"三大全球倡议"为重要依托。和平稳定、物质丰富、精神富有是人类社会发展的基本追求。发展是安全和文明的物质基础,安全是发展和文明的根本前提,文明是发展和安全的精神支撑。中国提出全球发展倡议、全球安全倡议、全球文明倡议,从发展、安全、文明三个维度指明人类社会前进方向,彼此呼应、相得益彰,成为推动构建人类命运共同体的重要依托,是解答事关人类和平与发展重大问题的中国方案。

构建人类命运共同体倡议提出后,得到国际社会的积极响应。联合国在2017年2月将其写入联合国决议,在2017年3月又先后将其载入安理会决议、联合国人权理事会决议。但是,国际上一些别有用心的人提出"中国威胁论",认为中国会走"国强必霸"的路子。面对种种误解、疑虑、偏见、歪曲甚至打压,习近平同志进行了有针对性的说服、沟通、批驳。他严正指出:"中华民族的血液中没有侵略他人、称霸世界的基因,中国人民不接受'国强必霸'的逻辑。""中国永不称霸、永不扩张、永不谋求势力范围。"②中国是一个负责任的大国,"无论中国发展到什么程度,我们都不会威胁谁,都不会颠覆现行国际体系"③。

针对国际社会关注的中国如何发展、中国发展起来了将是一个什么样的国家等问题,习近平同志强调:"我们不'输入'外国模式,也不'输出'中国模式,不会要求别国'复制'中国的做法。"④中华人民共和国成立以来,我们从未主动挑起一场战争,没有侵占别国一寸土地。中国是维护世界和平的中流砥柱,坚持通过谈判协商方式处理同有关国家的领土主权和海洋权益争端,以谈

---

① 习近平:《论坚持推动构建人类命运共同体》,中央文献出版社2018年版,第510页。
② 习近平:《论坚持推动构建人类命运共同体》,中央文献出版社2018年版,第107页、第257页。
③ 习近平:《论坚持推动构建人类命运共同体》,中央文献出版社2018年版,第524页。
④ 习近平:《论坚持推动构建人类命运共同体》,中央文献出版社2018年版,第514页。

判协商方式同14个陆上邻国中的12个国家和平解决陆地边界问题,并完成中越北部湾海域划界①。

中国在很短时期内创造了世所罕见的经济快速发展和社会长期稳定奇迹,这本身就是对世界繁荣发展作出的巨大贡献。习近平同志还用花园和列车作比喻,形象生动地说:"中国对外开放,不是要一家唱独角戏,而是要欢迎各方共同参与……不是要营造自己的后花园,而是要建设各国共享的百花园。"②中国愿意为各国提供共同发展的机遇和空间,"欢迎大家搭乘中国发展的列车,搭'快车'也好,搭'便车'也好,我们都欢迎"③。这些重要宣示,在国际上产生了积极的影响和广泛的共鸣,提升了我国的国际话语权和道义感召力。

构建人类命运共同体,关键在行动。习近平同志坚持把构建人类命运共同体思想贯彻到国际事务中,强调要加强在联合国、世界贸易组织、二十国集团、七十七国集团等国际组织和多边机制框架内的沟通和协作,充分运用好上海合作组织、亚太经合组织、金砖国家、东亚峰会、亚信峰会、东盟地区论坛、中非合作论坛、中阿合作论坛、中拉论坛等区域合作平台和论坛。在习近平同志的推动下,构建人类命运共同体倡议得到越来越多人的赞同和支持,日益从理念转化为行动。

中国在推动构建人类命运共同体的过程中,十分注重帮助相关国家特别是发展中国家提高科技水平。科技交流合作、科技援助、技术转移转化、职业技能培训等,成为科技助力构建人类命运共同体的途径,同时也成为人文交流、友好往来的载体。这是中国为构建人类命运共同体作出的实实在在的贡献,彰显了科技对于人类文明进步的巨大力量。

在依靠科技推动构建人类命运共同体的进程中,中国十分注重创新方式手段。以对外援助为例,中国积极帮助其他发展中国家建设有经济社会效益的生产型项目和大中型基础设施,提供成套项目、机电产品、物资设备以及技

---

① 《中华人民共和国国务院新闻办公室:〈携手构建人类命运共同体:中国的倡议与行动〉》,《人民日报》2023年9月27日,第6版。

② 中共中央文献研究室编:《习近平关于社会主义经济建设论述摘编》,中央文献出版社2017年版,第302页。

③ 习近平:《论坚持推动构建人类命运共同体》,中央文献出版社2018年版,第153页。

术服务等。中国通过实施官员研修研讨、技术人员培训、在职学历学位教育项目等方式,积极开展援外人力资源开发合作,项目涉及政治外交、公共管理、国家发展、农业减贫、医疗卫生、教育科研、文化体育、交通运输等17个领域共百余个专业。

中国注重加强技术转移转化,帮助发展中国家提升科技创新能力和产业职业技能,推动发展中国家科技进步。一是共享科技成果。中国积极向其他发展中国家分享在科技领域取得的成果,开展以航天及卫星应用、3D打印技术、计量技术、海洋生物技术等为主题的培训项目,实施千余项政府间科技交流项目,通过国际杰出青年计划邀请发展中国家的青年科学家来华开展科研工作。向联合国粮农组织—中国南南合作计划下一些发展中国家转让实用技术。二是推动技术转移。对发展中国家来说,提高技术转移转化效能的关键在于吸收消化、掌握利用。为使技术能够真正落地、产生实效,中国面向东盟、南亚、阿拉伯国家建立跨国技术转移中心,通过示范培训、技术对接等方式,推动先进适用技术转移转化。与一些发展中国家建立联合实验室或研究中心,包括生物高分子应用研究、小水电技术联合研究等,加快中国成熟适用技术在其他国家的本土化应用。三是提升职业技能。为保障发展中国家可持续发展的人才支撑,组织开展农林牧渔、加工制造、建筑、科教文卫、手工技艺等领域培训,为其他发展中国家培养更多具有一技之长的技术人才。

二、深化"一带一路"科技合作

几乎在2013年提出构建人类命运共同体的同时,习近平同志也提出了"一带一路"倡议。"一带一路"倡议源于习近平同志对世界形势的观察和思考,顺应了国际格局深刻演变和国内改革发展提出的新要求,直面全球治理体系变革和区域合作面临的新情况,是习近平同志统揽政治、外交、经济社会发展全局作出的重大战略决策。

1. "一带一路"倡议的思想内涵和实践要求

"一带一路"倡议是重大的理论创新和政策创新。"一带一路"建设作为开放包容的合作平台,彰显了同舟共济、权责共担的命运共同体意识,为推动构建人类命运共同体带来了蓬勃生机,开辟了更多空间,注入了强劲动力。

第一,"一带一路"建设以共商共建共享为原则。共商,就是平等参与、沟通协商、集思广益,好事大家商量着办,使"一带一路"建设兼顾双方利益和关切,体现双方智慧和创意。共建,就是各施所长、各尽所能、联动发展,把双方优势和潜能充分发挥出来,聚沙成塔,积水成渊,持之以恒加以推进。共享,需求对接、利益交汇、互利互惠,就是让建设成果更多更公平惠及各国人民,打造利益共同体和命运共同体。

第二,"一带一路"建设以合作共赢为新理念。坚持道义为先、义利并举,摒弃零和游戏、你输我赢的旧思维,树立双赢、共赢的新理念,在追求自身利益时兼顾他方利益,在寻求自身发展时促进共同发展。"一带一路"是开放的,是穿越非洲、环连亚欧的广阔"朋友圈",所有感兴趣的国家都可以添加进入"朋友圈"。"一带一路"是多元的,涵盖各个合作领域,合作形式也可以多种多样。"一带一路"是共赢的,各国共同参与,实现共同发展繁荣。

第三,"一带一路"建设以丝路精神为指引。"一带一路"倡议是对古丝绸之路的传承和提升。在新的历史条件下,我们提出共建"一带一路",就是要继承和发扬和平合作、开放包容、互学互鉴、互利共赢的丝路精神,赋予古代丝绸之路以全新的时代内涵,促进文明互鉴、尊重道路选择、坚持合作共赢、倡导对话和平,各方携手努力把"一带一路"打造为和平之路、繁荣之路、开放之路、绿色之路、创新之路、文明之路、廉洁之路、合作之路、健康之路、复苏之路、增长之路、减贫之路。

第四,"一带一路"建设以构建人类命运共同体为最高目标。"一带一路"建设是我们推动构建人类命运共同体的重要实践平台。在"一带一路"建设国际合作框架内,各方秉持共商共建共享原则,携手应对世界经济面临的挑战,开创发展新机遇,谋求发展新动力,拓展发展新空间,实现优势互补、互利共赢,不断朝着人类命运共同体方向迈进。这是习近平同志提出这一倡议的初衷,也是希望通过这一倡议实现的最高目标。

第五,"一带一路"建设以互联互通为着力点。提出"一带一路"倡议,就是要以互联互通为着力点,促进生产要素自由便利流动,实现共赢和共享发展。

如果将"一带一路"比喻为亚洲腾飞的两只翅膀,那么互联互通就是两只翅膀的血脉经络。今天我们要建设的互联互通,不仅是修路架桥,不光是平面化和单线条的联通,更应该是基础设施、制度规章、人员交流三位一体,更应该是政策沟通、设施联通、贸易畅通、资金融通、民心相通五大领域齐头并进。这是全方位、立体化、网络状的大联通,是生机勃勃、群策群力的开放系统。

第六,牢牢把握"一带一路"建设的本质和核心。共建"一带一路",本质上是通过提高有效供给来催生新的需求,实现世界经济再平衡。共建"一带一路"倡议的核心内涵,就是促进基础设施建设和互联互通,加强经济政策协调和发展战略对接,促进协同联动发展,实现共同繁荣。

第七,共创新型合作模式。"一带一路"倡议本身就是对合作模式的创新。习近平同志强调,以"一带一路"沿线各国发展规划对接为基础,以贸易和投资自由化便利化为纽带,以互联互通、产能合作、人文交流为支柱,以金融互利合作为重要保障,积极开展双边和区域合作,努力开创"一带一路"新型合作模式。

"一带一路"倡议提出后,得到国际社会的积极响应和广泛支持,但是也有一些别有用心的人抛出所谓"债权帝国主义论"、"债务陷阱论"、"资源掠夺论"、"环境破坏论"等论调,妄图给"一带一路"建设贴上"新殖民主义论"、"中国版马歇尔计划"、"地缘政治扩张"等标签。习近平同志强调:"共建'一带一路'是经济合作倡议,不是搞地缘政治联盟或军事同盟;是开放包容进程,不是要关起门来搞小圈子或者'中国俱乐部';是不以意识形态划界,不搞零和游戏,只要各国有意愿,我们都欢迎。"①"一带一路"倡议没有地缘政治目的,不打地缘博弈小算盘,不针对谁也不排除谁,不是有人说的这样那样的所谓"陷阱",而是务实合作平台;不做凌驾于人的强买强卖,不是对外援助计划,而是共商共建共享的联动发展倡议;不谋求填补"真空",而是编织互利共赢的合作伙伴网络。"一带一路"建设不是封闭的,而是开放包容的;不是中国一家的独奏,而是沿线国家的合唱;不是某一方的私家小路,而是大家携手前进的阳光

---

① 中共中央党史和文献研究院编:《习近平关于中国特色大国外交论述摘编》,中央文献出版社2020年版,第101页。

大道。"一带一路"倡议来自中国,但成效惠及世界。中国人民张开双臂欢迎各国人民搭乘中国发展的"快车"、"便车",各国都是平等的参与者、贡献者、受益者。这些重要论述,有效凝聚了共识,越来越多的国家和国际组织对"一带一路"倡议投出了"信任票"和"支持票"。

2. 依靠科技推进高质量共建"一带一路"

科学技术是推动共建"一带一路"高质量发展的重要力量。共建国家大多属于发展中国家,我们注重将科技融入"一带一路"建设,充分发挥科技在深化政策沟通、加快设施联通、推动贸易畅通、促进资金融通、增进民心相通等方面的积极作用,聚力解决发展中国家基础设施落后、产业发展滞后、工业化程度低、资金和技术缺乏、人才储备不足等短板问题,促进经济社会发展。共建"一带一路"坚持创新驱动发展,把握数字化、网络化、智能化发展机遇,探索新业态、新技术、新模式,探寻新的增长动能和发展路径,助力各方实现跨越式发展。

一是深化政策沟通。截至2023年6月底,中国与五大洲的150多个国家、30多个国际组织签署了200多份共建"一带一路"合作文件,形成一大批标志性项目和惠民生的"小而美"项目。①中国本着求同存异、聚同化异的理念,重点围绕基础设施互联互通合作、国际产能和装备制造标准化、贸易便利化、技术标准化等与共建"一带一路"相关的主题,通过举办官员研修等方式,积极对接有关国家发展战略。比如,将共建"一带一路"倡议与俄罗斯欧亚经济联盟建设、哈萨克斯坦"光明之路"新经济政策、土库曼斯坦"复兴丝绸之路"战略、蒙古国"草原之路"倡议、印度尼西亚"全球海洋支点"构想、菲律宾"多建好建"规划、越南"两廊一圈"、南非"经济重建和复苏计划"、埃及苏伊士运河走廊开发计划、沙特"2030愿景"等多国战略实现对接。

二是加快设施联通。中国积极支持共建"一带一路"国家公路、铁路、港口、桥梁、通信管网等骨干通道建设,"六廊六路多国多港"的互联互通架构基

---

① 中华人民共和国国务院新闻办公室:《共建"一带一路":构建人类命运共同体的重大实践》,《人民日报》2023年10月11日,第10版。

本形成,以新亚欧大陆桥等经济走廊为引领,以中欧班列、陆海新通道等大通道和信息高速路为骨架,以铁路、港口、管网等为依托的陆海天网"四位一体"互联互通布局不断完善。中国已与104个共建国家签署双边航空运输协定,与57个共建国家实现空中直航。截至2023年6月底,"丝路海运"航线已通达全球43个国家的117个港口,300多家国内外知名航运公司、港口企业、智库等加入"丝路海运"联盟。中欧班列累计开行7.4万列,运输近700万标箱,货物品类达5万多种。

三是推动贸易畅通。为增强发展中国家在全球供应链布局中的竞争力,中国积极帮助共建"一带一路"国家改善贸易基础设施,建设自由贸易区,拓宽贸易领域、优化贸易结构,拓展相互投资和产业合作领域,推动建立更加均衡、平等和可持续的贸易体系。2013年到2022年,中国与共建国家进出口总额累计19.1万亿美元,年均增长6.4%;与共建国家双向投资累计超过3800亿美元,其中中国对外直接投资超过2400亿美元。截至2023年8月底,80多个国家和国际组织参与中国发起的《"一带一路"贸易畅通合作倡议》。中国与28个国家和地区签署21个自贸协定;《区域全面经济伙伴关系协定》(RCEP)于2022年1月1日正式生效,是世界上人口规模和经贸规模最大的自贸区。中国还积极推动加入《全面与进步跨太平洋伙伴关系协定》(CPTPP)和《数字经济伙伴关系协定》(DEPA)。世界银行发布的《"一带一路"经济学》报告认为,"一带一路"倡议的全面实施将使参与国间的贸易往来增加4.1%。到2030年,"一带一路"倡议每年将为全球产生1.6万亿美元收益。[①]

四是促进资金融通。中国积极帮助共建国家优化金融环境,创新投融资模式、拓宽投融资渠道、丰富投融资主体、完善投融资机制,努力构建长期、稳定、可持续、风险可控的投融资体系。亚洲基础设施投资银行、丝路基金等相继成立,已为数百个项目提供投融资支持。截至2023年6月底,亚洲基础设施投资银行已有106个成员,批准227个投资项目,共投资436亿美元;丝路基金累计签约投资项目75个,承诺投资金额约220.4亿美元。截至2022年底,中国

---

① 中华人民共和国国务院新闻办公室:《携手构建人类命运共同体:中国的倡议与行动》,《人民日报》2023年9月27日,第6版。

国家开发银行已直接为1300多个"一带一路"项目提供了优质金融服务。按照平等参与、利益共享、风险共担的原则,中国与28个国家共同核准《"一带一路"融资指导原则》,推动共建国家政府、金融机构和企业重视债务可持续性,提升债务管理能力。

五是增进民心相通。在共建"一带一路"国家实施一批住房、供水、医疗、教育、乡村道路、弱势群体救助等民生项目,帮助补齐基础设施和基本公共服务短板。一条条"幸福路"、一座座"连心桥"、一片片"发展带"在共建国家不断涌现,菌草、水井、杂交水稻等"小而美、见效快、惠民生"项目扎实推进,不断增进共建国家民众的获得感、幸福感。广泛开展文化旅游合作、媒体和智库合作、民间交往等,形成了多元互动、百花齐放的人文交流格局,夯实了共建"一带一路"的民意基础。截至2023年6月底,中国已与144个共建国家签署文化和旅游领域合作文件,与45个共建国家和地区签署高等教育学历学位互认协议。中国不断深化对外文化交流,与共建国家共同举办文化年、旅游年,互办文物展、电影节、艺术节、图书展、音乐节等活动。"一带一路"智库合作联盟、"一带一路"税收征管能力促进联盟、"一带一路"国际科学组织联盟、"一带一路"医学人才培养联盟、丝绸之路国际剧院联盟、丝绸之路博物馆联盟等各类合作机制集中涌现,有力促进了各国民众间相互理解、相互尊重、相互欣赏。

为发挥科技创新在共建"一带一路"中的先导引领和技术支撑作用,2016年9月8日,科技部、国家发改委、外交部、商务部联合印发了《推进"一带一路"建设科技创新合作专项规划》。根据《规划》部署,科技部先后支持广西开展"中国—东盟技术转移中心"建设、云南开展"中国—南亚技术转移中心"建设、宁夏开展"中国—阿拉伯国家技术转移中心"建设、新疆开展"中国—中亚科技合作中心"建设、江苏开展"中国—中东欧国家技术转移虚拟中心"建设等。政府部门、科研院所与相关企业积极行动,科技人文交流、共建联合实验室、科技园区合作、技术转移等四项行动顺利推进。我国与"一带一路"沿线国家科技创新合作取得显著成效,为沿线国家培养了科学技术和管理人才,与沿线国家共建了一批联合实验室或联合研究中心,区域技术转移协作网络不断发展壮大。截至2023年6月底,中国与80多个共建国家签署《政府间科技合作协定》,"一带一路"国际科学组织联盟(ANSO)成员单位达58家。2013年以来,中国支持逾万名共建国家青年科学家来华开展短期科研工作和交流,累计培训共建国家技术和管理人员1.6万余人次,面向东盟、南亚、阿拉伯国家、非洲、拉美等区域建设了9个跨国技术转移平台,累计帮助50多个非洲国家建成20多个农业技术示范中心,在农业、新能源、卫生健康等领域启动建设50余家"一带一路"联合实验室。中国与世界知识产权组织签署《加强"一带一路"知识产权合作协议》及修订与延期补充协议,共同主办两届"一带一路"知识产权高级别会议,并发布加强知识产权合作的《共同倡议》和《联合声明》;与50余个共建国家和国际组织建立知识产权合作关系,共同营造尊重知识价值的创新和营商环境。

中国与共建国家深入推进产业合作,致力于打造协同发展、互利共赢的合作格局,有力促进了各国产业结构升级、产业链优化布局。共建国家共同推进国际产能合作,深化钢铁、有色金属、建材、汽车、工程机械、资源能源、农业等传统行业合作,探索数字经济、新能源汽车、核能与核技术、5G等新兴产业合作,与有意愿的国家开展三方、多方市场合作,促进各方优势互补、互惠共赢。截至2023年6月底,中国已同40多个国家签署了产能合作文件。上海合作组织农业技术交流培训示范基地助力共建"一带一路"农业科技发展,促进国家间农业领域经贸合作。中国与巴基斯坦合作建设的卡拉奇核电站K2、K3两台"华龙一号"核电机组建成投运,中国与哈萨克斯坦合资的乌里宾核燃料元件组装厂成功投产,中国—东盟和平利用核技术论坛为共建国家开展核技术产业合作、助力民生和经济发展建立了桥梁和纽带。中国企业与共建国家政府、企业合作共建的海外产业园超过70个,中马、中印尼"两国双园"及中白工业园、中阿(联酋)产能合作示范园、中埃(及)·泰达苏伊士经贸合作区等稳步推进。

在共建"一带一路"倡议推动下,中国加大了对"一带一路"沿线国家的科技支持力度,很多新兴科技运用到合作项目中,为双方合作注入新动力。比如,信息通信技术支撑"一带一路"沿线国家的陆海缆及骨干网建设,在建成跨境陆缆和海缆方面发挥了巨大作用。中国高铁技术、陆上复杂常规油气田勘探开发技术、发电技术和超、特高压输变电技术等实现与"一带一路"沿线国家的有效对接。比如,在中东,由中国企业总承包的迪拜太阳能电站项目开始输送电能,运转良好;在非洲,中国的优质杂交水稻品种引进布隆迪,促进了当地农业生产;在拉美,中国企业生产的电动公交车成为智利首都圣地亚哥街头的独特风景,有效改善了交通运输状况。比如,中国与阿拉伯国家间各领域合作愈加密切深入,除了传统能源领域,在清洁能源、数字经济、园区建设等领域也不断开拓创新。清洁能源建设已经成为中国与阿拉伯国家"一带一路"合作的重要领域。

"数字丝绸之路"建设成为共建"一带一路"的新亮点。中国与共建国家加强数字领域的规则标准联通,推动区域性数字政策协调,致力缩小数字鸿沟,携手打造开放、公平、公正、非歧视的数字发展环境。截至2022年底,中国已与17个国家签署"数字丝绸之路"合作谅解备忘录,与30个国家签署电子商务合作谅解备忘录,与18个国家和地区签署《关于加强数字经济领域投资合作的谅解备忘录》,提出并推动达成《全球数据安全倡议》《"一带一路"数字经济国际合作倡议》《中国—东盟关于建立数字经济合作伙伴关系的倡议》《中阿数据安全合作倡议》《"中国＋中亚五国"数据安全合作倡议》《金砖国家数字经济伙伴关系框架》等合作倡议,牵头制定《跨境电商标准框架》。积极推进数字基础设施互联互通,加快建设数字交通走廊,多条国际海底光缆建设取得积极进展,构建起130套跨境陆缆系统,广泛建设5G基站、数据中心、云计算中心、智慧城市等,对传统基础设施如港口、铁路、道路、能源、水利等进行数字化升级改造,"中国—东盟信息港"、"数字化中欧班列"、中阿网上丝绸之路等重点项目全面推进,"数字丝路地球大数据平台"实现多语言数据共享。空间信息走廊建设成效显著,中国已建成连接南亚、非洲、欧洲和美洲的卫星电信港,中巴(西)地球资源系列遥感卫星数据广泛应用于多个国家和领域,北斗三号全球卫星导航系统为中欧班列、船舶海运等领域提供全面服务;中国与多个共建国家和地区共同研制和发射通信或遥感卫星、建设卫星地面接收站等空间基础设施,依托联合国空间科技教育亚太区域中心(中国)为共建国家培养大量航天人才,积极共建中海联合月球和深空探测中心、中阿空间碎片联合观测中心、澜湄对地观测数据合作中心、中国东盟卫星应用信息中心、中非卫星遥感应用合作中心,利用高分卫星16米数据共享服务平台、"一带一路"典型气象灾害分析及预警平台、自然资源卫星遥感云服务平台等服务于更多共建国家。[①]

共建"一带一路"倡议提出 10 年来,沿着高质量发展方向不断前进,从中国倡议走向国际实践,从理念转化为行动,从愿景转变为现实,从夯基垒台、立柱架梁到落地生根、持久发展,从谋篇布局的"大写意"到精耕细作的"工笔画",奏响"硬联通"、"软联通"、"心联通"的交响乐,搭建了各方广泛参与、汇聚国际共识、凝聚各方力量的重要实践平台。在我国的大力推动下,一大批关键的标志性工程陆续启动,一大批重大合作项目顺利实施。"一带一路"的"朋友圈"越来越广。"一带一路"正在成为造福世界的"富裕路",惠及人民的"幸福路",成为深受欢迎的国际公共产品和国际合作平台。

"世界银行有关报告认为,到 2030 年,共建'一带一路'有望帮助全球 760 万人摆脱极端贫困、3200 万人摆脱中度贫困。"[②]这将是世界发展史上的一项壮举。我们要坚持稳中求进工作总基调,保持战略定力,积极应对挑战、趋利避害,一如既往地推进"一带一路"建设。关键是要统筹好发展和安全、国内和国际、合作和斗争、存量和增量、整体和重点,以高标准、可持续、惠民生为目标,"努力实现更高合作水平、更高投入效益、更高供给质量、更高发展韧性"[③],建设更加紧密的卫生合作伙伴关系、互联互通伙伴关系、绿色发展伙伴关系、开放包容伙伴关系、创新合作伙伴关系、廉洁共建伙伴关系,推动共建"一带一路"高质量发展不断取得新成效,为构建人类命运共同体注入新的强大动力。

三、深度参与全球科技治理

科学技术具有世界性、时代性,是人类共同的财富。不拒众流,方为江海。在全球化、信息化、网络化深入发展的条件下,创新要素更具有开放性、流动性,发展科学技术必须具有全球视野,不能关起门来搞创新。我们必须把实现

① 中华人民共和国国务院新闻办公室:《共建"一带一路":构建人类命运共同体的重大实践》,《人民日报》2023 年 10 月 11 日,第 10 版。

② 习近平:《同舟共济克时艰,命运与共创未来——在博鳌亚洲论坛 2021 年年会开幕式上的视频主旨演讲》,《人民日报》2021 年 4 月 21 日,第 2 版。

③《习近平谈治国理政》第 4 卷,外文出版社 2022 年版,第 495 页。

高水平科技自立自强与推动科技开放合作有机结合起来，着力构建开放创新生态，主动布局和积极利用国际创新资源，深度参与全球科技治理，共同应对未来挑战，让科技更好增进人类福祉，促进科技互惠共享。

1. 在开放合作中提升自身科技创新能力

习近平同志指出："国际科技合作是大趋势。我们要更加主动地融入全球创新网络，在开放合作中提升自身科技创新能力。"①中国积极参与国际科学技术合作与交流，一向鼓励科学技术研究开发机构、高等学校、科学技术社会团体、企业和科学技术人员等各类创新主体积极参与国际科学研究，促进国际科学技术资源开放流动。中国开展国际科技合作，目的就是要努力形成高水平的科技开放合作格局，在提升自身科技水平的同时，积极为构建人类命运共同体贡献中国的科技智慧、科技力量。

加强国际科技合作是科技全球化的必然要求。经济全球化促进了科技创新全球化，反过来，创新全球化的发展又进一步推动了经济全球化。在经济全球化的大背景下，科技扩散的速度不断加快，范围不断扩大，科技创新全球化已成为大势所趋。科技创新全球化的发展趋势表明，当今世界，任何一个国家的科技发展都不可能脱离别国科技发展而单独存在。科技创新全球化客观上要求各国开展科技交流与合作，既有助于各国取长补短、相互促进，又有助于齐心协力、共同攻克世界难题。

加强国际科技合作是我国对外开放政策的重要组成部分。对外开放是我国的一项长期的基本国策。扩大科技对外开放，加强国际科技交流与合作，是我国对外开放基本国策在科技领域的贯彻落实和具体体现，也是我国科技政策的重要内容之一。科学技术本身是在人类共同努力、相互交流中发展起来的，是人类的共同财富。建立在互利互惠基础上的国际科技合作，有利于各国的科技进步和经济社会发展。我们不拒绝任何科学技术，只要有利于提高我国生产力发展水平、有利于改善人民生活、有利于促进全体人民共同富裕，我们都不拒绝，都欢迎并积极加以引进，在这方面我们必须有开放的心态、宽广

---

① 习近平：《在科学家座谈会上的讲话》，人民出版社2020年版，第10页。

的胸怀、谦虚的态度。

在是否开展国际科技合作上，有三种观点值得注意。第一种观点认为，要关起门来，另起炉灶，彻底摆脱对国外科技的依赖，靠自主创新谋发展，否则总跟在别人后面跑，永远也追不上人家。第二种观点认为，科技创新要有一定的基础，要站在巨人肩膀上发展我们自己的科学技术，不然也追不上人家。这两种观点都有一定道理，但也都绝对了一些，要害在于没有辩证地认识问题。一方面，市场换不来关键核心技术，有钱也买不来关键核心技术，作为国之重器的关键核心技术必须立足自主创新、自立自强。另一方面，自主创新是开放环境下的创新，决不是关起门来搞研发，而是要聚四海之气、借八方之力，在学习借鉴国外先进科技成果的基础上推进科技创新。第三种观点认为，对外科技合作主要是通过合作提高我们自身竞争能力，安全问题、风险防控问题属于次要问题。这种观点是极其有害的。越是对外开放，越要重视安全，越要统筹好发展和安全，着力提升开放监管能力、防范化解风险能力。只有把安全和发展这两件大事都抓好了，才能炼就金刚不坏之身。在发展和安全问题上，决不能顾此失彼。

历史经验一再昭示我们：开放是国家进步的前提，封闭必然导致落后。过去我们曾一度封闭落后，但今天的中国早已同世界经济和国际体系深度融合在一起，大踏步赶上了时代。总结历史教训，我们深深认识到，中国开放的大门不仅不会关闭，而且会进一步敞开，在更大范围、更宽领域、更深层次实施对外开放。我们自己绝不可能再关起门搞建设，绝不会动摇对外开放的基本国策。

当今世界并不太平，煽动仇恨、偏见的言论不绝于耳，由此产生的种种围堵、打压甚至对抗，对世界和平安全有百害而无一利。近年来，西方个别国家固守零和博弈，恶意炒作意识形态和政治制度差异，采取搞"小圈子"、"筑墙"、"脱钩"等战术，打压我们、封锁我们。对此，我们决不能乱了阵脚，决不能消极被动，更不能搞自我封闭、自我隔绝。国家之间难免存在矛盾和分歧，但搞你输我赢的零和博弈是无济于事的。习近平同志指出："任何执意打造'小院高墙'、'平行体系'的行径，任何热衷于搞排他性'小圈子'、'小集团'、分裂世界的行径，任何泛化国家安全概念、对其他国家经济科技发展进行遏制的行径，任何煽动意识形态对立、把经济科技问题政治化、武器化的行径，都严重削弱国际社会应对共同挑战的努力。"①我们自己绝不会走历史回头路，绝不会谋求"脱钩"或是搞封闭排他的"小圈子"。别国越是搞"小院高墙"、"脱钩断链"，我们越要坚持高水平对外开放不动摇。我们不仅要坚决反对西方国家对我搞科技封锁、科技脱钩、科技断供，更重要的是把自己的事情办好，持续提升科技自主创新能力，着力推动科技自立自强，以强大的科技实力打破西方国家的科技封锁。

中国主动布局和积极融入全球创新网络，中国与美国、以色列等建立的创新对话机制总数达8个，"科技伙伴计划"基本实现对发展中国家的全球覆盖。围绕可持续发展设立联合研发计划和创新基金，同50多个国家和地区开展联合研究。发布《推进"一带一路"建设科技创新合作专项规划》，拓展创新发展新空间。积极参与国际热核聚变实验堆、平方公里阵列射电望远镜、对地观测组织等工作，积极推荐中国科学家担任重要国际科技组织领导职务。

中国开启全面建设社会主义现代化国家新征程，加快构建新发展格局，为国际科技合作提供了更为广阔的空间。我们愿与各方共同把握世界科技创新新机遇，共同挖掘世界经济增长新动能，致力于同有关各方一道推动新能源新技术、新业态新模式等各领域各方面务实合作。我们必须以全球视野谋划和推动科技创新，以更加开放的思维和举措开展国际科技合作，与一切愿意与我友好往来的国家加强国际科技合作，致力于打造开放、公平、公正、非歧视的科技发展环境。我们要以更开放的姿态融入全球科技创新网络，更加积极地参与国际分工，更加有效地融入全球产业链、供应链、价值链，更加主动地扩大对外科技合作，着力打造互利共赢、互惠共享的开放创新生态。要主动布局和积极利用国际创新资源，最大限度用好全球创新资源，加强全球公共卫生安全、应对气候变化、海洋治理等重大科学问题研究，加大共性科学技术破解，加深重点战略科学项目协作，全方位加强国际科技创新合作，全面提升我国在全球创新格局中的位势。要增强国际议题设置能力，主导中国议题、创设世界议

---

① 习近平：《坚定信心 勇毅前行 共创后疫情时代美好世界——在2022年世界经济论坛视频会议的演讲》，《人民日报》2022年1月18日，第2版。

题,提出中国方案、贡献中国智慧,提升我国在国际科技事务中的参与度和规则制定权。要大力发展技术贸易,提升重大科技基础设施、先进制造业集群和战略性新兴产业集群对外开放合作水平,支持外间投资企业投资设立研发中心、承担国家科技计划项目、集聚国际一流人才团队。大力开展国际研发合作,优化国际学术交流管理,支持在我国举办全球性科技会议等国际交流活动。为把我国打造成为世界主要科学中心和创新高地,我们还要在体制机制上迈出更大步伐,比如设立面向全球的科学研究基金,逐步放开在我国境内设立国际科技组织、外籍科学家在我国科技学术组织任职,探索面向全球的前沿技术攻关机制、试行"国际揭榜挂帅"、鼓励中外科学家聚焦全球科技前沿问题联合开展高水平研究等,进一步增强我国集聚科技资源的吸引力。要积极探索科技开放合作的新模式、新路径,继续拓展技术、人才、项目等方面合作空间,构建多领域、多层次、多渠道的国际科技交流合作机制,共同推动全球科技创新进程。我们既要坚定支持中国科技人员走出去、博采众长,也要进一步优化外籍人才服务,为各国科技人员来华交流、企业来华发展提供便利。

大科学计划和大科学工程既是国际科技创新合作的重要议题,同时又是科技外交的重要途径。主动设计和牵头发起国际大科学计划和大科学工程,是大力提高我国科技计划对外开放水平的必然要求,是建设创新型国家和世界科技强国的重要标志,也是增强我国科技创新实力、打造科技合作新平台的有效载体。我国主动设计和牵头组织国际大科学计划和大科学工程,有利于发挥我国主导作用,对落实国家整体外交战略具有十分重要的意义。牵头组织大科学计划,有利于面向全球吸引和集聚高端人才,培养和造就一批国际同行认可的领军科学家、高水平学科带头人、学术骨干、工程师和管理人员,形成具有国际水平的管理团队和良好机制,打造高端科研试验和协同创新平台,带动我国科技创新由跟跑为主向并跑和领跑为主转变。2018年3月14日,国务院印发《积极牵头组织国际大科学计划和大科学工程方案》,指出要坚持中方主导、前瞻布局、分步推进、量力而行的整体思路,以全球视野谋划科技开放合作,积极牵头组织实施国际大科学计划和大科学工程,着力增强战略前沿领域创新能力和国际影响力,努力使我国成为国际重大科技议题和规则的倡导者、推动者和制定者,提升我国在全球科技创新领域的核心竞争力和话语权。《积极牵头组织国际大科学计划和大科学工程方案》强调,要加强与国家重大研究布局的统筹协调,做好与"科技创新2030—重大项目"等的衔接,充分利用国家实验室、综合性国家科学中心、国家重大科技基础设施等基础条件和已有优势,实现资源开放共享和人员深入交流。2021年12月24日十三届全国人大常委会第三十二次会议修订通过的《中华人民共和国科学技术进步法》指出:"国家支持科学技术研究开发机构、高等学校、企业和科学技术人员积极参与和发起组织实施国际大科学计划和大科学工程。"①在设计和牵头发起国际大科学计划和大科学工程时,我们要完善项目决策、运行管理、绩效评价、财政资助等配套机制,为推进国际协同创新创造良好环境。

中国坚持融入全球科技创新网络,成效显著。一方面,极大推动了我国科技共享国际科技资源,提高了我国研究能力和大科学计划组织管理水平;另一方面,我国对世界科技创新贡献率大幅提高,成为全球创新版图中日益重要的一极。

2. 促进科技普共享

全球治理体系变革是国际力量对比变化提出的普遍需求,也是应对日益增多的全球性挑战的必然抉择。过去数十年,新兴市场国家和发展中国家在世界经济、全球治理中的分量迅速上升,成为影响世界政治经济版图变化的一个重要因素,构成了完善全球治理的重要力量。而现行全球治理体系本质上仍旧是二战后布雷顿森林体系的延续,代表性和包容性很不够,反映不了新格局。随着国际力量对比消长变化,全球治理体系已经落后于时代发展,不适应的地方越来越多,推动全球治理体系变革已是大势所趋。国际金融危机后,一方面,西方国家主导的全球治理体系出现变革迹象,另一方面,内顾倾向抬头,单边主义上升,保护主义思潮蔓延,国际合作机制封闭化、规则碎片化等挑战十分突出,全球治理体系和多边机制反而受到冲击。伴随全球治理体系深刻变革,国际经贸规则主导权之争日益强化。发达国家主导世界经贸新规则制定并向服务贸易和跨境投资拓展,对全球发展格局将产生深远影响。新兴市

---

① 《中华人民共和国科学技术进步法》,《人民日报》2021年12月27日,第14版。

场国家和发展中国家面临参与全球经济治理和规则制定的难得机遇,但由于自身能力相对偏弱,在全球经济治理中仍处于不利地位,短期内提升实质性话语权面临突出挑战。总体上看,西方发达国家在经济、科技、政治、军事上的优势地位仍然长期存在,国际上围绕争夺全球治理和国际规则制定主导权的较量仍然十分激烈,推动国际政治经济秩序朝着更加公正合理的方向发展仍然任重道远。如何创新完善全球治理理念,构建全球治理新格局,推动全球治理体系向着更加良性的方向转型,已经成为国际社会的当务之急。

当前全球经济治理体系变革处于何去何从的十字路口,世界人民期盼来自中国的声音、共享东方的智慧,共同构建一个更加公正合理、高效运转、充满活力的全球治理体系。我国已经具备深度参与全球治理体系变革的条件和可能,完全可以发挥更大作用,参与和引领全球治理体系变革,推动新一轮经济全球化发展,为我国经济发展营造更好的外部环境。今后一个时期,我国主动影响塑造外部环境的能力将明显增强,具备有效应对外部风险挑战和把握用好战略机遇的积极条件,我国作为全球性大国的战略地位将进一步巩固,综合竞争力将不断上升,将由被动适应外部环境逐步向主动影响塑造外部环境转变,中华民族走向伟大复兴的步伐不可阻挡,推动构建人类命运共同体面临重要历史机遇。

第一,积极推动新型经济全球化。在全球化时代,任何人任何国家都无法独善其身,人类必须和衷共济才能有效应对全球性挑战,走出困境。面对全球治理体系在博弈中剧烈调整、深刻重塑的大势,习近平同志强调:"我们要坚持共商共建共享的全球治理观,不断改革完善全球治理体系,推动各国携手建设人类命运共同体。"[①]全球治理应该以平等为基础,确保各国权利平等、机会平等、规则平等;以开放为导向,防止治理机制封闭和规则碎片化;以合作为动力,照顾彼此利益关切;以共享为目标,提倡所有人参与、所有人受益。我们所要构建的全球治理体系,应该是彰显国际公平正义、能够充分反映大多数国家意愿和利益的治理体系,是符合变化了的世界政治经济格局、能够有效应对全球性挑战的治理体系。从推动东亚经济共同体建设到支持非洲加快一体化进

---

① 习近平:《论坚持推动构建人类命运共同体》,中央文献出版社2018年版,第533—534页。

程，从加强与拉美在新基建、新能源领域合作到促进全球减贫与发展事业，中国为经济全球化注入强劲动力。

经济全球化在长期发展的过程中，在发挥其积极作用的同时，也不可避免积存了不少问题和弊端。目前的经济全球化模式，难以反映广大发展中国家呼声、体现广大发展中国家利益；"弱肉强食"的丛林法则和"你输我赢"、"赢者通吃"的零和博弈，造成富者愈富、贫者愈贫，发达国家与发展中国家以及发达国家内部的贫富差距越拉越大；个别国家把内部治理问题归咎于经济全球化，归咎于其他国家，动辄采取单边主义、保护主义、霸凌主义，破坏全球产业链、价值链、供应链、消费链，导致现有国际贸易秩序紊乱甚至冲突。推动新型经济全球化，是构建人类命运共同体的必然要求。中国共产党强调，各国应该坚持开放的政策取向，旗帜鲜明反对保护主义，反对"筑墙设垒"，反对单边制裁、极限施压，推动各国经济联动融通，共同建设开放型世界经济。各国应该推动构建公正、合理、透明的国际经贸规则体系，推进贸易和投资自由化便利化，促进全球经济进一步开放、交流、融合，推动形成开放、包容、普惠、平衡、共赢的经济全球化，让各国人民共享经济全球化和世界经济增长成果。

第二，践行真正的多边主义。多边主义是现行国际体系和国际秩序的核心理念，是有效解决全球性问题的基本立场和根本原则。近年来，西方个别国家企图将霸凌行径和单边主义凌驾于主权平等、和平解决争端、不干涉内政等国际关系基本准则之上，动辄"毁约"、"退群"，大搞本国优先，严重损害以联合国为核心的现行国际体系。中国向来倡导坚持真正的多边主义，强调世界各国要携手深化全球治理。习近平同志在第七十六届联合国大会一般性辩论上的讲话中指出："世界只有一个体系，就是以联合国为核心的国际体系。只有一个秩序，就是以国际法为基础的国际秩序。只有一套规则，就是以联合国宪章宗旨和原则为基础的国际关系基本准则。"[1]他强调："不能谁胳膊粗、拳头大谁说了算，也不能以多边主义之名、行单边主义之实……'有选择的多边主义'

---

[1] 习近平：《坚定信心 共克时艰 共建更加美好的世界——在第七十六届联合国大会一般性辩论上的讲话》，《人民日报》2021年9月22日，第2版。

不应成为我们的选择。"①

中国在推动全球治理体系变革方面身体力行,采取多种措施坚决维护以国际法为基础的国际秩序,展现了一个负责任大国的形象和担当。中国作为第一个在联合国宪章上签字的国家,着力践行联合国宪章宗旨和原则,积极参与以联合国为中心的多边活动,广泛参加多边条约和国际公约,已经加入了几乎所有普遍性政府间国际组织,签署了600多项国际公约。中国坚定推动建设开放型世界经济,已经成为140多个国家和地区的主要贸易伙伴,同28个国家和地区签署了21个自贸协定。高质量实施《区域全面经济伙伴关系协定》,积极推进加入《全面与进步跨太平洋伙伴关系协定》和《数字经济伙伴关系协定》,扩大面向全球的高标准自由贸易区网络。推动人民币国际化,提升金融标准和国际化水平,更好实现中国和其他国家利益融合。②

中国坚定维护多边自由贸易体制,超额履行加入世界贸易组织承诺,在全球率先举办国际进口博览会,以更短的负面清单、更好的营商环境、更高的开放水平同各国分享中国机遇。中国积极加入联合国维和能力待命机制,忠实履行安理会常任理事国职责和使命,是联合国第二大会费国、联合国第二大维和摊款国和安理会常任理事国中第一大维和行动出兵国。践行共商共建共享的全球治理观,倡导多边主义和国际关系民主化,推动全球经济治理机制变革;维护联合国在全球治理中的核心地位,支持上海合作组织、金砖国家、二十国集团等平台机制化建设,推动构建更加公正合理的国际治理体系;积极参与联合国维和行动,推动落实联合国2030年可持续发展议程,引领全球气候治理进程,推动全球抗疫合作,为充满不稳定性不确定性的世界注入关键正能量……全球治理的"中国方案"日益收获广泛认同。

第三,加强科技伦理治理。促进科技向善,迫切需要加强科技伦理治理,完善科技伦理监管规则,切实有效防控科技伦理风险,实现科技创新高质量发展和高水平安全的良性互动。科技具有两重性。一方面,科技是推动经济社

---

① 习近平:《论把握新发展阶段、贯彻新发展理念、构建新发展格局》,中央文献出版社2021年版,第494页。

② 中华人民共和国国务院新闻办公室:《携手构建人类命运共同体:中国的倡议与行动》,《人民日报》2023年9月27日,第6版。

会发展的利器,科技的迅猛发展极大地提高了人类改造自然和人类自身的能力。另一方面,科技的不当运用也可能成为风险的源头,危及人类自身。当今世界,科技的力量越来越强大,对人类生产生活产生了广泛而深刻的影响。但是与此同时,科技发展也提出了涉及人类生命健康、基因工程、公平正义、个人隐私等伦理问题。比如,克隆、合成生物医学、基因编辑、神经技术等新兴生物技术的发展和应用,在给人类带来益处的同时,也存在被滥用的风险,其引发的伦理和安全问题将受到越来越多的关注。科技伦理的核心问题是,科技创新应服务于全人类,更好增进人类福祉,而不能危害人类自身。习近平同志指出:"科技成果应该造福全人类,而不应该成为限制、遏制其他国家发展的手段。"①2023年9月7日,科技部会同教育部、工业和信息化部等十部委联合印发《科技伦理审查办法(试行)》,明确提出要坚持促进创新与防范风险相统一,客观评估、审慎对待不确定性和技术应用风险;强调科技伦理审查要重点针对可能影响人的合法权益和动物福利以及对生命健康、生态环境、公共秩序、可持续发展等带来伦理风险的科技活动。

科技伦理治理有国际性,有些行为基本规范是全世界科技工作者都要共同遵守的。中国科技工作者的总体量目前是全世界第一,中国不只是参与,中国本身就是全世界科技伦理工作的有机组成部分。2021年12月24日十三届全国人大常委会第三十二次会议修订通过的《中华人民共和国科学技术进步法》,在第八章"国际科学技术合作"中明确指出:"国家完善国际科学技术研究合作中的知识产权保护与科技伦理、安全审查机制。"②在开展科技伦理治理国际合作交流方面,我国采取了主动、开放、积极的态度,组织专家参与起草世界卫生组织《卫生健康领域人工智能伦理与治理指南》。在联合国教科文组织的《人工智能伦理问题建议书》起草过程中,我国也发挥了重要作用。此外我国积极与欧盟科技创新委员会联合举办有关科技伦理、科研诚信方面的研讨会。中国发展的速度很快,科技创新进展也很快,不断地进入"无人区",国际科技

---

① 习近平:《让多边主义的火炬照亮人类前行之路——在世界经济论坛"达沃斯议程"对话会上的特别致辞》,《人民日报》2021年1月26日,第2版。

② 《中华人民共和国科学技术进步法》,《人民日报》2021年12月27日,第14版。

同行希望中国的科学家能够发挥更好的作用,一方面在国际交流合作、开放共享中互相借鉴经验,另一方面可以为世界提供中国的伦理治理方案和智慧。我们要建立高尚的科技伦理,维护社会公平正义,确保一切科技活动都由人类主导、为人类服务、符合人类价值观,确保科技创新在法治轨道和公认的国际准则基础上运行,把科技打造为人类文明的希望之光和正能量。

第四,着力打造全球科技共同体。中国一贯主张在和平共处五项原则基础上开展国际科技合作,坚持国家无论大小、强弱、贫富,都是国际社会平等成员,都应该做世界和平的维护者和促进者。开展国际科技合作时要相互尊重、平等相待,不干预其他国家探索符合国情的发展道路,不干涉其他国家内政,不把自己的意志强加于人,不附加任何政治条件,不谋取政治私利。国与国之间相处,要始终把平等互待、互尊互信挺在前面,坚决摒弃冷战思维和霸凌行径。中国坚决反对西方一些势力内病外治、转嫁矛盾的做法,坚决反对以多边主义之名行单边主义之实的各种行为。习近平同志强调:"国际上的事应该由大家共同商量着办,世界前途命运应该由各国共同掌握,不能把一个或几个国家制定的规则强加于人,也不能由个别国家的单边主义给整个世界'带节奏'。"①我们要充分尊重和维护各国平等发展科技的权利,大力推动各国加强科技合作,采取有效措施改变和缩小科技鸿沟,提升全球发展的公平性、有效性、协同性,坚决反对那种大搞科技霸权主义、从事和纵容危害他国安全的技术行为。积极探索建立既有利于科技创新又能惠及全人类的规则和标准,着力构建和平安全、民主透明、包容普惠的技术规则体系和国际科技合作新框架。

在当前错综复杂的国际背景下开展国际科技合作,视野十分重要,理念尤其关键。科技工作要更好地贯彻党中央提出的国际秩序观、新安全观、新发展观、全球治理观,把和平、发展、公平、正义、民主、自由的全人类共同价值具体地、现实地体现到国际科技合作中,与国际社会一道共同应对未来发展、粮食安全、能源安全等人类共同挑战,推动全球范围平衡发展,构建全球科技治理

---

① 习近平:《同舟共济克时艰,命运与共创未来——在博鳌亚洲论坛2021年年会开幕式上的视频主旨演讲》,《人民日报》2021年4月21日,第2版。

新格局。要聚焦气候变化、人类健康、网络安全、生物安全、核扩散等全球性挑战，加强同各国科研人员的联合研发。加强先进制造、医疗与生物科技、新能源和新材料、环保科技、人工智能和虚拟现实、物联网和信息通信等领域的科技交流合作。

放眼全球，世界百年未有之大变局加速演进，人类发展面临越来越多重大挑战。人类社会比以往任何时候都更需要国际合作和开放共享，通过科技创新合作探索解决全球性问题，共同应对时代挑战，共同促进和平发展。为倡导并践行开放、公平、公正、非歧视的国际科技合作理念，坚持"科学无国界、惠及全人类"，携手构建全球科技共同体，2023年11月6日，中国在以"共建创新之路，同促合作发展"为主题的首届"一带一路"科技交流大会上，郑重提出《国际科技合作倡议》。针对当前美西方国家限制或阻碍科技合作、损害国际社会共同利益的行为，《国际科技合作倡议》强调："秉承无国界、无障碍的开放科学精神，坚持科技创新人员和资源等在全球范围内自由流动，加强人才交流合作，构建开放自由的国际科技合作生态。坚决反对限制或阻碍科技合作、损害国际社会共同利益。""秉承互相尊重、公正平等、非歧视的合作理念，倡导各个国家和科学研究实体平等参与国际科技合作。坚决反对将科技合作政治化、工具化、武器化，反对以国家安全为借口实施科技霸权霸凌。"①我们要坚持崇尚科学、创新发展、开放合作、平等包容、团结协作、普惠共赢的科技合作方针，加强全球科技创新协作，塑造科技向善理念，完善全球科技治理，共同突破关乎人类未来命运的重大科技难题，让科技进步惠及全人类。

---

① 《国际科技合作倡议》，科技部网站，https://www.most.gov.cn/kjbgz/202311/t20231107_188728.html。

主要参考文献

《习近平著作选读》第1卷,人民出版社2023年版。

《习近平著作选读》第2卷,人民出版社2023年版。

《习近平谈治国理政》第1卷,外文出版社2018年版。

《习近平谈治国理政》第2卷,外文出版社2017年版。

《习近平谈治国理政》第3卷,外文出版社2020年版。

《习近平谈治国理政》第4卷,外文出版社2022年版。

习近平:《论坚持推动构建人类命运共同体》,中央文献出版社2018年版。

习近平:《论坚持党对一切工作的领导》,中央文献出版社2019年版。

习近平:《论坚持全面依法治国》,中央文献出版社2020年版。

习近平:《论中国共产党历史》,中央文献出版社2021年版。

习近平:《论把握新发展阶段、贯彻新发展理念、构建新发展格局》,中央文献出版社2021年版。

习近平:《论坚持人与自然和谐共生》,中央文献出版社2022年版。

习近平:《论"三农"工作》,中央文献出版社2022年版。

习近平:《习近平谈"一带一路"(2023年版)》,中央文献出版社2023年版。

习近平:《论科技自立自强》,中央文献出版社2023年版。

中共中央文献研究室编:《习近平关于科技创新论述摘编》,中央文献出版社2016年版。

中共中央党史和文献研究院编:《习近平关于总体国家安全观论述摘编》,中央文献出版社2018年版。

中共中央党史和文献研究院编:《习近平关于全面从严治党论述摘编(2021年版)》,中央文献出版社2021年版。

中共中央党史和文献研究院编：《习近平关于网络强国论述摘编》，中央文献出版社2021年版。

中共中央党史和文献研究院编：《习近平关于人才工作论述摘编》，中央文献出版社2024年版。

中共中央党史和文献研究院编：《习近平关于中国式现代化论述摘编》，中央文献出版社2023年版。

中共中央党史和文献研究院、中央学习贯彻习近平新时代中国特色社会主义思想主题教育领导小组办公室编：《习近平新时代中国特色社会主义思想专题摘编》，党建读物出版社、中央文献出版社2023年版。

中共中央党史和文献研究院编：《十九大以来重要文献选编》上，中央文献出版社2019年版。

中共中央党史和文献研究院编：《十九大以来重要文献选编》中，中央文献出版社2021年版。

中共中央文献研究室编：《新时期科学技术工作重要文献选编》，中央文献出版社1995年版。

中共中央党史和文献研究院：《中国共产党的一百年》（全四册），中共党史出版社2022年版。

本书编写组：《中国共产党简史》，人民出版社、中共党史出版社2021年版。

中共中央宣传部：《习近平新时代中国特色社会主义思想学习纲要（2023年版）》，学习出版社、人民出版社2023年版。

中共中央宣传部理论局：《中国式现代化面对面：理论热点面对面·2023》，学习出版社、人民出版社2023年版。

中共中央宣传部、国家发展和改革委员会编：《习近平经济思想学习纲要》，人民出版社、学习出版社2022年版。

中共中央宣传部、中央军委政治工作部编：《习近平强军思想学习问答》，解放军出版社、人民出版社2022年版。

中央农村工作领导小组办公室：《习近平关于"三农"工作的重要论述学习读本》，人民出版社、中国农业出版社2023年版。

工业和信息化部编：《习近平总书记关于制造强国的重要论述学习读本》，

人民出版社 2023 年版。

科学技术部编写组:《深入学习习近平关于科技创新的重要论述》,人民出版社 2023 年版。

中国科学院编著:《科技革命与中国的现代化:关于中国面向 2050 年科技发展战略的思考》,科学出版社 2009 年版。

中华人民共和国科学技术部创新发展司编:《中华人民共和国科学技术发展规划纲要(1956—2000)》,科学技术文献出版社 2018 年版。

中华人民共和国科学技术部创新发展司编:《中华人民共和国科学技术发展规划纲要(2001—2010)》,科学技术文献出版社 2018 年版。

中华人民共和国科学技术部创新发展司编:《中华人民共和国科学技术发展规划纲要(2011—2015)》,科学技术文献出版社 2018 年版。

中华人民共和国科学技术部创新发展司编:《中华人民共和国科学技术发展规划纲要(2016—2020)》,科学技术文献出版社 2018 年版。

全国干部培训教材编审指导委员会组织编写:《深刻领悟"两个确立"的决定性意义》,人民出版社、党建读物出版社 2024 年版。

全国干部培训教材编审指导委员会组织编写:《习近平新时代中国特色社会主义思想的世界观和方法论》,人民出版社、党建读物出版社 2024 年版。

全国干部培训教材编审指导委员会组织编写:《推进新时代党的建设新的伟大工程》,人民出版社、党建读物出版社 2024 年版。

全国干部培训教材编审指导委员会组织编写:《推进和拓展中国式现代化》,人民出版社、党建读物出版社 2024 年版。

全国干部培训教材编审指导委员会组织编写:《推进和拓展中国式现代化案例选 经济篇》,人民出版社、党建读物出版社 2024 年版。

全国干部培训教材编审指导委员会组织编写:《推进和拓展中国式现代化案例选 教育·科技·人才篇》,人民出版社、党建读物出版社 2024 年版。

全国干部培训教材编审指导委员会组织编写:《推进和拓展中国式现代化案例选 政治·法治篇》,人民出版社、党建读物出版社 2024 年版。

全国干部培训教材编审指导委员会组织编写:《推进和拓展中国式现代化案例选 文化·社会篇》,人民出版社、党建读物出版社 2024 年版。

全国干部培训教材编审指导委员会组织编写:《推进和拓展中国式现代化案例选 生态文明·国家安全篇》,人民出版社、党建读物出版社2024年版。

全国干部培训教材编审指导委员会办公室组织编写:《构建新发展格局干部读本》,党建读物出版社2021年版。

中华人民共和国科学技术部编著:《中国科技发展70年(1949—2019)》,科学技术文献出版社2019年版。

中国科学技术发展战略研究院:《国家创新指数报告2020》,科学技术文献出版社2021年版。

中国科学技术发展战略研究院:《前沿科学与先进技术2022》,科学技术文献出版社2023年版。

中国科学技术协会组编:《从深海到深空:科技征程的中国坐标》,中国科学技术出版社2022年版。

科学技术部人才中心编:《现代科技创新管理概论》,科学出版社2018年版。

中国科技发展战略研究小组、中国科学院大学中国创新创业管理研究中心:《中国区域创新能力评价报告2021》,科学技术文献出版社2021年版。

白春礼主编,王克迪、潘教峰副主编:《当代世界科技》,中共中央党校出版社2016年版。

林毅夫等著、王贤青主编:《新质生产力:中国创新发展的着力点与内在逻辑》,中信出版社2024年版。

黄群慧:《读懂新质生产力》,中信出版社2024年版。

《解读新质生产力》编写组编:《解读新质生产力》,新华出版社2024年版。

刘典:《新质生产力:中国经济发展新动能》,中国财政经济出版社2024年版。

徐晓明:《新质生产力:理论与实践》,黑龙江教育出版社2024年版。

赵振华等:《经济前沿课:新质生产力》,人民日报出版社2024年版。

尹西明、陈劲:《加快发展新质生产力:创新引领高质量发展的中国路径》,河南科学技术出版社2024年版。

陈劲、陈元志、李树启编著:《自立自强:论新时代科技创新》,中共中央党校出版社、国家行政学院出版社2022年版。

陈劲:《双循环新发展格局下的中国科技创新》,浙江大学出版社2021年版。

许先春:《新科技革命与中国特色社会主义理论体系》,浙江人民出版社2020年版。

许先春编著:《中国之治的制度奥秘》,党建读物出版社2020年版。

杜德斌、段德忠编著:《中美科技竞争力评估报告(2022)》,上海科学技术出版社2022年版。

尚勇编著:《制胜科技和人才强国》,中国科学技术出版社2022年版。

当代中国研究所著,李正华、宋月红主编:《中国式现代化简史》,当代中国出版社2023年版。

刘元春、丁晓钦:《发展与超越:中国式现代化的核心问题与战略路径》,中信出版社2024年版。

洪银兴:《中国式现代化论纲》,江苏人民出版社2023年版。

罗平汉等:《中国式现代化之路》,北京联合出版公司2024年版。

唐爱军:《中国式现代化道路研究》,商务印书馆2023年版。

科学技术部基础研究司、科学技术部高技术研究发展中心:《中国基础研究发展报告》,科学出版社2019年版。

中国科学院科技战略咨询研究院:《构建现代产业体系:从战略性新兴产业到未来产业》,机械工业出版社2023年版。

中国工程科技发展战略研究院:《中国战略性新兴产业发展报告2023》,科学出版社2023年版。

工业和信息化部火炬高技术产业开发中心、中国科学院科技战略咨询研究院:《国家高新区创新能力评价报告2023》,科学技术文献出版社2024年版。

吕薇主编:《从基础研究到原始创新》,中国发展出版社2021年版。

钟永恒、刘佳、孙源等:《中国基础研究竞争力报告2023》,科学出版社2023年版。

杨莉、吴宗铖:《马克思主义科技观在中国的承续研究》,九州出版社2022年版。

胡鹏:《新时代中国共产党科技思想初探》,人民出版社2021年版。

赵彤:《科技革命与人的全面发展》,南开大学出版社2021年版。

刘冠军:《马克思"科技—社会"思想及其发展研究》,人民出版社2021年版。

吴江主编:《人才强国》,人民日报出版社2023年版。

燕连福、李晓利:《建设人才强国》,中国青年出版社2022年版。

童世骏主编:《建设社会主义教育强国研究》,人民出版社2019年版。

王伯鲁等:《建设世界科技教育强国》,中国人民大学出版社2017年版。

郑有贵:《百年"三农":中国共产党解决"三农"问题的战略维度和实现路径》,东方出版社2022年版。

孔祥智等:《城乡大融合:"三农"政策演变与趋势》,中国人民大学出版社2022年版。

周之文、周克足:《数字经济:国家战略行动路线图》,中国经济出版社2023年版。

国家发展和改革委员会组织编写:《数字经济干部读本》,党建读物出版社2022年版。

田宁、吴月凌、郑旭萍:《与领导干部谈数字经济》,中共中央党校出版社2022年版。

茹少峰、张青:《数字经济赋能经济高质量发展》,人民出版社2022年版。

卢福财主编:《数字经济学》,高等教育出版社2022年版。

戚聿东、肖旭编著:《数字经济概论》,中国人民大学出版社2022年版。

姜艳华:《改革开放以来我国基础研究政策变迁研究》,辽宁大学出版社2021年版。

钱军主编:《艺以载道　立德树人:学习贯彻习近平关于教育和文艺工作的重要论述论文集》,中国广播影视出版社2022年版。

中国教育科学研究院编著:《中国共产党百年教育大事记(1921—2021)》,教育科学出版社2022年版。

当代中国研究所编著、冀祥德主编:《新时代的全面依法治国》,当代中国出版社、重庆出版社2022年版。

袁红英主编:《新时代农业农村现代化理论·实践·展望》,人民出版社2023年版。

刘志华:《加快推进农业农村现代化》,天津大学出版社2022年版。

中华人民共和国农业农村部编:《2022中国农业农村统计摘要》,中国农业出版社2022年版。

王英伟、刘君杰:《中国特色社会主义生态文明建设的理论与实践研究》,中国社会科学出版社2022年版。

霍娟娟、王亚涛:《生态文明建设视域下马克思主义生态观的当代价值》,吉林大学出版社2022年版。

彭蕾:《新时代中国生态文明建设理论创新与实践探索》,人民出版社2022年版。

刘希刚:《从生态批判到生态文明:马克思主义生态理论的价值逻辑研究》,人民出版社2021年版。

马丽:《生态文明建设视角下的地方党政领导干部政绩考核研究》,人民出版社2021年版。

江丽:《马克思恩格斯生态文明思想及其中国化演进研究》,武汉大学出版社2021年版。

于法稳、胡剑锋主编,孙若梅、彭熠副主编:《生态经济与生态文明》,社会科学文献出版社2012年版。

陈俊霞、张彦丽、雷萌萌:《美丽中国建设中的绿色生活方式研究》,山东大学出版社2021年版。

国家发展和改革委员会编著:《深学笃行习近平经济思想 谱写高质量发展新篇章》,中国计划出版社、中国市场出版社2023年版。

郑庆东主编:《习近平经济思想研究文集》,人民出版社2023年版。

郑庆东主编:《践行习近平经济思想调研文集(2022)》,人民出版社2023年版。

周振华主编:《新时代:经济思想新飞跃》,格致出版社、上海人民出版社2022年版。

新华社国内新闻编辑部编著:《习近平经济思想的生动实践述评》,新华出版社2022年版。

马敏、李子林、张执均主编：《中国共产党与中华优秀传统文化座谈（研讨）会论文集》，武汉大学出版社2023年版。

张岂之主编：《中国传统文化》，高等教育出版社2023年版。

邹广文等：《文化中国的憧憬：建成社会主义文化强国研究》，中国人民大学出版社2023年版。

人民日报评论部：《深入学习贯彻习近平总书记在文化传承发展座谈会上的重要讲话精神》，人民出版社2023年版。

林柏成：《中国特色社会主义文化自信研究》，光明日报出版社2023年版。

陈其泰：《中华优秀传统文化何以通向马克思主义》，研究出版社2023年版。

张波：《中国共产党的文化使命研究》，人民出版社2022年版。

王保存：《世界新军事变革新论》，解放军出版社2003年版。

舒健主编：《研究战争的理论基石：马克思主义经典军事著作研读》，人民出版社2023年版。

国家乡村振兴局政策法规司、全国扶贫宣传教育中心组编：《巩固拓展脱贫攻坚成果同乡村振兴有效衔接政策解读》上，中国农业出版社2022年版。

国家乡村振兴局政策法规司、全国扶贫宣传教育中心组编：《巩固拓展脱贫攻坚成果同乡村振兴有效衔接政策解读》下，中国农业出版社2022年版。

郑风田等：《新时代脱贫攻坚的理论与实践》，人民出版社2022年版。

朱道才等：《新发展理念下脱贫攻坚长效机制研究》，经济科学出版社2022年版。

张士运等：《国际科技创新中心建设战略研究》，经济管理出版社2021年版。

吕拉昌、李志坚：《粤港澳大湾区全球科技创新中心建设的理论与实践》，华南理工大学出版社2021年版。

汤书昆、李林子、徐雁龙：《中国科技共同体协同创新发展研究》，中国科学技术大学出版社2018年版。

李昊、徐源：《国家使命：美国国家实验室科技创新》，清华大学出版社2021

年版。

　　樊纲、樊建平主编:《国家战略科技力量:新型科研机构》,中国经济出版社2022年版。

　　[英]马特·里德利著,王大鹏、张智慧译:《创新的起源:一部科学技术进步史》,机械工业出版社2021年版。

　　[英]玛格丽特·博登著,孙诗惠译:《AI:人工智能的本质与未来》,中国人民大学出版社2017年版。

　　[美]玛格丽特·奥马拉著,谢旎劼译:《硅谷密码:科技创新如何重塑美国》,中信出版社2022年版。

　　[意]弗斯科·贾尼尼著,李凯旋、李赛林译:《中国式现代化:路径、成就与挑战》,当代中国出版社2022年版。

后　记

本书是笔者开展中国共产党科技思想研究系列课题之三，是继《新科技革命与中国特色社会主义理论体系》《新时代提高党的科技治理能力研究》两本专著之后的又一项科研成果，也是2024年度国家出版基金项目。

关于中国共产党科技思想研究，我有一个较为长远的设想。初步考虑是：系统梳理中国共产党百年来发展科学技术的探索历程，分析中国共产党作出的重大科技决策及实施成效，总结中国共产党推进科技创新积累的宝贵经验，研究中国共产党为发展我国科技事业而进行的理论和实践创新，探讨新时代加快实现高水平科技自立自强、推进中国式现代化面临的现实问题并提出对策建议。按照这一规划，先从专题入手，以时间分期撰写相关著作，再在此基础上，完成多卷本的中国共产党科技思想史。

近些年来，沿着这样的思路，我广泛收集、悉心整理和消化文献资料，先后申报了国家社科基金年度课题和重点课题，撰写了专著《新科技革命与中国特色社会主义理论体系》《新时代提高党的科技治理能力研究》。其中，《新科技革命与中国特色社会主义理论体系》主要研究中国共产党在改革开放和社会主义现代化建设新时期的科技理论与实践，时间跨度是从1978年至2012年。《新时代提高党的科技治理能力研究》主要研究中国特色社会主义进入新时代，中国共产党关于科技治理的理论探索与实践进展，时间跨度是从2012年党的十八大至2024年党的二十届三中全会。

当今世界百年未有之大变局正在全方位、深层次演进，科技创新是其中一个关键变量。《高水平科技自立自强与中国式现代化》一书，紧紧围绕科技创新这个特殊视角，对中国式现代化进行科技解读，力图丰富和拓展中国式现代化的学理研究、话语体系和叙事体系。这就是笔者开展这项课题研究的初衷。贯穿全书的一个中心议题就是：以高水平科技自立自强助推中国式现代化。高水平科技自立自强是党和国家主动求变识变应变、因时因势而动的战略抉择，是对科技创新在新发展阶段提出的必然要求，是开辟发展新领域新赛道、打造国家竞争新动能新优势的迫切需要。高水平科技自立自强这一概念提出后，笔者深切感到，有必要对其丰富内涵、方针原则、实践要求等进行深入的研究和阐释。高水平的意蕴是什么？新时代强调的科技自立自强与此前我国的科技自立更生有何不同？什么才是真正的高水平科技自立自强？为什么必须坚持把高水平科技自立自强作为中国式现代化的战略支撑？等等。带着这些思考，笔者开始了艰辛的学习和写作过程。

在笔者看来，高水平科技自立自强是新时代科技事业的总纲。科技创新的一切工作，都要按照高水平科技自立自强的要求来谋划，朝着高水平科技自立自强的目标来推进。必须以高水平科技自立自强统领科技事业，并且把实现高水平科技自立自强作为衡量科技创新成效的检验标准。本书以我们党不懈探索、奋力推进和艰辛拓展中国式现代化的历史进程为宏观背景，结合新一轮科技革命和产业变革的新特点新趋势，聚焦高水平科技自立自强这一关键因素，立足高水平科技自立自强的时代要求，分析了加快实现高水平科技自立自强、建设科技强国的目标任务及发展路径，探讨了如何夯实中国式现代化科技支撑的一系列重大理论和实践问题。

在课题研究过程中，笔者极为注重梳理原始文献，跟踪研究政策。党的十八大以来，以习近平同志为核心的党中央全面谋划科技创新，制定实施一系列促进科技创新的战略部署、政策举措，推动我国科技事业取得历史性、整体性、格局性重大变化。笔者在认真研读习近平同志原著的基础上，对习近平同志关于科技创新的重要论述进行了学理阐释，分析了一些重大论断、重要概念的形成背景和提出过程。书中还依据大量的科技政策文件，研究了党和国家围绕科技创新所作出的重大战略部署，力图全面展现新时代科技创新的原创性思想、变革性实践，反映新时代科技创新的突破性进展、标志性成果。

本书以强烈的危机感、责任感，立足我国科技发展所处的历史方位，着眼于贯彻新发展理念、构建新发展格局、推动高质量发展，对我国科技事业面临的机遇和挑战进行了分析，在提升国家创新体系整体效能、强化国家战略科技力量、推动基础研究高质量发展、努力多出"从0到1"的原创性成果、坚决打赢关键核心技术攻坚战、维护科技安全、参与全球科技治理等方面进行了思考。本书还从统筹教育、科技、人才深度融合发展的战略高度，探讨了深入实施创新驱动发展战略、科教兴国战略、人才强国战略所涉及的一系列政策问题、体制机制问题，提出了一体部署创新链教育链人才链等对策建议。

本书写作经历了一个不断研读、不断沉思、不断提炼、不断修改的过程。2018年3月中央党史和文献研究院组建时，我正在四川泸州挂职锻炼。同年5月，我结束挂职，返回北京；9月，到新成立的第一研究部工作。从那时起，我主要从事新时代党和国家领导人重要文献的编辑、研究和宣传工作。感谢组织的信任、支持和安排，我得以参加一系列重要著作的编辑工作，参加中央和我院交办的一些重大项目，参加一些重大题材稿件的审读工作。这是我所在部门的主责主业，正好为我开展课题研究提供了新的契机。在保质保量完成各项工作任务的同时，我潜心研读原著，深入思考，日积月累，就有了一些心得体会，陆续发表了一些学术论文。2022年2月，我调入第四研究部工作。当时正值新冠疫情，我在上班、值班、带班之余，翻阅自己所写的论文，感到这些论文都集中在科技方面，如果以高水平科技自立自强为题，是否可以深化研究并拓展成为一部专著呢？这是一个令人鼓舞而又切实可行的目标，正好可以纳入我的长远规划——中国共产党科技思想研究系列。于是，我开始了一章一章的写作。2023年3月，我调入信息资料馆，在全新的环境中开始了全新的学习和工作。我和部门同志一道，认领了国家高端智库课题，承担了我院重点课题，围绕统筹教育、科技、人才一体发展进行了探讨和研究。2023年6月起，我开始对一年多来所写的章节及此前所写的论文进行统校统改。先后四易其稿，反复增删，终于在2024年3月定稿。

学术研究的思想火花，既有理性碰撞的灵光闪现，也有潜移默化的积累升华。所思所想、所写所记，脱胎于平时一点一滴的思索。现在回过头来看，令我感到欣慰的是，这几年陆续写的一些论文，构成了这本专著的框架，发挥了夯基垒台、立柱构梁的作用。随着一篇篇论文的发表，积土成沙、积腋成裘，我的心情日益充实、踏实。本书就是在这些论文的基础上，反复打磨、修改完善而成。在研究过程中，我还到中央组织部人才工作局、科技部中国科学技术发展战略研究院等单位调研,实地考察北京、上海、天津、广东、湖北、四川、贵州等地高科技企业和高新产业园区,获得了许多第一手资料。

写作本书之初,笔者曾立下了几个努力方向,包括:聚焦前沿,学理性强;表述严谨,解读准确;注重探索,富于创新。在立论时,笔者坚持史论结合、论从史出,力图做到学理与政治相统一、理论与实践相联系、历史与现实相贯通。是否真正达到了这样的标准,要由专学学者和读者朋友们来检验。在我个人而言,虽然自己已经尽力勉为,但是限于学识、能力和水平,这些要求还远远没有达到,有待今后进一步钻研和提升。笔者目前只是做了一点点铺垫性和基础性工作,以期抛砖引玉,求教于同仁。

本书在写作过程中,得到单位领导的悉心指导,得到同事们的大力支持,也得到有关机构、高校专家学者的鼎力相助。没有他们的关心和帮助,这项课题就不会顺利完成。很多感悟来源于他们的点拨、启发,在此深表谢意。

我十分感谢浙江人民出版社的领导和编辑,这本书渗透着他们的汗水与努力。屈指算来,前前后后五年间,他们编辑出版了我的三本书,为此付出了辛勤劳动。

我还要感谢家人的支持,是他们令我能潜心研究,静心向学。

许先春

2024年8月于北京

图书在版编目（CIP）数据

高水平科技自立自强与中国式现代化 / 许先春著.
— 杭州 ：浙江人民出版社，2024.8
ISBN 978-7-213-11465-6

Ⅰ．①高… Ⅱ．①许… Ⅲ．①技术革新–研究–中国
Ⅳ．①F124.3

中国国家版本馆CIP数据核字（2024）第091211号

高水平科技自立自强与中国式现代化

GAO SHUIPING KEJI ZILI ZIQIANG YU ZHONGGUOSHI XIANDAIHUA

许先春　著

出版发行　浙江人民出版社（杭州市环城北路177号　邮编　310006）
　　　　　市场部电话：(0571)85061682　85176516
责任编辑　郦鸣枫　赖　甜　周思逸
责任校对　何培玉　汪景芬
责任印务　钱钰佳
封面设计　厉　琳
电脑制版　杭州兴邦电子印务有限公司
印　　刷　杭州富春印务有限公司
开　　本　710毫米×1000毫米　1/16
印　　张　25.25
字　　数　383千字
插　　页　5
版　　次　2024年8月第1版
印　　次　2024年8月第1次印刷
书　　号　ISBN 978-7-213-11465-6
定　　价　128.00元

如发现印装质量问题,影响阅读,请与市场部联系调换。